# 100 IDÉES QUI ONT TRANSFORMÉ LA PHOTOGRAPHIE

*Mary Warner Marien*

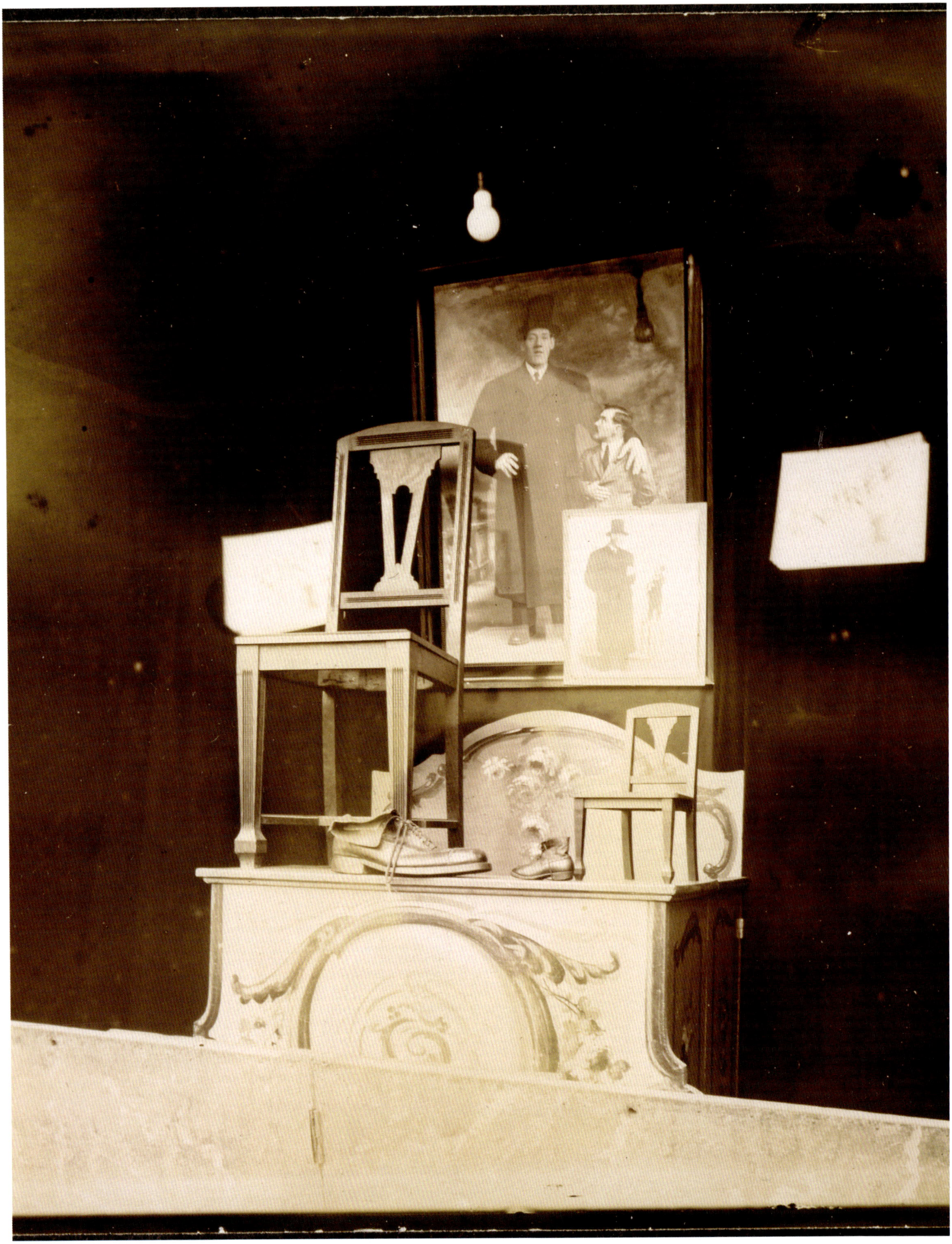

# 100 IDÉES QUI ONT TRANSFORMÉ LA PHOTOGRAPHIE

*Mary Warner Marien*

*Traduit de l'anglais par Paul Lepic*

SEUIL

Introduction 6

**100 idées qui ont transformé la photographie 8**

Glossaire *208*

Lectures complémentaires *210*

Index *212*

Crédits photographiques *215*

*PAGE PRÉCÉDENTE : Eugène Atget, en explorant les rues de Paris à l'aube, photographiait des avenues calmes et des devantures de magasins. Sur ce cliché de 1925* Foire du Trône, baraque du nain et du géant, *on voit une grande et une petite chaise, qui font écho aux différentes tailles des personnages. La manière dont le hasard objectif s'y exprimait impressionna Man Ray, au point qu'il l'acheta pour sa collection personnelle.*

| | | |
|---|---|---|
| N° 1 | LA *CAMERA OBSCURA* | 8 |
| N° 2 | L'IMAGE LATENTE | 10 |
| N° 3 | IMAGES EN POSITIF DIRECT | 12 |
| N° 4 | POSITIF ET NÉGATIF | 14 |
| N° 5 | LE DAGUERRÉOTYPE | 16 |
| N° 6 | EXPLORATEURS | 18 |
| N° 7 | LE CALOTYPE | 20 |
| N° 8 | LE NU | 22 |
| N° 9 | LA LENTILLE | 24 |
| N° 10 | L'OBTURATEUR | 26 |
| N° 11 | ESTHÉTIQUE | 28 |
| N° 12 | LE CYANOTYPE | 30 |
| N° 13 | LE COLLODION | 32 |
| N° 14 | RECADRAGE | 34 |
| N° 15 | LA CHAMBRE NOIRE | 36 |
| N° 16 | PHOTOGRAPHIE PEINTE | 38 |
| N° 17 | LE STÉRÉOSCOPE | 40 |
| N° 18 | LES VUES | 42 |
| N° 19 | PHOTOGRAPHE DE GUERRE | 44 |
| N° 20 | IMAGES ANIMÉES | 46 |
| N° 21 | L'AGRANDISSEMENT | 48 |
| N° 22 | LES SUPPORTS | 50 |
| N° 23 | LA COULEUR | 52 |
| N° 24 | PHOTOGRAPHIE ET SCULPTURE | 54 |
| N° 25 | IMAGES MORALISATRICES | 56 |
| N° 26 | LES ACADÉMIES | 58 |
| N° 27 | LA PHOTO-CARTE | 60 |
| N° 28 | LA GOMME BICHROMATÉE | 62 |
| N° 29 | LE TIRAGE AU PLATINE | 64 |
| N° 30 | L'APPAREIL À STÉNOPÉ | 66 |
| N° 31 | LA RESSEMBLANCE | 68 |
| N° 32 | LE FERROTYPE OU *TINTYPE* | 70 |
| N° 33 | LA PREUVE PAR LA PHOTOGRAPHIE | 72 |
| N° 34 | LE PHOTOGRAPHE ET L'ÉVOLUTION | 74 |
| N° 35 | LE PAPIER ALBUMINÉ | 76 |
| N° 36 | RÉCIT | 78 |
| N° 37 | L'ARRIÈRE-PLAN | 80 |
| N° 38 | LE TOURISME | 82 |
| N° 39 | LES SOCIÉTÉS PHOTOGRAPHIQUES | 84 |
| N° 40 | LE PARTAGE D'IMAGES | 86 |
| N° 41 | LE TIRAGE GÉLATINO-ARGENTIQUE | 88 |
| N° 42 | PETITS APPAREILS PHOTO | 90 |
| N° 43 | LES TABLOÏDS | 92 |
| N° 44 | L'AUTOCHROME | 94 |
| N° 45 | CARTES POSTALES | 96 |
| N° 46 | LA PROJECTION | 98 |
| N° 47 | LUMIÈRE ARTIFICIELLE | 100 |
| N° 48 | LA MISE AU POINT | 102 |
| N° 49 | FIGER LE TEMPS | 104 |
| N° 50 | LA SIMILIGRAVURE | 106 |
| N° 51 | LE ROULEAU DE PELLICULE | 108 |
| N° 52 | SÉQUENCES | 110 |
| N° 53 | L'USINE À IMAGES | 112 |
| N° 54 | LA PHOTOGRAPHIE AÉRIENNE | 114 |
| N° 55 | MACRO ET MICROPHOTOGRAPHIE | 116 |
| N° 56 | L'ART POUR TOUS | 118 |
| N° 57 | LA PHOTO-SÉCESSION | 120 |
| N° 58 | LES *ÉQUIVALENTS* | 122 |
| N° 59 | LES COLLECTIONS | 124 |
| N° 60 | DES IMAGES QUI FONT VENDRE | 126 |
| N° 61 | LES AGENCES PHOTOGRAPHIQUES | 128 |
| N° 62 | LE REFLEX À UN SEUL OBJECTIF | 130 |
| N° 63 | L'INSTANT DÉCISIF | 132 |
| N° 64 | EXPOSITIONS MULTIPLES | 134 |
| N° 65 | LE PHOTOMATON | 136 |
| N° 66 | LE PHOTOJOURNALISME | 138 |
| N° 67 | L'ABSTRACTION | 140 |
| N° 68 | *STRAIGHT PHOTOGRAPHY* | 142 |
| N° 69 | LES APPAREILS POUR ENFANTS | 144 |
| N° 70 | LA SOLARISATION | 146 |
| N° 71 | IMAGES DU SPORT | 148 |
| N° 72 | L'IMAGE ET LA CHOSE | 150 |
| N° 73 | *FILM UND FOTO* | 152 |
| N° 74 | LE PHOTOGRAMME | 154 |
| N° 75 | COPIER-COLLER | 156 |
| N° 76 | LA MODE | 158 |
| N° 77 | L'AUTOPORTRAIT | 160 |
| N° 78 | LE GLAMOUR | 162 |
| N° 79 | L'EXPRESSION DOCUMENTAIRE | 164 |
| N° 80 | L'OBSERVATEUR ET L'EXCLU | 166 |
| N° 81 | LA RUE | 168 |
| N° 82 | LA LUMIÈRE INVISIBLE | 170 |
| N° 83 | LE SURRÉALISME | 172 |
| N° 84 | LE POLAROÏD | 174 |
| N° 85 | LE KODACHROME | 176 |
| N° 86 | LA TÉLÉVISION | 178 |
| N° 87 | *NEW TOPOGRAPHICS* | 180 |
| N° 88 | L'HYPERRÉALISME | 182 |
| N° 89 | BANLIEUES ET GHETTOS | 184 |
| N° 90 | L'ESTHÉTIQUE DE L'INSTANTANÉ | 186 |
| N° 91 | LE TOURNANT THÉORIQUE | 188 |
| N° 92 | PHOTOGRAPHIER AVEC UN TÉLÉPHONE | 190 |
| N° 93 | MISE EN SCÈNE PHOTOGRAPHIQUE | 192 |
| N° 94 | LA PHOTOGRAPHIE CONCRÈTE | 194 |
| N° 95 | LE PHOTOCONCEPTUALISME | 196 |
| N° 96 | L'ŒIL DU PHOTOGRAPHE | 198 |
| N° 97 | L'APPROPRIATION | 200 |
| N° 98 | PHOTO ET VIDÉO | 202 |
| N° 99 | LA PHOTOGRAPHIE NUMÉRIQUE | 204 |
| N° 100 | LE SYSTÈME D'INFORMATION GLOBAL | 206 |

# *Introduction*

Avant de se matérialiser sous la forme d'une chambre et d'une optique, la photographie était une idée. Le désir de fabriquer une image qui trouve son origine dans l'objet représenté remonte aux débuts de l'humanité : souvenons-nous des pochoirs de main de l'art pariétal. Dans la culture occidentale, la légende de la Corinthienne traçant sur un mur les contours de l'ombre de son amant avant qu'il ne parte à la guerre, qui s'était imposée comme récit des origines de l'art figuratif, devint celui de la photographie après les années 1840. Peu de temps après la proclamation publique de l'invention en 1839, on employa le mot « fac-similé » pour rendre compte de sa fidélité inédite. Samuel F. B. Morse nota qu'elle n'était pas à proprement parler une copie, mais une émanation de la réalité elle-même. Cette notion qui s'imposa tout au long du XIX$^{e}$ siècle trouva une nouvelle actualité à la fin du XX$^{e}$, quand les théories du langage décrivirent la photographie comme une empreinte, un décalque de la réalité, au même titre qu'une empreinte digitale.

L'histoire de la photographie est l'histoire d'une réinvention permanente, sous l'impulsion du progrès scientifique et technique, mais aussi des changements sociaux, philosophiques, artistiques et esthétiques. Certains concepts, comme celui qui en fait une forme unique de reproduction de la réalité, ont plus ou moins subsisté. D'autres, tels que les académies, des photographies de nus dans des poses classiques destinées aux peintres et aux sculpteurs, ont totalement disparu ou se sont transformés au point que leur origine historique n'est plus perceptible. Cependant, malgré les avancées techniques, nombre des idées apparues dès les débuts, comme le daguerréotype ou l'usage du collodion, ont survécu jusqu'à nos jours sans modifications radicales. Ainsi un photographe intéressé par les « techniques alternatives » peut-il très bien réaliser un daguerréotype, le reproduire avec un appareil numérique, puis l'envoyer par courrier électronique sur un site de partage d'images grâce à son ordinateur. Peu d'autres arts connaissent ce genre de voyage dans le temps.

L'histoire de la photographie ne se résume pas à un enchaînement linéaire, depuis le premier appareil en bois jusqu'aux créations numériques complexes d'aujourd'hui. Elle est le fruit d'un processus permanent de recherches, d'emprunts et d'imagination. En effet, sans l'apport des optiques développées pour les microscopes ou les télescopes, les premiers appareils photo seraient sans doute restés des jouets sans conséquence. Le développement technique de la photographie a bénéficié de domaines qui lui sont extérieurs, qu'il s'agisse de l'optique de pointe, de la mécanique, de la chimie ou de l'industrie. L'imagination a également joué un rôle capital dans ces transformations. Ainsi, un fermier presque inconnu, américain d'origine écossaise, David Houston, imagina un chargeur de rouleau de pellicule qu'il breveta, avant même que le rouleau de pellicule ne soit inventé.

Si des développements extérieurs l'ont souvent métamorphosée, la photographie a également changé au gré des bouleversements de la société. Quelques-unes des idées exposées dans ce livre, dont la ressemblance, la mode, la télévision, appartiennent à d'autres champs du savoir. De même, la photographie a connu un usage commercial avec la publicité, le sport ou les cartes postales. Cependant, la plupart des concepts traités ici seront purement photographiques, comme la photo-carte, l'agrandissement ou le photogramme.

Tant d'idées ont influencé la photographie, que l'on pourrait multiplier par dix ou par cent le nombre de celles qui sont présentées ici. Cette liste doit être considérée comme une sélection ou un échantillonnage des idées qui ont déterminé l'évolution de sa pratique. On y trouvera des outils fondamentaux et des révolutions techniques, dont la *camera obscura*, l'obturateur ou le numérique, ainsi que des concepts moins évidents, comme les appareils pour enfants ou le SIG (système d'information global) qui apporte sa contribution à l'éducation, à l'industrie ou à l'aviation.

Par comparaison avec les autres arts visuels, la photographie est encore jeune et incorpore facilement des éléments nouveaux. Elle s'intègre au journalisme, au voyage, à la science, à la médecine et à l'art. Même si ces domaines ont leur propre histoire, ils exploitent des caractéristiques supposées de la photographie, son objectivité ou son réalisme. À défaut d'une unité, le médium possède une cohérence. Si l'on considère que les diverses « photographies » forment un tout, c'est surtout parce que le public les perçoit et les utilise comme tel, et non parce qu'elles correspondent à une description technique unique.

Par ailleurs, la photographie a sans doute été l'art le plus affecté par la révolution numérique. La constellation d'appareils numériques, téléphones capables de photographier, ordinateurs, sites de partage d'images et logiciels de traitement, a engendré davantage de photographes amateurs qu'à aucune autre époque. La dématérialisation des images est l'une des conséquences de ce changement protéiforme. Aujourd'hui, la plupart des clichés n'existent que sur disque dur ou carte mémoire et ne se concrétisent pas dans un album de famille ou une publication. On imprime réellement moins d'un cinquième des images numériques. Elles circulent et se stockent aussi facilement que du texte. Bien que l'on sache avec quelle facilité les images peuvent être falsifiées dans un but politique, social ou personnel, on continue à croire que la photographie entretient un lien objectif avec la réalité. À l'inverse, la conscience qu'une image peut être truquée s'est développée, au point qu'est apparu le verbe « photoshoper », synonyme de « retoucher ».

Interrogé en 2007 sur l'avenir de la photographie, l'éminent photographe et enseignant Tod Papageorge cita la célèbre phrase attribuée à une maîtresse de Louis XV : « Après moi le déluge », suggérant que la fin de la photographie en tant qu'art était proche. Pourtant, à part des prévisions à court terme, il est malaisé de prédire ses perspectives. Après tout, il y a peu encore, l'ordinateur n'était qu'un calculateur électronique. On peut cependant être certain que le rapprochement commencé depuis un siècle entre l'image fixe et l'image mobile, que permettent déjà la plupart des appareils photo numériques, se poursuivra. La lumière, qui constituait l'essence même de la photographie, peut aujourd'hui être renforcée par un dispositif intégré à l'appareil. Par ailleurs, le système d'information global (SIG) intègre au même ensemble des clichés anciens et plus récents. Du coup, nos contemporains ont parfois la nostalgie du travail à la main et de la beauté des photographies argentiques et l'on assiste à la réapparition de techniques parfois laborieuses, comme le cyanotype ou le tirage sur gélatine d'argent. On propose même des logiciels qui aident les utilisateurs à retraiter leurs photos numériques pour leur donner du grain ou des couleurs criardes afin qu'elles ressemblent à de vieux clichés amateurs. Quant aux téléphones mobiles qui prennent des clichés que l'on peut poster instantanément sur Internet, s'ils ont servi des causes démocratiques, ils peuvent aussi être des instruments d'intimidation.

Même si la photographie semble absorber une nouvelle technologie par jour, c'est encore celui qui photographie qui la définit et non l'inverse.

# Chambre avec vue

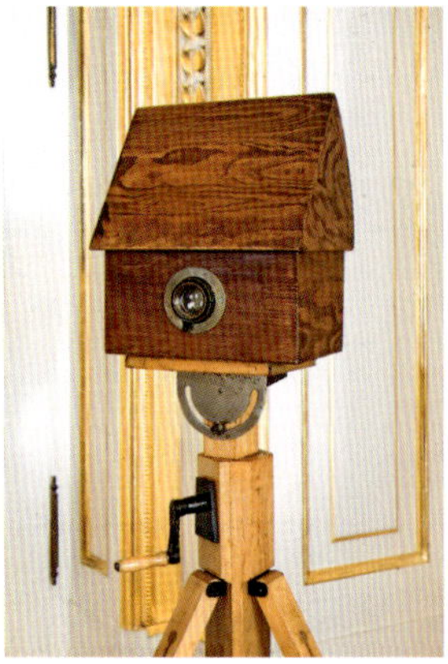

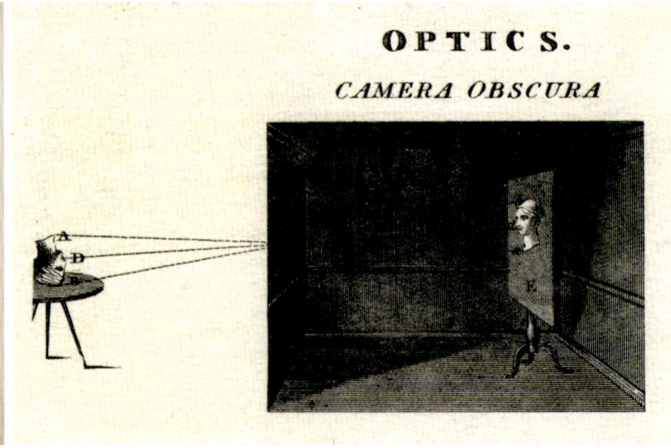


À GAUCHE : *La* camera obscura *portative qui permettait de retrouver la qualité de la pièce noire à l'extérieur fut utilisée par des amateurs, des peintres ou même des savants.*

CI-DESSUS : *Quand Christian Gobrecht illustra le fonctionnement de la* camera obscura *pour* The Cyclopedia ou Universal Dictionary of Arts, Sciences, and Literature *(1805-1822) d'Abraham Rees, il insista sur l'inversion produite.*

IDÉE N° 1

## LA CAMERA OBSCURA

Si l'avion figura dans des romans avant d'exister, personne ne prédit l'avènement de la photographie. Pourtant, quand un mur de maison laissait passer par un petit trou un peu de lumière du jour, on en avait un avant-goût, puisqu'une image inversée du paysage se trouvait projetée tête en bas sur le mur opposé.

Ce phénomène étrange intrigua les penseurs d'Europe et d'Asie dès l'Antiquité. Au Moyen Âge, des savants se demandèrent quelle propriété permettait à la lumière, en passant par une petite ouverture de n'importe quelle forme, de créer une image ronde d'une scène extérieure sur un mur intérieur. Ce phénomène permit d'observer les éclipses solaires sans s'abîmer les yeux, en dirigeant le faisceau lumineux sur une surface plane, dans une pièce maintenue dans l'obscurité. La technique finit par recevoir le nom latin de *camera obscura*, c'est-à-dire « chambre noire ».

Il semblerait que le savant arabe du Xe siècle Ibn al-Haytham, connu en Occident sous le nom d'Alhazen, ait non seulement utilisé la *camera obscura* pour ses expériences, mais s'en soit servi en plus pour décrire la vision humaine. Quand Léonard de Vinci utilisa une *camera obscura*, il ne recourut pas à un boîtier, mais à une pièce ordinaire, où il faisait l'obscurité, en utilisant une lentille pour obtenir une image plus précise de l'extérieur. Pour Léonard, la *camera obscura* était comme une salle de spectacle où observer des silhouettes mouvantes et des cieux changeants ; il devina son potentiel et suggéra de dessiner au crayon les images qu'elle projetait.

Au cours des XVIIe et XVIIe siècles, la réflexion sur le lien entre la *camera obscura* et la représentation du monde visible se développa. L'homme de lettres flamand Constantin Huygens nota que les tableaux semblaient sans vie par comparaison avec les images vibrantes obtenues dans une *camera obscura*. L'intérêt pour le procédé conduisit à réduire la taille de la chambre à celle d'un cabinet grand comme un placard, dans lequel on avait juste la place de dessiner, debout ou assis. L'emploi de lentilles se généralisa et, avec d'autres équipements, contribua à rendre l'image plus nette et plus vive. Des miroirs permirent de la redresser et de rétablir sa verticalité.

Mais on se lasse vite de reproduire toujours la même image. Plus l'emploi de la chambre se répandit, plus on souhaita utiliser ses qualités en extérieur. La création de ce que l'on appela de « petites maisons », des chaises à porteurs fermées de rideaux ou de tentes à une seule place, améliora un peu la situation, mais la percée se produisit quand la *camera obscura* cessa d'être un local et devint une petite boîte facile à transporter, le plus souvent en bois, qu'une multitude de personnes pouvaient utiliser, des naturalistes aux savants, des cartographes aux peintres. La grande *camera obscura* ne fut cependant pas tout à fait abandonnée.

Tous les inventeurs de la photographie possédèrent une *camera obscura* et c'est sans doute grâce à elle qu'ils imaginèrent une image automatique et permanente. ■

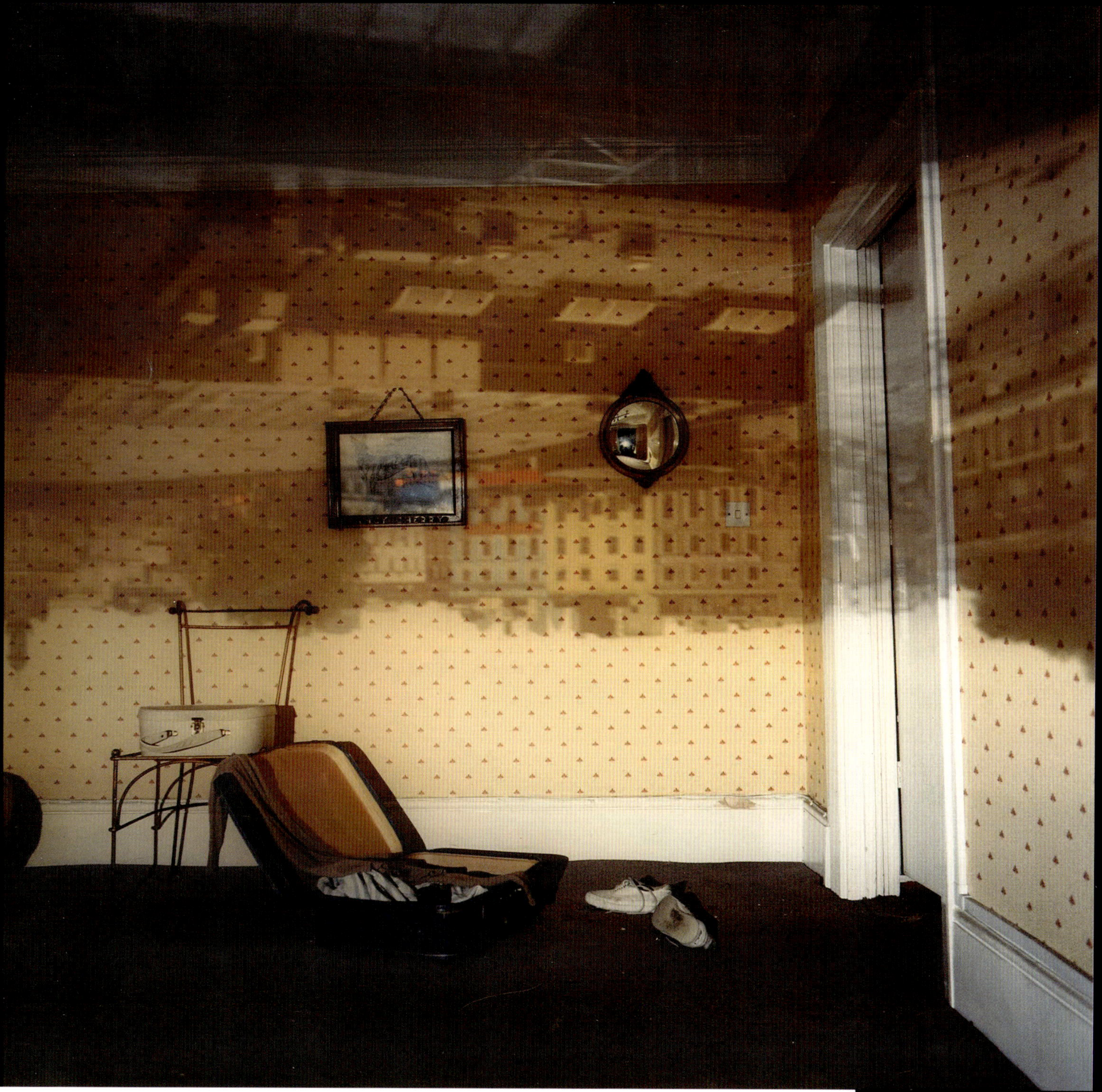

“La percée se produisit quand la *camera obscura* devint une petite boîte facile à transporter.”

*L'utilisation de la* camera obscura *perdure dans l'art contemporain. Ici, une installation de Minnie Weisz,* Room 303 *(2006), prouve qu'elle continue à fasciner.*

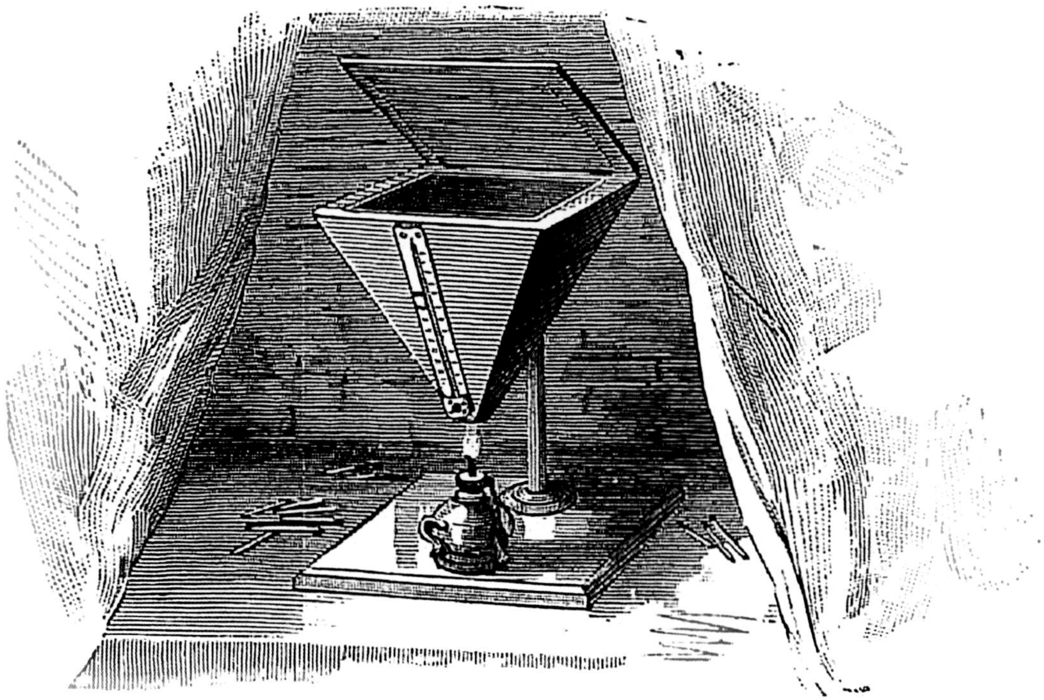

**Developing the Plate.**

“Au début, il fut difficile de convaincre le public de l’existence d’une image invisible.”

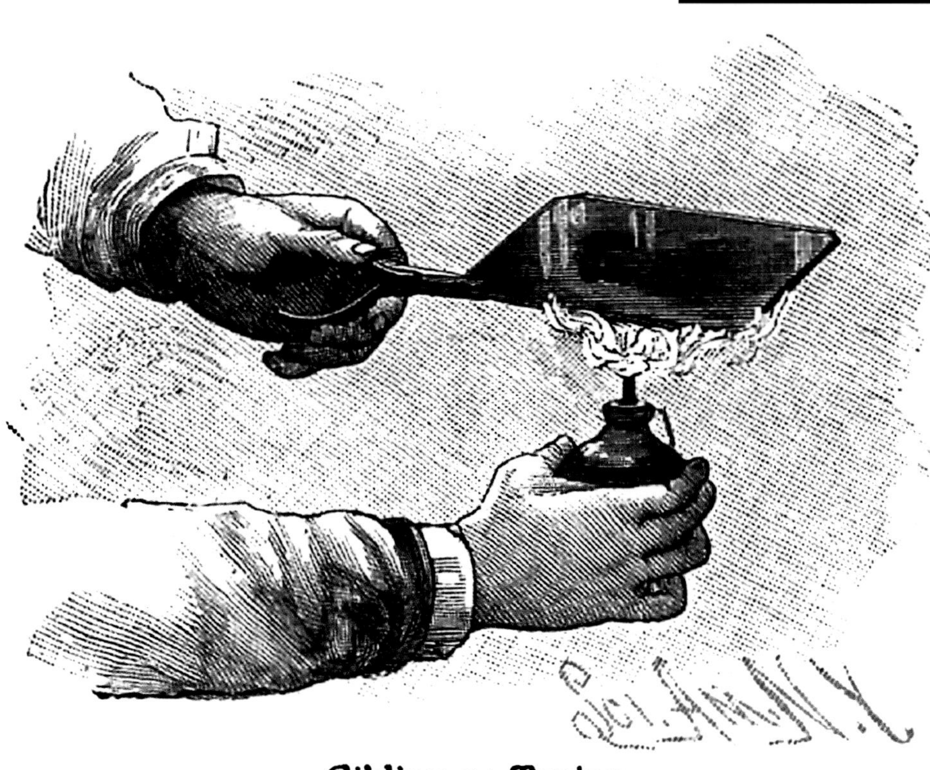

**Gilding or Toning.**

EN HAUT : *Sur le daguerréotype, l’image latente était révélée par exposition à des vapeurs de mercure dans un « bain », comme celui-ci.*

CI-CONTRE : *Une fois l’image latente développée, on pouvait l’améliorer en la dorant ou en la colorant.*

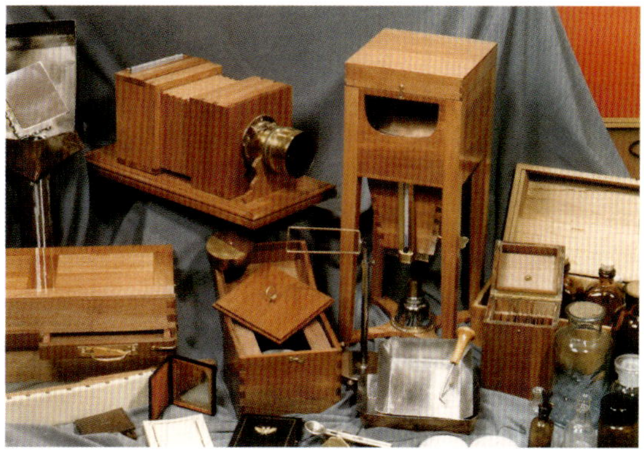

*Appareillage photographique ancien.*

IDÉE Nº 2

# L'IMAGE LATENTE

Une pellicule exposée à la lumière connaît des changements chimiques qui ne sont pas forcément visibles. L'image produite, appelée « image latente », doit faire l'objet d'un traitement supplémentaire pour apparaître à nos yeux.

Dans les premiers temps de la photographie, on l'imaginait sur le modèle de la vision humaine, si bien que le cliché idéal aurait été celui qui se formerait sans traitement après l'exposition initiale (voir **images en positif direct**). L'idéal de l'image instantanée empêcha sans doute les premiers photographes de saisir le concept plus terre à terre d'image latente.

Au début, il fut plutôt difficile de convaincre le public de l'existence d'une image invisible sur ce petit carré d'argent uniforme. Dans les années 1830, quand Louis Daguerre montra sa technique aux Parisiens, rassemblés en plein air autour d'une exposition de son appareil photo et de son matériel de développement, on le prit pour un charlatan. Qu'il fît apparaître son image hors de vue, dans un local sombre, ne renforçait pas sa crédibilité. On mit aussi en doute le récit qu'il donna de sa découverte : il prétendait avoir placé des plaques argentées sous-exposées dans un placard où étaient rangés des produits chimiques. À son retour, des images seraient apparues par miracle sur les plaques. En procédant par élimination, il conclut que les vapeurs émises par un récipient de mercure avaient dû les révéler. Daguerre ne réussit à convaincre que lorsqu'un député qui était également un scientifique de renom, François Arago, soutint sa cause.

Un autre des pionniers de la photographie, William Henry Fox Talbot, l'inventeur du **calotype**, découvrit de son côté l'image latente au cours de ses premières expériences. Reconnaissant le potentiel du phénomène, il améliora le procédé jusqu'à pouvoir tirer plusieurs copies d'une image développée. Bientôt, l'image latente devint une étape du développement.

La prise en compte de la « latence » changea la manière de prendre et de reproduire les clichés. Le temps d'exposition fut raccourci, ce qui permit de photographier les personnes qui avaient du mal à tenir la pose de longues minutes, tandis que le support s'impressionnait. Enfin, la prise du cliché fut séparée du processus de développement qui pouvait être retardé de plusieurs jours, puis, avec le temps, des semaines ou des mois. Jusqu'à l'avènement du numérique, l'image latente joua un rôle crucial dans l'industrie photographique, puisque le négatif permettait de vendre des tirages multiples. Son importance n'effaça jamais tout à fait le rêve d'une image instantanée, que le **Polaroïd** allait réaliser après la Seconde Guerre mondiale. ■

IDÉE N° 3

# IMAGES EN POSITIF DIRECT

Les pionniers de la photographie commencèrent leurs expériences avec l'idée de capturer en une étape unique l'image complexe projetée dans une *camera obscura*. Ce projet des débuts subsista pendant près de deux siècles et finit par se réaliser grâce au Polaroïd et au numérique.

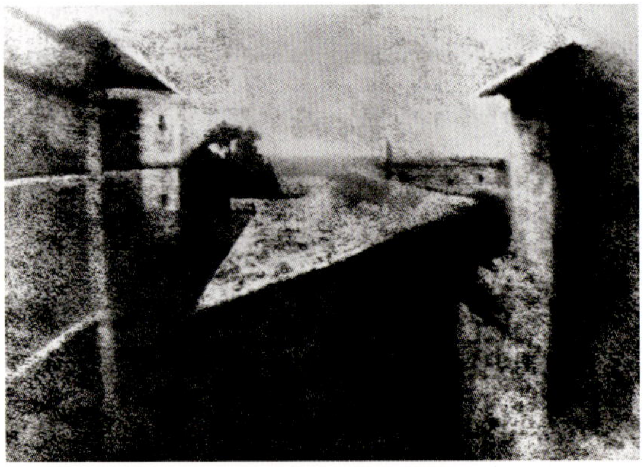

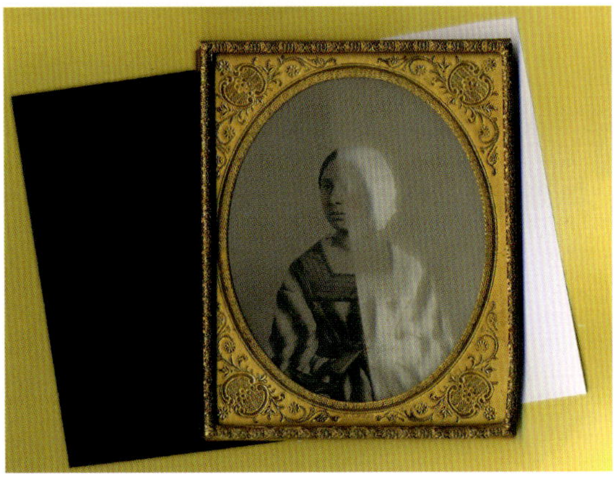

EN HAUT : Le Point de vue du Gras *(vers 1826) de Niépce est la plus ancienne photographie conservée. Pour sa réalisation, l'exposition du matériau sensible dura près de huit heures.*

CI-DESSUS : *L'ambrotype était un négatif sur verre dont les valeurs étaient rétablies en le disposant sur un fond noir.*

Constatant la vivacité des images colorées projetées par une ***camera obscura*** portative, l'inventeur Nicéphore Niépce eut l'idée d'y insérer une plaque sensibilisée et obtint un vague cliché noir et blanc dès le début du XIXe siècle. En s'appuyant sur des expériences antérieures, il recouvrit une plaque d'étain de bitume de Judée, une substance goudronneuse qui avait la propriété de durcir à la lumière. Il plaça ensuite la plaque de métal dans la *camera obscura* posée sur un appui de fenêtre au dernier étage de sa maison. En huit heures à peu près, les parties du bitume les plus éclairées avaient durci. Niépce nettoya ensuite les zones moins exposées, plus molles, et augmenta les contrastes en exposant la plaque à des vapeurs iodées. Enfin, il se trouva en possession d'une image en positif direct, considérée aujourd'hui comme la première photographie conservée. L'image de Niépce n'avait pas été tirée à partir d'un négatif, elle était unique et ne pouvait être reproduite. Son travail contribua à la naissance du **daguerréotype** qui offrait davantage de détails.

Un autre précurseur produisit ce qu'il appelait des « dessins photogéniques », c'est-à-dire des images uniques, prises sans appareil photographique, par exposition à la lumière. Vers le milieu des années 1830, William Henry Fox Talbot sensibilisait du papier avec une solution d'argent qui noircissait à la lumière. Il plaçait ensuite une feuille d'arbre ou un petit objet sur le papier et l'exposait. L'ombre faisait apparaître une silhouette. Après avoir arrêté le processus avec un produit de son invention, Talbot se retrouvait avec une image en positif direct, qui, il s'en aperçut bientôt, pouvait servir de négatif pour fabriquer des images inversées de l'original. Cette technique, rebaptisée au XXe siècle « **photogramme** », est encore pratiquée aujourd'hui.

Même si l'on utilise le plus souvent un négatif pour produire des tirages multiples, l'idée de la photographie en positif direct ne s'éteignit jamais. L'ambrotype, version moins coûteuse du daguerréotype, reposait sur un négatif de verre légèrement sous-exposé présenté sur un fond noir, qui permettait de transformer le négatif en positif. Un autre procédé de positif direct, populaire et léger, le ferrotype (*tintype* en anglais), reposait aussi sur une inversion des tonalités.

Après la Seconde Guerre mondiale apparaît le procédé baptisé **Polaroïd** qui offrait une photographie quasi instantanée. L'appareil contenait une liasse de pellicule négative et de papier positif entre lesquels se trouvaient les produits chimiques permettant de développer et de fixer l'image. ■

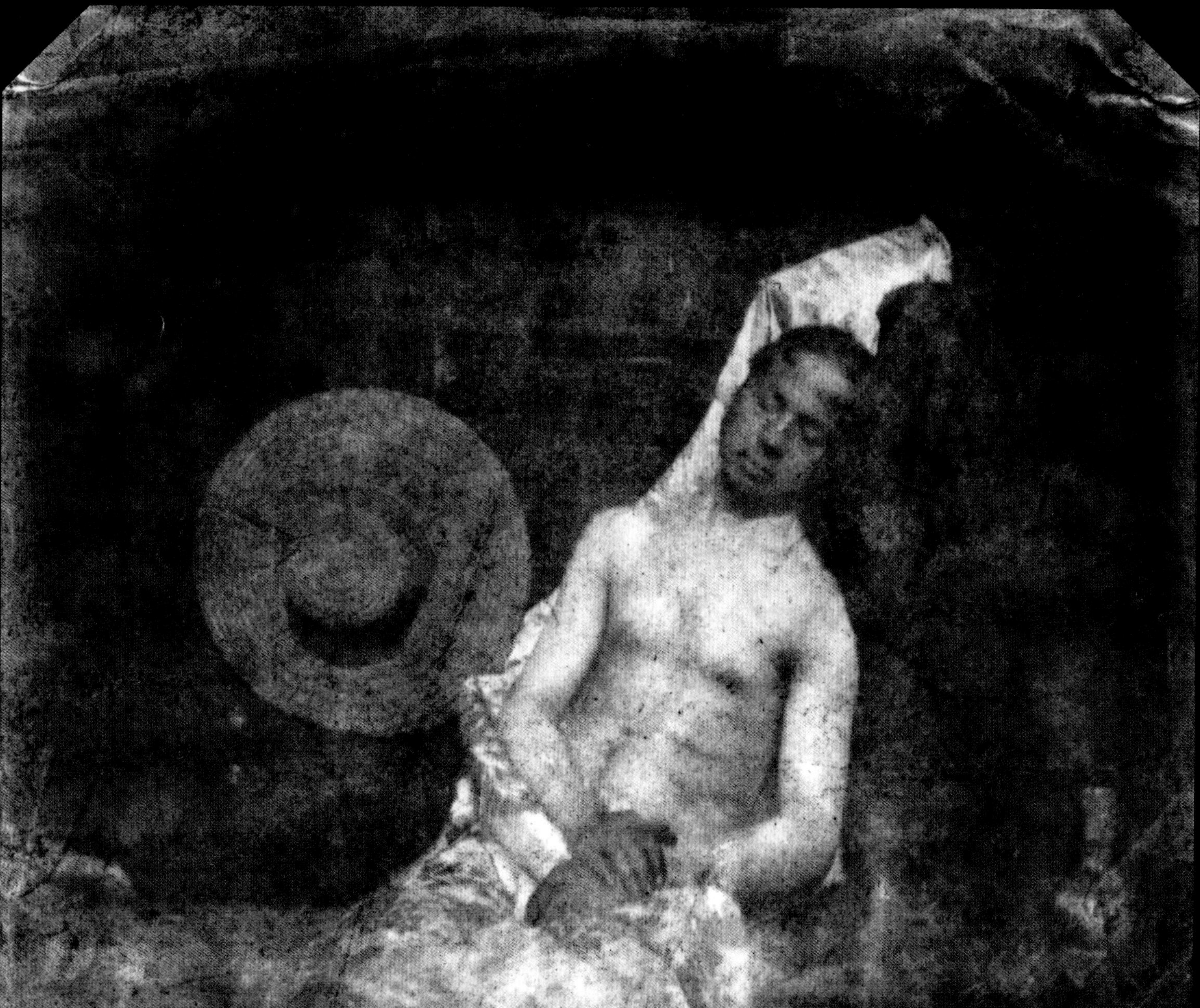

*Hippolyte Bayard inventa sa propre technique de développement en positif direct. Posant lui-même en cadavre dans son* Autoportrait en noyé *(1840), il se moqua de l'idée que la photographie ne mentait jamais.*

# *Une logique inversée*

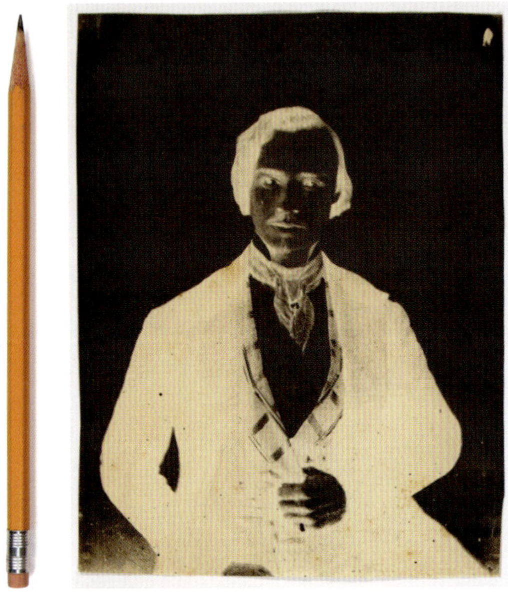

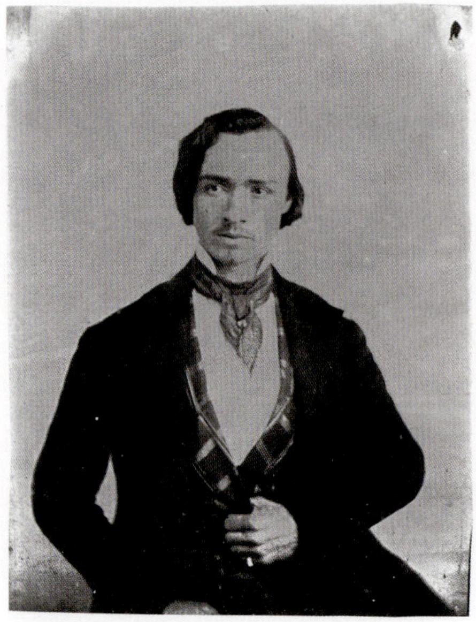

*La photographie reposa sur le négatif fonctionnant en inversant les tonalités claires et obscures jusqu'à l'apparition du numérique.*

IDÉE N° 4

## POSITIF ET NÉGATIF

Pour que le négatif s'imposât, il fallait du papier photographique et un inventeur qui imaginât de multiplier une image. Jusqu'à l'ère du numérique, le processus qui permettait de tirer un cliché à partir de son inverse exact joua un rôle capital.

En 1835, quand W. H. F. Talbot réussit à obtenir une image après une longue exposition, il nota qu'elle pouvait produire ce qu'il appelait « un deuxième dessin ». En d'autres mots, Talbot avait imaginé de la placer sur du papier sensible et de l'exposer à la lumière pour en faire une copie. Sur la deuxième image, ou positif, les tons de la première image, le négatif, étaient inversés. Si Talbot inventa le procédé, ce fut son ami, le scientifique John Herschel, qui imposa les termes « positif » et « négatif » pour le décrire, et peut-être même le mot « photographie ».

Les premiers négatifs étaient en papier (voir **Le calotype**). Quand on les utilisait pour des tirages, le résultat variait selon leur texture et leur densité. Au moment où les images se transféraient, les détails se brouillaient quelque peu, donnant au résultat un côté artisanal, voire artistique. Même si la capacité théorique du négatif à produire une infinité de tirages enthousiasma les commentateurs, tant qu'il resta en papier, le résultat ne se montra pas toujours satisfaisant. Le mouillage répété ramollissait ses fibres et le contact avec le papier sensible usait l'image. Les photographes protégeaient parfois le négatif avec une couche de cire d'abeille, mais il fallait souvent le retoucher à l'encre ou au crayon.

Pour améliorer le négatif, on dut remplacer le papier par une substance moins fragile. Le passage du **collodion** à une émulsion qui produisait un **tirage gélatino-argentique** ou une photographie **couleur** demandait une amé-

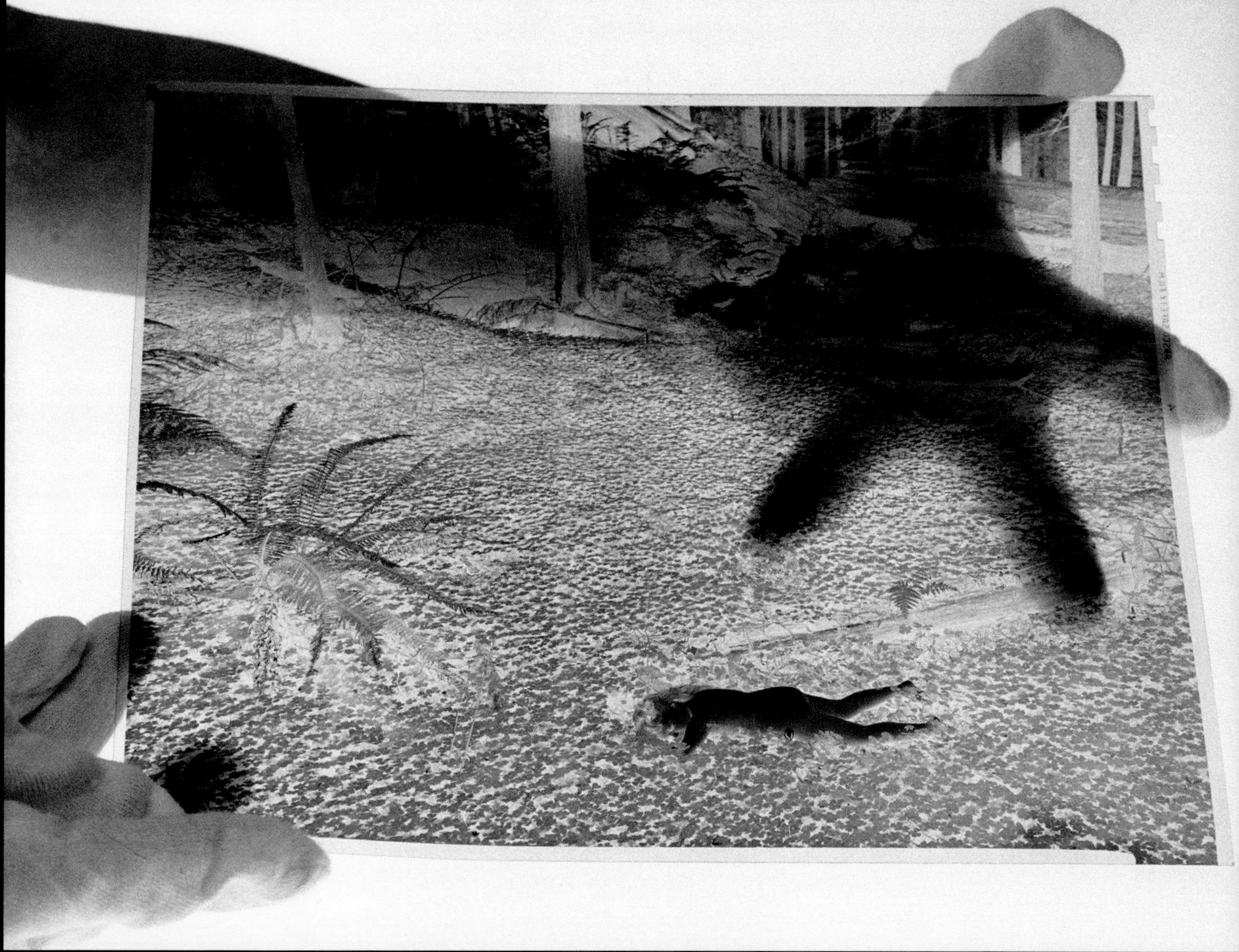

*La photographie sur pellicule donna naissance à des négatifs complexes dotés d'un grand nombre de nuances de gris qui créaient une expérience visuelle très riche, comme en témoigne* Child in Forest *(« Enfant dans une forêt », 1951) de Wynn Bullock, ici entre les mains de Dianne Nilsen, la conservatrice du Center for Creative Photography de l'université de l'Arizona, à Tucson, où le négatif sur verre est déposé.*

lioration chimique et technique des procédés qui supposait le passage par un stade industriel. Une fois acquises, ces avancées permirent à leur tour de stocker davantage d'informations sur le négatif et de les restituer sans perte lors du développement.

Jusqu'à l'avènement du numérique, on plaçait sa fierté dans les négatifs. Vers 1940, Ansel Adams et Fred Archer conçurent une méthode, baptisée « zone system », qui permettait de visualiser à l'avance les tonalités d'une image en termes de densité d'information visuelle fixée sur le négatif. Le livre d'Adams de 1948, *The Negative*, se vend toujours. Cependant, même ses disciples sont aujourd'hui tentés de scanner des négatifs récents ou plus anciens, de les retravailler et de les tirer sur des imprimantes numériques de qualité. ■

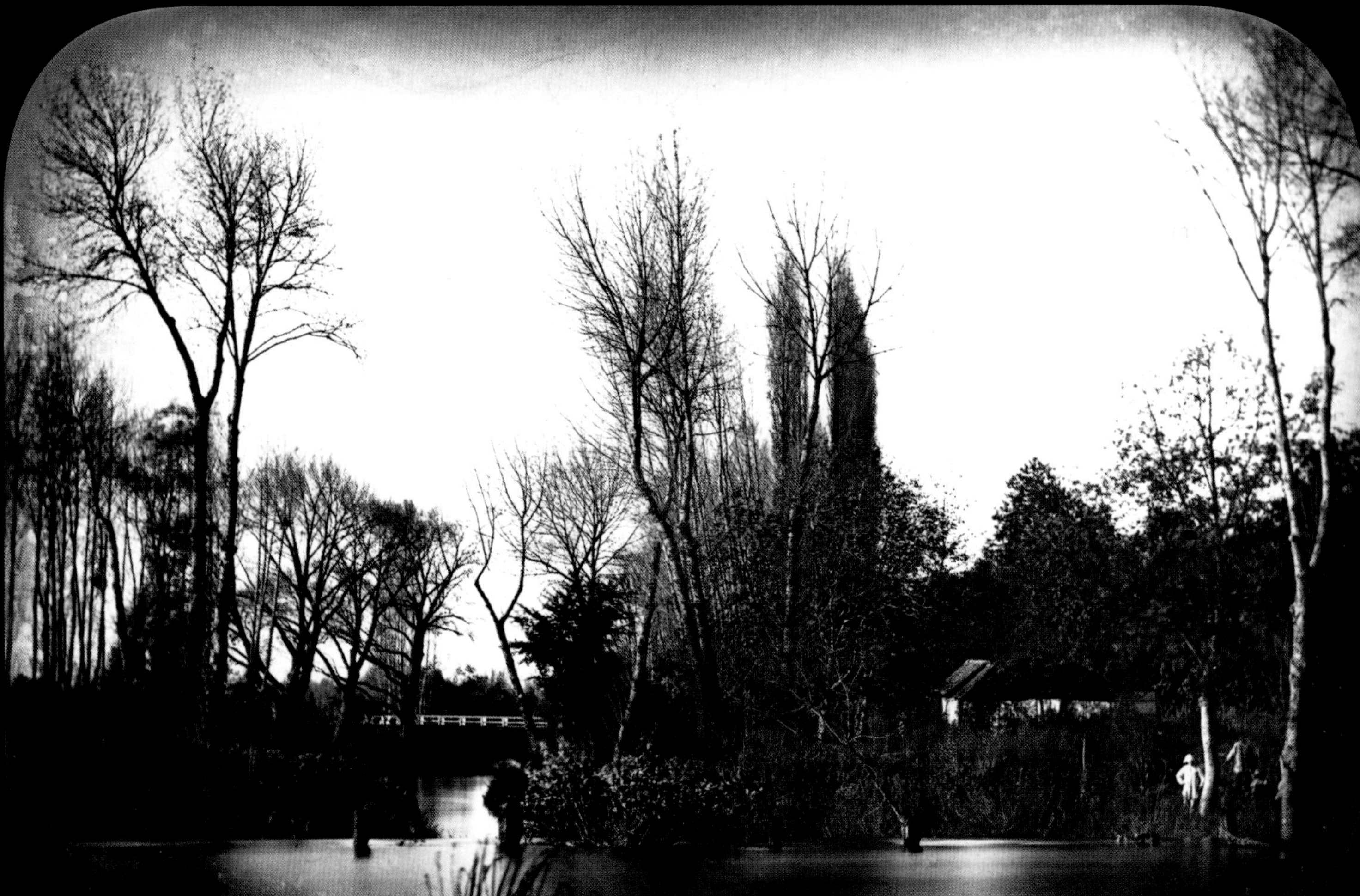

*La surface argentée du daguerréotype donne aux zones claires des reflets mouvants, comme ceux de ce* Paysage près de Troyes *(vers 1855) d'Alexandre Clausel.*

IDÉE Nº 5
# LE DAGUERRÉOTYPE

Sa surface polie et argentée comme un miroir, ses détails très fins firent du daguerréotype le procédé le plus apprécié pour les portraits jusqu'aux années 1850. On le trouvait tellement ressemblant que certains lui attribuèrent des pouvoirs magiques.

Le peintre et chimiste Louis Daguerre donna son nom à cette technique qui utilisait une plaque de cuivre recouverte d'argent, soigneusement polie. La plaque était exposée à des vapeurs d'iode pour la rendre sensible, puis placée dans une *camera obscura*. La chambre produisait une image latente invisible, que l'on révélait par la suite, avec des vapeurs de mercure, dans une boîte spéciale.

Malgré son poids, la plaque argentée était fragile et facilement rayée ou tachée. De plus, il fallait tenir le daguerréotype sous un angle particulier pour le voir. La surface de la plaque, protégée par du verre, était souvent rangée dans un cadre doublé de tissu noir, si bien qu'en orientant les surfaces brillantes, on les rendait plus lisibles.

Le daguerréotype se diffusa d'autant plus facilement dans le monde entier que son inventeur avait rédigé un manuel d'instructions. Comme le matériel nécessaire à sa fabrication était déjà disponible, le procédé déclencha une véritable fièvre et beaucoup de gens munis d'une *camera obscura* et de quelques produits chimiques s'improvisèrent photographes.

En anglais, le mot devint synonyme d'une ressemblance parfaite. La littérature populaire présente parfois les daguerréotypistes comme des êtres dotés de pouvoirs surnaturels, capables d'ensorceler leurs modèles. Dans le roman de Nathaniel Hawthorne *La Maison aux sept pignons* (1851), des daguerréotypes ont le pouvoir de révéler les vices et les vertus des individus. Parfois, en allant se faire photographier, on apportait une écharpe ou un chapeau appartenant à un mort, en espérant que l'image du cher disparu allait apparaître sur le cliché.

Étrangement, l'un des premiers procédés à s'imposer fixait l'image sur une lourde feuille de cuivre plaquée d'argent. À l'époque, comme aujourd'hui, on pouvait photographier sur une variété de **supports**. La valeur des matériaux employés aurait causé la destruction de beaucoup de clichés historiques, fondus par temps de guerre ou de difficultés économiques, cependant, comme on possède peu de statistiques sur l'ampleur de la production totale, il est difficile d'acquérir une certitude sur leur sort. ■

*Edgar Allan Poe, ici sur un daguerréotype anonyme de 1849, s'intéressa vivement à ce procédé photographique.*

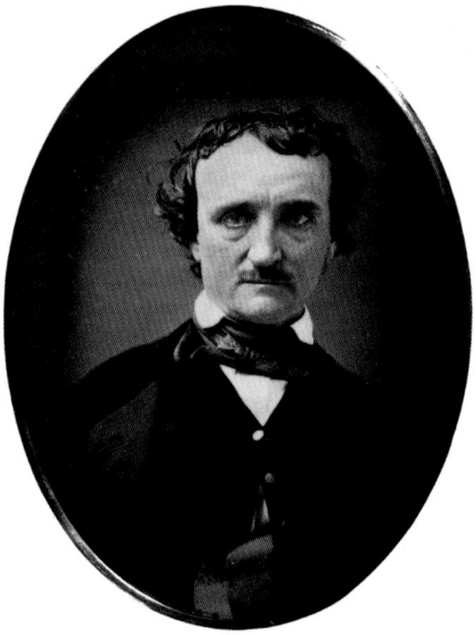

*Partis pour des courses lointaines*

IDÉE N° 6

# EXPLORATEURS

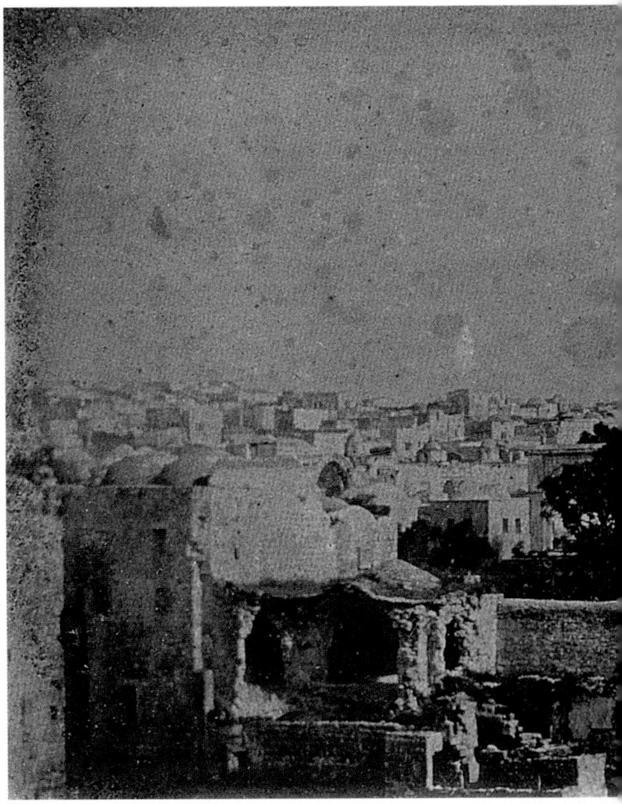

Quand les premiers défenseurs de la photographie soulignaient sa valeur, ils manquaient rarement de mentionner son utilité pour les expéditions scientifiques ou géographiques. Et en effet, elle joua un rôle non négligeable dans l'exploration du monde et même de l'univers, tout en incarnant simultanément un regard indiscret.

L'invention de la photographie fut rendue publique en août 1839. Le procédé provoqua un tel engouement que John Herschel, le créateur du **cyanotype**, proposa dès septembre 1839 que l'expédition anglaise vers l'Antarctique soit équipée d'un appareillage photographique. Sa suggestion ne fut pas retenue, mais elle permet de comprendre à quel point l'attrait de la photographie reposait sur la croyance qu'elle enregistrait les données de manière objective. Bientôt, les explorations scientifiques ou militaires embauchèrent des professionnels ou formèrent leurs personnels pour qu'ils prennent des clichés sur place. Même si l'appareil restait impartial, celui qui photographiait interprétait ce qu'il voyait selon ses valeurs et ses ambitions ou selon celles de son employeur. Ainsi, les images de la Terre sainte insistaient sur les monuments chrétiens et celles de la Grèce sur les édifices antiques qui continuaient à influencer l'architecture néoclassique.

Si nombre d'expéditions du milieu du XIXe siècle reposaient sur des financements accordés par des États ou des sociétés privées pour la prospection de ressources naturelles, d'autres étaient le fait d'individus fortunés partis pour de longs voyages d'exploration photographique. Philibert Joseph Girault de Prangey, par exemple, réalisa pendant trois ans, en Grèce, au Liban, en Palestine, en Égypte et en Turquie, près de huit cents daguerréotypes d'architecture antique. L'orientalisme et l'intérêt pour les décors bibliques attiraient les touristes et suscitaient une forte demande d'images provenant de ces contrées. À partir des années 1850, Francis Frith créa des images exotiques dans de nombreux formats, inaugurant une industrie prospère qui reposait sur le désir du public de voyager en pensée. Les journaux regorgeaient de récits d'aventures dans des pays lointains, illustrés de gravures d'après les « premiers clichés » rapportés.

L'association étroite entre la photographie et le colonialisme aboutit au catalogage des architectures indigènes, des dignitaires religieux, des peuples, des représentants des gouvernements, de la flore exotique et de la vie quotidienne d'outre-mer. La présence des colonisateurs sur une grande partie de ces images illustrait « le fardeau de l'homme blanc » : civiliser et instruire (voir **la preuve par la photographie**). L'impression d'appartenir à une culture supérieure suscita des pratiques spécifiques. Ainsi, en Grande-Bretagne, le Colonial Office Visual Instruction Committee (COVIC ou « Comité d'enseignement par l'image du bureau colonial ») possédait une vaste collection de photographies destinées à « renforcer l'unité et la citoyenneté dans l'empire ».

De nos jours la photographie défend et illustre l'exploration de l'espace et des océans. Les images produites par les photographes professionnels qui suivent ces expéditions servent la science, tout en sensibilisant l'opinion et en suscitant des financements. Les blogs des photographes qui participent aux campagnes polaires permettent aussi au public de partager les émotions et les succès des chercheurs. ■

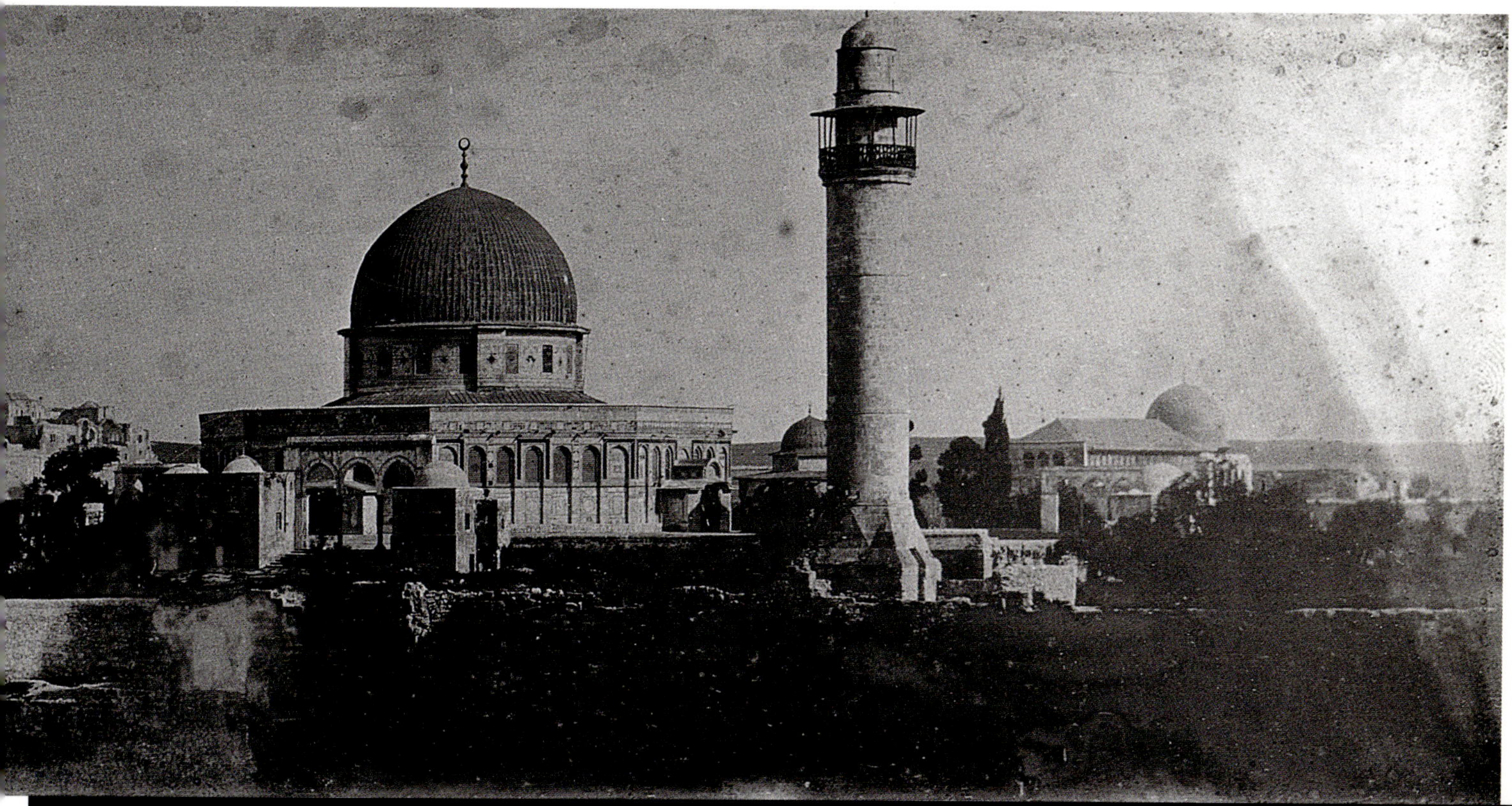

**“L’orientalisme attirait les touristes et suscitait une demande d’images.”**

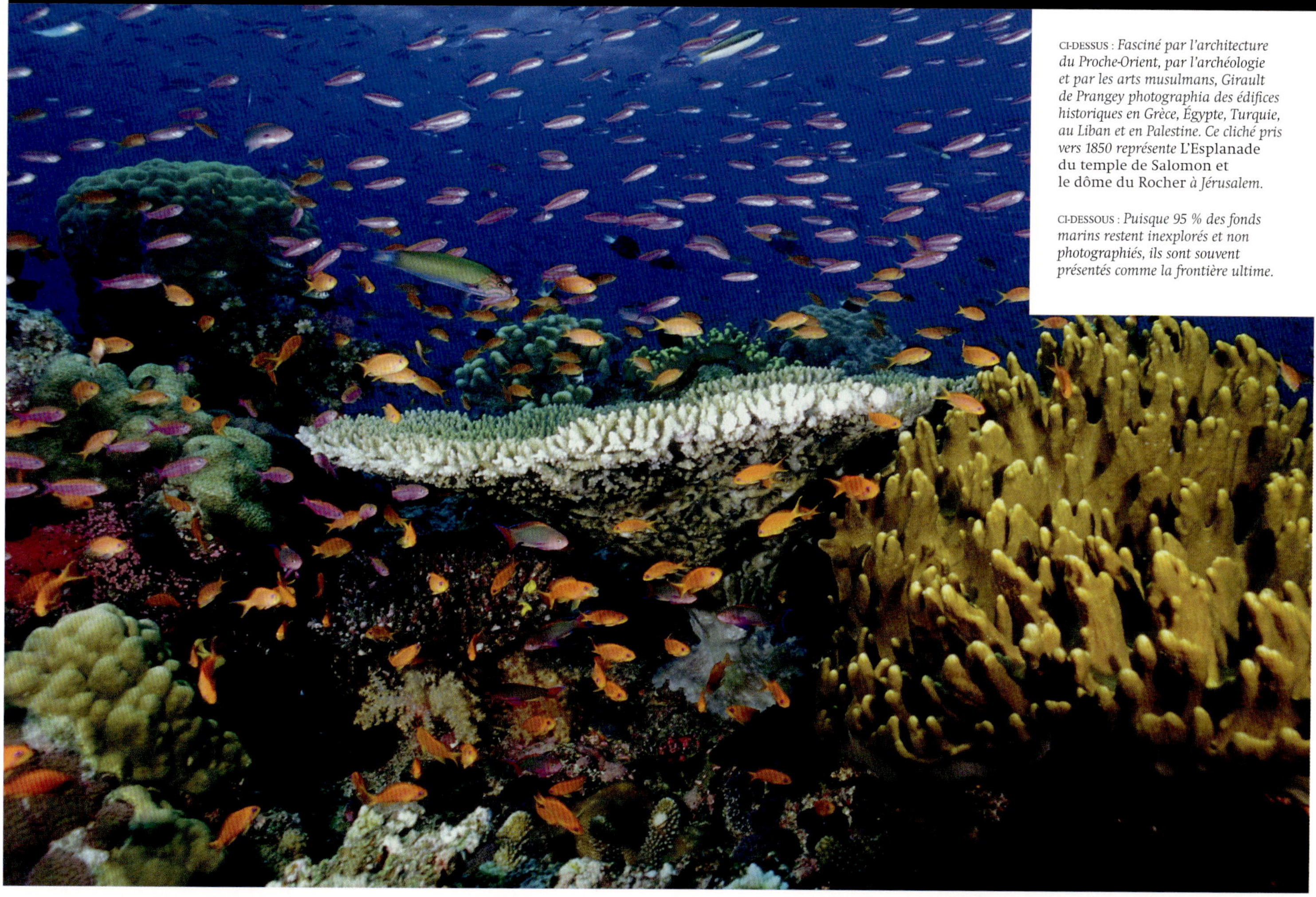

CI-DESSUS : *Fasciné par l’architecture du Proche-Orient, par l’archéologie et par les arts musulmans, Girault de Prangey photographia des édifices historiques en Grèce, Égypte, Turquie, au Liban et en Palestine. Ce cliché pris vers 1850 représente* L’Esplanade du temple de Salomon et le dôme du Rocher *à Jérusalem.*

CI-DESSOUS : *Puisque 95 % des fonds marins restent inexplorés et non photographiés, ils sont souvent présentés comme la frontière ultime.*

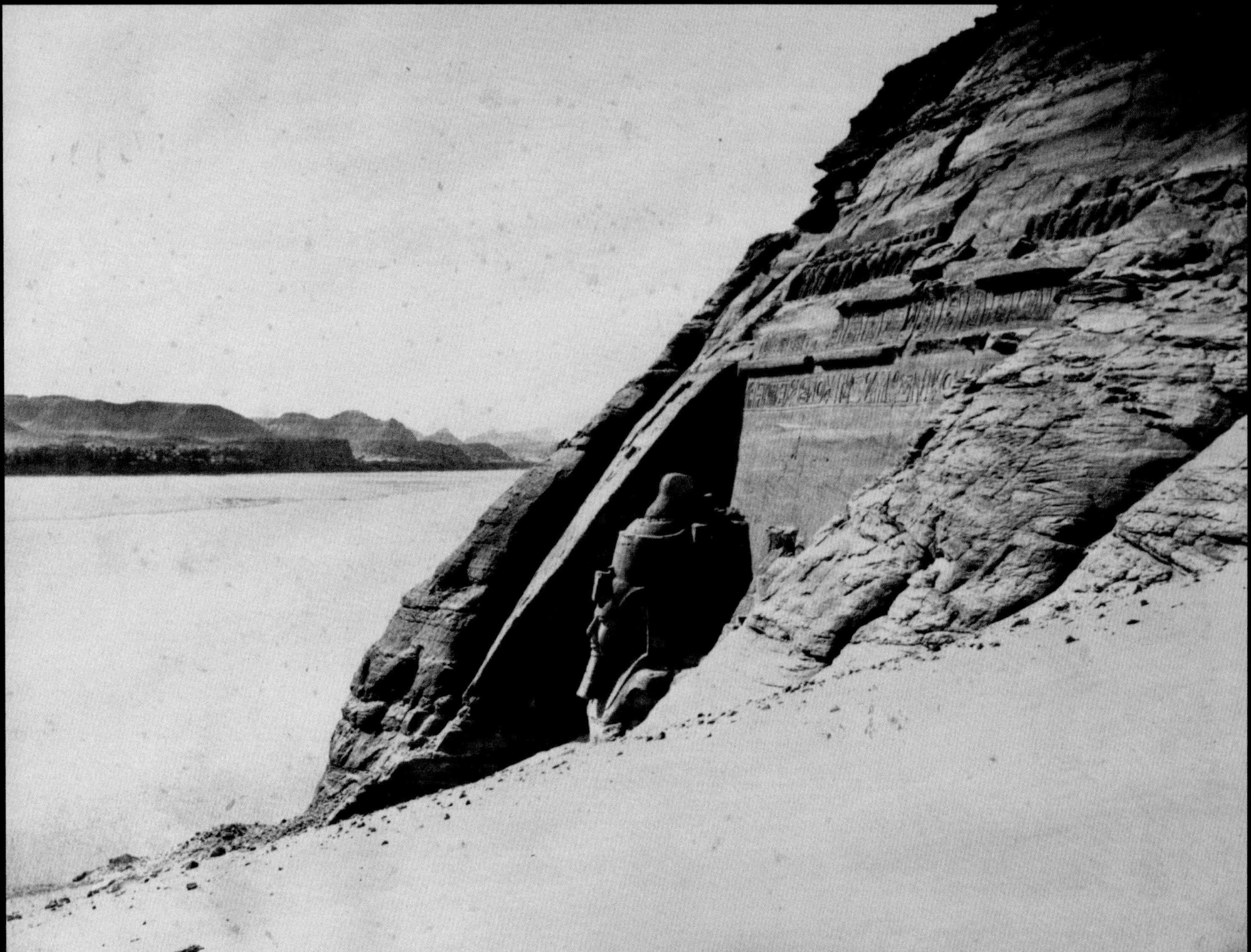

“Le calotype conserva la faveur des artistes.”

*Les premiers utilisateurs du calotype, dont Félix Teynard, le photographe de cet* Abou Simbel – Grand Spéos – Vue prise de la coulée de sables *(1851-1852), exploitaient la lumière et les ombres marquées de l'Égypte pour donner du relief aux formes, comme l'avaient fait les sculpteurs et les architectes de l'Antiquité.*

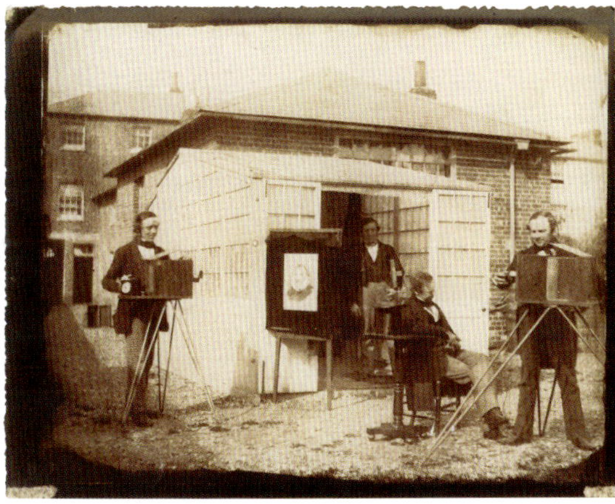

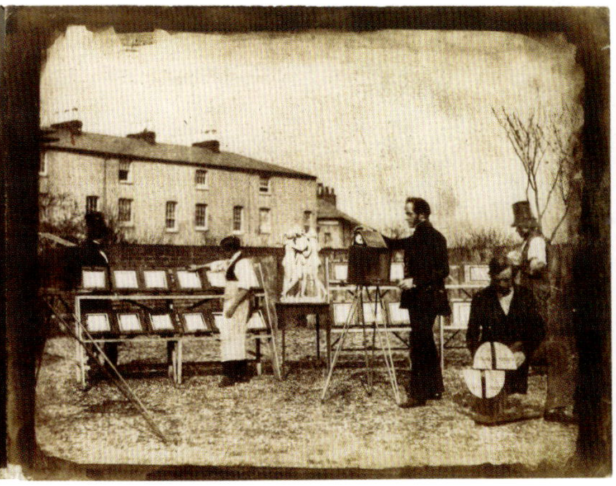

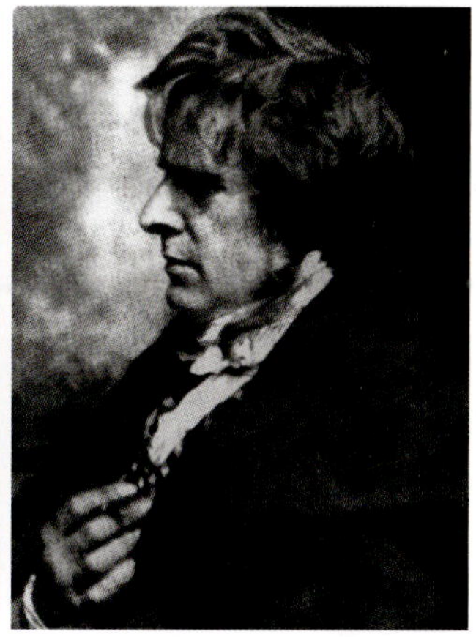

À GAUCHE : *Cette installation de Talbot illustre la rapidité avec laquelle la technique photographique s'est industrialisée.*

CI-DESSUS : *David Octavius Hill ne se contenta pas d'exploiter les qualités évocatrices du calotype, il s'intéressa aussi à la retouche des négatifs. Sur celui-ci, l'espace qui se trouve devant le profil du modèle a manifestement été éclairci.*

IDÉE N° 7

# LE CALOTYPE

Avec un nom provenant de deux mots grecs, l'un signifiant « beau » et l'autre « impression », ce procédé ancien ne faisait pas seulement une belle impression, il en autorisait un grand nombre, élargissant le champ de la photographie en permettant de créer de multiples copies.

W. H. F. Talbot, dont les premières expériences avaient abouti à la réalisation de photogrammes sans appareil, comprit bientôt que les images en négatif pouvaient être utilisées pour réaliser des épreuves positives. En 1841, il breveta la méthode du calotype et contribua à l'installation d'un atelier doté d'une imprimerie où il put tirer ses images et celles d'autrui. De fait, il lança l'industrialisation de la photographie.

Le calotype requérait un papier assez solide pour supporter d'être imbibé de produits chimiques et d'eau. À l'origine, les photographes le préparaient avec du papier à lettres. Les formats n'étaient pas uniformisés et devaient s'adapter à la taille de l'appareil. Talbot et ses collègues coupaient leur papier et fabriquaient le cadre qui le maintenait dans le boîtier.

Au milieu des années 1840, Talbot publia l'un des premiers livres de photographies contenant de véritables tirages, collés sur les pages. Vingt-quatre calotypes accompagnés d'un texte détaillaient les possibilités du procédé, dont sa capacité à cataloguer des collections d'objets d'art ou de porcelaines, à reproduire des esquisses ou des dessins d'architecte. L'inventivité de Talbot le conduisit également à imaginer des **séquences** d'images photographiques. Des décennies avant Claude Monet, il étudia les effets des changements de lumière sur des formes géométriques, en intérieur comme en extérieur.

Le calotype séduisit beaucoup de photographes amateurs. Quand ils ne violaient pas tout simplement son brevet, ils tentaient d'obtenir de Talbot des exemptions. Le premier club photographique du monde, le Calotype Club d'Édimbourg, fut fondé au début des années 1840, peu après l'invention du calotype (voir **Les sociétés photographiques**). Plus le nombre d'expérimentateurs croissait, plus on réussissait à réduire la durée d'exposition, comme ce fut le cas pour le daguerréotype.

La douceur, les grandes zones d'ombre et de lumière du calotype, mais aussi la texture du papier sur lequel il était développé séduisirent les artistes qui trouvaient les contours du daguerréotype trop durs et la précision de ses détails fastidieuse. Comparant le calotype au daguerréotype, le peintre et précurseur de la photographie David Octavius Hill proclama que le premier « ressemblait davantage à l'œuvre imparfaite que produit un homme et non à une version réduite de la création divine ». Même s'il fut ultérieurement remplacé par d'autres techniques industrielles, dont le tirage sur papier albuminé, le calotype conserva la faveur des artistes, qui le ressuscitèrent par nostalgie à la fin du siècle, dans le cadre du mouvement de la **photo-sécession** (voir p. 120). ■

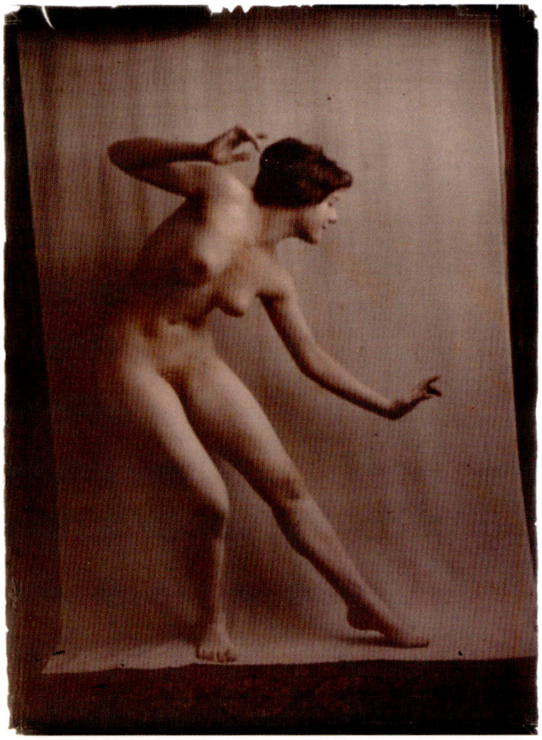

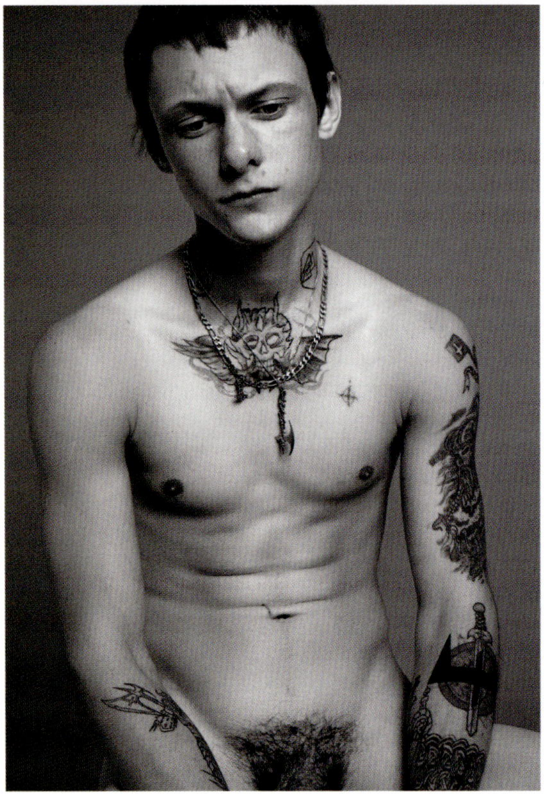

EN HAUT : *La danse et les autres attitudes corporelles ritualisées devinrent des sujets populaires. Arnold Genthe, qui réalisa cette étude de nu peu après 1906, publia deux livres de photographies de danse où figure un cliché de la célèbre Isadora Duncan.*

CI-DESSUS : *Ce portrait intitulé* Jasper *(2010) illustre la manière dont Ryan McGinley traite le rapport du sujet à son propre corps.*

# *Des dieux et des mortels*

IDÉE Nº 8

## LE NU

Le réalisme incontournable de la photographie obligea à reconsidérer la tradition occidentale du nu sous un angle nouveau. L'érotisme qui avait toujours fait partie intégrante du nu peint ou sculpté devenait plus explicite quand le modèle ressemblait moins à un dieu ou à une déesse et davantage à un individu, homme ou femme.

Les représentations de nus jouent un rôle central dans l'art occidental. Les modèles grecs et romains influencèrent la Renaissance et le baroque ; certaines scènes bibliques demandaient d'ailleurs des nus, comme l'expulsion du paradis terrestre. Les « études de nu » constituaient une part essentielle de l'enseignement de l'art. Mais le réalisme cru de la photographie ne s'adaptait pas aisément à l'iconographie antique ou religieuse.

Les peintres du XIXe siècle, dont Eugène Delacroix, même s'ils travaillaient volontiers à partir de clichés de nus pour leurs tableaux, critiquaient la précision mécanique des photographies et la rigidité de leur ressemblance. Pourtant, selon d'autres, elles pouvaient illustrer les principales poses demandées aux modèles dans l'atelier. On inventa donc les « **académies** », un compromis qui satisfaisait le besoin de modèles des artistes tout en respectant les lois qui protégeaient le public de la pornographie.

Le problème que posaient ces nus venait aviver un débat déjà enflammé sur l'influence qu'exerçait alors la photographie sur des populations forcément crédules et ignorantes. Elle flattait les bas instincts au détriment des émotions raffinées. Pour adoucir leurs nus, certains photographes leur ajoutaient des accessoires : draperies, colonnes ou flûtes de Pan. L'éclairage, atténué ou flouté, avec des bandes d'ombre, permettait de dissimuler les sexes et d'imiter les compositions des tableaux.

Les nus du XXe siècle eurent aussi leurs pudeurs. Sur la photographie intimiste que Harry Callahan prit de sa femme Eleanor en 1947, la chair fut éclaircie au développement et le cliché retaillé pour concentrer l'attention sur la souple forme en croix d'ombre et de lumière qui occupe le centre. L'image offre ainsi des significations et des références presque contradictoires.

Nombre des débats esthétiques et sociaux apparus lors du **tournant théorique** de la fin du XXe siècle, qui revivifia la création artistique, posent la question du corps et des genres sexuels. Ceux qui croyaient que l'identité sexuelle était innée s'opposaient à ceux qui pensaient qu'elle était déterminée par la culture. Certains photographes présentaient des gestes tels que l'allaitement comme spécifiquement féminins, tandis que d'autres montraient la différence des genres comme un kaléidoscope d'idées reçues. Même si le XXIe siècle ne s'est pas détourné de ces questions importantes, il joue parfois avec les téléphones omniprésents pour créer des images lyriques de l'humain, comme le prouve Ryan McGinley. ■

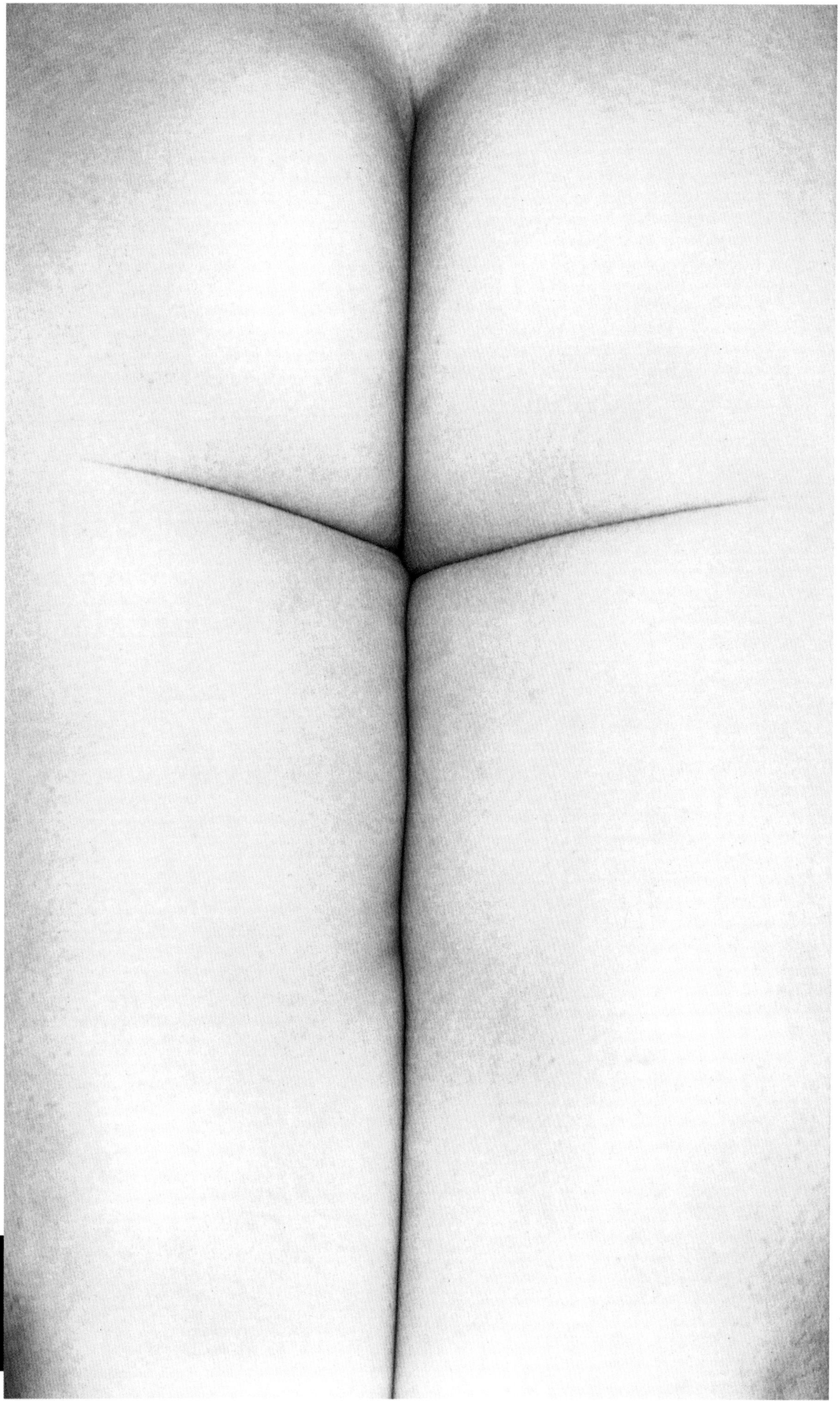

*Harry Callahan réalisa de nombreuses photographies de son épouse Eleanor, dont des nus d'un érotisme retenu. Son* Eleanor *de 1947 marie la froideur de l'abstraction à la tiédeur de la chair.*

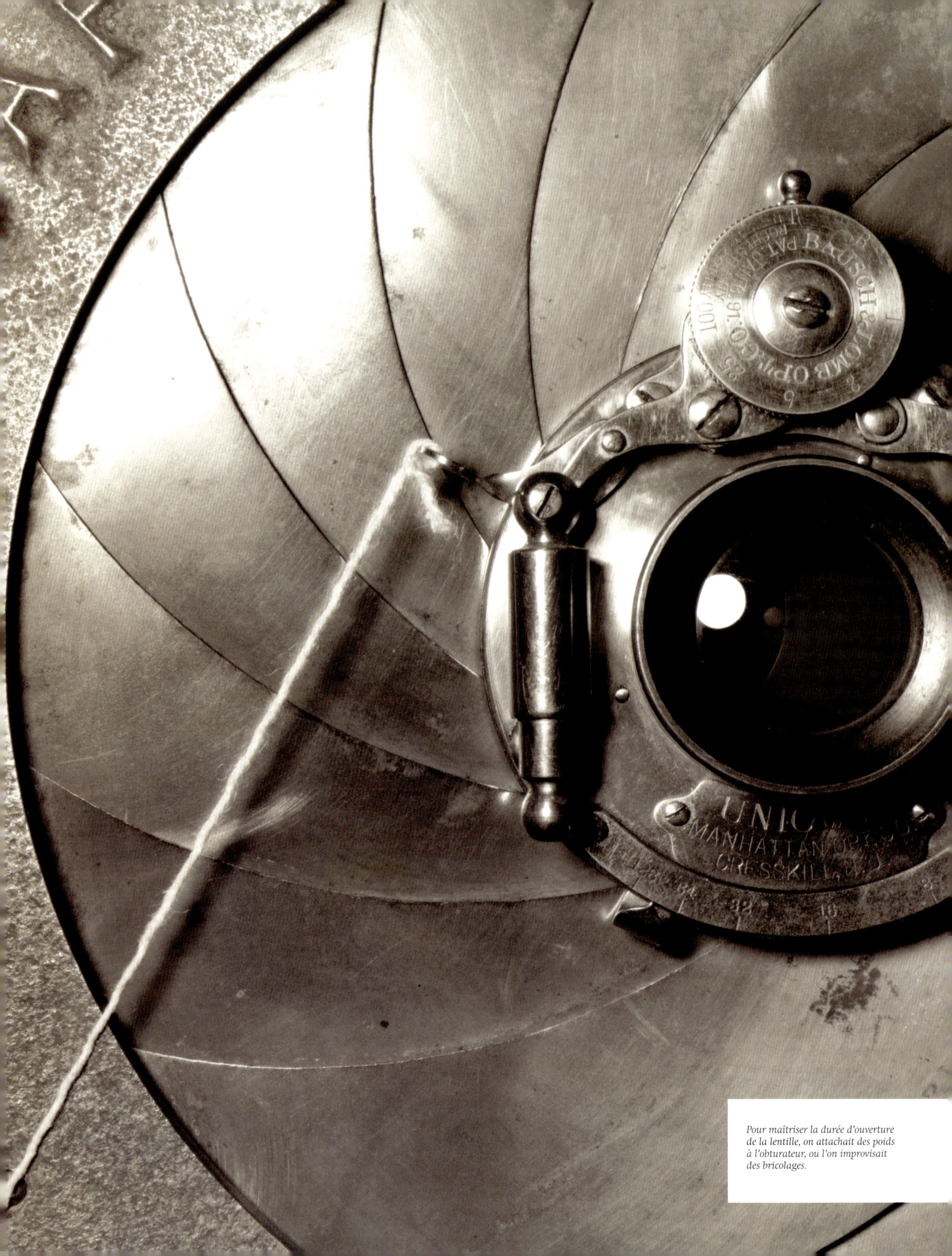

*Pour maîtriser la durée d'ouverture de la lentille, on attachait des poids à l'obturateur, ou l'on improvisait des bricolages.*

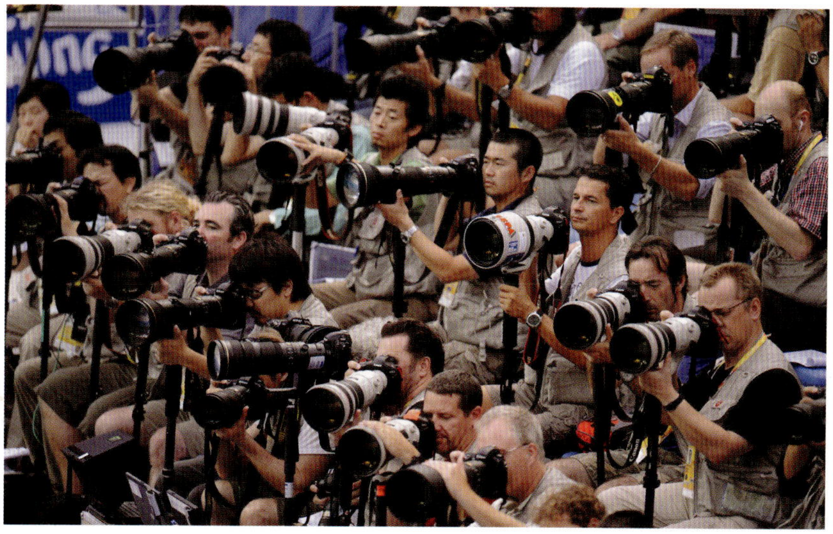

*Lors des grands événements politiques ou sportifs, la forêt d'objectifs donne le sentiment que tous les regards sont braqués sur la même scène.*

IDÉE N° 9

# LA LENTILLE

La lentille joua un rôle discret mais essentiel dans l'invention de la photographie. Même si la *camera obscura* eut la vedette dans les premiers temps, ce n'était qu'une boîte étanche, tandis que la lentille s'était déjà affinée au cours de siècles d'expérimentations et possédait une nette avance sur les autres composants.

La lentille de l'appareil photo concentre les rayons lumineux et les répartit sur le plan représenté par la pellicule ou par les capteurs numériques. Elle peut être constituée d'un unique morceau de verre ou de plastique, cependant elle comporte souvent un feuilleté de couches pour un maximum d'efficacité. Avant la standardisation des formats photographiques, les lentilles devaient être soigneusement adaptées à chaque boîtier, en particulier pour correspondre à la surface du papier sensible. Par bonheur pour cette toute nouvelle discipline, l'art de fabriquer les lentilles était déjà sophistiqué et permettait d'éviter les distorsions lors de la projection des rayons sur le papier.

Le rôle joué par le Français Charles Louis Chevalier est moins connu que celui de certains de ses autres compatriotes, pourtant cet ingénieur en optique concourut au rapprochement de Niépce et de Daguerre qui aboutit à l'invention du daguerréotype, même si sa contribution technique se limita à l'apport de lentilles de qualité. En effet, il présenta Niépce à Daguerre, alors que la distance physique et sociale qui les séparait aurait pu les empêcher de se rencontrer. Le travail de W. H. F. Talbot, lui aussi, reposait sur l'utilisation de bonnes lentilles.

Le développement de la photographie rendit nécessaire la réalisation de lentilles spéciales. On en créa d'ailleurs pour faciliter la prise de portraits. Dans les premiers temps, quand le modèle bougeait ou clignait des yeux, l'image était floue. Les lentilles pour portraits laissaient mieux passer la lumière, ce qui permettait de réduire le temps d'exposition et de diminuer l'effet des mouvements. Comme la vente de portraits constituait la principale ressource des premiers photographes, cette lentille apporta une contribution importante à un commerce naissant. Les objectifs à grand-angle suscitèrent une gamme d'images très variées, tandis que les objectifs macro permirent aux savants ou aux amateurs des études en gros plans.

Même si les fabricants de lentilles produisent aussi des microscopes ou des télescopes, les objectifs posent des problèmes différents : une bonne lentille photographique est conçue pour répartir également la lumière sur les capteurs numériques ou sur la pellicule pour y provoquer des changements chimiques, afin de reproduire le plus fidèlement l'image. ■

# Grand ouvert !

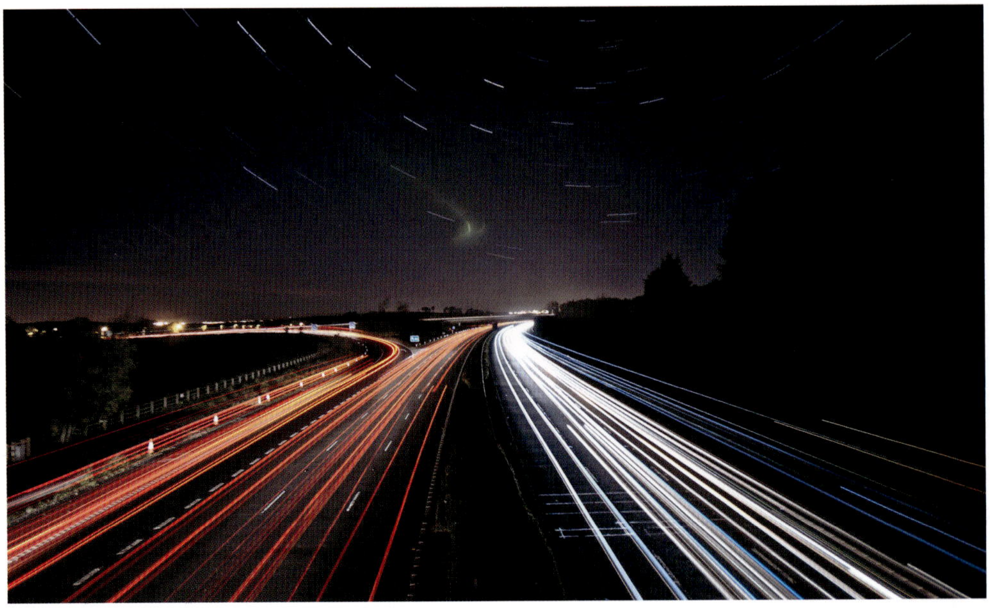

Cette image a été exposée si longtemps que l'on peut apercevoir dans le ciel les traces du mouvement des étoiles.

IDÉE Nº 10

## L'OBTURATEUR

L'obturateur contrôle la quantité de lumière que l'objectif laisse passer sur le matériau sensible où l'image s'inscrit. La capacité à prédire le temps d'exposition nécessaire, c'est-à-dire le temps d'ouverture de l'obturateur, donna non seulement au photographe un meilleur contrôle de son art, mais encouragea des expérimentations sur le temps de pose.

Pendant les premières années de la photographie, l'exposition durait souvent plusieurs minutes et était réglée en enlevant et en remettant le bouchon des objectifs. On utilisait parfois du tissu noir pour masquer la **lentille** entre les clichés. Les premiers obturateurs étaient de simples volets déclenchés à la main ou par une poire pneumatique ; ils se trouvaient la plupart du temps en dehors du boîtier, devant l'objectif.

Quand la sensibilité de la pellicule et la qualité des lentilles s'améliorèrent, les obturateurs devinrent des merveilles d'ingénierie, intégrées à l'objectif ou au boîtier. Leur souplesse et leur sophistication permirent de créer un effet visuel qui devint le symbole universel de la vitesse et qui est fréquemment utilisé pour la course automobile et autres sports (voir **images du sport**). En utilisant une vitesse d'obturation lente, tout en panotant, c'est-à-dire en faisant pivoter l'appareil en direction de l'action, on rend l'arrière-plan flou, tandis que le sujet principal reste net. Ce flou devint une métaphore visuelle de la vitesse. L'exposition prolongée capture des événements lumineux qui se produisent dans l'obscurité et que l'œil humain ne saurait saisir pleinement. La photographie de rues dans la nuit doit beaucoup au contrôle de l'obturateur, qu'il s'agisse de feux d'artifice, d'éclairs ou de la luminosité diffuse des éclairages urbains dans le brouillard. Les clichés nocturnes de la circulation automobile, pris en jouant de l'obturateur, fournissent des images bien connues, parcourues des traînées blanches et rouges des feux avant et arrière, qui n'illustrent pas seulement la densité du trafic, mais aussi la solitude du conducteur isolé dans son habitacle. La **télévision** et la **vidéo** continuent à les exploiter.

L'ironie du sort a voulu que l'amélioration du papier photographique ait compliqué le travail du photographe. Il fallut des tableaux, des équations mathématiques ou des posemètres pour régler le temps d'exposition. Parce que ses fonctions ne furent intégrées aux appareils qu'à la fin des années 1930, les finesses de l'obturation restaient l'apanage des spécialistes. La demande pour des appareils automatiques au maniement simplifié s'accrut au fur et à mesure que se développaient des outils professionnels complexes et coûteux, comme les obturateurs sophistiqués (voir l'**art pour tous**). Aujourd'hui, des réglages simples qui permettent d'ajuster la complexité du paramétrage de la photographie répondent aux besoins du grand public. Et certains effets spéciaux, comme le panotage, peuvent se réaliser dans le boîtier, avant ou après la prise du cliché. ■

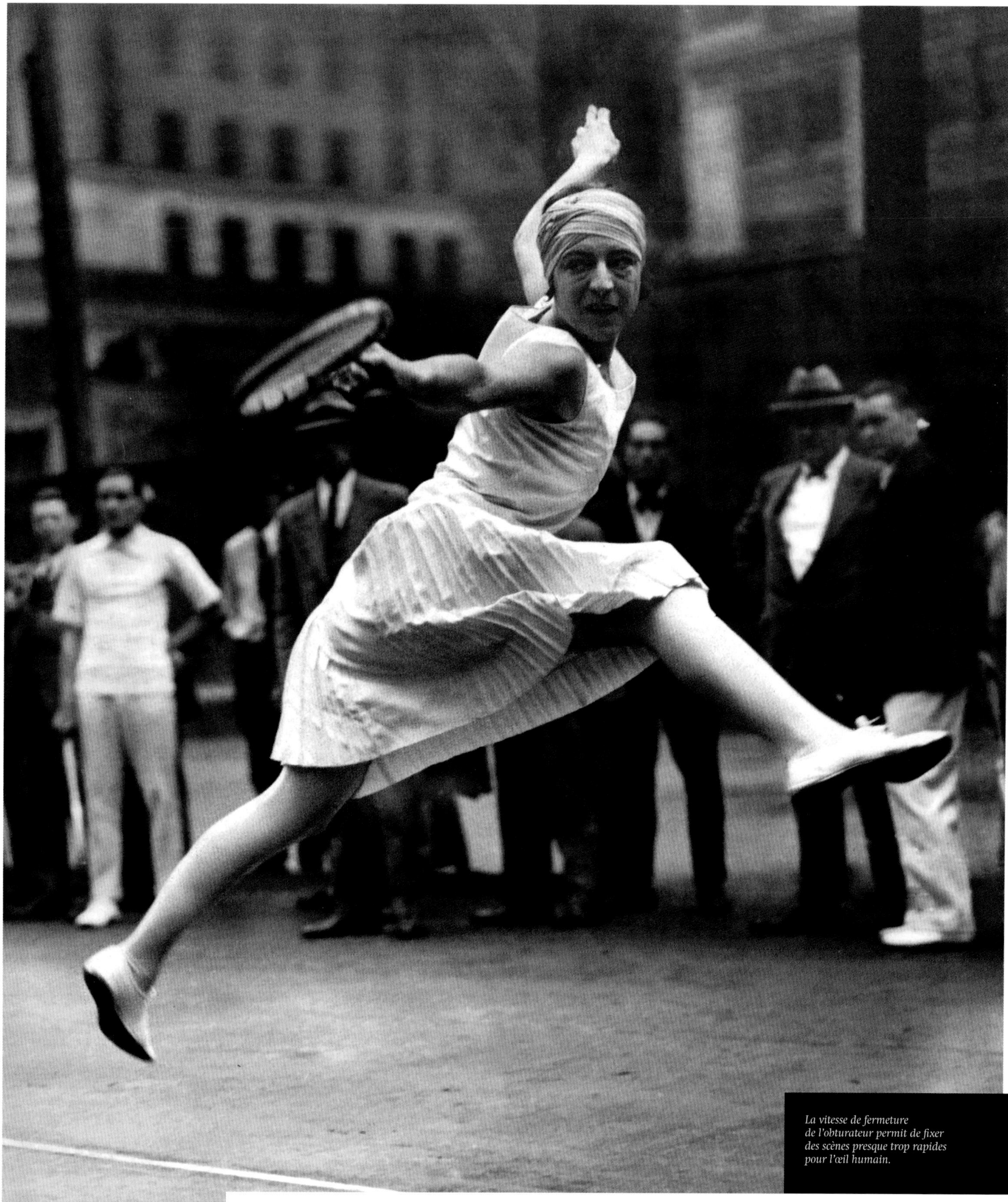

*La vitesse de fermeture de l'obturateur permit de fixer des scènes presque trop rapides pour l'œil humain.*

“Les obturateurs devinrent des merveilles d’ingénierie, intégrées à l’objectif ou au boîtier.”

# *De la photographie considérée comme un art*

IDÉE N° 11

## ESTHÉTIQUE

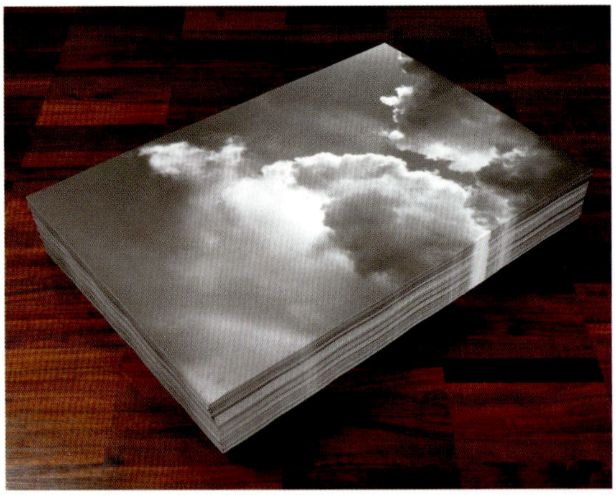

CI-DESSUS : *En 1992, Felix Gonzalez-Torres réalisa un grand nombre de tirages d'une photographie de nuages, un phénomène naturel quotidien. Il les distribua ensuite gratuitement.*

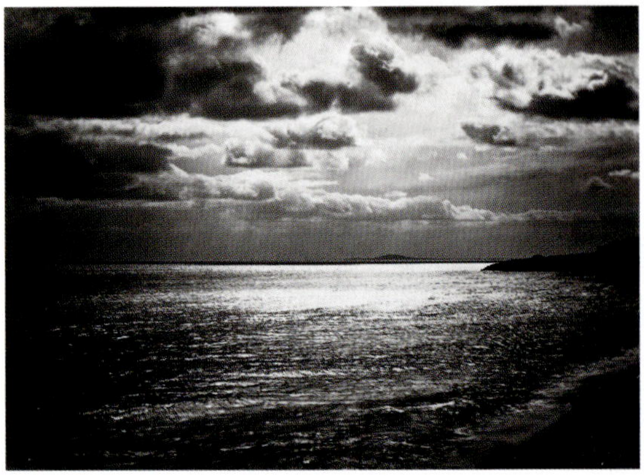

CI-DESSOUS : *Cette marine de Gustave Le Gray,* Mer Méditerranée, Sète *(1856-1859), illustre les contraintes de la création : comme les temps d'exposition nécessaires pour la mer et pour le ciel différaient, il assembla pour cette image deux clichés différents.*

Si la photographie est une restitution exacte de ce que voit l'appareil, le photographe n'est qu'un opérateur, pas un artiste. Or, sans artiste pour interpréter et appliquer des principes esthétiques, comment pourrait-elle être une forme d'art ?

Au cœur des théories et de la pratique artistiques du XIX$^{e}$ siècle se trouvait l'idée qu'une conception du beau devait gouverner toute création. La photographie apparut à une époque où les écoles d'art et les intellectuels enseignaient des théories et des techniques artistiques qui stimulaient tous les arts. On conseillait aux peintres et aux sculpteurs de faire le voyage en Italie pour y voir des chefs-d'œuvre, afin de parfaire leur propre travail. Ces traditions bien établies pouvaient-elles s'appliquer aux résultats obtenus par la machine photographique ?

La plupart des critiques du XIX$^{e}$ siècle qui se penchèrent sur la question du daguerréotype ne pensaient pas qu'il pouvait être une forme d'art. Nombre d'entre eux le voyaient comme une technique automatique dont le but était de reproduire la réalité d'une manière tellement pointilleuse qu'elle excluait toute ambition esthétique. Des peintres tels qu'Eugène Delacroix ou Rembrandt Peale aux États-Unis expliquaient que l'exactitude de la photographie ne reflétait pas la perception humaine et qu'elle n'avait pas la même capacité que l'art à faire communiquer les âmes. Jusque parmi ses défenseurs, on trouvait des gens qui la considéraient comme une forme d'art inférieure.

Aux attaques reproduites par les journaux populaires, on opposait plusieurs visions de ce que pouvait être une esthétique de la photographie. Pour certains, les premiers photographes étaient plus proches de l'art, parce que l'imperfection de leurs images laissait davantage de place à la suggestion. Reprenant cette idée, d'autres avancèrent qu'il fallait diminuer l'importance du détail en jouant de la **mise au point** pour réaliser des images floues. On signalait également que la photographie s'améliorerait quand augmenterait le nombre d'amateurs raffinés et cultivés, ou si elle se fixait comme but d'instruire, de purifier et d'ennoblir le spectateur (voir **images moralisatrices**).

Dans les années 1880, le médecin et photographe anglais Peter Henry Emerson essaya de mettre au point une esthétique qui s'appuyait sur la physiologie de la vision humaine. Il s'agissait de prendre des clichés dans lesquels seule une zone particulière était parfaitement nette, tandis que le reste demeurait flou, pour imiter la vision périphérique. Même si Emerson renonça finalement à sa théorie, la mode des images imprécises prospéra et aboutit au pictorialisme, premier mouvement photographique international.

Alors que les pictorialistes étaient baptisés par leurs détracteurs *fuzzy-graphs*, à partir de l'anglais *fuzzy* qui signifie « flou » ou « vague », leur esthétique connut cependant un succès populaire. Leurs images représentaient principalement des scènes privées lyriques ou des paysages champêtres ; l'industrialisation de plus en plus rapide du monde n'y trouvait pas de place.

Il fallut attendre l'entre-deux-guerres pour que la photographie et l'art s'emparent de l'esthétique de la machine qu'avait méprisée la critique antérieure. La capacité de l'appareil à objectiver la vision humaine n'était plus ressentie comme un défaut, mais comme une qualité. Le « regard objectif » joua un rôle important dans des mouvements artistiques européens novateurs, tels que le constructivisme, la Nouvelle Objectivité (*Neue Sachlichkeit*) ou le surréalisme, et l'on assista à plusieurs reprises à la réapparition d'images impassibles, sans accentuation (voir ***New Topographics***). ■

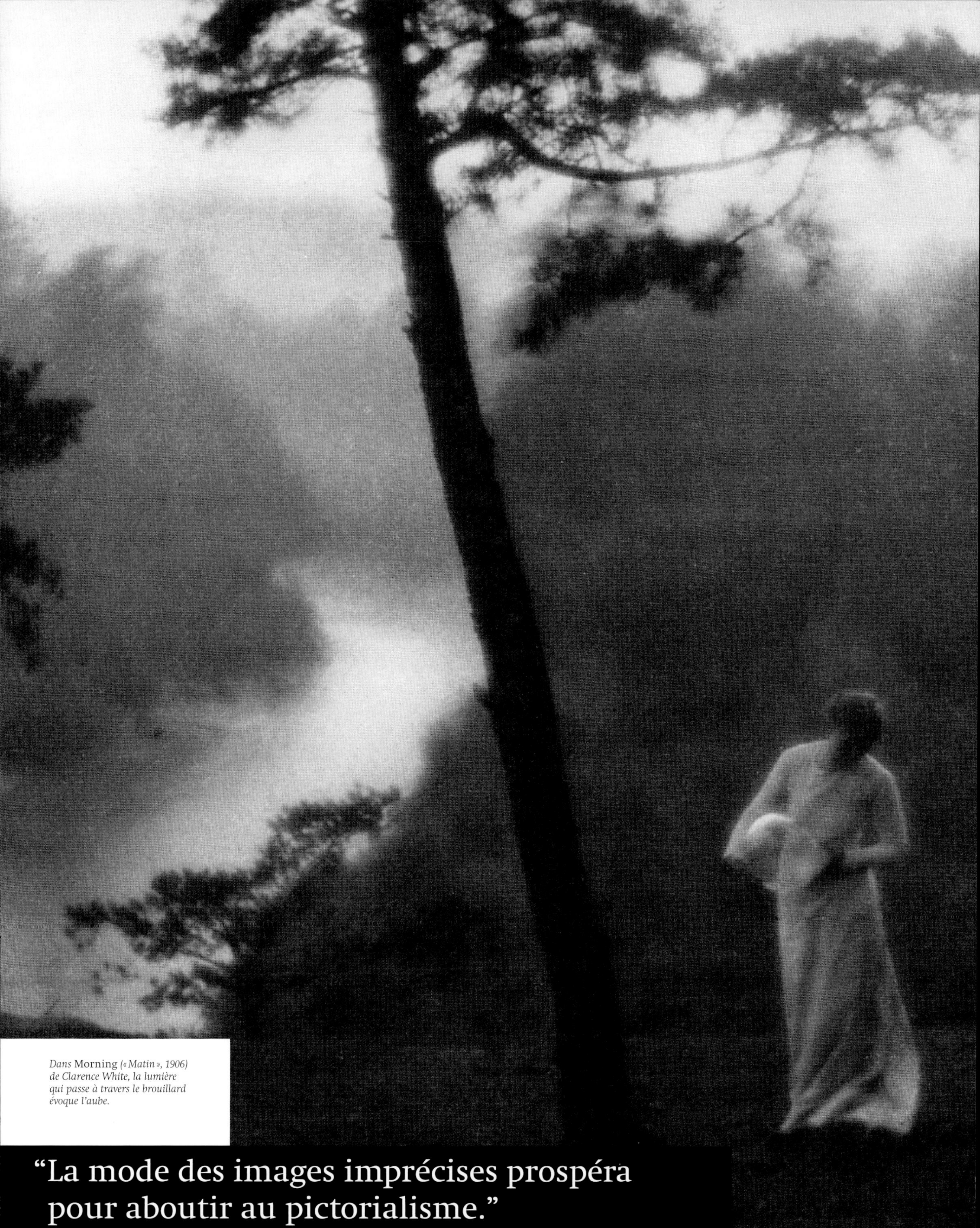

*Dans* Morning *(« Matin », 1906) de Clarence White, la lumière qui passe à travers le brouillard évoque l'aube.*

“La mode des images imprécises prospéra pour aboutir au pictorialisme.”

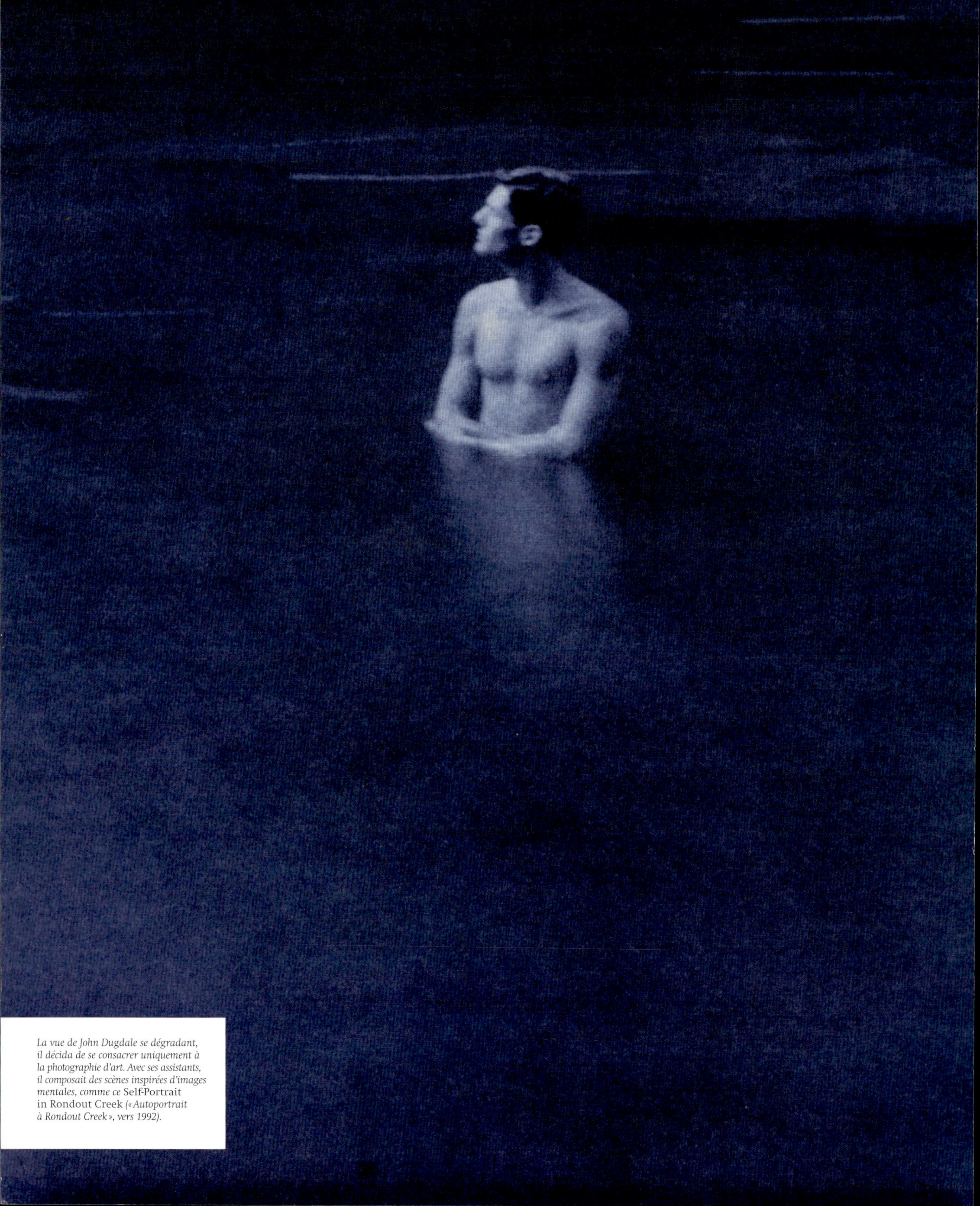

*La vue de John Dugdale se dégradant, il décida de se consacrer uniquement à la photographie d'art. Avec ses assistants, il composait des scènes inspirées d'images mentales, comme ce* Self-Portrait in Rondout Creek *(« Autoportrait à Rondout Creek », vers 1992).*

# *La vie en bleu*

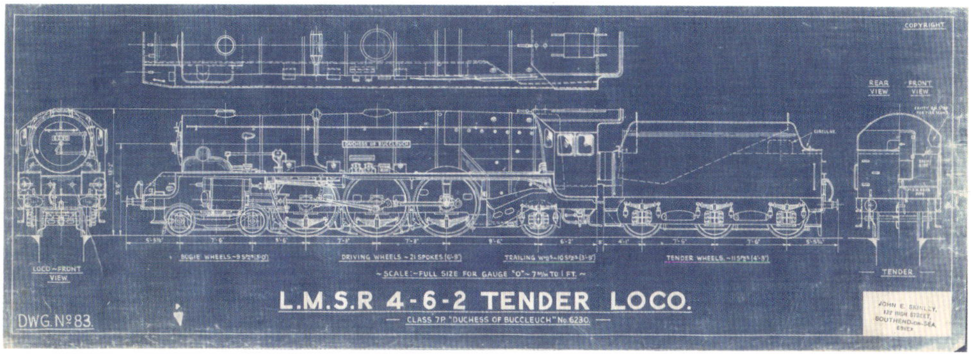


CI-DESSUS : *Le cyanotype permettait aux ingénieurs et aux constructeurs de créer des dessins durables et détaillés.*

CI-DESSOUS : *Anna Atkins fut l'une des premières scientifiques à utiliser le cyanotype pour cataloguer des spécimens fragiles, comme cette* Himanthalia lorea*, tirée de son livre de 1843 sur les algues.*

IDÉE Nº 12

## LE CYANOTYPE

Le cyanotype est un procédé qui produit des clichés d'un beau bleu de Prusse, parce que le matériau sensible est à base de fer plutôt que d'argent. On l'a beaucoup utilisé dans le bâtiment et dans l'architecture pour reproduire des plans, les fameux « bleus ».

John Herschel inventa cette technique en 1842, peu après l'annonce officielle de la découverte de la photographie. Comme les photogrammes de W. H. F. Talbot, les cyanotypes ne nécessitent pas d'appareil photo. L'objet ou le dessin est placé sur une feuille de papier sensible, puis exposé à la lumière, et les contours apparaissent en blanc sur la surface bleue.

Dans les années 1870, le papier à cyanotype était fabriqué par Marion & Company, l'une des sociétés qui fournissaient les détaillants en Angleterre. Ses utilisateurs appliquaient un mode d'emploi assez simple, qui les avertissait du risque de se teindre les mains en bleu, pour sensibiliser le papier.

Anna Atkins, une amie de Talbot mais aussi d'Herschel, s'était intéressée aux sciences depuis sa plus tendre enfance. Comme beaucoup de passionnés de photographie, elle possédait un appareil, mais son apport le plus durable à la science et à l'art fut réalisé avec des photogrammes qui s'en passaient. Pour reproduire les détails minuscules qui échappaient à ses dessins, Atkins posa directement ses échantillons sur le papier à cyanotype, réalisant des images qui semblaient appartenir à une nouvelle catégorie, des *fac-similés*, expression latine qui signifie « fais une chose semblable ». De ce point de vue, la photographie est davantage qu'une représentation : elle capture l'essence de son objet. Le livre d'Atkins, *Photographs of British Algae: Cyanotype Impressions* (« Photographies des algues britanniques : impressions sur cyanotype »), sortit en tirage limité en 1843. On en connaît aujourd'hui moins de vingt exemplaires.

Parce que l'on pouvait facilement écrire directement sur le papier à cyanotypes et parce qu'il permettait de reproduire des spécimens scientifiques, il resta utilisé, quoique assez marginalement, tout au long du XIXe et au début du XXe siècle. Comme il était peu coûteux, les photographes l'utilisaient pour vérifier l'état de leurs négatifs avant de faire un tirage. Par ailleurs, certains appréciaient son expressivité, tandis que d'autres, parce qu'il restait inévitablement bleu, estimaient qu'il écrasait ce qu'il reproduisait.

Pourtant, depuis que le numérique a remplacé les « bleus » utilitaires, le cyanotype a trouvé de fervents défenseurs. Il est devenu un procédé alternatif, minoritaire et artistique, dont l'originalité intéresse. Pour les jeunes gens ou pour les photographes qui n'ont jamais connu que le **numérique**, le cyanotype, rapide et peu coûteux,

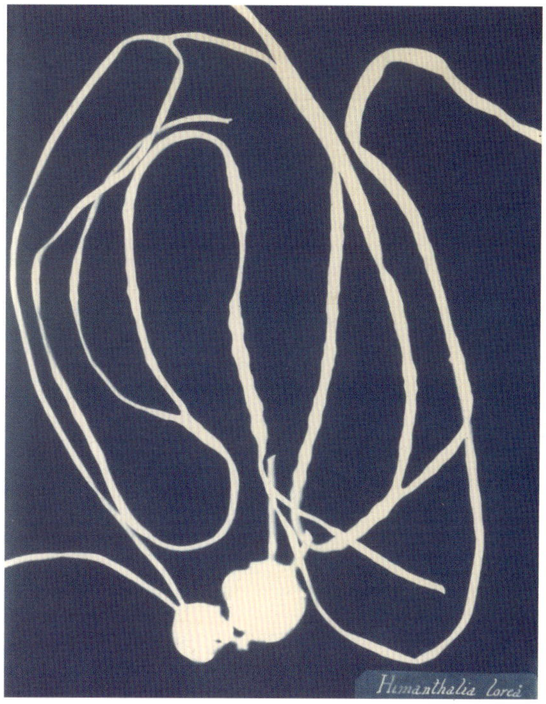


évoque les merveilles de la préhistoire du médium. On peut le réaliser en extérieur, au soleil, et sur tous les supports qui peuvent absorber ou retenir la solution chimique, tissu, bois ou cuir. ■

# *Une découverte explosive*

IDÉE N° 13

## LE COLLODION

**Ce procédé avait les inconvénients majeurs d'être salissant, collant et inflammable, mais il produisait un négatif sur plaque de verre qui permettait de tirer davantage d'exemplaires que les négatifs en papier.**

Au milieu des années 1840, on découvrit que le fulmicoton, un matériau inflammable utilisé dans les explosifs, devenait gélatineux quand il était dissous dans l'alcool, l'éther ou la colle. La substance qui résultait de ce processus, baptisée « collodion », permettait de fabriquer ce que l'on appelle aujourd'hui des pansements liquides. L'application à la photographie vint peu après. Dans une **chambre noire**, le photographe ou son assistant ajoutait un matériau sensible au collodion et versait le tout sur une plaque de verre taillée au format de l'appareil. Après l'évaporation de la partie volatile du mélange, la plaque séchée était trempée dans une solution d'iodure d'argent qui se déposait en surface. Le photographe devait utiliser rapidement la plaque humide et retournait dans sa chambre noire pour le développement, en prenant garde de ne pas écorner ou fendre la plaque de verre. Dès le XIXe siècle, le procédé fut adapté pour créer le **ferrotype**.

Pour un photographe des années 1850, le résultat valait le travail qu'il coûtait. La technique de la plaque de collodion humide permettait de tirer beaucoup d'exemplaires, mais fournissait aussi des images très détaillées pour un temps d'exposition relativement court. Pourtant, le procédé présentait encore un défaut majeur : il était plus sensible au bleu qu'aux autres couleurs. Quand un photographe essayait de prendre un paysage, un ciel clair se transformait en vide surexposé. On inventa des manières de contourner cette difficulté, en réduisant la place accordée au ciel ou en l'utilisant comme une toile de fond blanche sur laquelle se découpaient des géométries aiguës de tours ou de clochers. L'ingénieux Gustave Le Gray la résolut en photographiant successivement la mer et le ciel, avec des durées d'exposition adaptées, et, en superposant le résultat, il créa de toutes pièces un paysage très théâtral (voir p. 28).

Naturellement, on chercha assez rapidement à mettre au point du collodion sec, qui permettrait de préparer les plaques chez soi, ou au moins quelques heures avant une excursion. Malheureusement, si le collodion sec se conservait plus longtemps avant utilisation, il n'était pas fiable et demandait une exposition plus longue.

Aux deux procédés au collodion succédèrent les tirages gélatino-argentiques, qui ne remplacèrent pas complètement leurs prédécesseurs. L'arrivée du numérique accrut au contraire l'intérêt pour les techniques anciennes. À la fin des années 1990, quand elle photographia le Sud américain, Sally Mann adopta ce procédé, avec ses défauts et ses connotations : il avait été beaucoup utilisé pendant la guerre de Sécession. Ainsi, elle ressuscitait une technique ancienne pour faire réfléchir sur le passage du temps et sur le sens de l'Histoire. ■

*Les photographes qui utilisaient le collodion devaient préparer leurs plaques de verre juste avant de prendre leur cliché et les traiter juste après. Ils voyageaient avec une chambre noire portative et employaient fréquemment des assistants.*

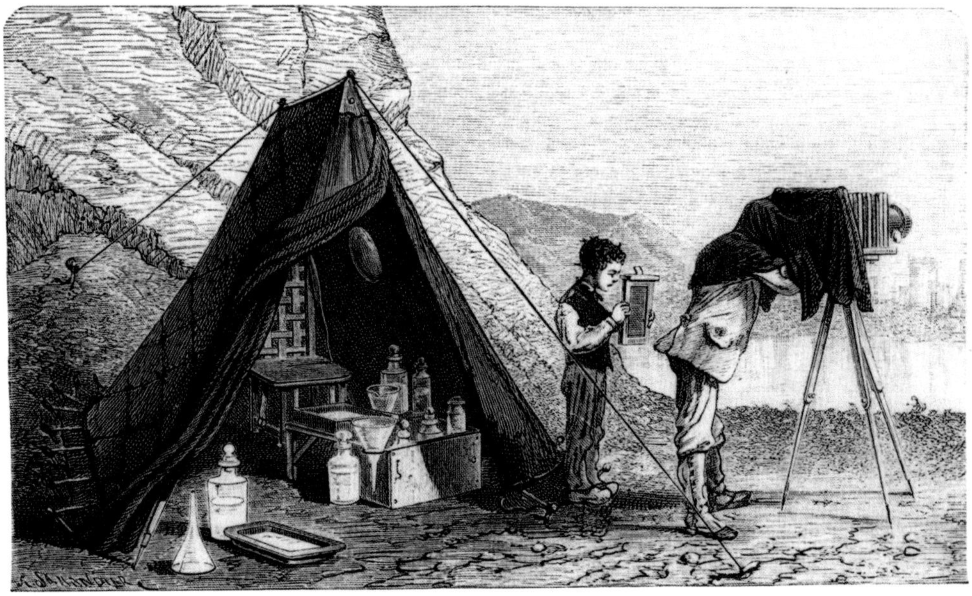

*Exploitant la capacité du collodion à créer des noirs profonds et des blancs nets, un photographe anonyme a pris en mars 1865 le dalmatien du général américain de la guerre de Sécession Rufus Ingalls. Ce chien appartenait à une race utilisée pour dégager le passage devant les voitures à chevaux.*

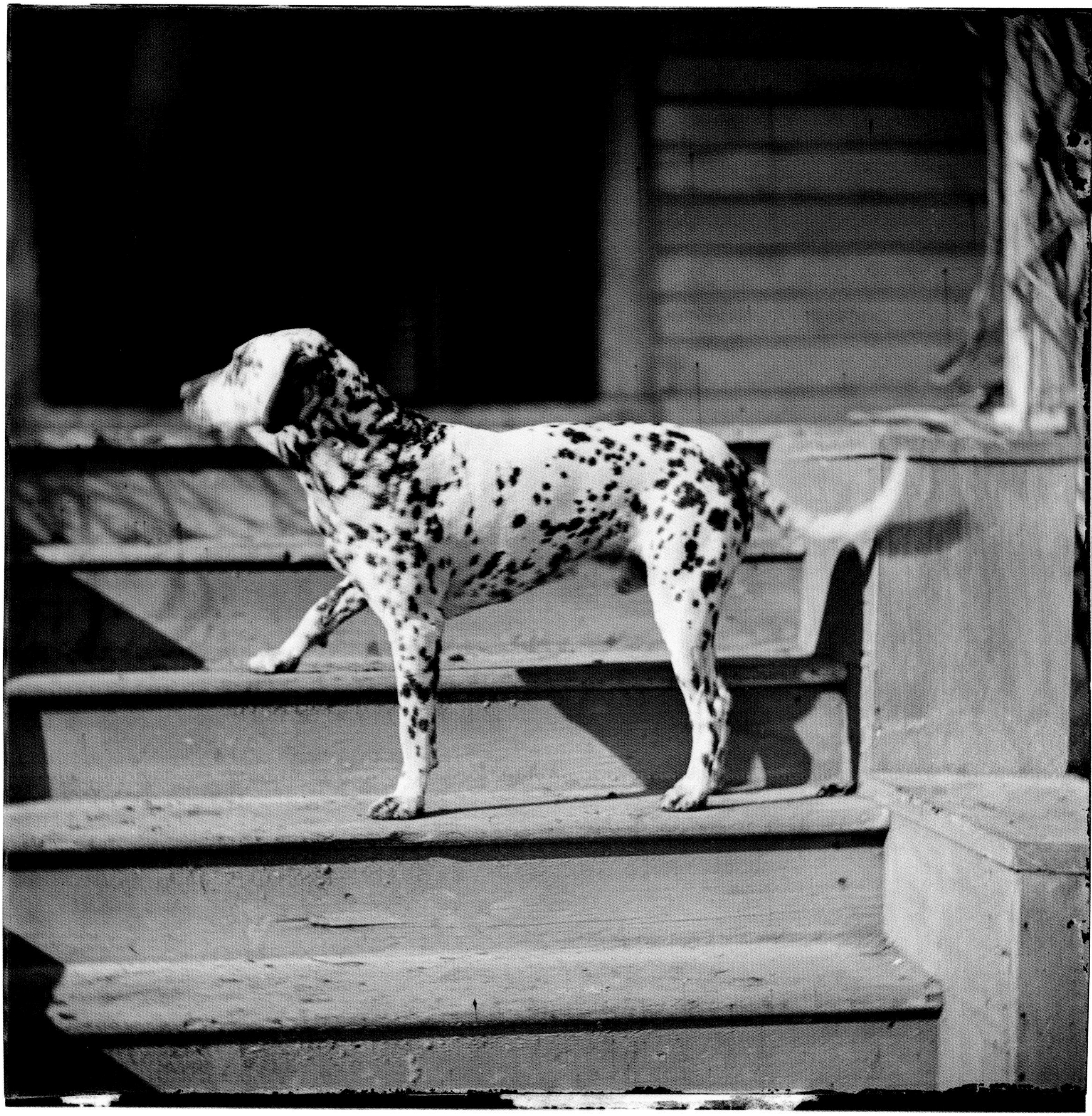

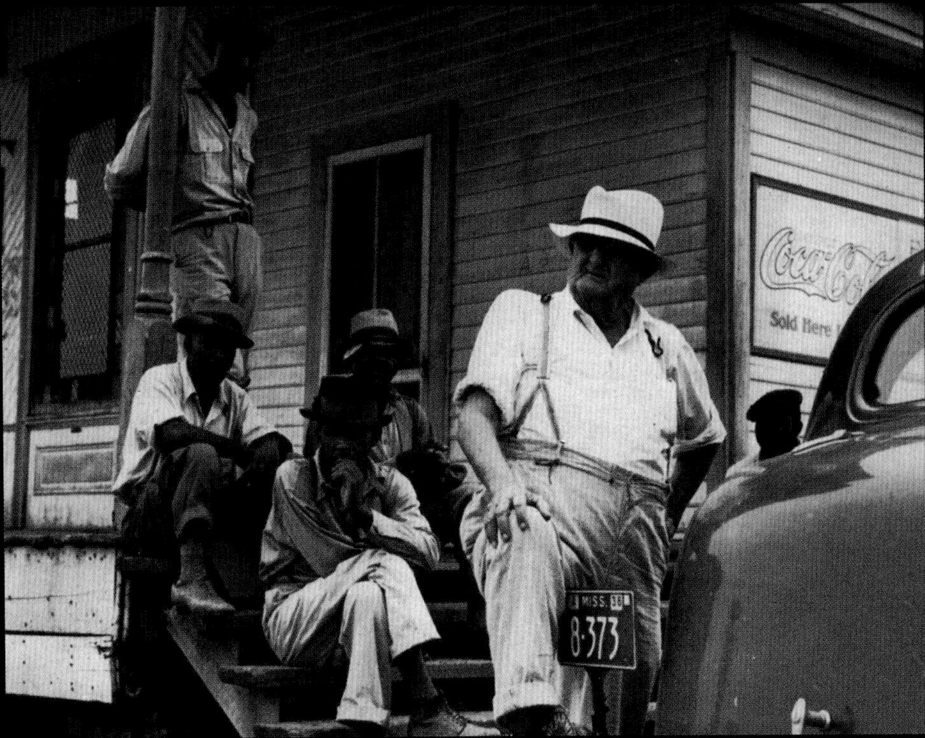


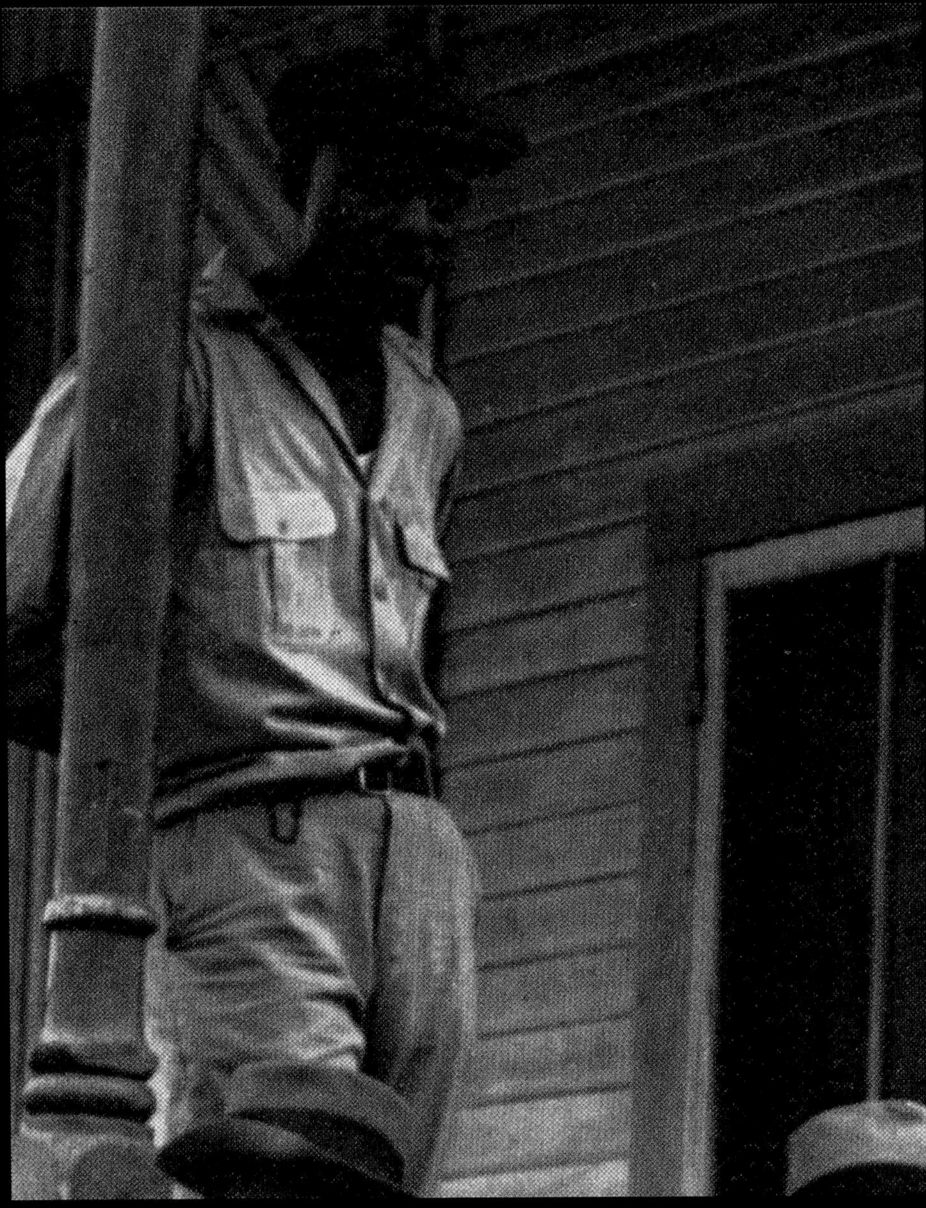

*Sur cette photographie de 1936 prise à Clarksdale, dans le Mississippi, Dorothea Lange soulignait le pouvoir que le contremaître blanc d'une plantation exerçait sur ses ouvriers. Le recadrage contemporain montre à quel point le thème original d'un cliché peut être transformé.*

IDÉE Nº 14
# RECADRAGE

Retailler, physiquement ou numériquement, un cliché permet d'en écarter des éléments indésirables ou de souligner son sujet principal. Aujourd'hui, malgré la méfiance envers le recadrage et les autres types de modifications, la prise de la photographie n'est plus que l'une des étapes du processus de fabrication d'une image.

Le recadrage était l'une des méthodes que les premiers photographes utilisaient pour modifier une image. Les négatifs papier étaient faciles à couper et à reproduire, souvent pour réaliser des images plus grandes (voir **agrandissement**). Aujourd'hui comme jadis, il permet de concentrer la photographie sur son sujet ou d'écarter les détails inutiles. Tous les photographes composent et centrent leur image en fonction de la forme de la surface sensible de leur appareil. La règle des trois tiers, héritée des autres arts visuels, propose de superposer sur la scène une grille de neuf carrés égaux. Une bonne composition ne place pas l'élément important en plein milieu, mais à l'intersection des carrés centraux. Un recadrage habile permet souvent de s'harmoniser avec la règle ; il aide les débutants à travailler leurs compositions.

Malgré son utilité et sa facilité relative, le recadrage n'est pas considéré comme un élément constitutif de la photographie. Tout au long de l'histoire de ce médium, il s'est trouvé des puristes pour soutenir qu'il faut penser l'image avant de la prendre. En ce sens, une prévisualisation soigneuse de l'image, reposant sur la règle des trois tiers, permettrait d'éviter la plupart des recadrages. Le mouvement baptisé *Straight Photography* (ou « photographie pure »), lancé au début du XX$^{e}$ siècle et encore influent aujourd'hui, préconisait de s'abstenir de retoucher les images. Ainsi, le célèbre Henri Cartier-Bresson, qui inventa l'expression d'« **instant décisif** », pensait que l'on devait accorder une attention aiguë au flux des spectacles du monde et aux images qu'ils offraient. Aujourd'hui encore cet idéal s'impose, comme en témoigne la multitude de blogs ou de **sites de partage d'images** qui défendent la notion de photographie pure. Ils ne critiquent pas le numérique en tant que tel, mais les retouches qu'il autorise.

Que l'on parle du numérique ou de l'argentique, le recadrage reste un sujet très débattu. La très célèbre image de la guerre du Vietnam représentant une fillette nue, brûlée par le napalm, courant sur une route de campagne au milieu d'autres gens, fut, dans un premier temps, refusée par l'agence Associated Press, parce que le photographe qui l'avait prise, Nick Ut, s'était opposé à un recadrage qui aurait masqué la nudité de la fillette. Selon lui, cela aurait affaibli l'impact moral de l'image. L'imagerie numérique a donné une nouvelle actualité à ce débat, sur les supports de presse papier ou Internet. Certains photojournalistes refusent que l'on retaille leurs images et veulent contrôler leurs modes d'apparition. De même, certains organes de presse interdisent à leurs photographes de combiner numériquement des détails provenant de clichés différents. Des logiciels présents dans les appareils assignent aux images brutes, non traitées, un code numérique spécifique qui offre un garde-fou contre les recadrages trompeurs. Ils permettent de savoir où l'image a été prise et si elle a été retaillée ou retouchée. ■

*Bernard Plossu commença très jeune à photographier les déserts. Ce portrait d'un nomade peul bororo, pris au Niger en 1975, repose sur un recadrage habile qui décentre légèrement le sujet.*

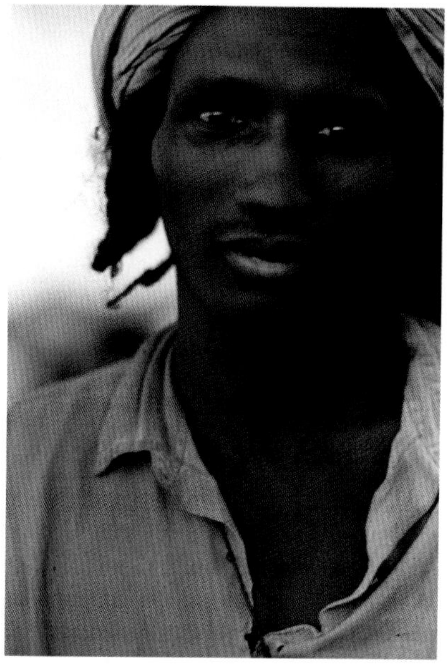

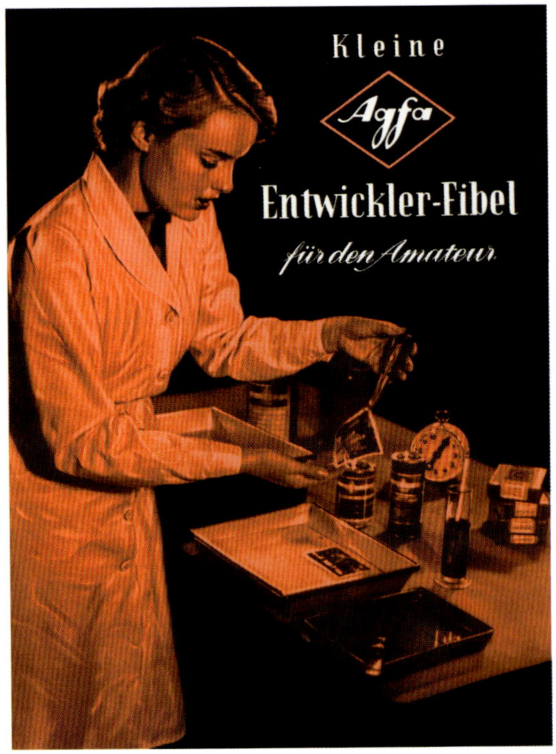


*Les tonalités rougeâtres de la lampe inactinique de la chambre noire, qui n'affectent pas la pellicule sensible, baignent cette publicité pour les produits Agfa.*

IDÉE N° 15

# LA CHAMBRE NOIRE

La chambre noire, comme son nom l'indique, est un espace où l'on peut faire l'obscurité pour y manipuler un matériau sensible à la lumière, pour développer ou agrandir. Les chambres noires sont éclairées avec des lampes inactiniques dont la couleur rouge-orangé n'affecte pas la pellicule quand elle y est brièvement exposée.

Les premiers procédés photographiques, comme le **daguerréotype** ou le **calotype**, réagissaient si lentement que l'on pouvait les développer en lumière réduite. Les instructions fournies préconisaient une pièce sombre et non pas noire. En français, l'expression recouvre exactement la traduction de ***camera obscura***, si bien que l'on appelle fréquemment la chambre noire «labo photo». Bientôt, la sensibilité accrue des supports imposa une pièce absolument protégée de la lumière, à la fois pour préparer le matériau sensible et pour développer les négatifs. Ceux qui utilisaient les plaques au **collodion** devaient avoir un laboratoire à portée de la main, puisqu'elles devaient être tirées juste après avoir été prises. On reconnaissait le logement ou l'atelier d'un photographe aux fenêtres teintées de rouge de son laboratoire qui laissaient passer juste assez de lumière pour travailler mais bloquaient la partie du spectre qui impressionnait les supports sensibles.

Pour travailler en extérieur, on bricolait ou achetait une chambre noire portative, ou même une tente. Le précurseur anglais qui couvrit la guerre de Crimée, Roger Fenton, préparait ses photographies près du lieu où il les prenait. Les photographes ambulants combinaient souvent laboratoire et atelier, afin de pouvoir préparer et développer sur place, en présence de leurs modèles.

À la fin des années 1870, quand on commença à fabriquer et à commercialiser les plaques sèches, les photographes n'avaient plus besoin d'un laboratoire pour les préparer, mais installaient souvent un agrandisseur (voir **agrandissement**) dans un local où ils pouvaient contrôler la lumière. Quand les amateurs s'emparèrent de la technique, à la fin du siècle, l'architecture domestique s'en trouva modifiée. Les architectes concevaient pour leurs riches clients des plans qui incluaient une chambre noire. Les sociétés qui produisaient du matériel photographique proposaient des équipements adaptés aux installations à domicile. Les **sociétés photographiques**, les clubs et les lieux touristiques offraient souvent l'accès à un laboratoire.

Pendant la première moitié du XX^e^ siècle, la chambre noire fut l'atelier du photographe. Certains, comme Ansel Adams, étaient appréciés pour leurs prouesses en laboratoire, tout autant que pour la qualité finale de leurs images. À l'inverse, des gens comme Walker Evans laissaient à d'autres le soin de tirer leurs négatifs et se contentaient de vérifier le résultat. Aujourd'hui, on accorde plus de valeur aux photographies développées et tirées par leur créateur.

Historiquement, les chambres noires servirent surtout au développement du noir et blanc. L'apparition de la pellicule couleur, dont le prix se démocratisa à la fin des années 1950, poussa une partie des amateurs à développer chez eux, ou dans des laboratoires partagés, mais dès les années 1960 la complexité du processus et la toxicité des produits utilisés conduisirent amateurs et professionnels à déléguer le tirage à des spécialistes.

En revanche, la «chambre noire numérique» n'est pas un local obscur, mais un équipement, composé d'un ordinateur et d'un logiciel de traitement de l'image tel que Photoshop. Elle permet aux professionnels et aux amateurs de recadrer, d'agrandir, opérations réalisées à la main avant l'ère numérique, mais aussi de régler la saturation des couleurs d'une manière qui était inaccessible auparavant. ■

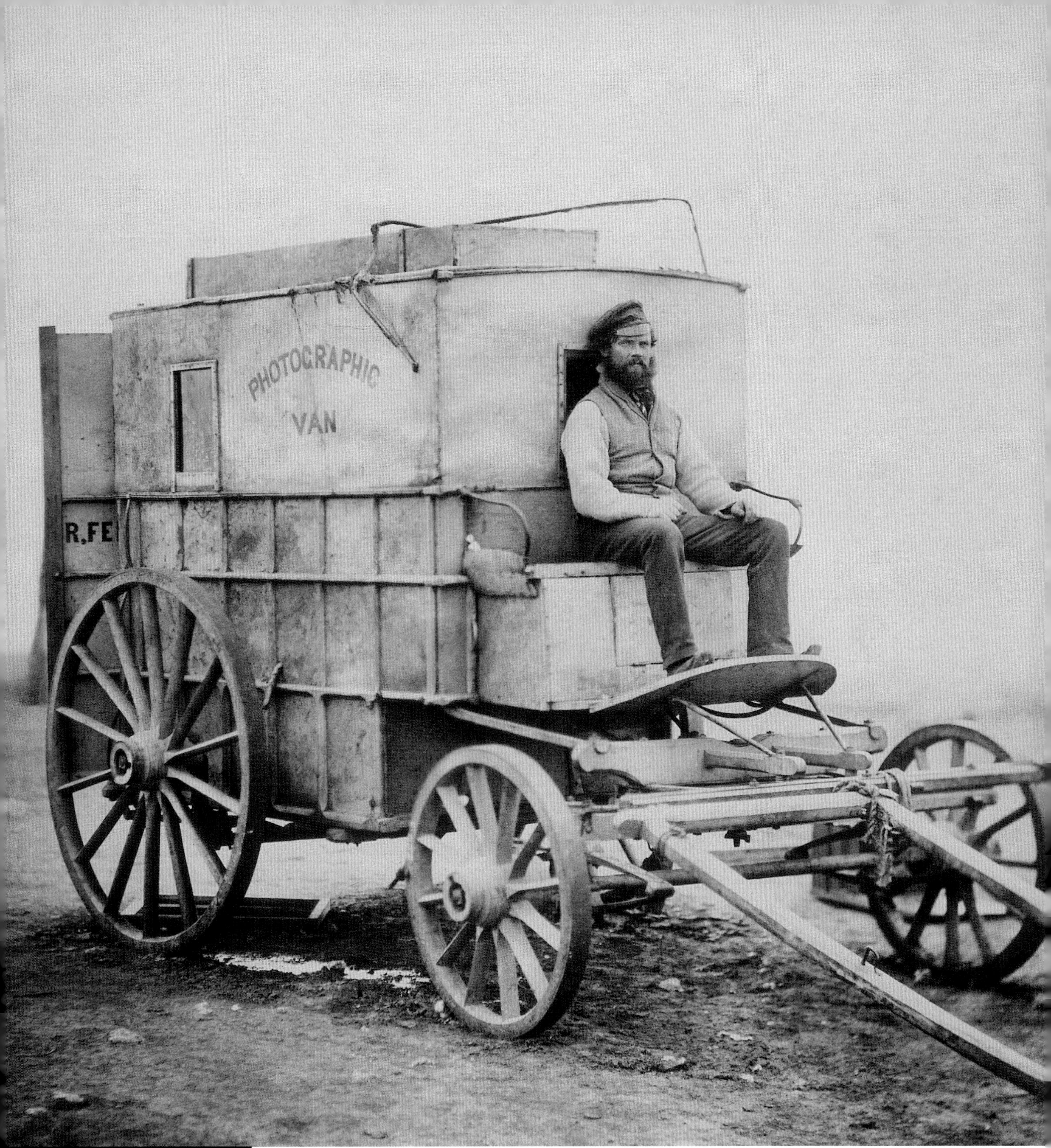


*L'assistant de Roger Fenton prend la pose sur le siège d'une voiture spécialement conçue pour héberger la chambre noire du photographe, où celui-ci développait ses clichés pendant la guerre de Crimée, en 1855*

"Pendant la première moitié du XX^e^ siècle, la chambre noire fut l'atelier du photographe."

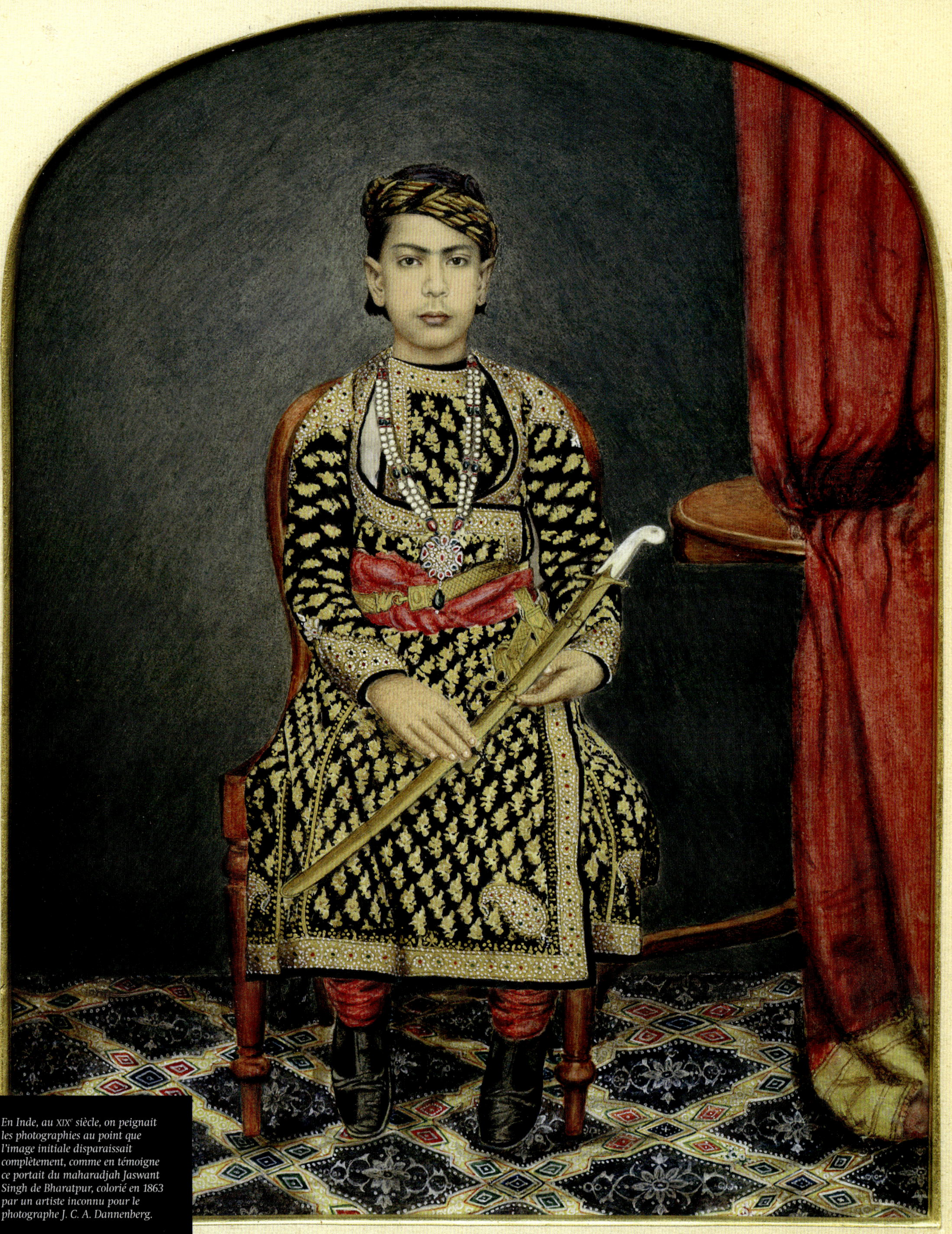

*En Inde, au XIXe siècle, on peignait les photographies au point que l'image initiale disparaissait complètement, comme en témoigne ce portait du maharadjah Jaswant Singh de Bharatpur, colorié en 1863 par un artiste inconnu pour le photographe J. C. A. Dannenberg.*

# *Un peu de couleur dans un monde en noir et blanc*

IDÉE N° 16

## PHOTOGRAPHIE PEINTE

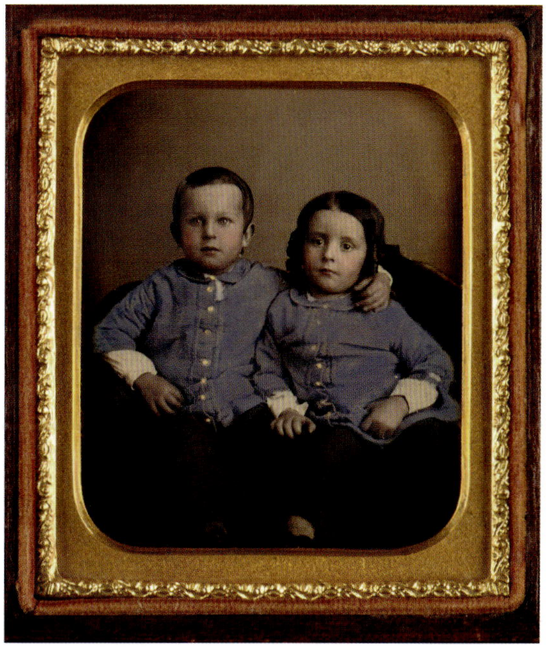

*Sur ce daguerréotype anonyme des années 1850, on a appliqué de la couleur sur les visages des enfants pour leur donner l'air bien portant. Le bleu de leurs blouses illustre leur lien de parenté, puisqu'ils étaient frère et sœur.*

La surface argentée des daguerréotypes ne rendait pas justice à la carnation des modèles et le résultat était parfois très froid. Si une touche de couleur sur la joue, un ton doré sur un bouton pouvaient améliorer leur allure, pourquoi s'arrêter là ?

Peu après la proclamation publique de l'invention de la photographie, on commença à colorier les clichés à la main. Les portraits furent sans doute les premiers à être avivés de couleurs, mais les paysages et autres scènes ne tardèrent pas à suivre. On améliorait aussi les scènes érotiques en retravaillant les chairs en couleurs. Des gens qui pratiquaient à la fois la peinture et la photographie agrandissaient des tirages sur toile et les peignaient ensuite. Des peintres amateurs envoyaient un négatif de leur œuvre à un photographe qui le transférait sur toile moyennant paiement. On coloriait également des clichés sur différents supports, étain, verre, céramique ou émaux. Les plus étonnantes étaient sans doute les plaques pour lanterne magique, dont les teintes délicates semblent préfigurer la pellicule couleur.

Les coloristes amateurs ou professionnels étaient souvent des femmes. Les ateliers de photographie, un art qui excluait moins les femmes que les autres, leur offraient des emplois honorables quoique peu payés.

Peindre les clichés permettait de les rendre plus séduisants, mais aussi plus durables, parce que les premières photographies tendaient à s'effacer petit à petit à la lumière, tandis que la peinture était plus stable. On utilisait les pastels, la peinture à l'huile, l'aquarelle et un nouveau produit baptisé « huile à photographie » qui laissait voir le support par transparence, et même des rehauts à la feuille d'or.

Certes, souligna-t-on au XX$^{e}$ siècle, les qualités inhérentes du médium risquaient de disparaître sous les couches de peinture, mais la pratique persista auprès de ceux qui pensaient qu'elle embellissait les clichés. Par ailleurs, la photographie peinte était un phénomène transculturel, pratiqué aussi bien en Amérique du Nord qu'en Europe, en Asie ou en Afrique pour des raisons pratiques et esthétiques variées, sans que l'on puisse parler d'influences réciproques. De même, le degré de recouvrement varie, des légères touches pratiquées en Russie aux applications opaques de peintures sur les portraits officiels des dignitaires indiens.

Dans le bouillonnement artistique des années 1970, le goût pour les mélanges entre les arts donna une nouvelle actualité à la photographie peinte. Aujourd'hui, alors que l'on peut facilement colorier les images avec des logiciels numériques, quelques artistes font de la résistance en peignant leurs clichés à la main. Ainsi, le duo français Pierre et Gilles peint des photographies de sujets empruntés à la culture populaire, pour célébrer sur des images qui n'existent qu'à un seul exemplaire les noces un peu rétro de l'art et de la publicité. ■

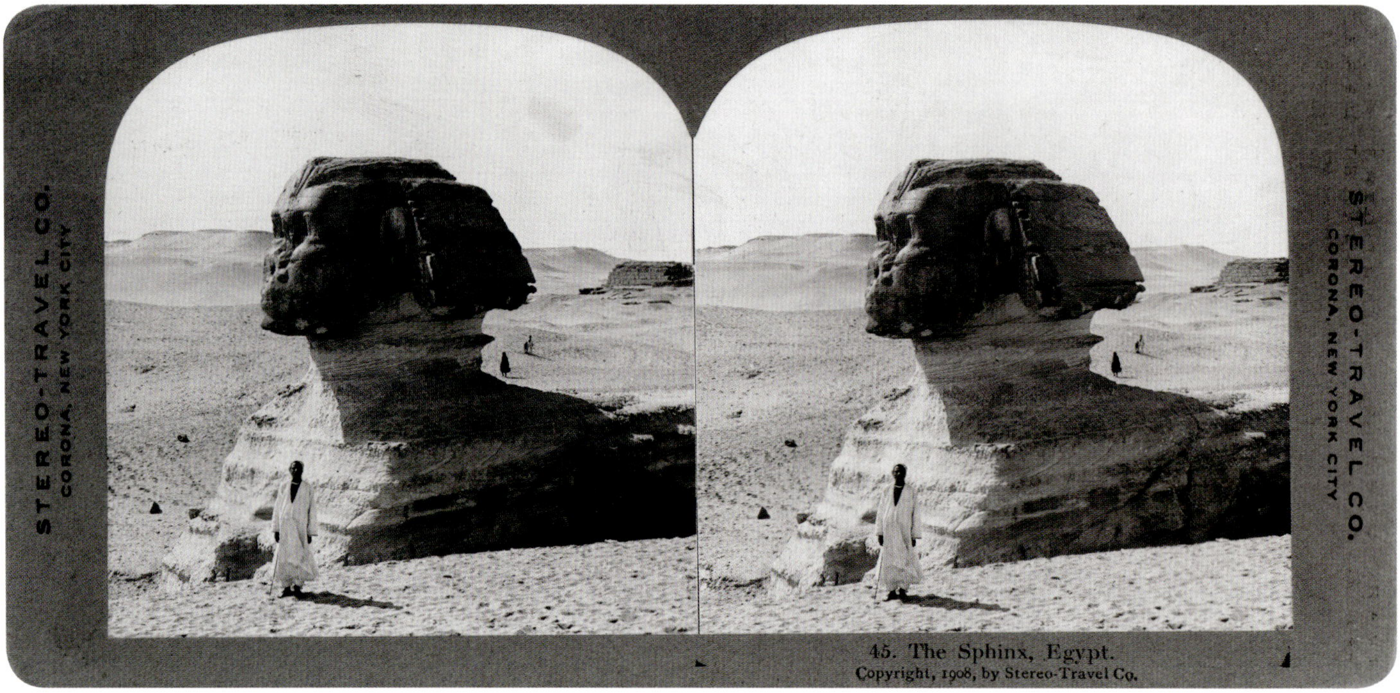


IDÉE N° 17

# LE STÉRÉOSCOPE

CI-DESSUS : *L'illusion de profondeur communiquée par cette photographie du Sphinx pour la Stereo-Travel Company (vers 1908) est renforcée par la puissante diagonale qui va de la silhouette debout au premier plan, en passant par le torse de la statue, jusqu'aux deux personnages plus éloignés et à la forme d'un mastaba au fond.*

CI-DESSOUS : *Le View-Master fut présenté à l'Exposition universelle de 1940, à New York. Dès l'origine, cet appareil et ses clichés spécialement préparés ciblaient les touristes. On lui trouva cependant aussi des applications médicales et militaires.*

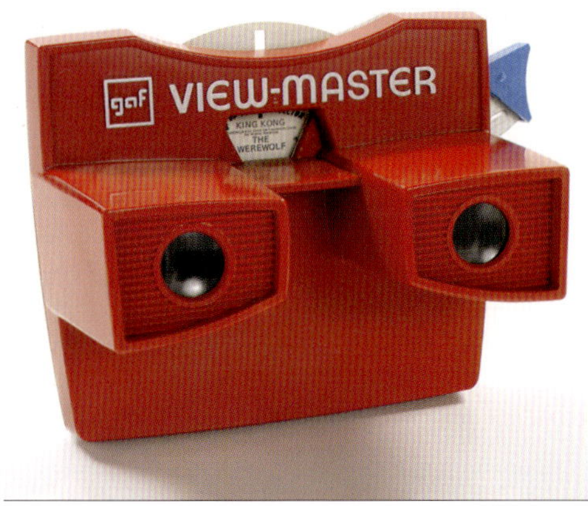


Parce qu'un petit espace les sépare, chaque œil perçoit une image légèrement différente. Ensemble, ils produisent la vision binoculaire qui permet de voir le monde en trois dimensions. Le procédé était connu depuis l'Antiquité, mais il fallut attendre des siècles pour qu'apparaisse un moyen de restituer le volume des images.

Le stéréoscope, un appareil de visionnage qui, en présentant deux images légèrement décalées, créait une illusion de relief, apparut avant la photographie. Il était utilisé pour regarder des dessins doubles, spécialement conçus. Sans doute animé par le sentiment que les daguerréotypes possédaient une forme de relief, on développa des boîtiers capables de prendre les doubles clichés que requérait le stéréoscope. Quand la reine Victoria visita la galerie de photographies stéréo-scopiques de l'Exposition universelle de Londres en 1851, elle y prit grand plaisir et sa satisfaction stimula le marché des visionneuses et des images en trois dimensions. Des millions de familles dans le monde s'équipèrent et la production d'images doubles devint une industrie internationale. Les sujets représentés allaient des chefs-d'œuvre de l'art ou de l'architecture à des romans-photos ou à des scènes pornographiques. Pour satisfaire une demande croissante, on piratait souvent, à cette époque où les droits d'auteur n'étaient pas vraiment reconnus.

Cette mode poussa les photographes à investir dans un appareil stéréoscopique à double objectif, qu'ils emportaient avec l'autre, à une seule lentille. Devenu plus léger et moins encom-

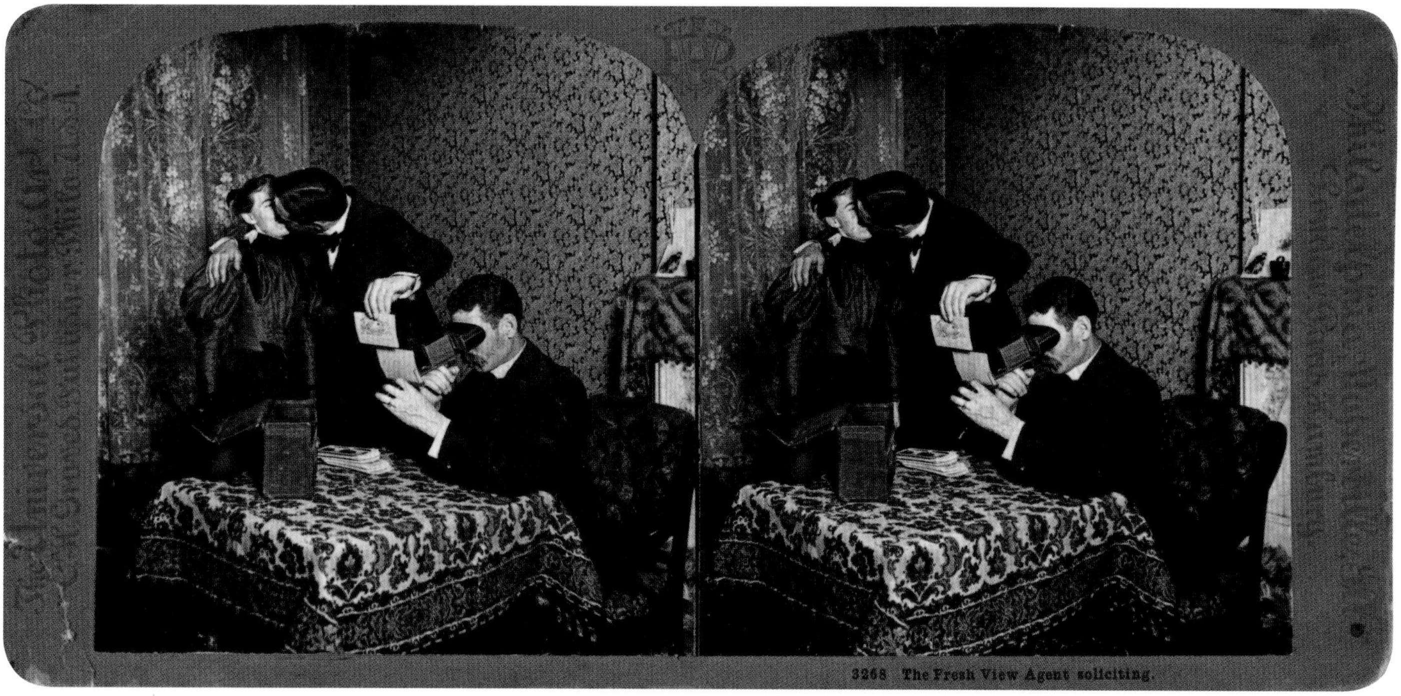


**"On créait des images spécialement conçues pour le relief [...] et le marché était florissant."**

CI-DESSUS : *Le créateur de ce cliché stéréographique a engendré une plaisanterie visuelle : un homme est tellement absorbé par les images tridimensionnelles de son appareil qu'il ne voit pas ce qui se passe à ses côtés.*

brant, il parvint jusqu'aux champs de bataille de la guerre de Sécession et voyagea autour du monde. On créait des images spécialement conçues pour le relief en travaillant la profondeur de champs, et le marché était florissant.

Même si la plupart des stéréoscopes n'autorisaient qu'un spectateur à la fois, cela n'empêchait pas de se réunir pour profiter des images tridimensionnelles. L'impression de se trouver au sein de la scène représentée nourrit même des rêveries utopiques sur l'avenir de la machine et de ses cartes stéréoscopiques. L'écrivain américain Oliver Wendell Holmes Sr. déclara que la stéréoscopie réussissait à séparer matière et forme. Il prédit l'apparition de séries d'images représentant tous les objets par catégories, que l'on conserverait dans des photothèques publiques, et qui permettraient à chacun de se former par lui-même.

Le View-Master, une visionneuse légère, qui n'utilisait pas des cartes individuelles mais des images réparties sur un disque baptisé « stéréocarte », maria l'amusement et la pédagogie jusqu'à la fin du XX$^{e}$ siècle. Lancé en 1940, le View-Master était destiné aux adultes et il ne devint un jouet pour enfants que quelques décennies plus tard.

Aujourd'hui encore, l'immense popularité des spectacles en 3D tend à faire oublier les applications scientifiques de la stéréoscopie, dans des domaines tels que la cartographie ou la géologie. Ainsi, le **système d'information géographique** (SIG) l'utilise parfois pour combiner des informations. ■

IDÉE Nº 18

# LES VUES

Les paysages, les panoramas urbains et les sites antiques offrirent des sujets nouveaux à la photographie, mais lui permirent aussi de se différencier de la peinture. Les titres choisis par les photographes pour leurs paysages incluaient souvent « point de vue » ou tout simplement « vue », suggérant que l'image correspondait à ce que verrait un individu installé à l'endroit précis où l'objectif était placé.

Le peintre qui réalise un paysage peut choisir un point de vue réel ou imaginaire et il a également la liberté d'inclure ou d'exclure des éléments du décor. Il travaille sur le motif ou dans son atelier en utilisant des croquis. La tâche du photographe connaît plus de contraintes. Il doit trouver un terrain assez stable, qu'il utilise un trépied ou travaille à la main. Les obstacles qui masquent le paysage ne se laissent pas facilement écarter. L'angle couvert dépend de la taille de l'appareil, des capacités de l'objectif et des choix de mise au point. Le photographe doit avoir ces paramètres à l'esprit quand il compose l'image dont la construction ou le jeu d'ombres et de lumières permet au spectateur de l'interpréter comme une œuvre d'art, un témoignage scientifique ou un mélange des deux. La valeur et l'authenticité d'une image dépendent de l'interprétation visuelle de son auteur (voir **explorateurs**).

Les photographes apportèrent une contribution capitale à l'exploration et au peuplement de l'Ouest américain. Ils accompagnèrent les topographes et les géologues, cataloguèrent les caractéristiques géographiques et les ressources naturelles du pays, telles que les minerais ou les essences d'arbre. Même si elles avaient pour but une description objective, leurs images offraient des interprétations des paysages. Nombre de vues de l'Ouest américain sont totalement vides de présence humaine, si bien que le spectateur se retrouve témoin d'une histoire purement géologique. Les images des Amérindiens ne reflétaient pas un peuple actif, exploitant les richesses naturelles, mais les restes d'une culture physiquement et spirituellement épuisée.

Le photographe Felice Beato gagnait sa vie en produisant des clichés qui se pliaient au désir des autres. En Chine et ailleurs, il se mit au service des intérêts britanniques, si bien que les panoramas qu'il réalisait en assemblant plusieurs photographies représentaient essentiellement les implantations et les campagnes militaires anglaises.

Un siècle plus tard, quand Robert Adams photographia l'Ouest américain, ses merveilles semblaient épuisées : la nature et la culture ne s'y montraient plus que sous des formes dégradées. Les individus et les paysages se recroquevillaient. Les collines qui symbolisaient la frontière sauvage avaient reculé dans les lointains. La présence humaine ne se lisait plus que dans le sol sec et bouleversé, les automobiles, les routes inachevées, et les lotissements.

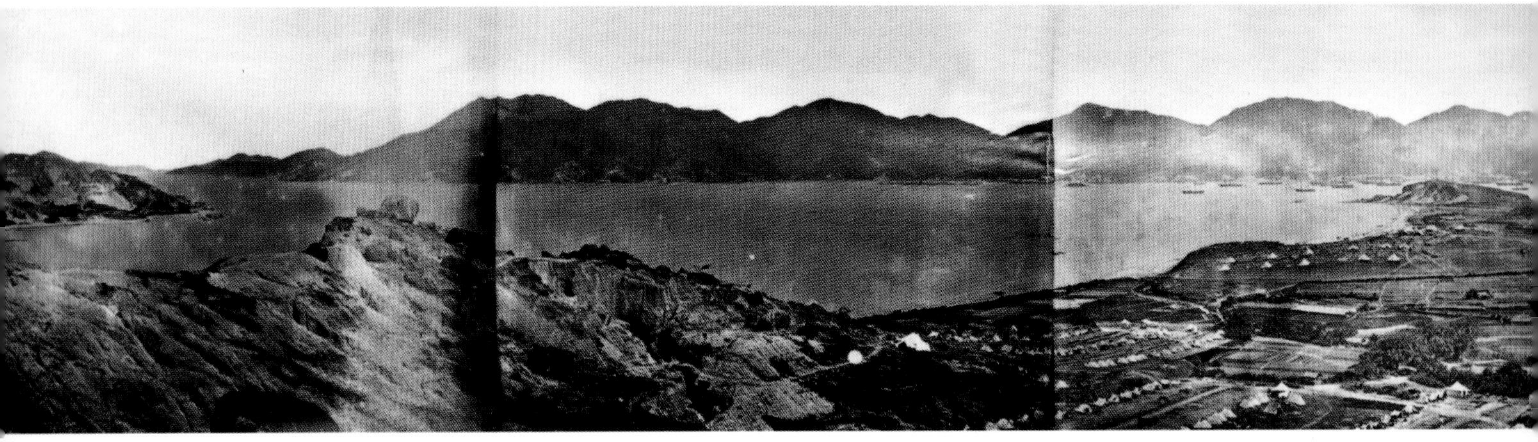

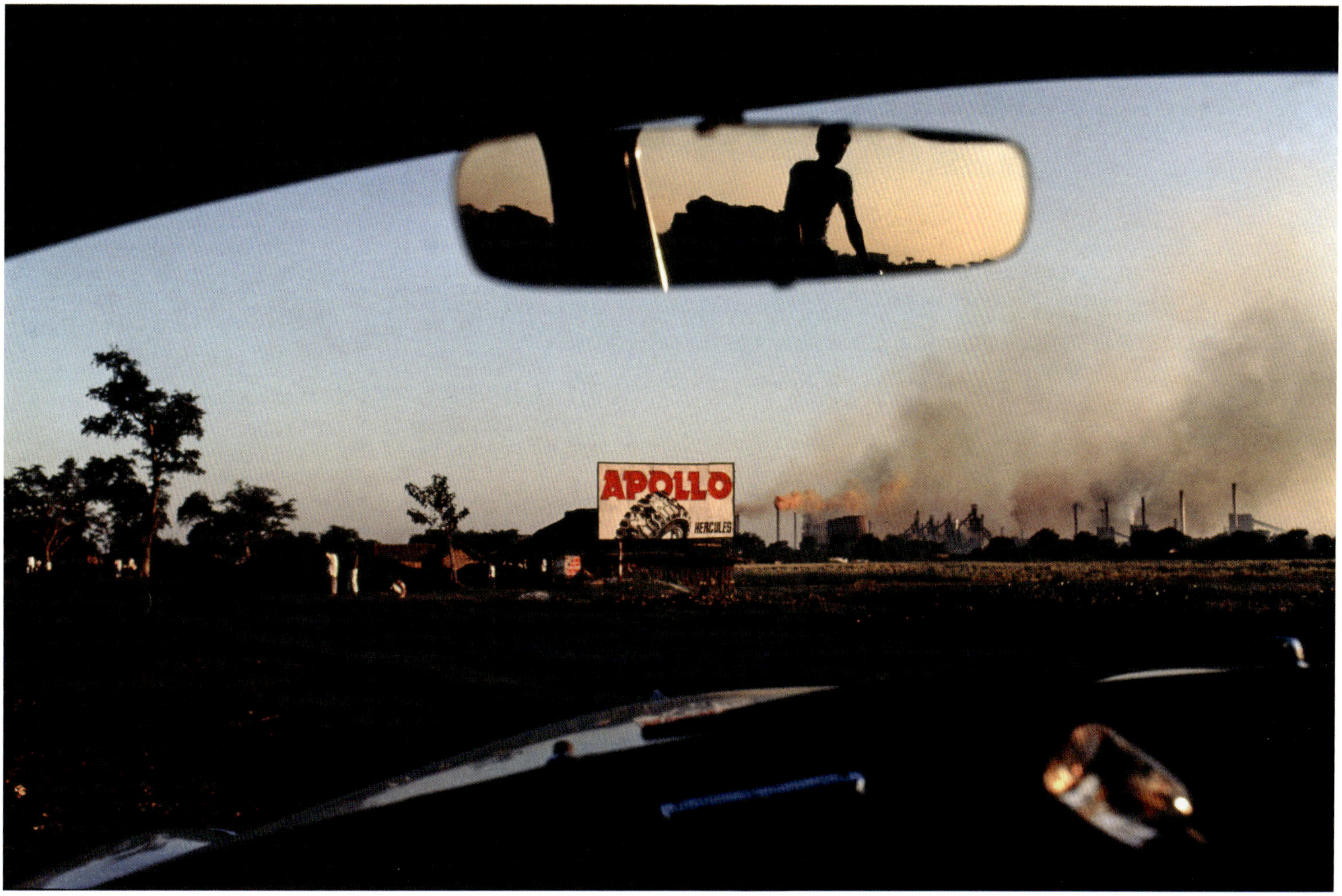


Raghubir Singh, confiant dans les capacités d'analyse du public contemporain avide d'images, propose des scènes qui invitent à épouser son point de vue. Prises sous des angles inattendus, dans des lieux inhabituels, elles dévient l'attention du spectateur vers l'extérieur ou vers l'intérieur, au loin ou tout près. Pionnier de la couleur, à une époque où le noir et blanc dominait dans les images documentaires, Singh pensait que l'Inde ne pouvait être représentée sans sa palette de couleurs distinctive.

Il en va de la photographie comme des autres arts : la vue se confond souvent avec le point de vue. On peut insister autant que l'on veut sur la supériorité de la photographie quand il s'agit de description objective, le choix d'un cadrage reste toujours une affaire de subjectivité. ■

CI-DESSUS : *Raghubir Singh utilisa la couleur pour élaborer un style moderne alliant les angles inhabituels et les points de vue inédits de la photographie expérimentale occidentale avec les teintes spécifiques de l'Inde, comme en témoigne* Grand Trunk Road, Durgapur, West Bengal *(1988).*

CI-DESSOUS : *Ce panorama de 1860 depuis une colline qui domine Hong Kong, réalisé par Felice Beato, montre les navires et les campements du corps expéditionnaire britannique en Chine du Nord.*

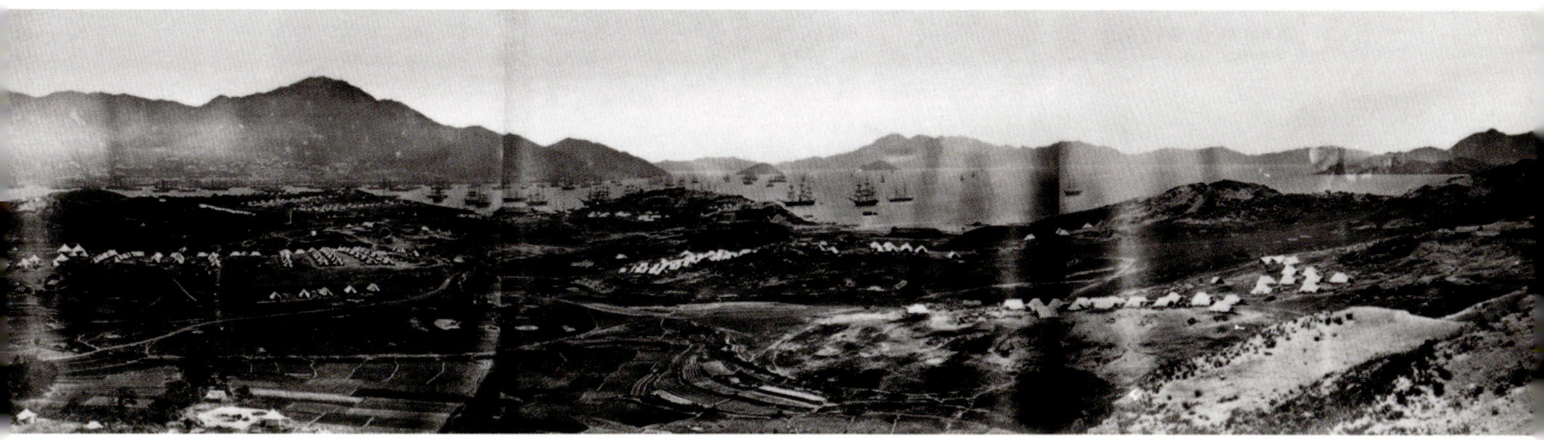

# Des images de champs de bataille d'un réalisme inédit

IDÉE Nº 19

## PHOTOGRAPHE DE GUERRE

Peu après son invention, la photographie modifia la manière dont le public ressentait la guerre et les conflits armés. Les expositions publiques d'images prises pendant la guerre de Crimée ou pendant la guerre de Sécession proposaient une expérience comparable à la visite d'un champ de bataille, labouré par les obus et jonché de restes d'armes et pire encore.

Comme on croyait à la véracité des images produites par ce nouveau médium, on ne les regardait pas du même œil que celles qu'avaient proposées la peinture ou les autres arts. Les photographies de guerre semblaient des parcelles de réalité incarnées. À propos du réalisme neuf d'une exposition de photographies sur la sanglante bataille d'Antietam en 1862, un journaliste du *New York Times* écrivit que leur auteur, Mathew Brady, avait pour ainsi dire apporté les cadavres sur le pas de la porte des civils. Quelques clichés sanglants de la guerre de Sécession bénéficièrent même d'un réalisme accru, puisqu'ils furent pris en format stéréoscopique, ce qui permettait de les visionner en trois dimensions (voir **stéréoscope**).

Ces premières images de conflits auraient institué d'emblée un modèle éprouvant et horrifiant, si le phénomène n'avait été suivi d'une conclusion inattendue : le marché pour les clichés de la guerre de Sécession se réduisit grandement une fois la guerre finie. Brady, qui avait gagné sa vie en produisant une chronique visuelle de la guerre, fit faillite.

Pour prendre en compte la brièveté de l'intérêt du public pour la photographie de guerre, le genre se redéfinit comme une branche importante, mais d'un intérêt éphémère, de l'illustration d'actualité. Le besoin croissant de la presse illustrée pour des images spectaculaires et jetables encadra son développement. À l'exception de célébrités telles que Jimmy Hare pour la Première Guerre mondiale, Margaret Bourke-White pour la Seconde ou Don McCullin au Vietnam, les photographes de guerre étaient mal payés et ne bénéficiaient pas toujours du soutien des agences de presse. Pendant la guerre du Vietnam, des photographes et des journalistes indépendants vivotaient sur leurs propres deniers pour témoigner du conflit. Ce fonctionnement existe toujours sur les points chauds du globe.

L'invention de la télévision et des cassettes vidéo provoqua une baisse des dépenses que la presse écrite consacrait à la photographie, mais le photographe de guerre continua à jouir d'un prestige égal auprès du public. La censure qui frappa ce médium tout au long de son histoire ne parvint jamais à étouffer la critique picturale des arguments utilisés pour justifier les conflits ou la manière dont ils étaient menés. Beaucoup de ces clichés révélateurs furent pris par des soldats. Aujourd'hui, les appareils numériques et les connexions Internet nourrissent un flux permanent d'images des zones de guerre prises par des amateurs ou des professionnels.

Le stéréotype du photographe de guerre le représente comme un homme prêt à risquer sa vie, pourtant depuis plus d'un siècle des femmes ont été correspondantes de guerre et ont photographié les champs de bataille depuis la Seconde Guerre mondiale.

Aujourd'hui, la photographie de guerre se complique de contradictions accumulées depuis plus d'un siècle. Les photographes auxquels la guerre fournit des émotions intenses sont aussi ceux qui en dénoncent les effets, en insistant sur sa brutalité. À notre époque, on s'attarde moins sur leur héroïsme et plus sur leur empathie et sur leur résistance. ■

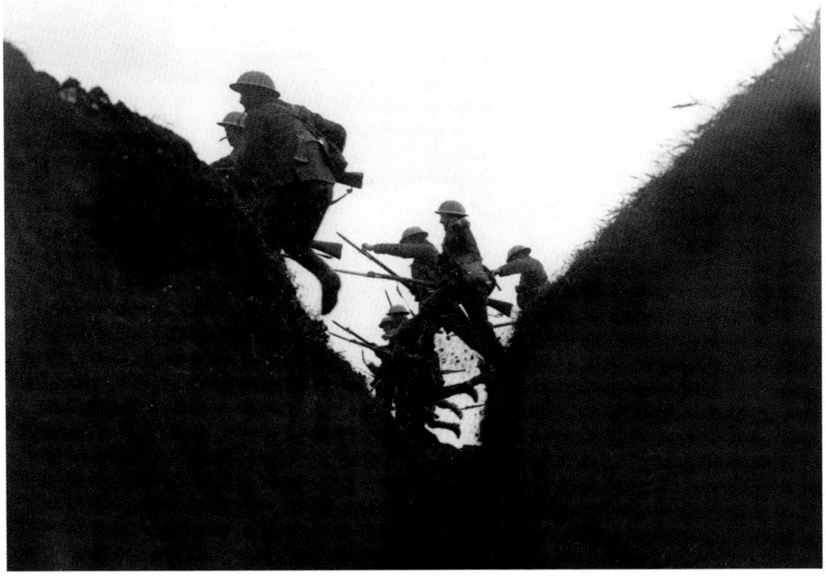

*Prise d'en dessous, dans la sécurité relative d'un retranchement, cette image de Paul Popper (1916) souligne la vulnérabilité des combattants de la Première Guerre mondiale, qui se battaient de tranchée en tranchée pour gagner du terrain.*

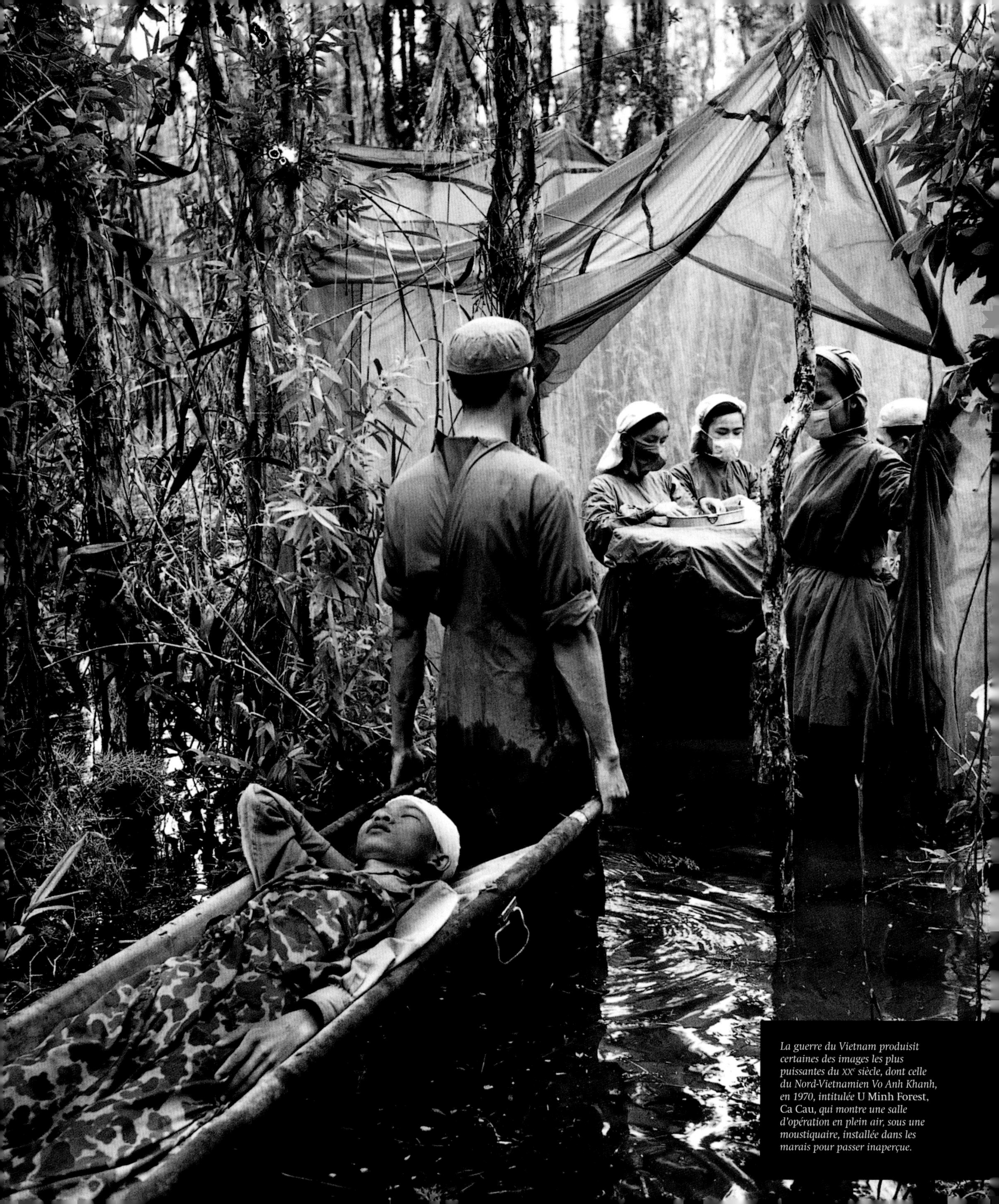

*La guerre du Vietnam produisit certaines des images les plus puissantes du XX<sup>e</sup> siècle, dont celle du Nord-Vietnamien Vo Anh Khanh, en 1970, intitulée* U Minh Forest, Ca Cau, *qui montre une salle d'opération en plein air, sous une moustiquaire, installée dans les marais pour passer inaperçue.*

## “Le zootrope et ses analogues préfiguraient l’invention du cinématographe.”

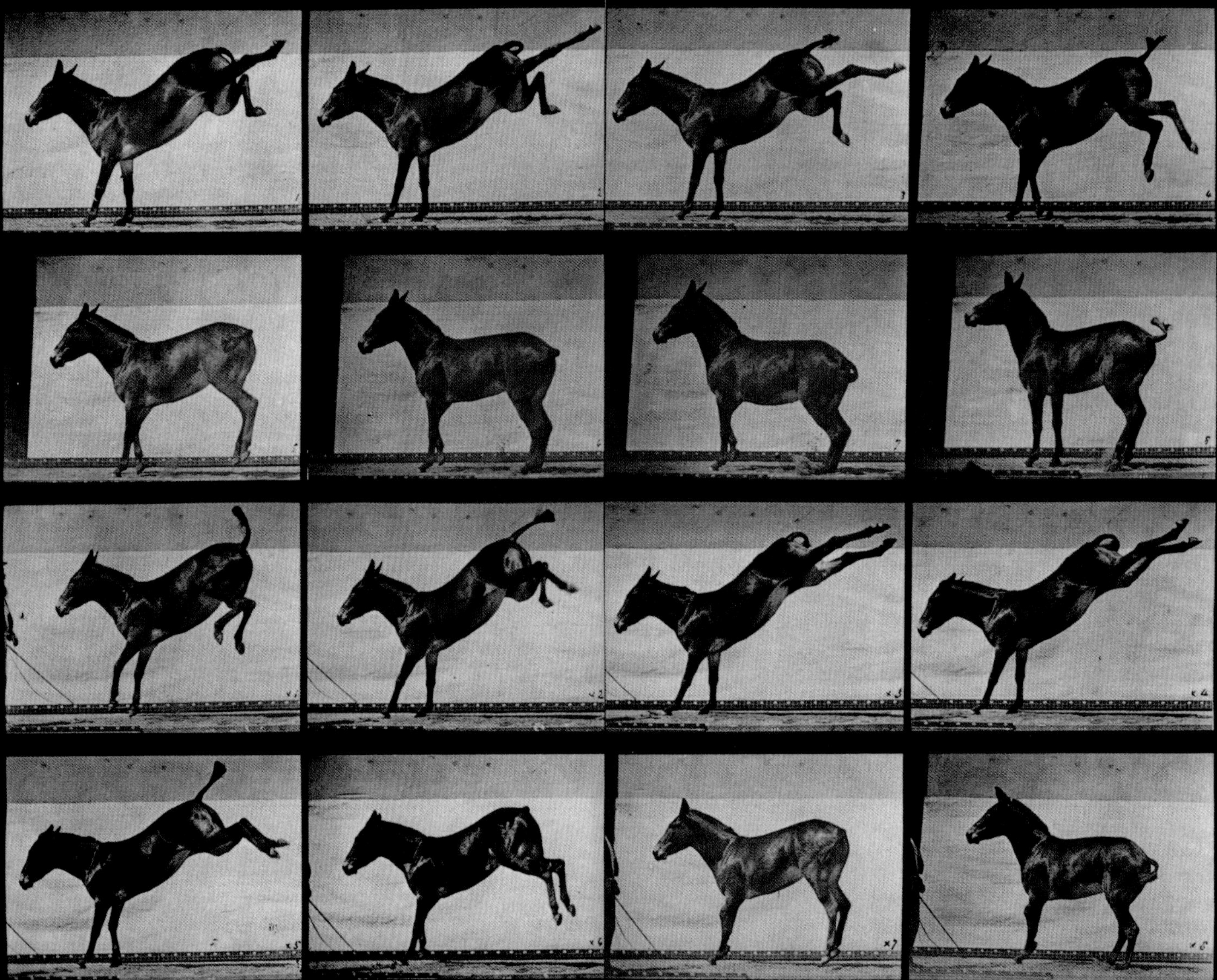

*La série d’images d’Eadweard Muybridge publiée dans son livre de 1887,* Animal Locomotion, *montre « Ruth » en train de ruer. Elle semble se dérouler chronologiquement, mais on sait que Muybridge réorganisait souvent ses clichés pour leur donner l’apparence du mouvement.*

# *L'illusion du mouvement*

IDÉE Nº 20

## IMAGES ANIMÉES

Certains appareils produisent des illusions d'optique qui transforment une série d'images fixes en séquence animée. Parce que cette technique mimait la réalité de façon saisissante, les photographes l'adoptèrent, avec des moyens mécaniques puis numériques, grâce à des logiciels qui tournent sur des ordinateurs, des appareils photo ou même des téléphones perfectionnés.

L'idée d'animer une image fixe est sans doute aussi vieille que l'humanité. Certaines peintures préhistoriques peuvent avoir été conçues pour que les pattes de l'animal semblent remuer à la lueur d'une torche. Les dispositifs destinés à animer des dessins ou des peintures sont anciens et universels. Pour que les photographies représentent encore plus fidèlement la réalité, on les associa à ce qui n'était encore qu'un jouet d'enfants, le zootrope, un cylindre qui donnait l'illusion du mouvement quand on le faisait tourner.

À la fin du XIX^e^ siècle, l'inventeur Eadweard Muybridge trouva une manière d'enregistrer le mouvement animal avec un appareil photographique. Observés dans un zootrope ou dans une visionneuse du même type, ses animaux semblent galoper. L'observation et l'analyse de la locomotion humaine, purement anecdotiques à l'origine, devinrent des sciences à part entière quand on put immobiliser et animer des clichés à volonté (voir **figer le temps**). Parmi leurs applications contemporaines figurent l'étude et la fabrication de prothèses, la mise au point de robots ou d'exercices de kinésithérapie. L'ordinateur affina l'étude du mouvement en permettant des gros plans, des angles variés et même une observation en trois dimensions.

Le folioscope, aussi appelé *flip book* et breveté en Angleterre sous le nom de *kineograph* (« image mobile » en grec), se répandit à la fin du XIX^e^ siècle et ne tarda pas à incorporer des photographies. Comme le zootrope, l'animation sur les pages que l'on feuillette rapidement repose sur une caractéristique de l'œil humain, la persistance rétinienne. Même si l'explication physiologique exacte fait encore débat, il semble que l'œil et le cerveau humains conservent une image entraperçue pendant une fraction de seconde. Ce que l'on appelle la « post-image » se superpose avec la nouvelle, créant l'illusion du mouvement.

Le zootrope et ses analogues préfiguraient l'invention du cinématographe dès la fin du XIX^e^ siècle. Aujourd'hui, l'omniprésence du film et de la vidéo n'empêche pas de prendre plaisir à animer des images fixes. Des logiciels grand public le permettent sur nombre d'appareils photographiques ou de téléphones. La fabrication et la diffusion des animations sont devenues si faciles que la frontière entre image fixe et image mobile se brouille. ■

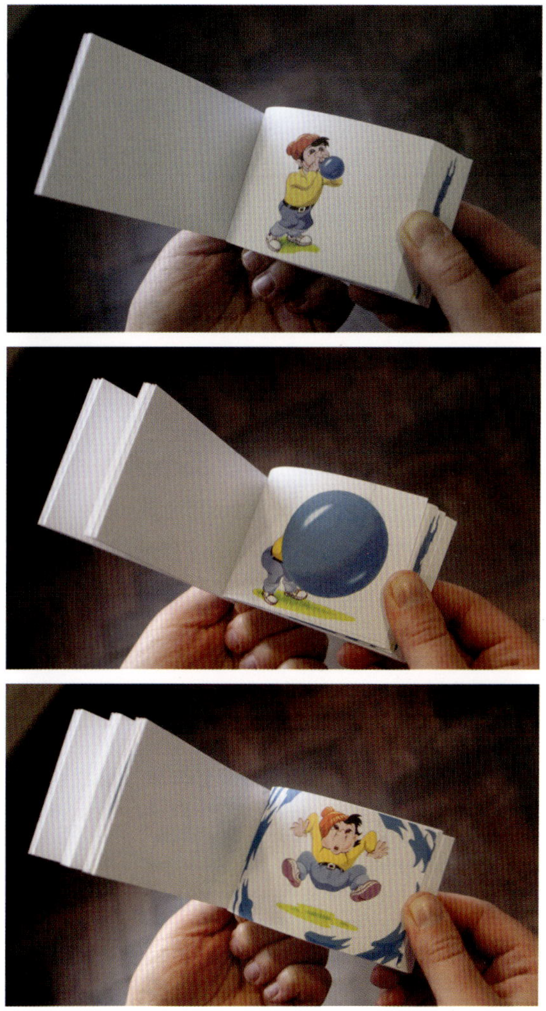

*Savoir sur quel principe repose l'illusion du mouvement donné par un folioscope ou* flip book *ne nuit en rien au plaisir qu'il procure.*

# *Un processus risqué*

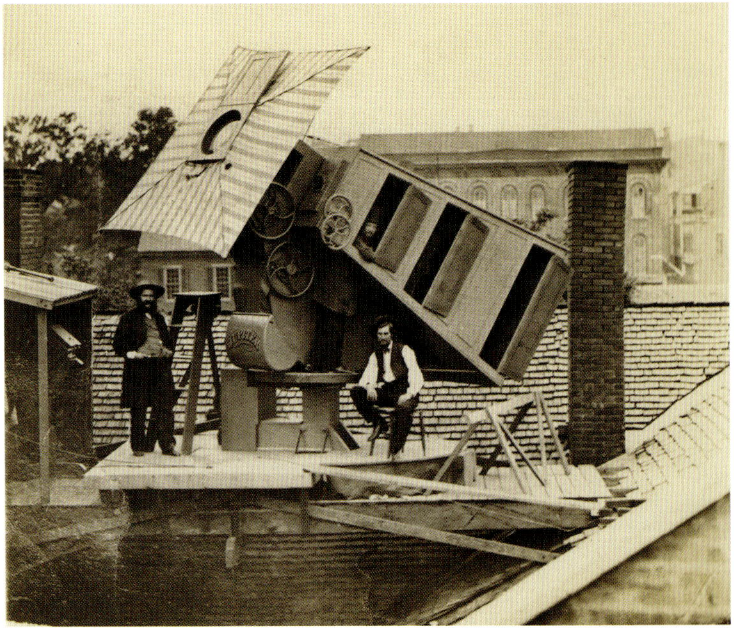

*Avec leur air de capsule spatiale à la Méliès, ces rares agrandisseurs solaires, comme le Jupiter de la fin des années 1860 représenté ici, appartiennent au XIXe siècle.*

IDÉE N° 21

## L'AGRANDISSEMENT

Avant l'ère numérique, agrandir une image revenait à se heurter aux limites techniques du procédé. Savoir négocier avec la résistance que l'image opposait à l'agrandissement devint l'une des qualifications indispensables du photographe.

Les premiers clichés étaient limités par la taille du support, c'est-à-dire par les dimensions de la plaque du **daguerréotype** ou de la feuille de papier sur lesquelles l'image était fixée. Ainsi, plus la plaque ou la feuille était grande, plus l'image l'était. La plaque la plus grande que l'on ait fréquemment utilisée, qui correspondait à celle de l'appareil originel de Daguerre, était assez petite par rapport aux habitudes contemporaines, soit 16,5 × 21,6 cm. Parfois, des précurseurs réalisèrent des images plus grandes, en photographiant une seconde fois leurs clichés avec des appareils plus larges, mais la méthode réduisait la précision. Pour que les détails de paysages restent lisibles, on fabriqua des appareils démesurés, comme le bien nommé Mammouth.

Les agrandisseurs solaires, ainsi baptisés parce qu'ils utilisaient la lumière du jour pour projeter un négatif sur du papier sensible, apparurent dans les années 1850. On les appelait parfois «appareils photographiques solaires» à cause de leur apparence. La plupart étaient portables et conçus pour être adaptés à un encadrement de fenêtre où ils capturaient la lumière du jour. Quelques-uns d'entre eux étaient si gros et accumulaient tant de chaleur qu'il fallait y faire circuler de l'eau pour les refroidir. Comme les matériaux sensibles fixaient lentement les images, il fallait déplacer l'agrandisseur pour qu'il suive la trajectoire du soleil. Quand l'éclairage chimique puis électrique remplaça le soleil, l'agrandisseur se trouva transporté à l'intérieur, dans la chambre noire.

L'historien et photographe Marcus Aurelius Root mentionnait dans les années 1860 des portraits photographiques en grandeur nature. Les images ainsi agrandies perdaient leur précision et l'on recourait à des pastels de couleur ou à de la craie noire et blanche pour améliorer leur apparence. Les bustes en grandeur nature étaient plus fréquents, qu'ils soient réalisés avec de grands appareils ou qu'ils résultent d'agrandissements. Pour le public, ces images en grandeur nature donnaient l'équivalent de la présence réelle du modèle et ils guettaient sa personnalité sur les traits de son visage. Le dramaturge suédois August Strindberg espérait que les gros plans de visages lui permettraient de déchiffrer les traits de caractère de ses modèles. Plus récemment, le numérique exploita l'impact esthétique et émotionnel des portraits en grandeur nature.

Comme le **recadrage**, l'agrandissement peut modifier ou intensifier ce qui est photographié. Les vastes images de paysage, comme les clichés transférés sur des murs dont la largeur dépasse le champ de vision du spectateur, frappent davantage que celles que l'on peut tenir dans la main. Les logiciels qui permettent d'ajuster les détails de l'image ont transformé l'agrandissement ou la réduction en procédés courants dans la presse, dans la publicité et sur tous les écrans. La prolifération d'images géantes qui envahissent notre quotidien conduit à se demander si elles accroissent la sensibilité du public ou renforcent son indifférence. ■

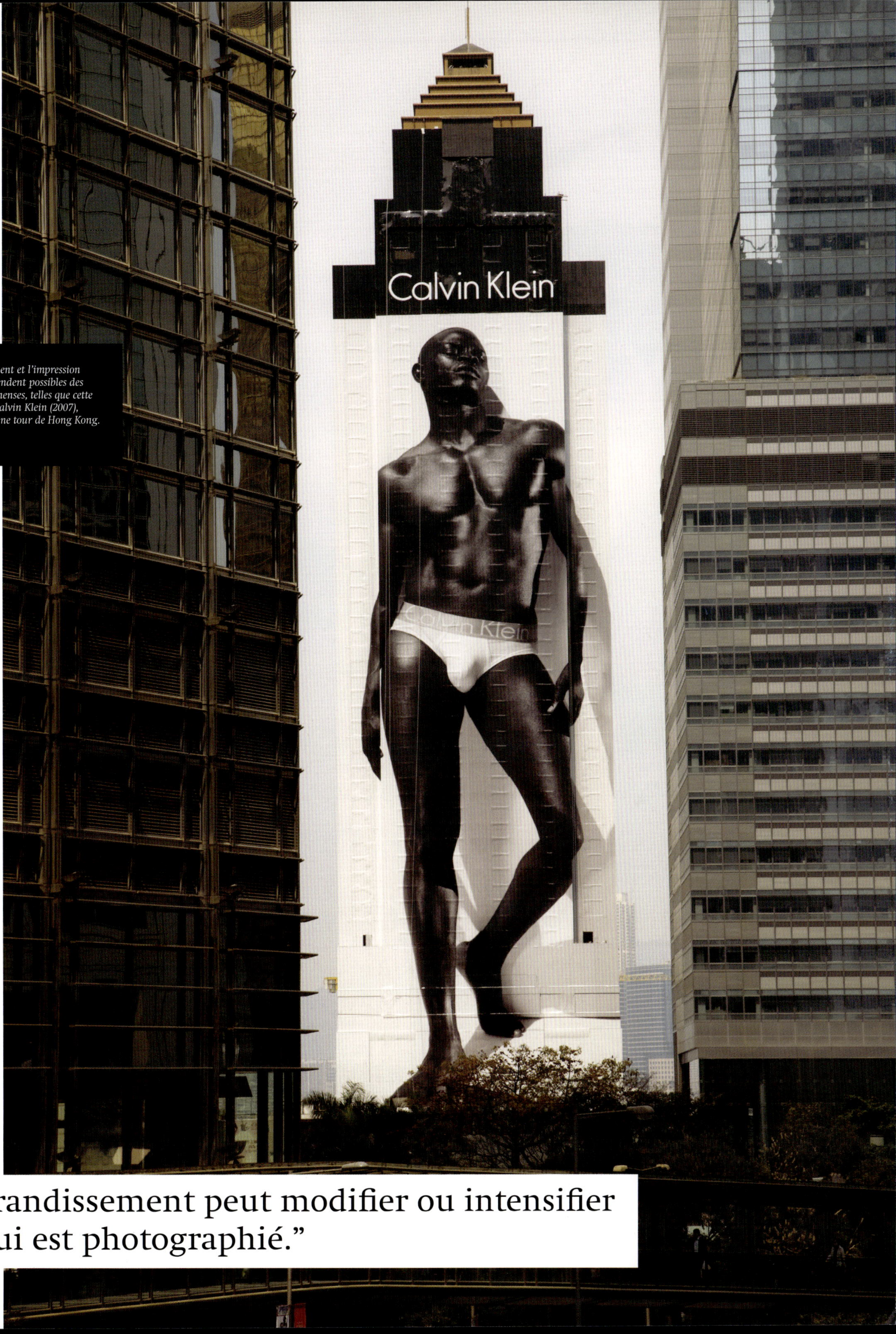


*L'agrandissement et l'impression numériques rendent possibles des publicités immenses, telles que cette affiche pour Calvin Klein (2007), suspendue à une tour de Hong Kong.*

"L'agrandissement peut modifier ou intensifier ce qui est photographié."

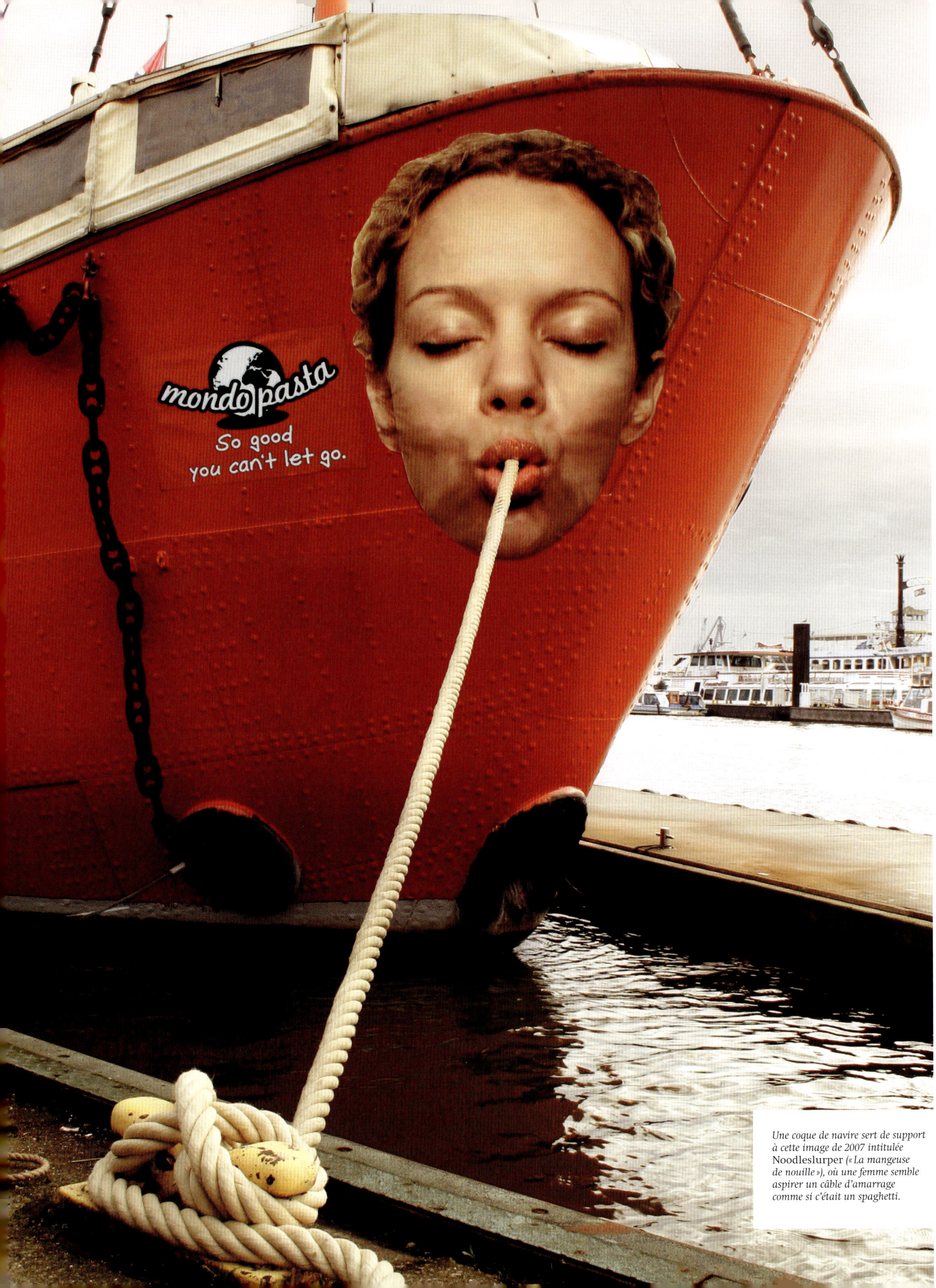


*Une coque de navire sert de support à cette image de 2007 intitulée* Noodleslurper *(« La mangeuse de nouille »), où une femme semble aspirer un câble d'amarrage comme si c'était un spaghetti.*

# *De la porcelaine au gâteau d'anniversaire*

IDÉE Nº 22

## LES SUPPORTS

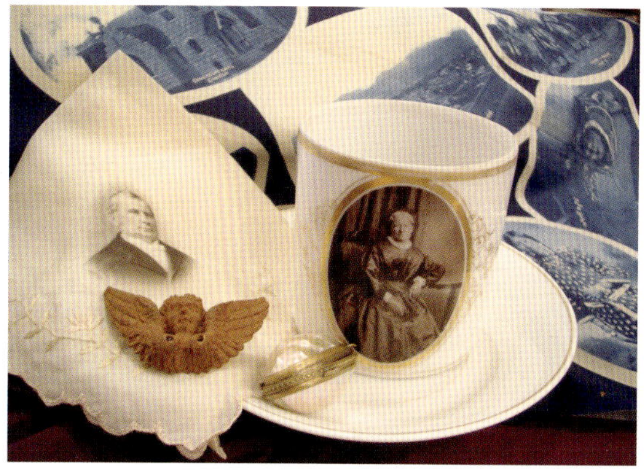

CI-DESSUS : *Au XIXe siècle, on tirait les photographies sur des supports variés, pour fêter de grandes occasions comme les mariages ou rappeler des personnages ou des événements. Ici, un cyanotype sur nappe (vers 1893), un mouchoir (vers 1890), un ange en bois décoré de deux microphotographies sur le torse (vers 1870), un médaillon contenant un ferrotype (vers 1870) et une tasse à thé (vers 1877).*

Le support est le matériau sur lequel une photographie est imprimée ou transférée. Aux débuts du médium, toutes les matières que l'on pouvait sensibiliser à la lumière devenaient des supports potentiels. On essaya donc le papier, le métal, le tissu, la toile, le cuir, le verre, le bois et même certaines céramiques.

Les expériences qui aboutirent à l'invention de la photographie utilisaient tous les matériaux absorbants qui se présentaient. À la fin du XIXe siècle, Thomas Wedgwood, héritier de la célèbre dynastie de céramistes Wedgwood, chercha un nouveau moyen de transférer des photographies sur la porcelaine. Son ami Humphry Davy et lui expérimentèrent avec du papier ou du cuir sensibilisé. Les premiers efforts des autres précurseurs portèrent sur des matériaux tels que le tissu, l'étain, le verre, la pierre ou l'argent. À l'origine, on concevait la photographie comme le contrôle d'une interaction entre des produits chimiques et la lumière du soleil. Même si les paysages et les natures mortes ont constitué les premiers sujets, l'effort portait sur l'aspect scientifique de la découverte et non sur son aspect **esthétique**.

On a aussi utilisé le mot « support » pour décrire les cartons rigides parfois utilisés pour renforcer les tirages. Certaines des photographies du XIXe siècle, comme les photos-cartes, étaient tirées sur un papier tellement fin qu'il se chiffonnait s'il n'était pas renforcé. Quand les images de la guerre de Sécession et d'autres événements historiques étaient préparées pour les établissements scolaires ou les bibliothèques, on collait ces clichés fragiles sur du carton fort sur lequel on imprimait les titres et d'autres informations.

Au XXe siècle, la possibilité de reproduire des images à l'offset permit la multiplication des supports. Pour les vastes panneaux publicitaires, on utilisa de grandes presses pour imprimer des feuilles de papier ou de vinyle que l'on encollait sur leur support. Les veilleuses en verre dépoli éclairées de l'intérieur vendues dans les boutiques d'aéroport ou les galeries marchandes projettent des graphismes ou des photographies conçues spécialement pour elles. Les appareils numériques et leurs logiciels permettent un rendu du détail et un travail des couleurs qui ont contribué au succès des supports lumineux. De vastes écrans LCD présentent de plus en plus souvent des suites de publicités et de textes. Le numérique permet aussi de transférer une image sur un gâteau d'anniversaire : des imprimantes garnies d'encre comestible tirent, sur du papier à base de pomme de terre, de riz ou d'amidon de maïs, des images que l'on dépose sur le glaçage. ■

CI-DESSOUS : *Le photographe sud-africain Chris Kirchhoff a immortalisé la militante Nkeko Mphake, vêtue d'un tee-shirt à la gloire de Nelson Mandela et de son parti, pendant une campagne électorale locale de 2006.*

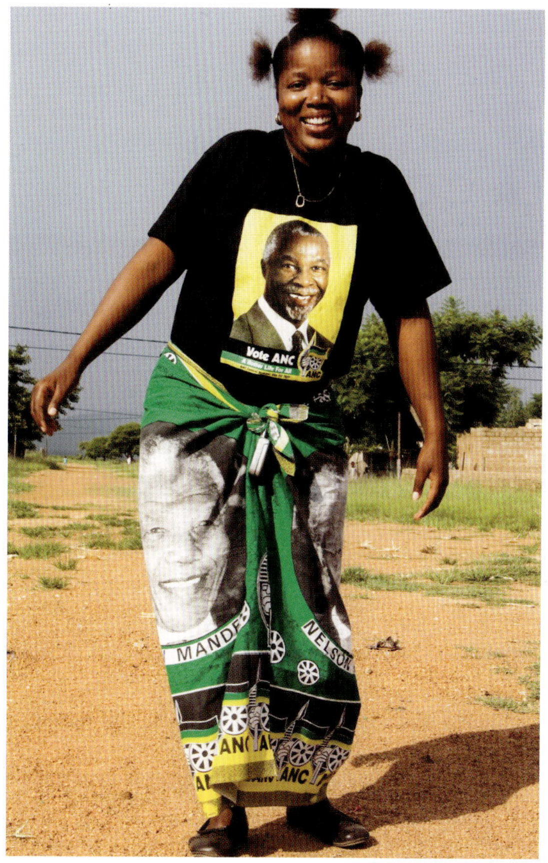

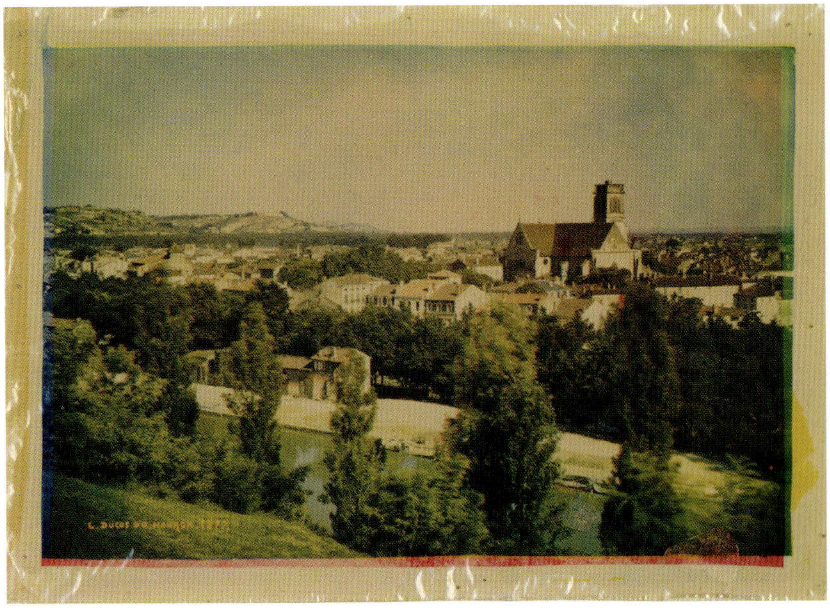


*Pour cette image d'Agen datant de 1877, Ducos du Hauron utilisa un appareil capable de prendre trois clichés en même temps. Il photographia la vue avec trois filtres de couleurs différentes et tira les négatifs obtenus sur des feuilles de papier translucides qu'il superposa. On devine d'ailleurs sur cette image les bords des trois couches colorées.*

IDÉE N° 23

# LA COULEUR

L'aspiration à la couleur est aussi ancienne que la photographie. Étant elle-même une machine à créer des images de la réalité, pourquoi ne produisait-elle pas naturellement des images en couleurs, semblables à notre vision du monde ? Malgré de nombreuses tentatives, il fallut un siècle pour qu'un procédé en couleurs fiable et peu coûteux apparût.

À l'inverse de l'automobile ou de l'avion dont les expériences, les échecs et les réussites se déroulaient sous les yeux du public, l'invention de la photographie fut une affaire secrète, dont le succès fut proclamé en 1839 auprès de populations stupéfaites. L'irruption soudaine d'une technologie aussi avancée répandit l'idée que la couleur n'allait pas tarder à suivre. Sans doute ne lui manquait-il que quelques perfectionnements. Tous, les scientifiques comme les photographes, nourrissaient de grandes espérances.

Pourtant, la couleur demandait davantage qu'une simple extrapolation linéaire des procédés du noir et blanc. Les travaux du physicien écossais James Clerk Maxwell et ceux de Thomas Sutton, rédacteur en chef du journal *Photographic Notes*, témoignent bien de la complexité du problème. Ils créèrent la première photographie en couleurs par des chemins de traverse. Partant de l'idée que l'on pouvait réaliser un cliché en couleurs en prenant plusieurs photographies avec des filtres aux couleurs primaires (rouge, vert et bleu en l'occurrence), ils superposèrent leurs images et les projetèrent en utilisant une seconde fois leurs filtres. La solution, quoique imparfaite, donna naissance à la technique additive, qui ajoute les couleurs une par une, et à l'abréviation « RVB » désignant le système de couleurs des télévisions, des appareils numériques et des écrans d'ordinateur.

On tenta également une technique inverse : à la fin des années 1860, Louis Ducos du Hauron mit au point un procédé soustractif, qui obligeait à photographier une scène à trois reprises et à exposer le négatif en lumière orange, verte et violette. On obtenait alors trois positifs, sur du papier fin au point d'être transparent, chacun portant une couleur complémentaire, que l'on superposait pour obtenir une image en couleurs.

Bien qu'elle parût compliquée, cette méthode permettait de se passer de projecteurs encombrants et aboutit

## “La couleur ne progressa que lentement.”

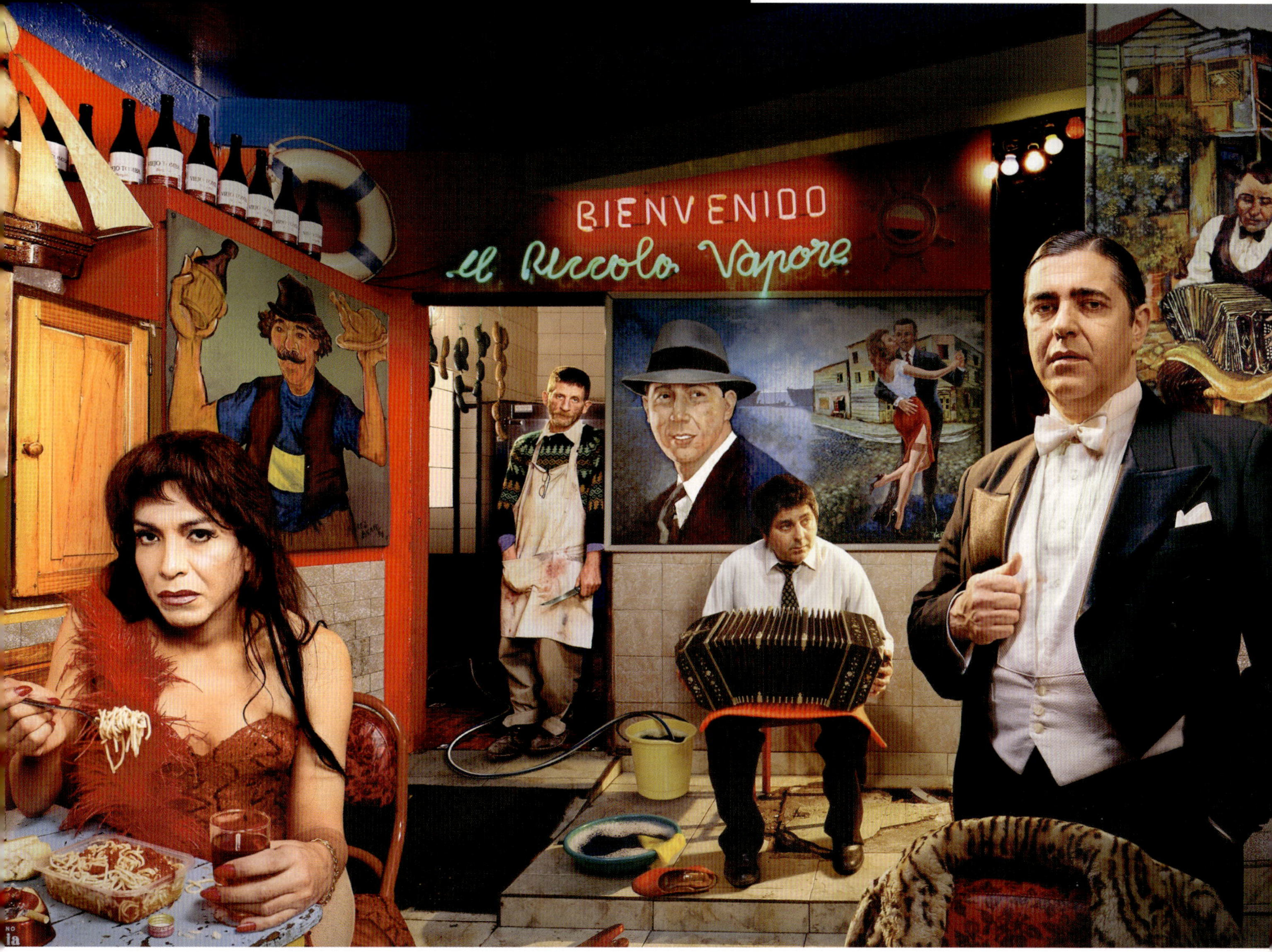


finalement à la couleur par transfert hydrotypique, l’une des techniques d’impression les plus parfaites.

La couleur ne progressa que lentement au XIXe siècle ; elle ne sortait guère du cercle réduit des expérimentateurs acharnés qui relataient leurs travaux dans des journaux spécialisés. Aussi, quand les couleurs d’une vivacité étonnante de l’**autochrome** furent présentées au public au début du XXe siècle, on crut que l’on venait de réinventer la photographie. Malgré son coût et ses défauts, on tira vingt millions d’autochromes entre 1907 et 1936. Cependant, il fallut attendre l’invention du **Kodachrome**, près d’un siècle après celle du noir et blanc, pour que les clichés en couleurs se diffusent dans le monde entier, d’abord sous forme de films pour les cinéastes amateurs, puis de pellicules qu’utilisèrent les magazines, les professionnels et les passionnés. Après un siècle d’attente et beaucoup de petites réussites, la photographie couleur devenait enfin un élément de la vie quotidienne. ■

*Au cours de son évolution, la photographie tenta d’abord de restituer les couleurs comme l’œil les voyait, avant de proposer des couleurs expressives, peu naturelles, capables de donner du caractère à une image, comme en témoigne* La Cantina, *de Marcos López (2007).*

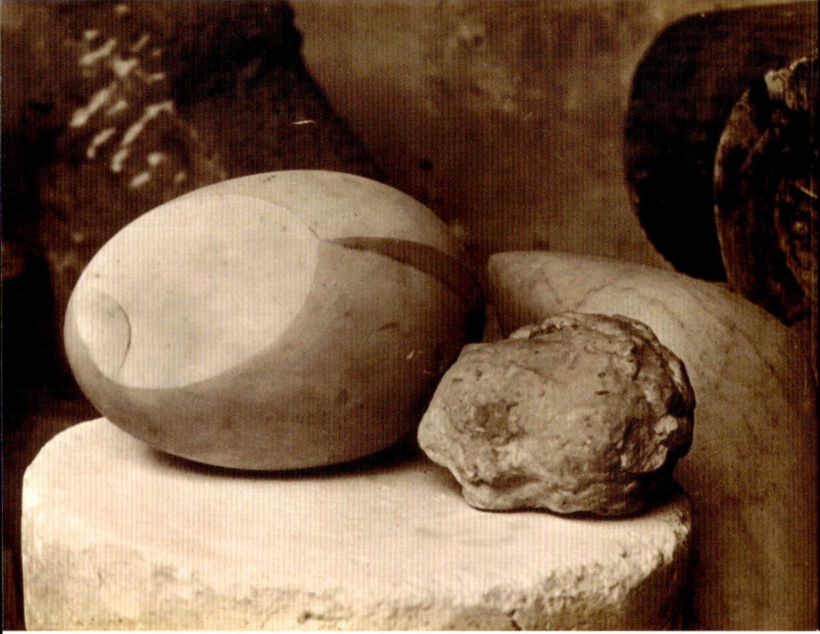

“Les photographes utilisèrent la sculpture pour étudier le placement des personnages, expérimenter avec les textures...”

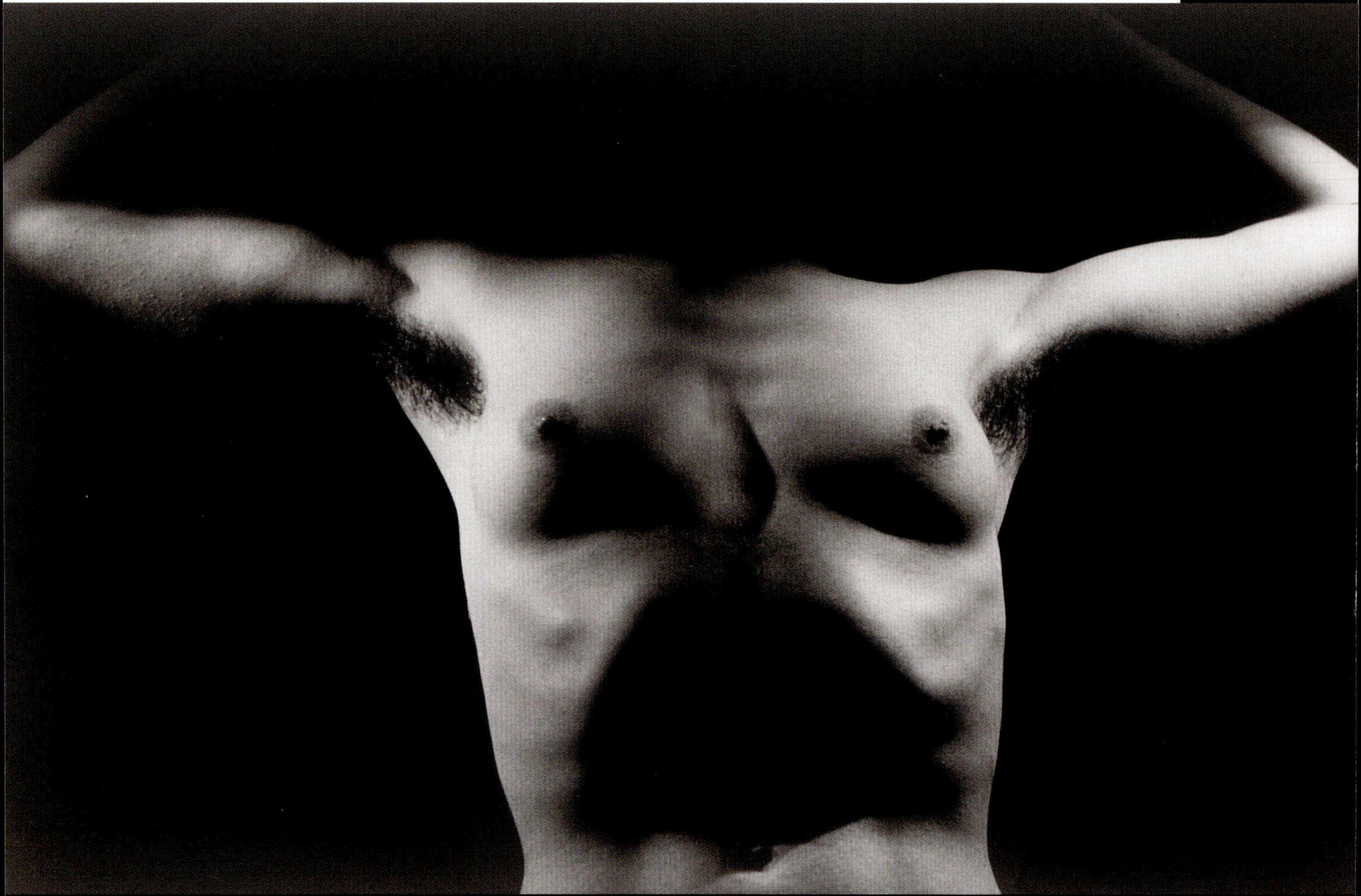

EN HAUT : *Constantin Brancusi affina sa technique photographique pour que ses clichés indiquent aux commissaires d’exposition comment disposer ses sculptures, mais précisent aussi la signification qu’il leur attribuait.*

CI-DESSUS : *L’habile métamorphose d’un torse féminin nu en* Minotaure *(1935) masculin, signée Man Ray, fut largement reproduite et commentée dans les revues surréalistes.*

IDÉE N° 24

# PHOTOGRAPHIE ET SCULPTURE

La relation entre les deux arts commença par un mariage de raison : les photographes avaient besoin de modèles et les statues restaient plus facilement immobiles que n'importe quel individu. Avec le temps, cette relation s'approfondit et aboutit à une liaison plus intime.

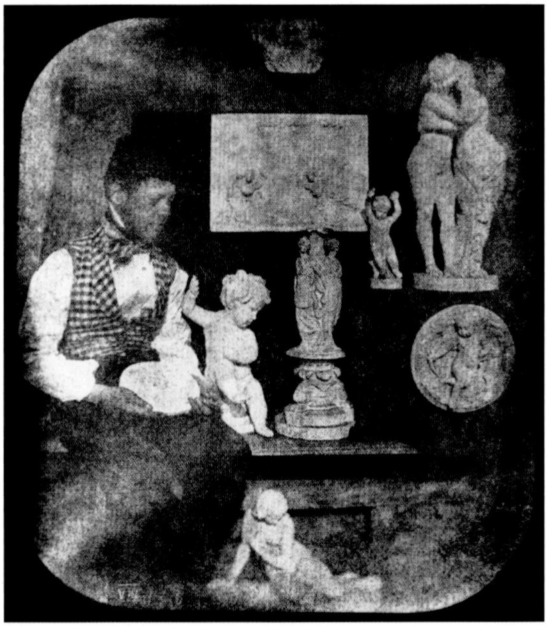

*Dans* Bayard et ses statuettes *(1850) d'Hippolyte Bayard, la sculpture semble défier la gravité. Le photographe voulait-il démontrer que les clichés pouvaient être vrais et faux à la fois ?*

Les moulages en plâtre présents dans la plupart des ateliers des peintres et des sculpteurs du XIXe siècle offrirent à la photographie ses premiers sujets. Leurs reliefs en faisaient des succédanés de personnages ou d'animaux. En étudiant des formes qui ne bougeaient pas, on apprit à transférer des volumes et des formes sur le plan en deux dimensions des clichés. De plus, les photographes utilisèrent la sculpture pour étudier le placement des personnages, expérimenter avec les textures et pour créer des formes. *Bayard et ses statuettes* d'Hippolyte Bayard (1850), sans doute pris en extérieur pour des raisons d'éclairage, le montre posant au milieu de lourdes statues qui semblent flotter dans les airs. Le photographe reprend d'une manière ironique certaines de ses compositions précédentes où figuraient déjà ces moulages. La tension entre l'essence réaliste de la photographie et le miracle des statues qui volent assure la réussite de l'image.

Si la plupart de ces clichés n'étaient que des essais, des brouillons, le rapprochement entre les deux arts aboutit au XXe siècle à une liaison plus solide. Ainsi, le sculpteur d'origine roumaine Constantin Brancusi réalisa plus de mille clichés de ses sculptures, non seulement pour cataloguer son travail, mais encore pour préciser l'interprétation qu'il en donnait.

L'utilisation de la photographie pour saisir l'inhabituel et l'étrange fut un thème dominant du mouvement surréaliste, dans la première moitié du siècle dernier. Pour la revue surréaliste *Minotaure*, du nom du personnage mi-homme mi-taureau de la mythologie grecque, Man Ray combina photographie et sculpture d'une manière qui rappelle les premiers essais de Bayard. En manipulant la lumière et l'ombre, il réussit à transformer un buste féminin en une forme étrange et vaguement inquiétante, plus mâle que féminine, plus animale qu'humaine. La tête de la femme disparaît dans l'obscurité et ses bras se transforment en corne.

Cette image hybride évoque bien la synthèse de la sculpture et de la photographie qui évoluèrent de concert, en particulier au début du XXIe siècle, avec le triomphe des performances et des installations, mais aussi du mouvement *fabricated to be photographed* (voir **mise en scène photographique**). ■

IDÉE Nº 25

# IMAGES MORALISATRICES

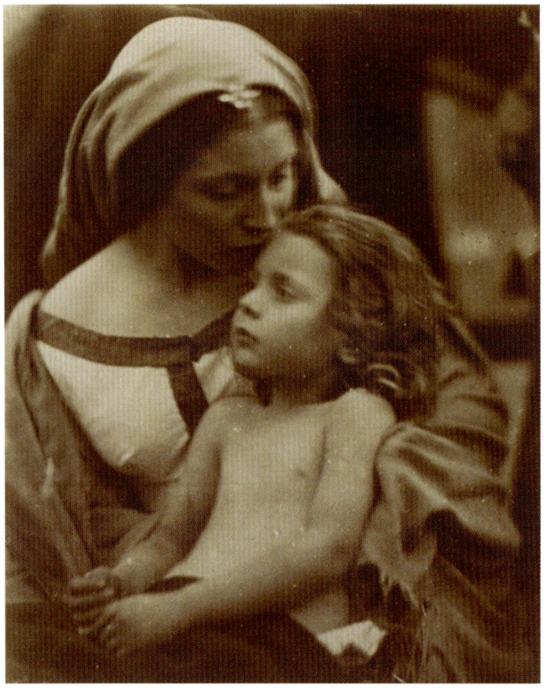

*Le public ne s'étonnait pas que la photographie, inventée au XIXe siècle, puisse donner des images de l'affection que la Vierge portait au petit Jésus, comme sur ce cliché de Julia Margaret Cameron intitulé* La Beata *(1865). Il fut accueilli comme l'aurait été un tableau sur le même sujet.*

L'utilisation de la photographie pour influencer certains choix moraux commença dans les années 1860 ; cette pratique s'inscrivait dans une campagne plus vaste destinée à faire connaître la valeur du nouveau procédé en imitant le didactisme des peintures ou des gravures célèbres. Depuis, les mises en scène de sermons prospèrent, proposant avertissements pour le bien public, propagande ou publicité.

En 1861, le photographe de portraits londonien Jabez Hughes publia un résumé succinct de l'état de la pratique. Il y avait, dit-il, la photographie littérale, la photographie d'art, ainsi qu'une nouvelle catégorie, la « photographie de grand art », qui avait des buts plus élevés que les deux autres. Il s'agissait d'instruire, de purifier et d'ennoblir le spectateur.

Le meilleur exemple de « grand art » était donné par Oscar Rejlander dont le cliché *The Two Ways of Life* (« Les deux chemins de la vie ») recourait à des acteurs pour créer un pastiche de *L'École d'Athènes* du peintre de la Renaissance Raphaël. Composé de trente négatifs différents tirés un à un sur la même longue feuille de papier sensible, il montrait un jeune homme honnête qui choisissait les joies du foyer et du labeur, alors qu'un autre, voluptueux et sans volonté, se laissait séduire par la débauche. La nudité de certains personnages du premier plan provoqua une polémique, que la reine Victoria interrompit en achetant un tirage pour le prince Albert, ardent défenseur de la photographie.

Bien que Charles Baudelaire, qui était critique d'art en même temps que poète, eût décrété que la « photographie de grand art » n'était qu'une vulgarisation de la peinture, le genre survécut tout au long du XIXe siècle. Les évocations de paysages intemporels et de femmes rêveuses du courant pictorialiste s'inscrivaient d'ailleurs dans une forme plus subtile du même mouvement moralisateur. Quand les photographies remplacèrent les gravures dans les publicités des magazines et des journaux, des campagnes qui visaient les femmes soulignaient leurs devoirs, parmi lesquels, bien sûr, acheter des produits qui nourrissent leurs enfants et protègent leur santé (voir **images qui font vendre**).

Durant la Seconde Guerre mondiale, beaucoup de femmes occupèrent des emplois réservés aux hommes partis sur le front, et des affiches présentèrent le fait de fumer comme un geste féministe ou même patriotique. Pendant les dernières décennies du XXe siècle, les réclames pour les cigarettes Virginia Slims s'appuyaient aussi sur les idéaux féministes en montrant des femmes actives accompagnées du slogan « *You've come a long way, baby* » ou « Tu en as fait du chemin, ma chérie ». Même si l'attitude envers le tabac s'est inversée dans les années 1980, les slogans et les images utilisés dans les campagnes contre le tabagisme, l'alcoolisme ou la sexualité sans précaution emploient les mêmes tactiques brutales. ■

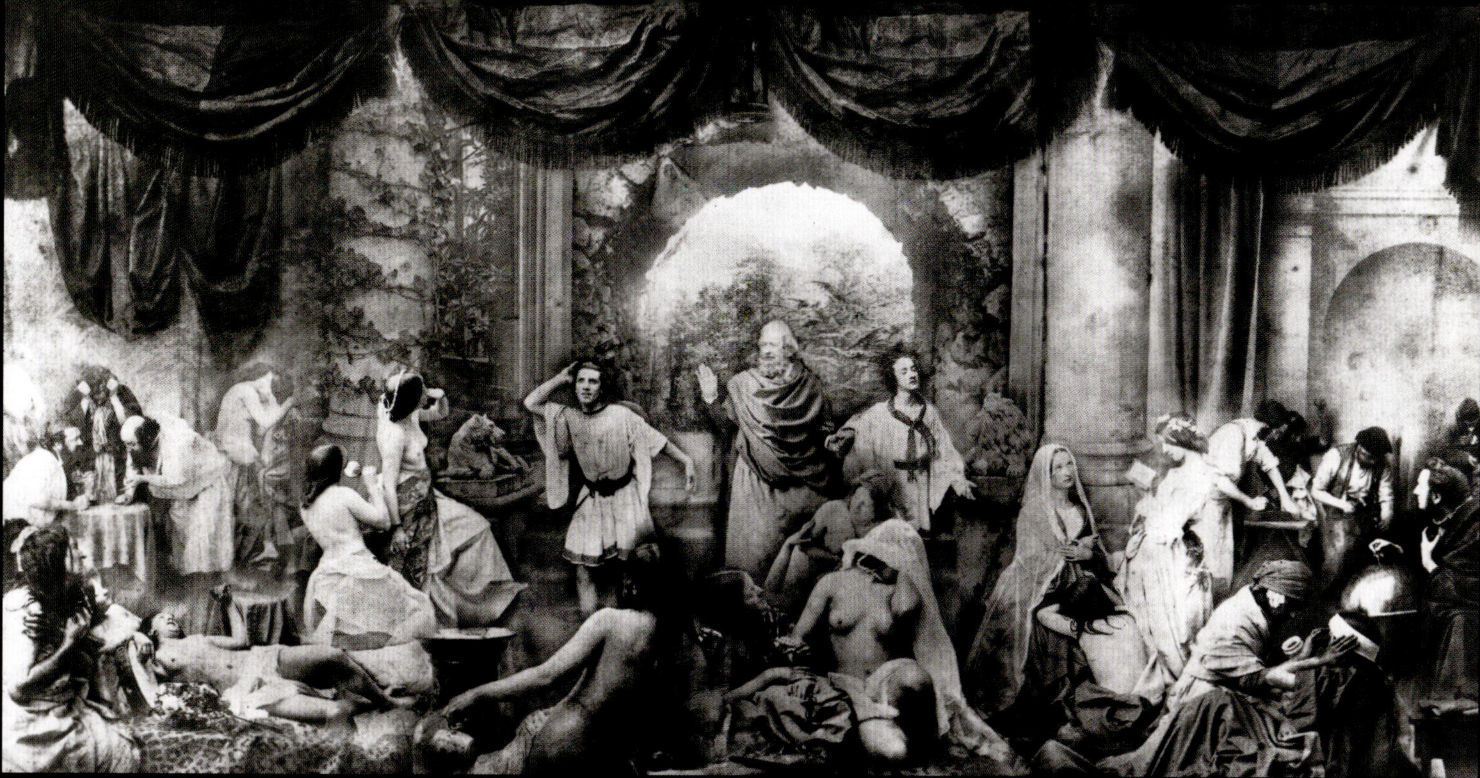

CI-DESSUS : *Le thème moralisateur de l'œuvre d'Oscar Rejlander* The Two Ways of Life *(« Les deux chemins de la vie », 1857) lui permit au bout du compte de triompher de l'opposition que lui avaient value ses détails érotiques.*

À DROITE : *Cette campagne de l'association de bienfaisance Barnardo's (1999-2000) voulait démontrer, avec des images choquantes telles que celle-ci, qu'aucun enfant ne naissait toxicomane.*

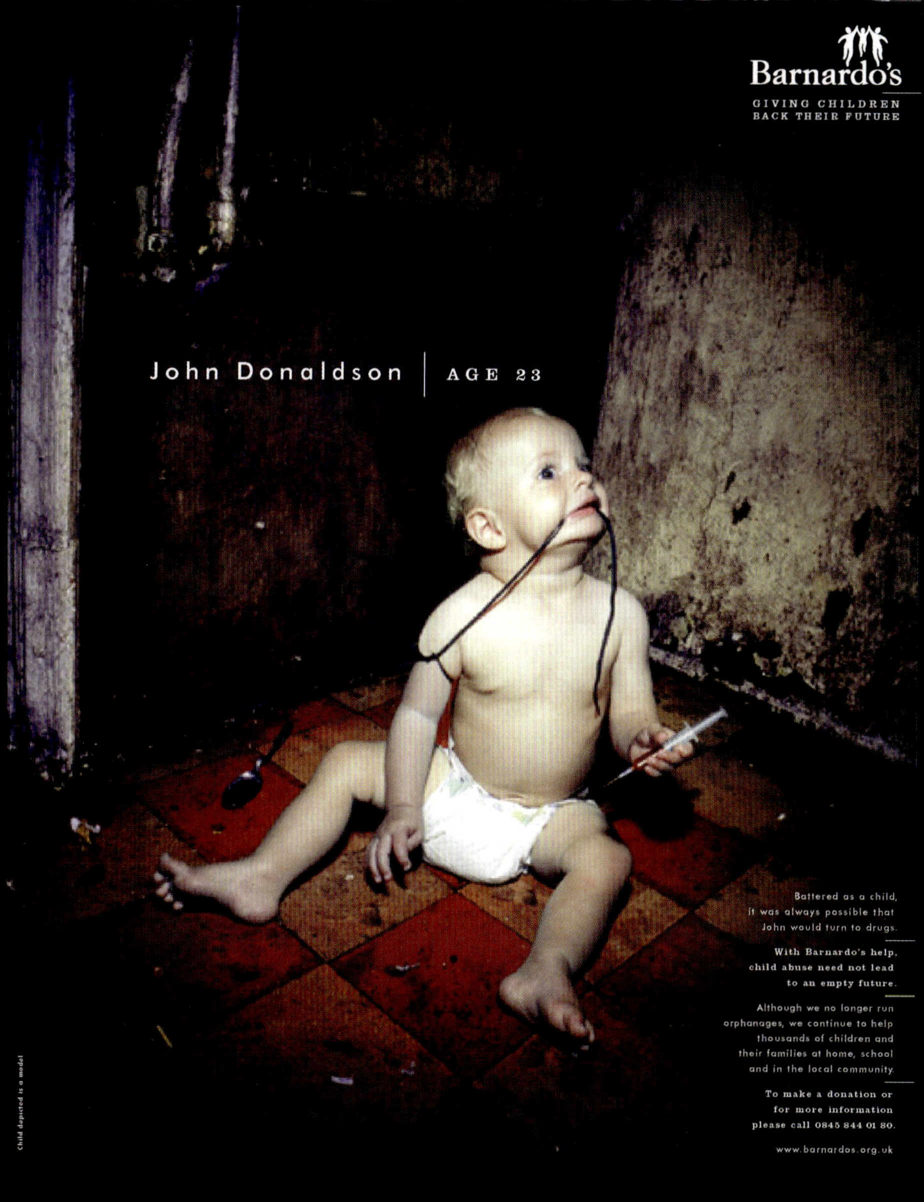

# *De l'art ou de la pornographie ?*

IDÉE Nº 26

## LES ACADÉMIES

Une académie est une photographie de nu à l'usage des artistes ou des étudiants en art. Baptisées « études d'après nature », certaines de ces images servaient à étudier l'anatomie, mais beaucoup d'autres étaient destinées à des acheteurs situés en dehors du monde de l'art, avec un but moins avouable, dans le cadre d'un commerce moins légal.

Avant l'invention de la photographie, les collections des écoles d'art recelaient parfois des gravures et des lithographies de nus. Ces images, qui portaient le nom d'« académie », étaient souvent stylisées : elles représentaient le corps selon les canons de la Renaissance ou de l'époque baroque. La plupart des académies étaient féminines ; on réalisait moins de nus masculins.

Dès les débuts de la photographie, on produisit des clichés de nus, quelquefois pour un artiste en particulier, mais aussi pour un usage plus commercial. Le peintre Eugène Delacroix réalisa son célèbre tableau d'une odalisque à partir d'une académie sur **daguerréotype** prise spécialement pour lui. Cette technique assez coûteuse était largement au-dessus des moyens d'un étudiant en art de l'époque, mais, dans les années 1850, avec la diffusion des clichés sur papier, les académies devinrent moins onéreuses, plus variées et se multiplièrent.

En France, des lois et des règlements restreignaient la pornographie. Ainsi, les images de nus devaient être soumises au ministère de l'Intérieur ou à la préfecture de police avant d'être autorisées à la vente. Le nu vu de face n'était pas systématiquement interdit ; on le condamnait quand il heurtait la morale ou représentait une pose non naturelle, critères soumis à interprétation s'il en est. Prétendre que l'image était destinée à l'étude de l'anatomie artistique, la baptiser « étude d'après nature », pouvait aider à contourner la censure. Les nus déguisés au moyen d'accessoires classiques, colonnes, vases, épées, moulages de statues célèbres, tableaux, luths, et surtout des mètres de draperies, se multiplièrent. On utilisait à l'occasion des tissus transparents pour révéler en même temps que dissimuler artistiquement la silhouette qu'ils drapaient.

Le nombre d'images des années 1850-1860 que possède encore la préfecture de police de Paris témoigne d'une augmentation brutale du nombre des étudiants en art ou de celui des amateurs de nus. Même s'il est impossible de tracer une frontière précise entre les productions destinées aux artistes et celles qui visaient à satisfaire les voyeurs, certaines images très explicites n'étaient visiblement pas conçues pour les esthètes. Leur production et leur commerce étaient illégaux. Quelques photographes se retrouvèrent en prison, sans que cela empêchât Paris de devenir la plaque tournante internationale de la photographie de nu, un moment important et souvent méconnu de la première industrialisation du médium. ■

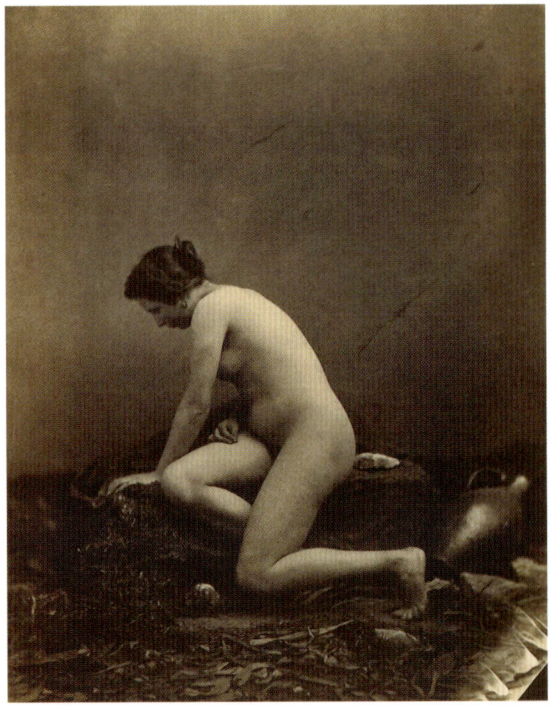

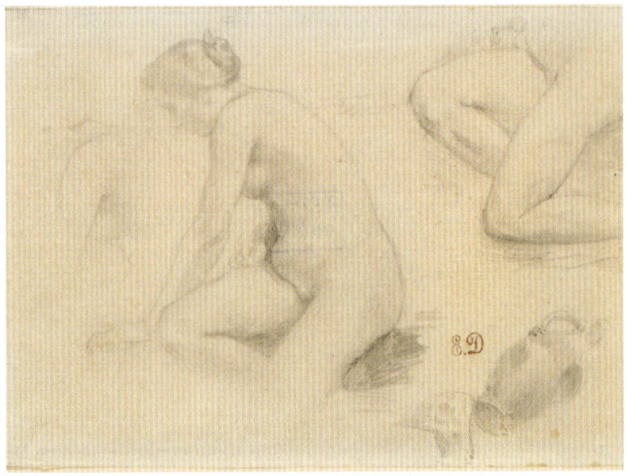

*Bien qu'il doutât que la photographie fût un art, Delacroix utilisa des clichés de Louis Camille d'Olivier, dont un* Nu féminin *de 1855 (en haut), pour plusieurs études préparatoires (ci-dessus).*

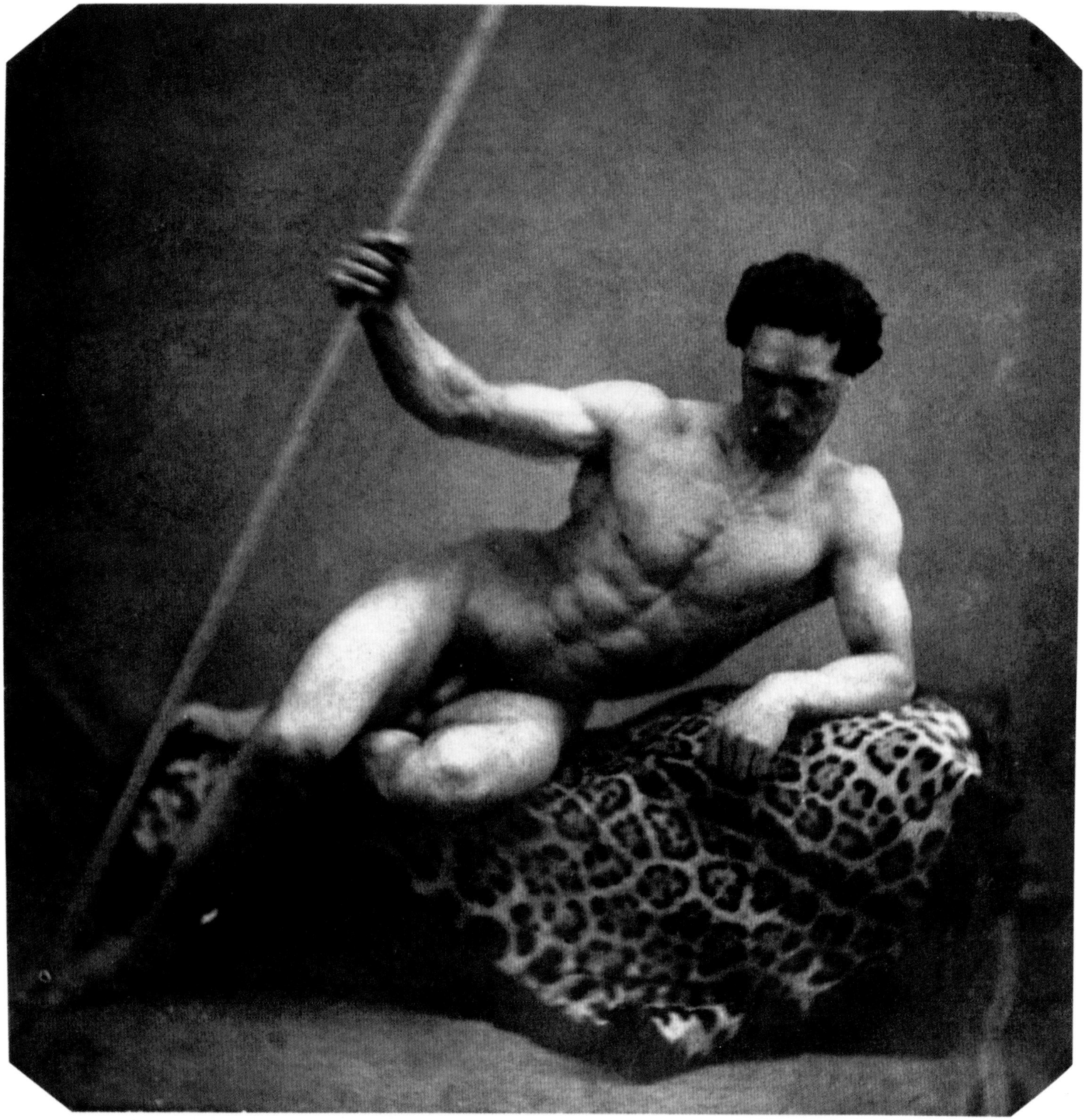

“Les images de nus devaient être soumises au ministère de l’Intérieur ou à la préfecture de police.”

*Même si cette académie tirée de l’album photographique de Delacroix (1853-1854) fut conçue par Eugène Durieu pour l’artiste, son symbolisme masculin, le javelot, la peau de léopard préfigurent les images homo-érotiques de la deuxième moitié du XIXe siècle.*

IDÉE N° 27

# LA PHOTO-CARTE

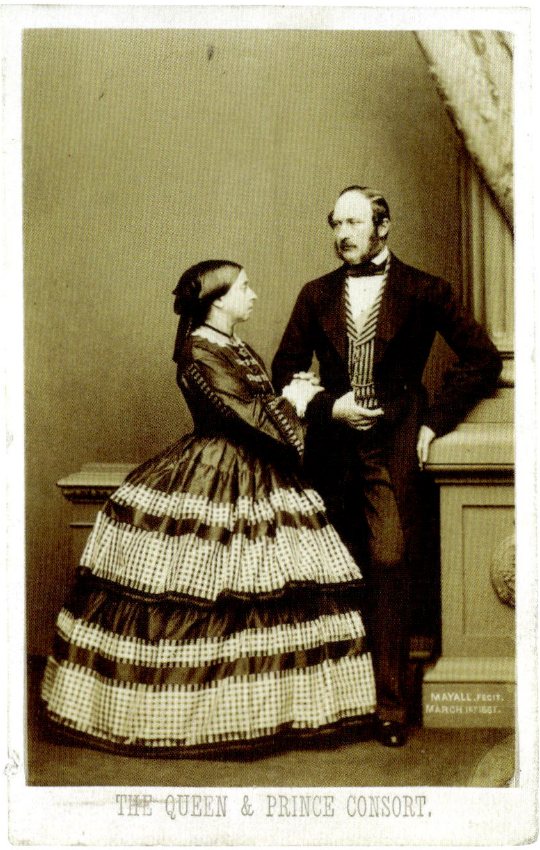


CI-DESSUS : *Les photographies des couples royaux, comme ce portrait de la reine Victoria et du prince Albert (1861) par John Jabez Edwin Mayall, se vendirent à des millions d'exemplaires, lançant une mode que certains magazines prolongent encore aujourd'hui.*

CI-DESSOUS : *En ouvrant et en fermant les objectifs, ces appareils pouvaient prendre quatre, six ou huit images sur la même plaque. Disdéri, l'inventeur du procédé, utilisait un appareil de ce type, fabriqué pour créer des photos-cartes comme celle-ci, qui représente la princesse Buonaparte Gabrielli (vers 1862).*

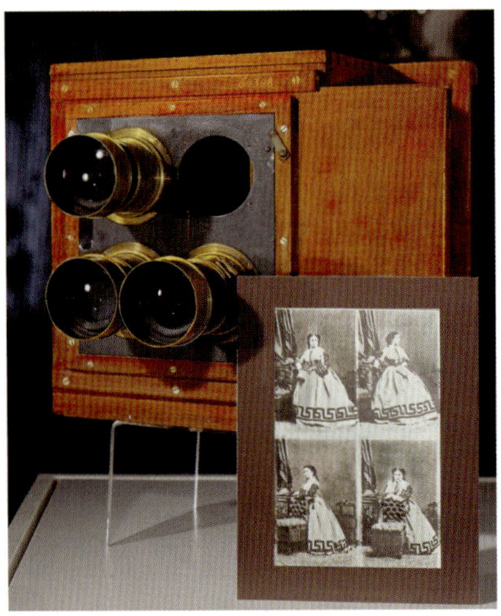

La photo-carte, une petite photographie montée sur une carte de visite, fut furieusement à la mode dans les années 1860. À cette époque, on fabriqua, on vendit ou l'on échangea des centaines de millions de ces images miniatures.

À l'origine, il s'agissait sans doute de baisser le coût des photographies. En 1854, André Adolphe Eugène Disdéri breveta un procédé qui permettait de tirer plusieurs clichés sur une unique plaque, à condition de n'en exposer qu'une petite partie à la fois. Le résultat, la photo-carte, n'offrait pas un portrait psychologique en gros plan, mais un cliché qui montrait des personnages en pied, assis ou debout, pris d'assez loin, ce qui permettait d'éviter de longues et coûteuses retouches.

Les photos-cartes gagnèrent en prétention ce qu'elles perdaient en intimité. On les réalisait en studio et l'on proposait aux clients des arrière-plans de draperie, de mobilier, de tapis, de plantes en pot, de colonnes antiques, de cheminée, d'horloges, d'instruments de musique ou d'animaux (vivants ou empaillés) pour qu'ils construisent une image d'eux-mêmes conforme à leurs intérêts, à leur classe sociale et à leur fortune. Quelques ateliers proposaient même des costumes luxueux à leurs modèles, pour parfaire leur apparence.

On comprend bien à quel point ces cartes de visite réalisaient les fantasmes de richesse, de séduction et de célébrité de la petite bourgeoisie. Sans doute ne trompaient-elles personne, mais le plaisir de faire semblant demeurait. En revanche, on ignore ce qui poussait la partie la plus élégante et la plus fortunée de la population à figurer sur ces cartes. D'autres modes de masse, telles que les photomatons ou les cartes postales, ne surent pas séduire la clientèle riche, alors que pendant cette décennie du milieu du XIX^e^ siècle, on se faisait tirer le portrait sur carte, on collectionnait et l'on échangeait celles de célébrités que l'on avait rencontrées ou que l'on ne rencontrerait jamais. Les albums de salon mêlaient les images de voisins et celles de gloires du moment, de parents éloignés avec celles de figures politiques. Les aristocrates, les politiciens, les gloires militaires, les acteurs se soumirent tous au rituel de la photo-carte et en achetèrent des quantités pour distribuer leur propre image. Les cartes représentant les familles royales se vendaient très bien : en deux ans, trois ou quatre millions de portraits de la reine Victoria furent vendus.

La vogue des cartes témoignait de la reconnaissance collective de la fluidité des identités sociales dans un monde où la naissance cédait de plus en plus le pas au mérite personnel ; elles reflétaient aussi le désir de voir et par là de connaître les gens riches et célèbres. Elles redéfinissaient la photographie, qui devenait un moyen de démocratiser l'accès aux puissants de ce monde. En tant que telles, elles possédaient une dimension politique et sociale.

Quelle qu'en fût la raison, les gens riches et ceux qui espéraient le devenir voulurent tous des cartes à leur image. Ne pas avoir de carte à offrir, c'était comme ne pas avoir de page Facebook aujourd'hui. En demandant sa carte à quelqu'un, on lui demandait en quelque sorte de devenir un « ami ». Le rayer de sa liste d'amis, cependant, était plus délicat et plus secret, et la brutalité et la rapidité des procédés de Facebook donnent à ces échanges de cartes une allure étrangement confortable et vieillotte. ■

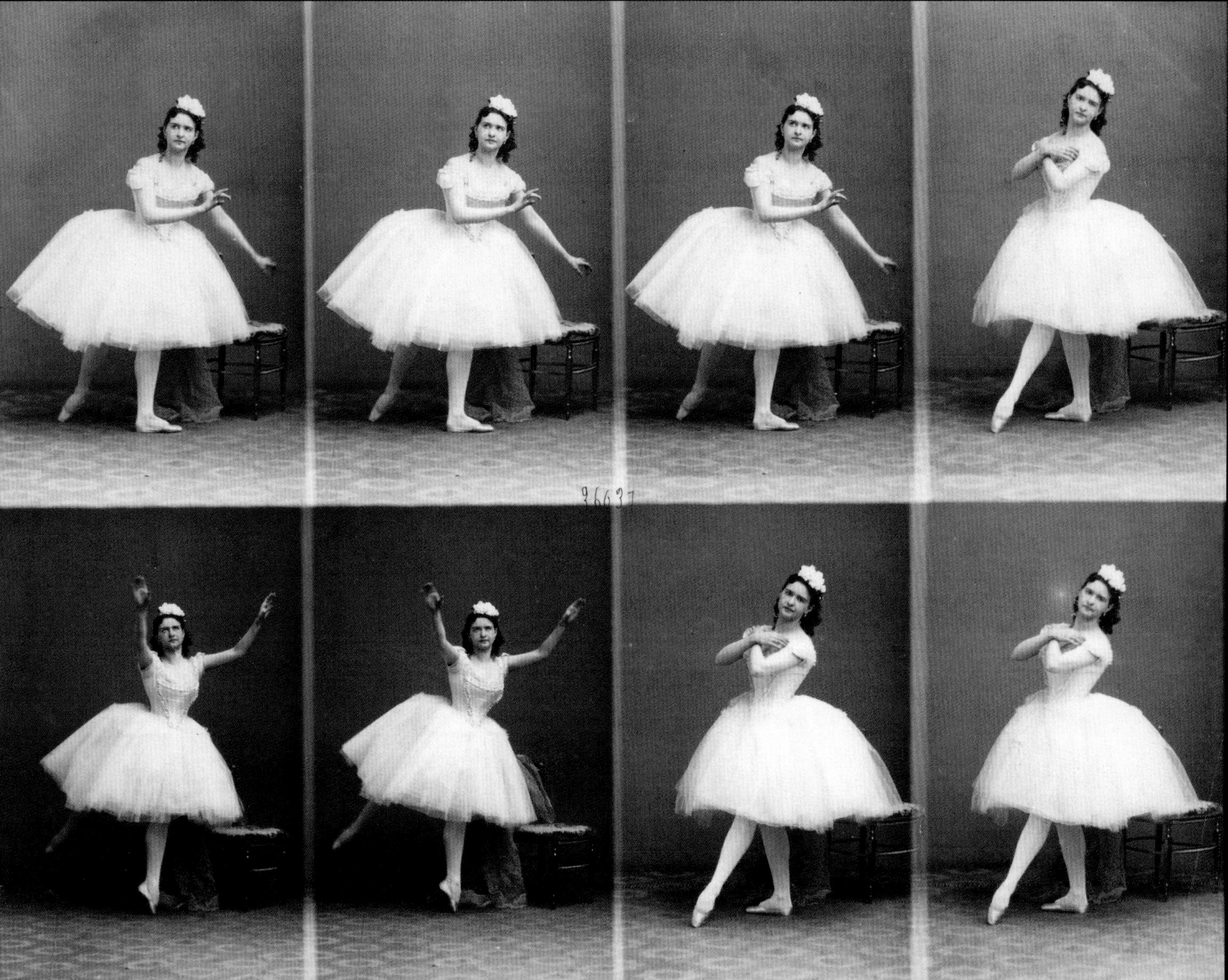


*Ce portrait multiple d'une danseuse de ballet signé Disdéri a été baptisé* Petipa *(vers 1862), d'après le nom d'un célèbre chorégraphe français. Gens du spectacle et personnalités publiques se faisaient souvent tirer des photos-cartes en grand nombre, pour les vendre ou les distribuer.*

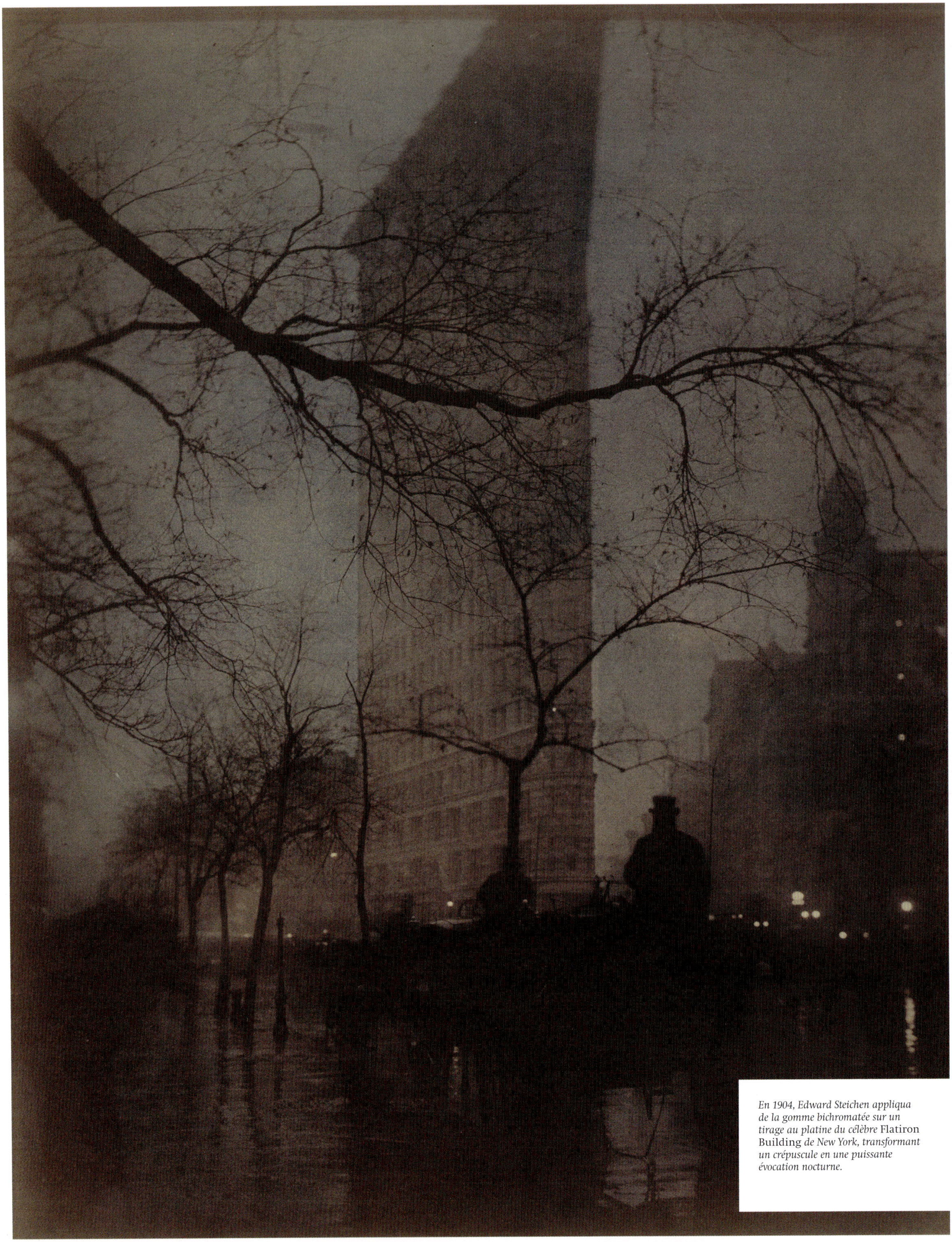

*En 1904, Edward Steichen appliqua de la gomme bichromatée sur un tirage au platine du célèbre* Flatiron Building de New York, *transformant un crépuscule en une puissante évocation nocturne.*

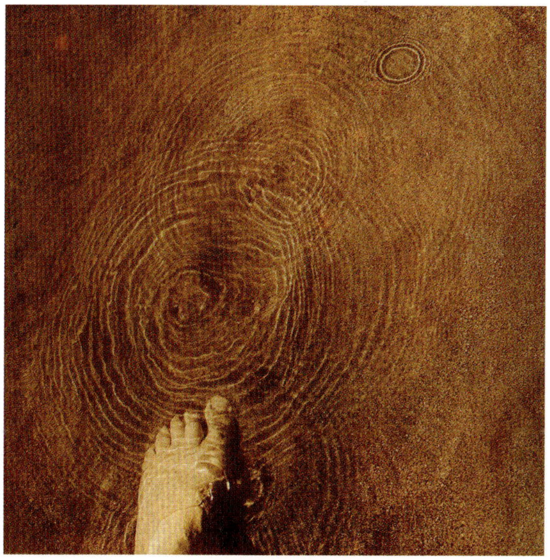

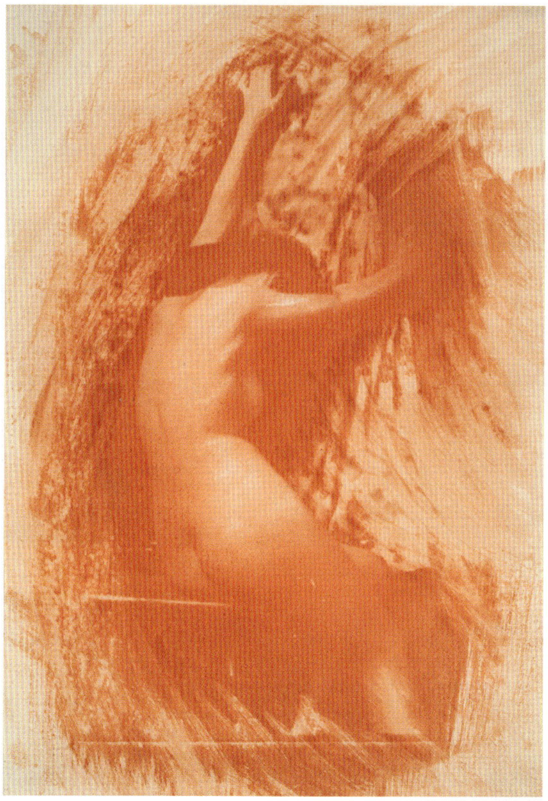

EN HAUT : *Le photographe contemporain Hamish Stewart utilise la gomme bichromatée, comme en témoigne cette image du Centre-nord de l'Australie prise en 2009 où figure le trou d'eau d'Ellery Creek. Les teintes brun-rouge rappellent les paysages dans lesquels les populations originelles de la région forgèrent leurs mythes de la Création.*

CI-DESSUS : *Dans ce tirage à la gomme bichromatée, intitulé* Combat, *qui fut reproduit dans un numéro de 1904 de la revue* Camera Work, *Robert Demachy prouve son désir de donner à la photographie la touche personnelle que l'on retrouve dans la peinture et dans le dessin. L'orange imite les craies souvent utilisées par les dessinateurs dans leurs croquis.*



IDÉE N° 28

# LA GOMME BICHROMATÉE

Pour ceux qui voulaient que la photographie devienne un art à part entière, le procédé à la gomme bichromatée offrait une bonne solution. Cette technique manuelle permettait en effet d'ajouter des couleurs au tirage, mais aussi de retoucher et nuancer ces couleurs, comme un peintre à son chevalet.

À l'époque victorienne, quand la peinture à l'aquarelle était un passe-temps apprécié, la gomme bichromatée séduisit ceux qui n'appréciaient pas le réalisme démonstratif de la photographie ou la vulgarité des clichés stéréoscopiques et des photos-cartes à bas prix. Quand la sensibilité à la lumière des sels bichromatés fut découverte à la fin des années 1830, on les mélangea avec des substances visqueuses, de la gélatine ou de la gomme arabique. Cette préparation était ensuite exposée sous un négatif, comme une épreuve par contact (voir **photogramme**), et la gomme durcissait davantage aux endroits où le négatif était le plus clair.

Le procédé présentait plusieurs avantages. Il permettait d'introduire des pigments dans la gélatine ; de plus, le travail avec une substance qui durcissait autorisait à supprimer un défaut de l'image, sensibiliser à nouveau du papier et refaire un tirage. Souvent, le nouveau tirage comprenait l'ajout d'un pigment différent. La technique en elle-même, qui supposait plusieurs rinçages à l'eau, adoucissait les contours, nuançait les tonalités et créait des images qui semblaient tracées à la main. De plus, son développement ne requérait pas de chambre noire.

Par rapport à la photographie ordinaire, la réalisation d'un tirage à la gomme bichromatée donnait la satisfaction de n'avoir rien d'automatique. Le temps et l'abnégation qu'il demandait le distinguaient des produits commerciaux. Ainsi, il eut du succès au début du XX$^{e}$ siècle, en particulier auprès du mouvement des photographes artistes, connu sous le nom de pictorialisme, et auprès de la **photo-sécession**. Le Français Robert Demachy, qui écrivit à son sujet, créa des œuvres spectaculaires qui exploraient ses potentialités.

Comme beaucoup des innovations nées pendant les cent premières années de la photographie, la gomme bichromatée appartient aujourd'hui aux « procédés alternatifs », c'est-à-dire aux possibilités qui s'ouvrent en dehors du numérique ou de l'argentique. Ses utilisateurs contemporains apprécient cet hybride expressif et riche de plusieurs médiums, dessin, aquarelle, gravure et, bien entendu, photographie. Les étapes lentes, la réflexion qu'impose un tirage peuvent prendre des jours ou des semaines. Comme beaucoup de procédés alternatifs, la gomme bichromatée satisfait le besoin des photographes créatifs pour la matérialité d'un contact, d'un geste physiques. Les accidents heureux qui peuvent se produire pendant son développement la rapprochent de l'artisanat et marquent la différence avec l'instantanéité du numérique. ■

IDÉE N° 29

# LE TIRAGE AU PLATINE

Le platine permettait une gamme de gris aussi large, aussi subtile que les reflets de la fourrure d'un chat, et les photographes du XIXe siècle apprécièrent ce nouveau mode d'expression que sa complexité visuelle et son coût mettaient hors de portée du *vulgum pecus*.

Pendant les premières années de la photographie, ceux qui voulaient fixer une image expérimentèrent la sensibilité de différents métaux, l'argent, le fer et le platine. Le procédé argentique l'emporta, mais des essais réitérés avec le platine maintinrent ce concept en vie. Les premiers tirages au platine étaient à la fois beaux et dangereux. En effet, pour créer du papier sensible, on trempait les feuilles une à une dans un mélange bouillant de produits chimiques. On ne commença réellement à explorer sa gamme unique de nuances et de détails que lorsque le procédé fut industrialisé et largement distribué.

Deux événements des dernières décennies du XIXe siècle, l'un culturel et l'autre technologique, se combinèrent pour placer les platinotypes au sommet de la hiérarchie des procédés photographiques. La fabrication industrielle du papier au platine et une nouvelle technique qui permettait de le développer à température ambiante le rendirent plus séduisant. Au même moment, les photographes qui se voulaient artistes assistaient à une démocratisation qu'ils vécurent comme une évolution fatale vers la médiocrité et la vulgarité (voir **esthétique**). En tout cas, le tirage au platine produisait des clichés durables et stables, à la différence du papier albuminé, fragile et peu coûteux, qui avait contribué à l'apparition de modes telles que la **photo-carte** ou le **stéréoscope**. Du coup, le platine semblait offrir une barrière à la fois matérielle et psychologique contre la vulgarité, en confortant les photographes d'élite dans l'idée que leurs œuvres, leur goût pour les beaux-arts et leur prestige social survivraient aux images à bas prix qui s'étaient imposées dans les années 1860 et aux modes vulgaires qui leur succéderaient.

Les tirages au platine constituèrent l'une des constantes du mouvement pictorialiste. Sa popularité se prolongea pendant la Sécession du début du XXe siècle. À l'occasion, les clichés au platine étaient reteints à la **gomme bichromatée** qui nécessitait de retravailler à la main une image déjà coûteuse. Quand la demande en platine s'accrut pendant la Première Guerre mondiale, puisqu'il servait également de catalyseur pour explosif, de nombreuses sociétés qui distribuaient du papier au platine fermèrent ou diminuèrent leur production. Pourtant, quelques fanatiques du procédé réussirent à en importer une provision.

Le tirage au platine ne disparut jamais totalement. Ses qualités picturales valaient sans doute un investissement en temps et en argent. Les paysages et les lumières variés de l'Ouest américain continuèrent à susciter des images au platine pendant plus d'un siècle. Transformant la lumière en une sorte de vapeur, elles offrent une métaphore du changement et de la perte, au service d'idées complexes qui se sont déployées au cours de l'histoire de ces régions.

L'espèce de détachement que communiquent les tirages au platine provient de la manière dont les images semblent noyées dans la profondeur du papier. Les clichés controversés créés par Robert Mapplethorpe à la fin du XXe siècle illustrent le contraste entre le platinotype et le noir et blanc ordinaire : les versions sur papier platiné de ses nus atténuent leur charge sexuelle et les rendent vulnérables. ■

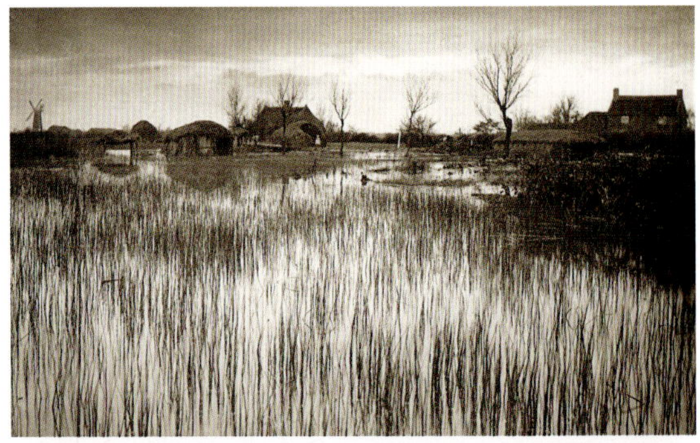

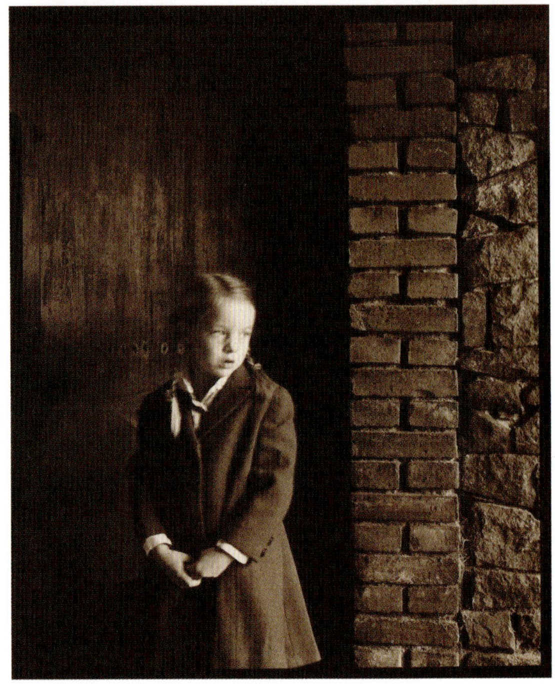

EN HAUT : *Les minces roseaux qui envahissent le premier plan de cette image de Peter Henry Emerson,* A Rushy Shore *(« Roseaux sur une berge », 1886), tendent à aplatir l'image, lui donnant une allure presque abstraite.*

CI-DESSUS : *Le portrait de sa fille* Carola, *pris par William Clift à Vessey en France en 1981, prouve une grande maîtrise des nuances du tirage au platine.*

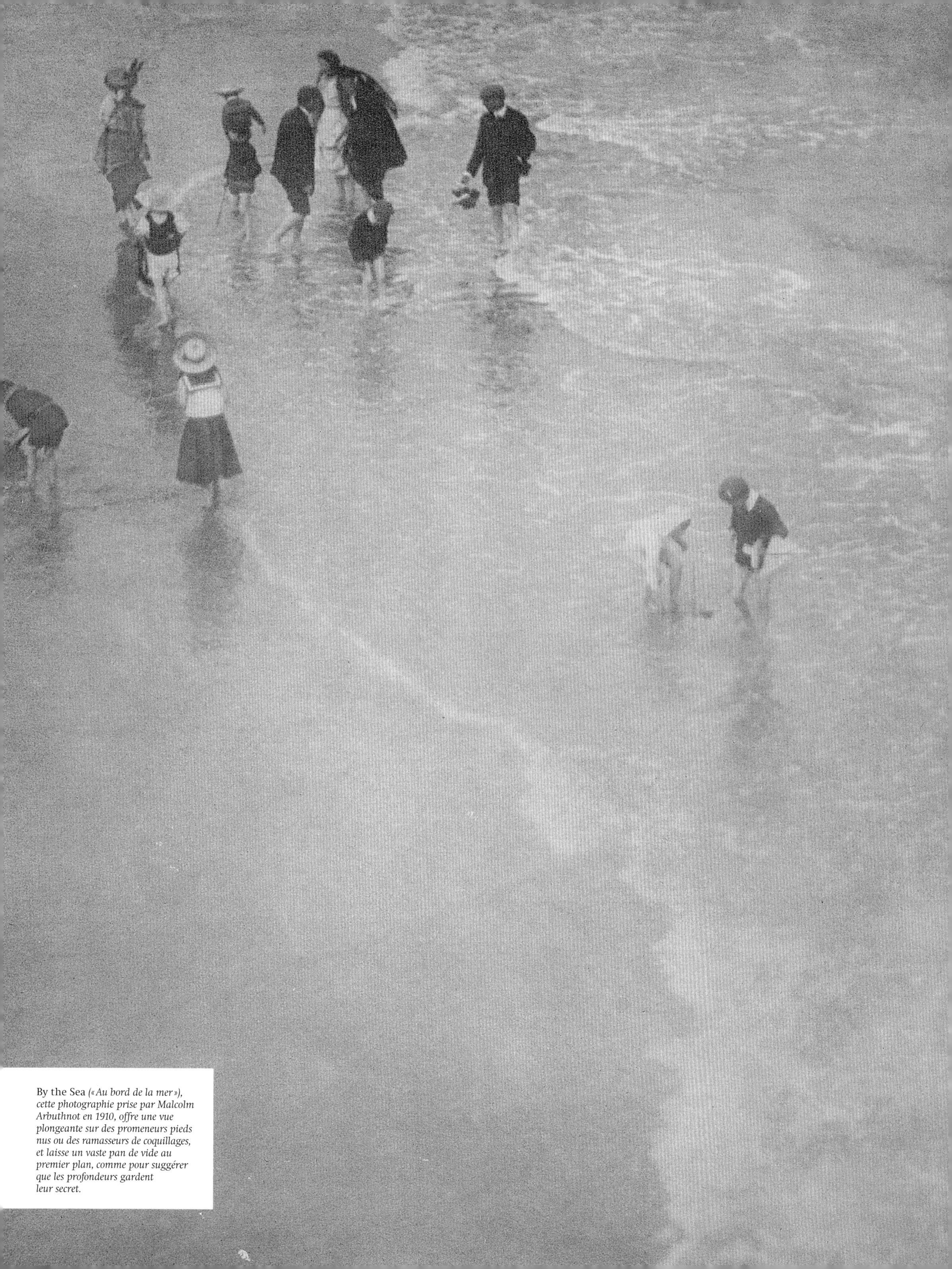

By the Sea *(« Au bord de la mer »), cette photographie prise par Malcolm Arbuthnot en 1910, offre une vue plongeante sur des promeneurs pieds nus ou des ramasseurs de coquillages, et laisse un vaste pan de vide au premier plan, comme pour suggérer que les profondeurs gardent leur secret.*

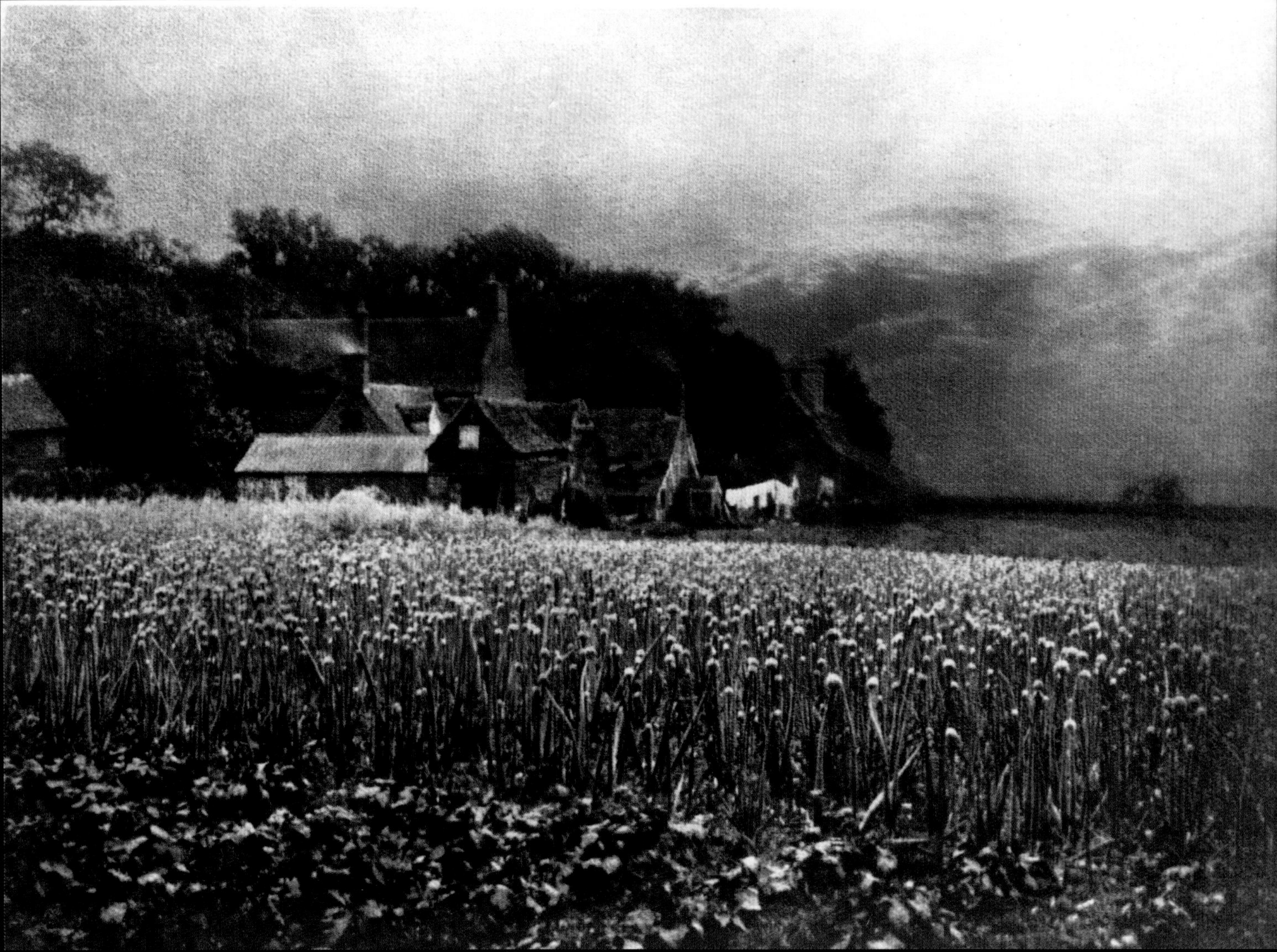

CI-DESSUS : *Quand George Davison prit cette vue d'un simple champ d'oignons en 1889, la mise au point forcément imprécise de son appareil créa un flou artistique que l'époque appréciait beaucoup.*

À DROITE : *Massimo Stefanutti est un photographe expérimental contemporain qui s'est consacré à l'exploration des possibilités des appareils à sténopé. Pour cet* Autoportrait *de 2004, il utilise toute l'ampleur du grand-angle inhérent à cette technique pour s'attribuer des pieds démesurés.*

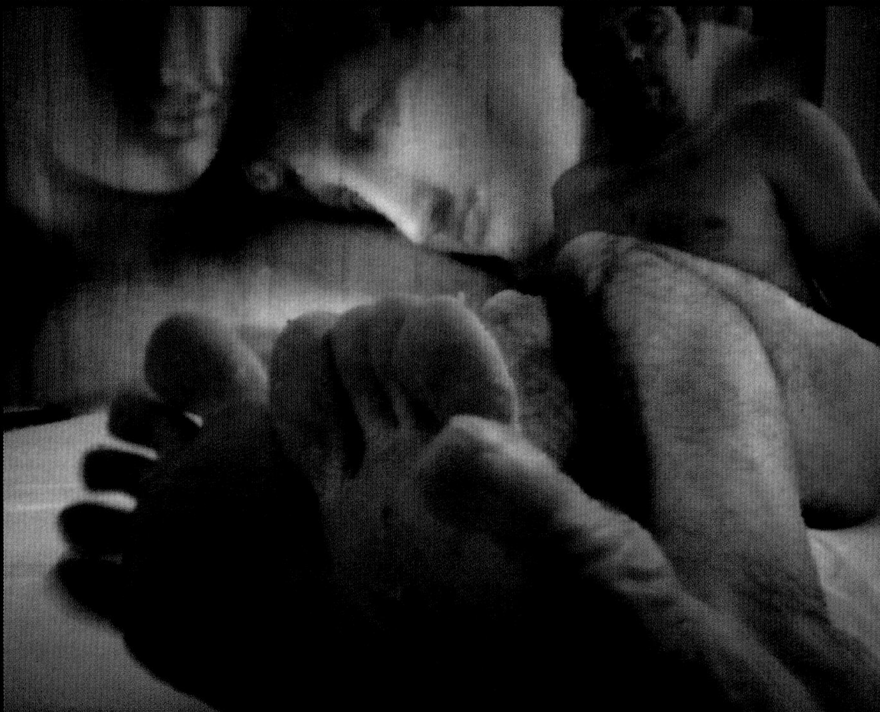

IDÉE N° 30

# L'APPAREIL À STÉNOPÉ

Dépourvu d'objectif, difficile à mettre au point, l'appareil à sténopé est l'un des outils photographiques les plus démocratiques ; il est utilisé aussi bien par des artistes que par des écoliers, qui, à l'âge du numérique, continuent à en fabriquer en utilisant des boîtes en carton ordinaires.

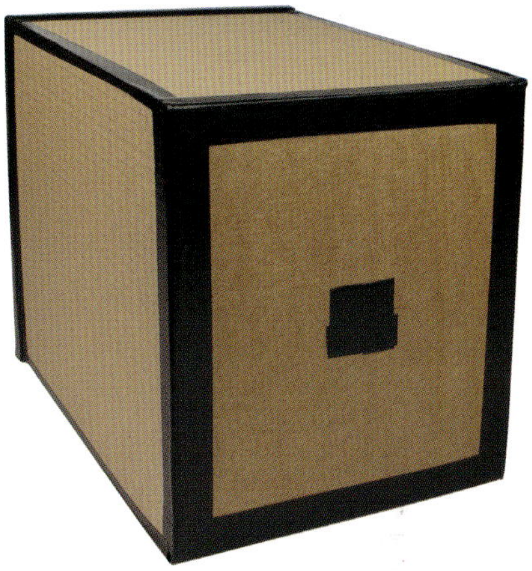

*Les appareils à sténopé artisanaux vont de la boîte en carton transformée à l'instrument en bois soigneusement assemblé.*

Malgré une croyance répandue, l'appareil à sténopé n'est pas une ***camera obscura***. En effet, il ne possède pas de lentille et se contente d'un trou minuscule, aux contours réguliers, placé face à une feuille de papier sensible. Si la *camera obscura* a précédé l'invention de la photographie et l'a influencée, l'appareil à sténopé, lui, en a hérité et n'aurait pu exister avant elle.

Par rapport à la mise au point très précise des appareils numériques ou argentiques et au détail de leurs images, le primitif appareil à sténopé requiert une exposition très longue et ne possède pas d'objectif pour régler la netteté. Il est difficile de commettre des erreurs en l'utilisant, parce que ces dernières font partie intégrante du résultat espéré. L'un des attraits du procédé est qu'il se reconnaît sur l'image qui en résulte.

L'absence de netteté des clichés qu'il produit conduit certains à le présenter comme une «photographie naturelle» qui imiterait le fonctionnement de l'œil, ou au moins fournirait une métaphore de la subtilité des textures et de la lumière de l'environnement naturel. Même si le concept est fragile, le sténopé incarne une photographie doucement rebelle. Les pictorialistes l'appréciaient pour des qualités optiques qu'ils percevaient comme impressionnistes (voir **esthétique**). À l'ère du cliché instantané, on aime sa lenteur. Une ironie du sort a voulu que l'appareil à sténopé, incarnation de la gratuité par excellence, ait fait l'objet d'une exploitation commerciale, des années 1880 jusqu'à nos jours.

Son vocabulaire visuel complète celui des autres appareils qui, accidentellement, comme le Diana, ou volontairement, comme le Lomo, autorisent des fuites de lumière, des distorsions d'image et autres accidents, qui deviennent autant de surprises et de possibilités. Si Photoshop peut instantanément donner à des clichés l'allure de sténopés, il leur manquera toujours le temps de la maturation, caractéristique de ce procédé. ■

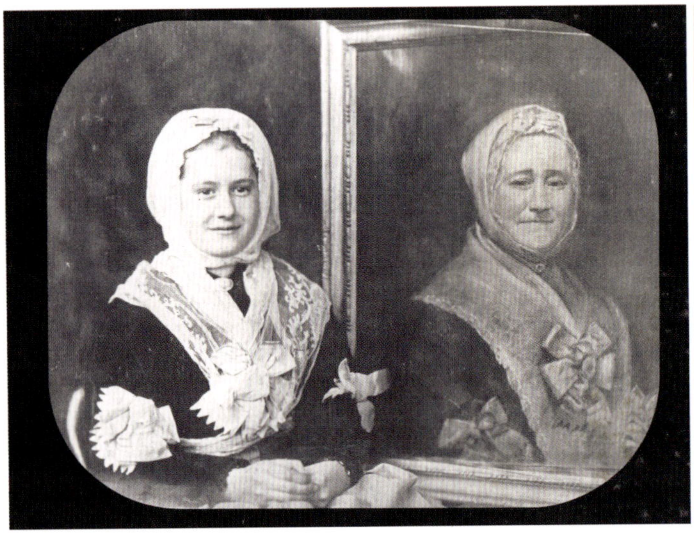

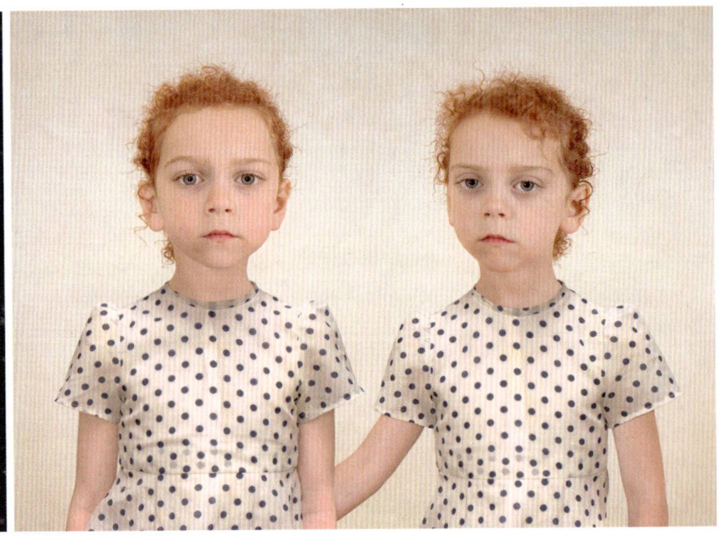

À GAUCHE : *Sur ce plaisant jeu des sept différences intitulé* Family Likeness *(« Ressemblance familiale », 1866), Oscar G. Rejlander exploite les vêtements et l'expression du visage pour donner à son jeune modèle la pose de son ancêtre sur une toile de 1784.*

CI-DESSUS : *Avec* Sasha and Ruby *(2005), Loretta Lux pousse le spectateur à réfléchir à la relation entre deux modèles très ressemblants qui arborent des expressions différentes.*

IDÉE N° 31

# LA RESSEMBLANCE

La question de la ressemblance s'est posée avant la photographie, mais s'est rapidement intégrée aux problématiques du portrait photographique. Au fond, la ressemblance est une interprétation visuelle du modèle qui s'appuie sur son apparence pour manifester une personnalité morale et physique.

Le portrait photographique suppose un équilibre délicat entre différentes considérations : l'apparence, les préférences personnelles, le souci de l'image que l'on offre, les styles régionaux ou artistiques dominants. Certains photographes réussissaient des portraits plus ressemblants que ceux de leurs concurrents qui se contentaient de formules toutes faites : des modèles posant avec raideur, dans des vêtements de location, entourés d'accessoires incongrus.

Les photographies de famille prises en studio illustrent souvent le plaisir d'être ensemble et une affection mutuelle, mais ces aspects importent moins que la mise en relief des ressemblances familiales. La première génération à posséder des photographies appréciait leur capacité à saisir une ressemblance fugace avec le menton de la tante Henriette ou le sourcil de l'oncle Charles. Au XXe siècle, avec la mobilité et la dispersion accrue des familles, les changements de ville ou les départs à l'étranger, l'album familial devint un témoignage précieux d'une forme de permanence à travers les bouleversements du monde.

Pour que le modèle se reconnaisse, il doit se fier à la capacité du photographe à créer un symbole de lui-même à partir d'une apparence. Dans son portrait de l'ancienne vedette de foire Irene Libarry, Imogen Cunningham réussit à instaurer un équilibre entre le privé et le public. Le choc que provoque l'exhibition du corps est contrebalancé par le regard, directement tourné vers le spectateur. Pourtant, le côté gauche du visage du modèle est plongé dans l'ombre : alors que l'on peut voir son corps, son être véritable est dérobé à la vue.

Les ressemblances paraissent plus clairement quand on cache et révèle alternativement. Les jumelles du portrait double de Loretta Lux jouent avec l'implicite de la notion de ressemblance, les similitudes familiales et l'affection partagée. Mais la photographe a profondément retravaillé son cliché et lui a donné une froideur et une lumière toutes numériques, presque surnaturelles. Malgré sa clarté, malgré l'intensité du regard des enfants soulignée par leurs têtes légèrement disproportionnées, ce portrait perturbe notre idée de la ressemblance, en faisant de l'apparence physique un masque. Celui qui regarde l'image est renvoyé à des questions sur l'identité : s'agit-il d'un double? Sinon, quel enfant est le double de l'autre? En réalité, Lux bouleverse la notion de ressemblance, en n'offrant pas une interprétation d'une personnalité, mais en suggérant de nouvelles interrogations. ■

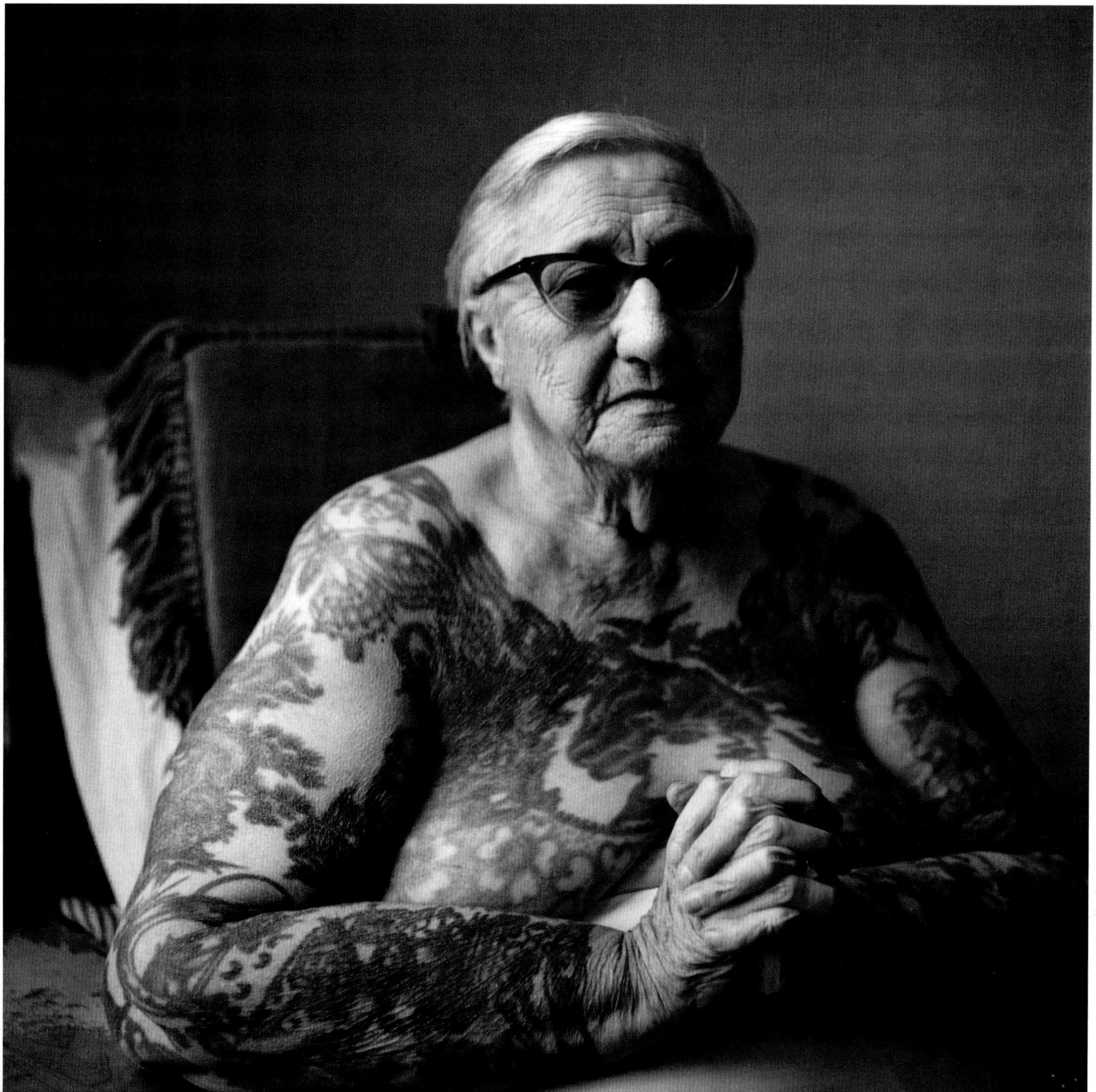

“Pour que le modèle se reconnaisse, il doit se fier à la capacité du photographe à créer un symbole de lui-même à partir d’une apparence.”

*Dans le livre publié après sa mort* After Ninety *(«Après quatre-vingt-dix ans»), Imogen Cunningham faisait œuvre de pionnière en donnant d'Américains âgés une vision qui en faisait des individus fascinants, ayant vécu des vies passionnantes, comme en témoigne son portrait d'Irene «Bobby» Libarry de 1976.*

*Keliy Anderson-Staley emploie souvent le ferrotype, comme en témoigne ce portrait de Kheli Willets de 2010. Sa fraîcheur et son vernis transparent offrent un aperçu de l'allure que devaient avoir les* tintypes *du* XIX*e siècle tout frais sortis de l'appareil, avant que le temps ne les obscurcisse.*

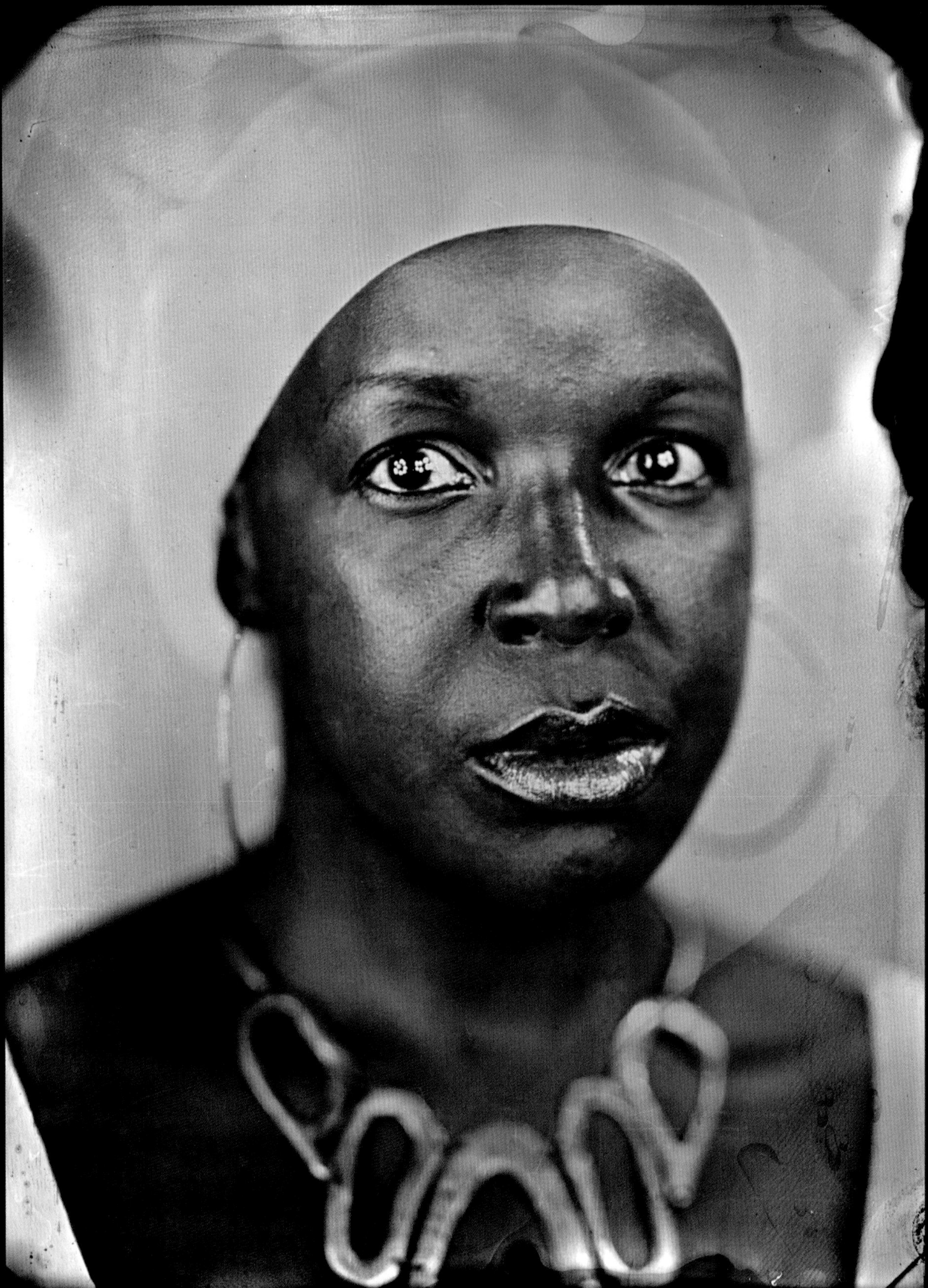

# La version populaire du daguerréotype

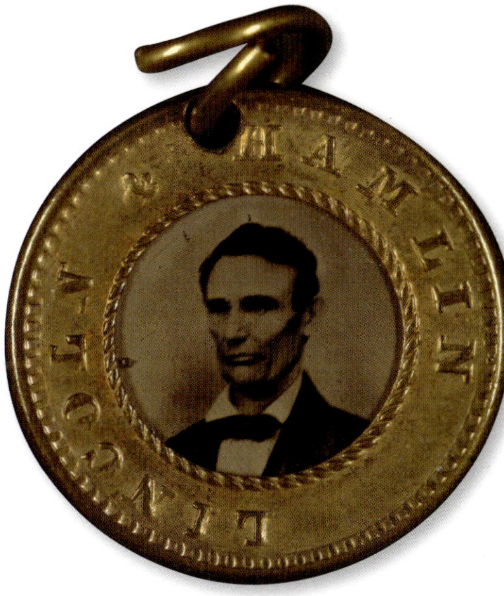


IDÉE Nº 32

## LE FERROTYPE OU *TINTYPE*

Ce procédé du milieu du XIXe siècle s'appelait ferrotype en France et *tintype* dans les pays de langue anglaise. Son prix très abordable et sa rapidité assurèrent son succès parmi une clientèle populaire qui faisait prendre son portrait. Il contribua également à répandre les insignes politiques.

Inventé en France dans les années 1850, le ferrotype s'imposa aux États-Unis où il devint un phénomène de masse sous le nom de *tintype*. Peu coûteux, il donnait une **image en positif direct** unique. Le photographe couvrait une mince feuille de fer d'une laque épaisse. Quand la couche était presque sèche, la plaque était plongée dans une solution sensible à la lumière puis placée rapidement dans l'appareil. Une fois l'image résultante fixée et séchée, le ferrotype recevait une couche de vernis sombre des deux côtés.

Le modèle restait immobile pendant quelques secondes, puis on emportait l'image dans une chambre noire où on la développait rapidement. Chez un photographe sur ferrotype, le client ne restait que dix ou quinze minutes, de la pose initiale jusqu'à la remise du cliché : acheter un portrait devenait un geste impulsif tout à fait moderne. Le *tintype* était habituellement doublé et encadré, comme le **daguerréotype**, mais le petit format, emballé dans un sachet en papier, pouvait également tenir dans une poche, comme un porte-bonheur. On les montait également dans des bijoux, boucles d'oreilles ou en breloque sur une chaîne de montre. On fabriquait également de minuscules ferrotypes, baptisés aux États-Unis *gems* (« pierres précieuses »), que les gens collectionnaient dans des albums.

Même si le *tintype* était une image unique, on pouvait réaliser plusieurs clichés en une seule fois en utilisant des appareils à objectifs multiples. Cette technique servit à créer des insignes politiques. Pour la campagne électorale d'Abraham Lincoln de 1860, on produisit des ferrotypes sur médaillon. Les soldats de l'armée du Nord, pendant la guerre de Sécession, appréciaient également ces photographies légères, susceptibles d'être envoyées par la poste. Les photographes qui installaient leur boutique près des cantonnements des troupes prirent quantité d'images de jeunes gens posant avec raideur dans leur uniforme.

Si le **procédé gélatino-argentique** qui permettait des tirages multiples le supplanta avant la fin du XIXe siècle, le *tintype* survécut dans les stations balnéaires et dans les petites foires américaines, où les clients pouvaient choisir des décors de fantaisie et des costumes anciens pour mettre en scène leurs portraits. Pourtant, le ferrotype peut offrir davantage qu'un souvenir à bas prix. Les photographes contemporains ont ressuscité cette technique, en améliorant sa précision et en se dispensant du vernis à l'ancienne qui assombrissait les images. Quand Keliy Anderson-Staley travaille, elle couvre souvent imparfaitement les bordures de la plaque d'émulsion sensible, pour que ces vides irréguliers signalent quelle technique elle a employée. ■

EN HAUT : *À l'époque où reproduire des photographies dans les journaux était compliqué, les tintypes, sous forme de médaillons et d'insignes, permettaient aux électeurs de connaître le visage des candidats, comme ici Abraham Lincoln pour la campagne présidentielle de 1860.*

CI-DESSOUS : *Les frères Bergstresser installèrent leur baraque de photographie dans le camp de l'armée du Potomac. On estime qu'ils réalisèrent plus de cent cinquante clichés par jour, à partir de 1862.*

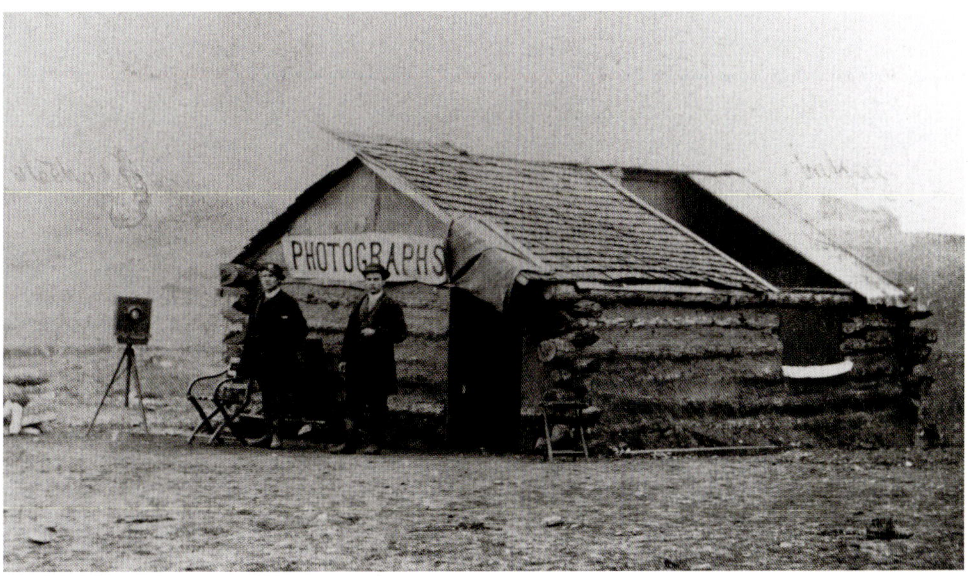

# *L'œil objectif par excellence*

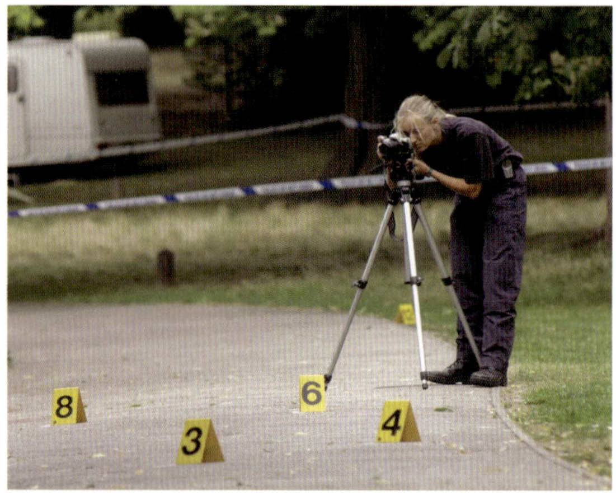

*La photographie des lieux de crime dans les enquêtes judiciaires est devenue une spécialité à part entière.*

IDÉE Nº 33

## LA PREUVE PAR LA PHOTOGRAPHIE

Peu de temps après son invention, la photographie se vit accorder le statut de témoin objectif des phénomènes. Pour les savants, elle représentait un œil supérieur à l'œil humain, libéré des émotions et des illusions. Cette réputation d'impartialité étaya des idées souvent contestables.

S'il est tentant de penser que la photographie transforma la science en offrant des reproductions exactes et objectives des faits, ce fut en réalité la science qui engendra l'idée que la photographie était une machine à montrer la vérité. Avant son apparition, les savants avaient parfois utilisé la ***camera obscura*** pour reproduire des spécimens. Ils considéraient que le décalque rigoureux de l'image qu'elle projetait était plus précis qu'un dessin, dans la mesure où le dessinateur, tributaire de sa formation, de sa personnalité, risquait d'interférer avec la représentation objective.

La science voulait effacer les signes de subjectivité et d'idéalisation ; elle profita de la supposée neutralité de la photographie et de la croyance qu'elle reproduisait la réalité sans intervention humaine. L'idée que la photographie fournissait des preuves objectives dépendait plutôt d'une succession de préjugés que de la qualité de ses images. Ainsi, on considérait souvent qu'un cliché flou d'un échantillon biologique obtenu par un photographe était plus satisfaisant qu'un dessin précis le représentant. En 1845, quand le scientifique français Alfred Donné publia des reproductions de daguerréotypes réalisés à l'aide d'un microscope, il déclara que ces images étaient d'une exactitude telle qu'elles étaient parfaitement objectives.

Pour de nombreux savants du XIXe siècle, la fidélité des clichés scientifiques était si parfaite qu'elle devait forcer ceux qui les regardaient à y voir les mêmes choses qu'eux. Décréter que la photographie portait un regard neutre sur les choses émoussait l'esprit critique. Aussi cette technique fut-elle employée pour définir les races humaines à partir de leurs traits physiques. On justifia également l'idée que des signes physiques permanents permettaient d'identifier les criminels, les prostituées ou les « dégénérés » en s'appuyant sur un choix très restreint de portraits retouchés qui établissait une ressemblance physique et donc morale entre ces individus. En outre, l'idée que la photographie fournissait des preuves objectives en fit la technique favorite des pseudosciences, telles que la phrénologie ou le mesmérisme. Ainsi, des clichés de fées pris par deux enfants en 1917 prouvèrent à une Angleterre encore engagée dans les horreurs de la Première Guerre mondiale que de gentilles petites créatures ailées folâtraient dans un vallon près de Cottingley.

Aujourd'hui, on sait que, malgré son utilité, le processus photographique n'est ni automatique ni neutre. Une simple image ne suffit pas à créer une preuve déterminante. En abandonnant la recherche de constantes illusoires, les scientifiques, plus conscients des variations que l'on rencontre d'un spécimen à un autre, accordent moins de valeur à une preuve uniquement photographique. L'interdiction des retouches s'est relâchée et des modifications numériques assumées permettent de rendre les images plus lisibles. Pour que le public le comprenne, on associe souvent aux images colorisées d'étoiles et de planètes lointaines, plus séduisantes, des clichés aussi bruts que possible. ■

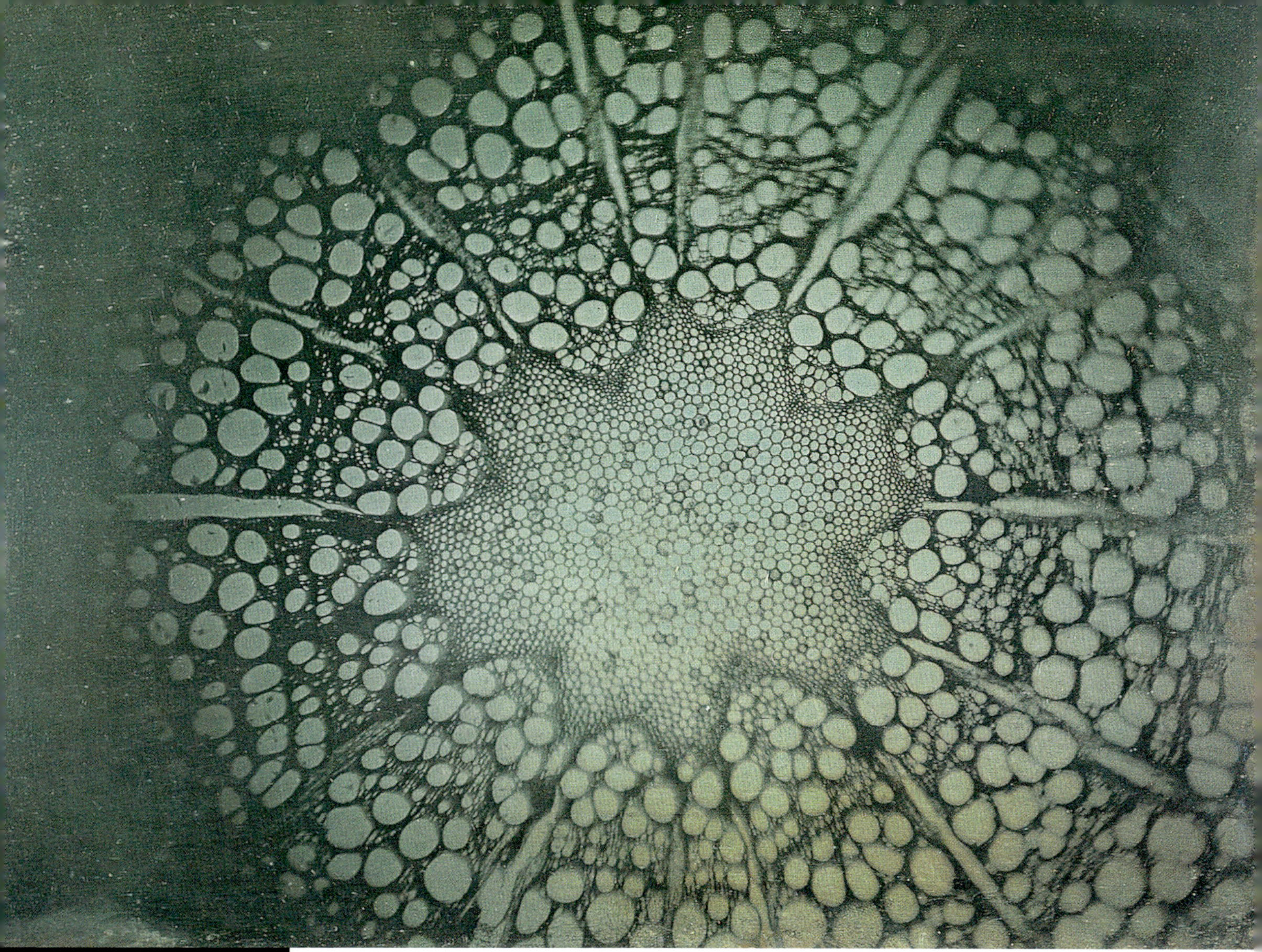

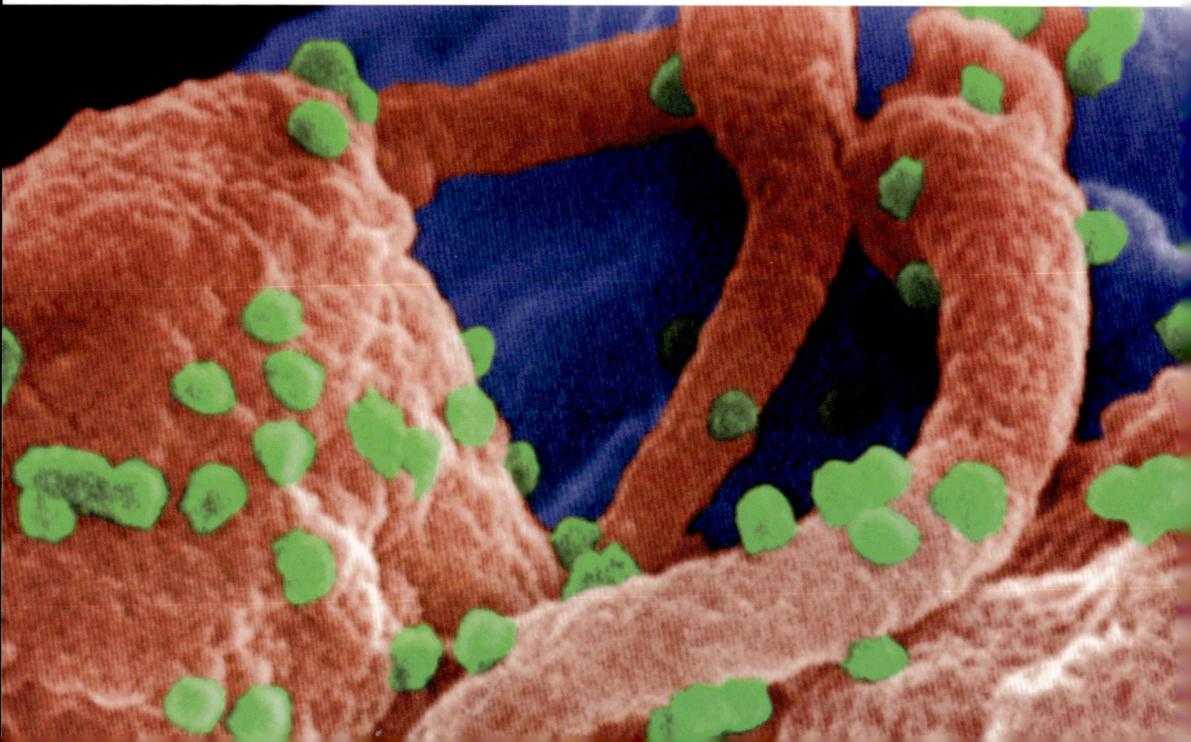

CI-DESSUS : *En mars 1840, sept mois tout juste après la proclamation publique de l'invention de la photographie, le physicien et mathématicien Andreas Ritter von Ettingshausen avait adapté le nouveau procédé à un microscope et produisit des images étonnantes de coupes de clématite.*

À DROITE : *Les images au microscope électronique, obtenues en bombardant un objet d'électrons, offrent des détails très précis, comme en témoigne ce cliché du virus de l'immunodéficience humaine (VIH-1), pris en 1989.*

“Malgré son utilité, le processus photographique n'est ni automatique ni neutre.”

"Darwin utilisa la réputation d'objectivité de la photographie pour donner à ses idées l'apparence de la vérité."

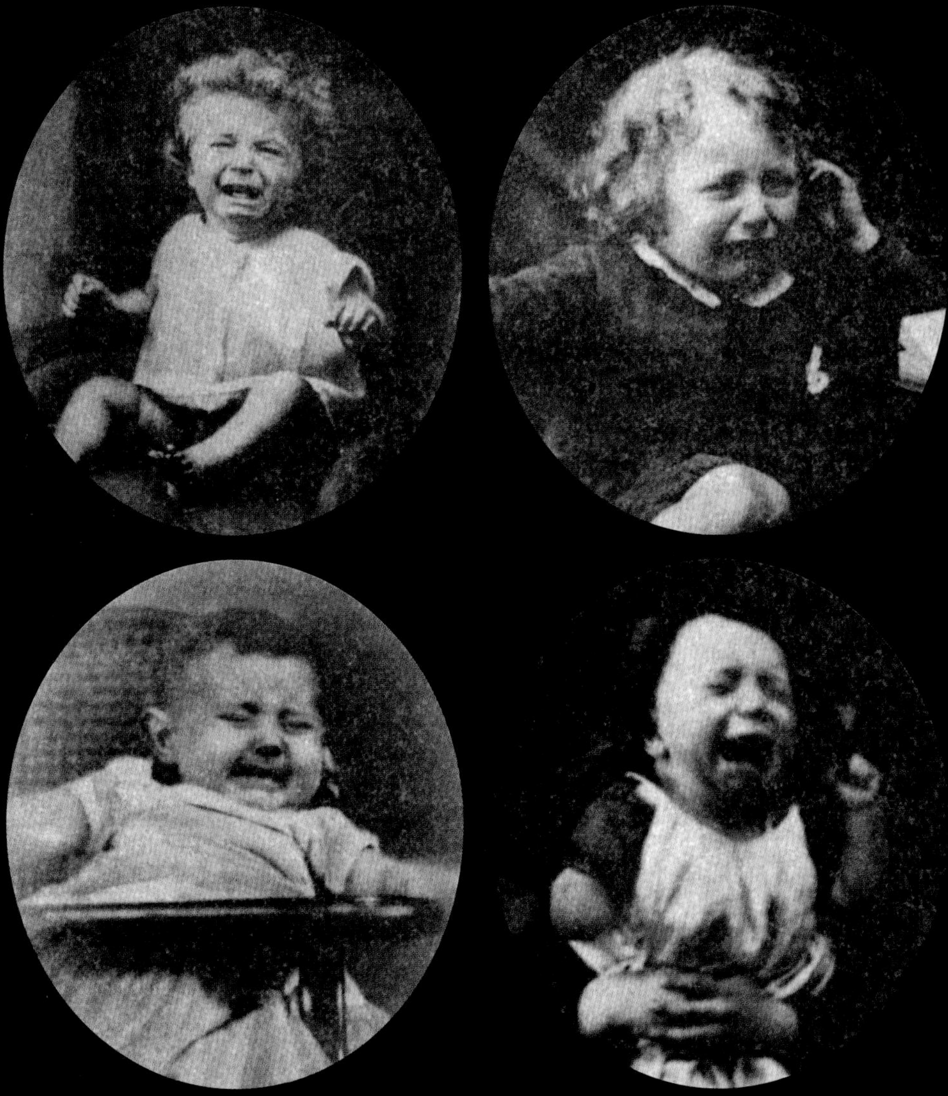

IDÉE N° 34

# LE PHOTOGRAPHE ET L'ÉVOLUTION

L'évolution de la vie sur terre est par essence impossible à photographier, mais certains savants du XIX^e siècle crurent qu'ils pourraient déceler des traces de ce processus restées perceptibles sur les corps de leurs contemporains. Cet usage de la photographie marqua un tournant significatif et dérangeant dans sa relation avec la science.

Dans l'ouvrage de Charles Darwin *L'Expression des émotions chez l'homme et les animaux* (1872), des photographies réalisées par lui ou par d'autres étaient chargées de démontrer que les expressions du visage humain étaient universelles et, par conséquent, libres d'influences culturelles. Darwin s'appuya sur ces images pour établir que la similitude entre les expressions humaines et les expressions animales restait telle que l'on pouvait légitimement penser que les hommes descendaient des animaux.

Si nombre de savants voyaient dans la photographie scientifique un moyen d'éliminer la subjectivité et les problèmes d'interprétation (voir **la preuve par la photographie**), Darwin utilisa la réputation d'objectivité de la photographie pour donner à ses idées l'apparence de la vérité. Au lieu de recourir à un échantillon vaste et varié, il ne prit ou ne recueillit que des images qui servaient sa théorie. Il demanda à des photographes, dont Oscar G. Rejlander (voir **esthétique**), de rapporter des clichés réels ou mis en scène pour illustrer des émotions humaines spécifiques. Rejlander s'investit dans cette tâche au point de jouer lui-même quelques-unes des expressions requises, dont la surprise, le dégoût ou le mépris.

Darwin ne fut pas le seul à présenter une sélection très orientée de clichés comme une preuve scientifique. Les théories de l'évolution servirent assez souvent les intérêts impérialistes en présentant les peuples non occidentaux comme inférieurs, d'une manière innée et permanente, ou en affirmant qu'ils se trouvaient si bas sur l'échelle de l'évolution qu'ils avaient besoin d'être éduqués et dirigés par les colonisateurs pour progresser. Parmi les photographies destinées à conforter cette idéologie, celles que présenta le célèbre biologiste suisse Louis Agassiz atteignaient des sommets dans l'inanité. Pensant que les Noirs étaient restés bloqués quelque part entre le singe et l'homme civilisé, il tenta d'appuyer sa théorie sur des clichés pris lors d'un voyage qu'il fit au Brésil. Il semble qu'il ait réussi à convaincre des femmes au teint sombre de se dénuder pour que l'on photographie leurs seins qui, pensaient-ils, témoignaient de leur retard évolutif. Pour établir la supériorité de l'Occident, il comparait les seins des Brésiliennes à ceux de la statuaire antique, enrôlée comme idéal de l'évolution. Même s'ils ne furent jamais publiés, ces clichés étaient connus d'autres savants, dont Darwin. Le fait que des penseurs de renom ont utilisé la photographie comme preuve dans leurs débats sur l'évolution humaine montre à quel point le médium était devenu un élément incontournable des sciences.

Quand la théorie de l'évolution donna naissance au darwinisme social, on demanda à nouveau à la photographie d'illustrer la survie du mieux adapté, en mesurant les corps non occidentaux. Même si ces théories n'ont plus cours, ce sont leurs survivances qui ont donné naissance au **tournant théorique**. ■

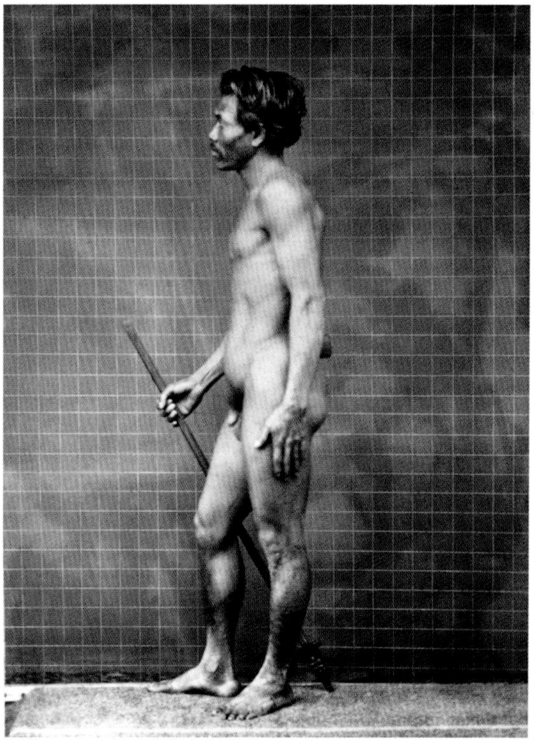

*Dans un article court mais influent publié par le* Journal of the Ethnological Society *de 1868, John Lamprey défendit l'usage de la grille pour mesurer le corps humain. Devenue la toile de fond de la recherche anthropologique, elle quadrille* Profile View of a Malayan Male *(« Vue de profil d'un Malais mâle », 1868 ou 1869).*

# On ne fait pas de photographie sans casser des œufs

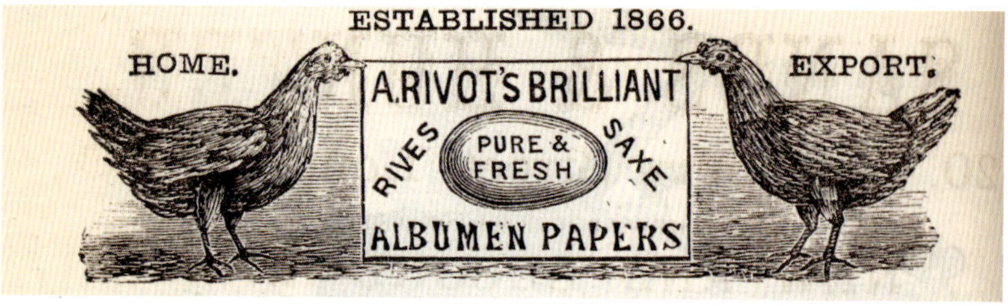


*Parce que les œufs constituaient l'ingrédient principal du procédé à l'albumine, les poules abondaient sur les publicités pour le matériel photographique du milieu du XIXᵉ siècle.*

IDÉE Nº 35

## LE PAPIER ALBUMINÉ

Le papier albuminé est un papier photographique sur lequel les produits chimiques sensibles sont dissous dans l'albumine du blanc d'œuf. Il joua un rôle essentiel dans le passage de la chambre noire à l'usine, où de petites chaînes de traitement permirent de faire du papier photographique un produit disponible dans le monde entier.

À ses débuts, la photographie était une affaire gluante. Quand les tirages sur papier s'imposèrent parce qu'ils permettaient d'obtenir plusieurs images à partir du même négatif, on chercha à masquer le grain du support. L'emploi de substances épaisses, collantes paraissait logique et l'on essaya même la bave d'escargot pour fixer les produits sensibles à la lumière. Enfin, bien qu'il fût un procédé long et laborieux, le **collodion** sur plaque de verre remplaça le négatif papier. L'humble blanc d'œuf (*albumen* en latin) offrit alors une manière simple de tirer les clichés, en particulier quand la confection du papier était réalisée en amont, par quelqu'un d'autre.

Dans les années 1850, en France et en Allemagne, puis dans des manufactures du monde entier, on commença à fabriquer du papier albuminé. Cela supposait de séparer le blanc du jaune, de le saler, de le battre, puis de le laisser revenir à l'état liquide. Un papier aux caractéristiques particulières était ensuite posé sur le blanc d'œuf, séché puis sensibilisé et vendu aux détaillants et aux photographes. Il suffisait ensuite de le placer sous un négatif de verre et d'exposer le tout à la lumière pour obtenir un cliché.

Le papier albuminé accéléra la fabrication des images. Avant sa production industrielle, les photographes devaient répéter nombre des étapes parcourues par les premiers inventeurs pour créer une image. L'invention et la diffusion du papier albuminé, qui domina le marché des années 1850 aux années 1890 jusqu'à son remplacement par le **tirage gélatino-argentique**, attirèrent davantage de gens vers la photographie et facilitèrent la multiplication des tirages, en les rendant peu coûteux. Ce procédé permit de tirer par millions les photos-cartes du milieu du XIXᵉ siècle.

L'influence du papier albuminé continue encore à s'exercer aujourd'hui. Auparavant, la surface des photographies était sans éclat. Le tirage sur albumine lui donna un aspect brillant, héritage du blanc d'œuf, qui offrait des détails plus précis que le papier mat. Si, au XIXᵉ siècle comme aujourd'hui, on préférait en général les tirages brillants, certains professionnels et certains clients n'appréciaient pas cet éclat « vulgaire ». Alors que les industriels, pour satisfaire le public, fabriquaient du papier doublement albuminé ou doublement brillant, certains artisans préféraient utiliser des procédés plus anciens, comme la **gomme bichromatée** ou le **tirage au platine**. ■

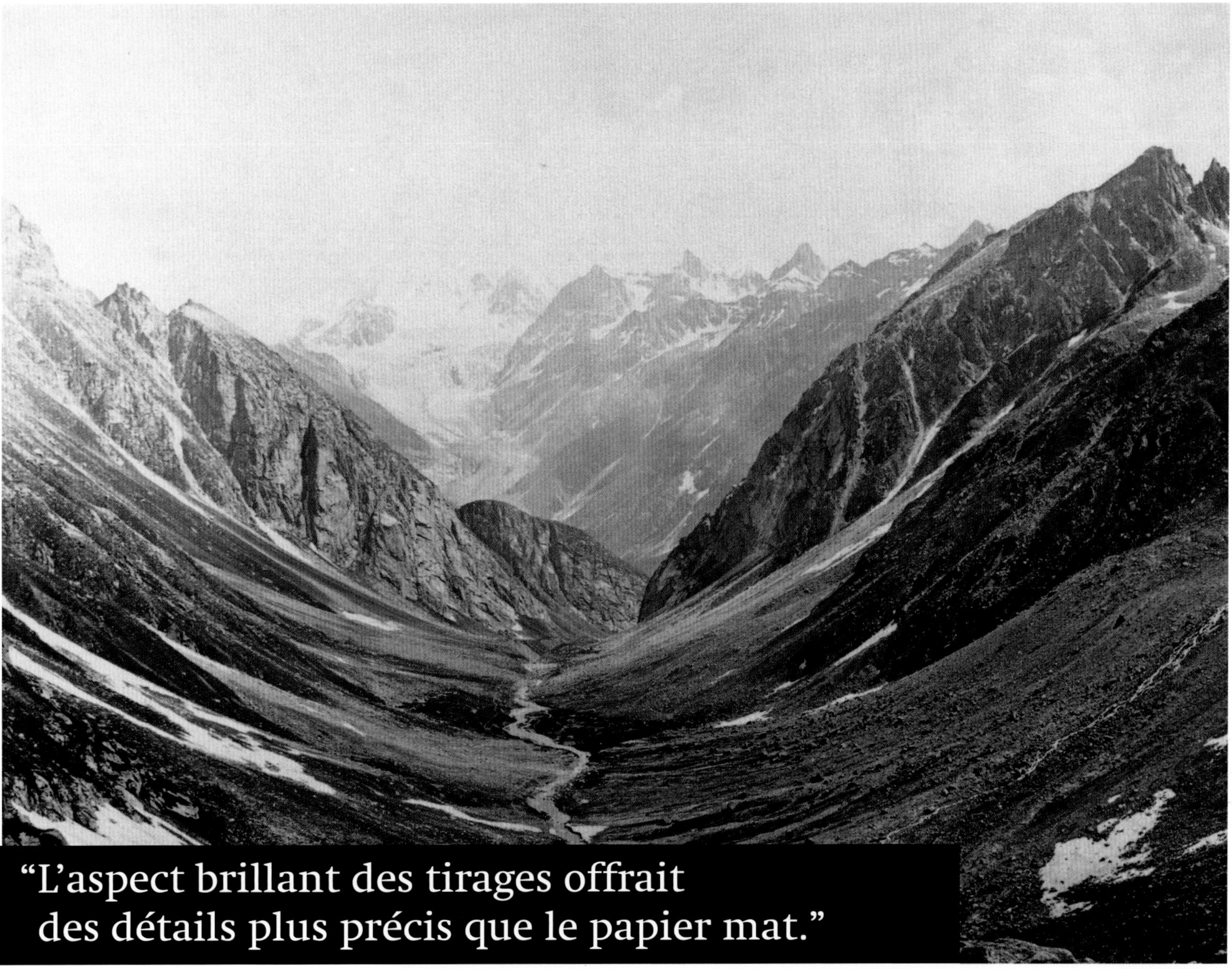

"L'aspect brillant des tirages offrait des détails plus précis que le papier mat."

CI-DESSUS : *Les images de l'Himalaya de Samuel Bourne furent tirées sur du papier préparé à l'albumine, comme cette* Valley and Snowy Peaks Seen from the Hamta Pass, Spiti Side *(« Vallée et pics neigeux vus du col de Hamta du côté de la vallée de Spiti », entre 1863 et 1866).*

À DROITE : *Dans son* Handbook for Photography *(« Manuel de photographie », 1898), le pionnier de l'histoire du médium Josef Maria Eder inséra cette image de la séparation des jaunes et du blanc que nécessitait le procédé à l'albumine.*

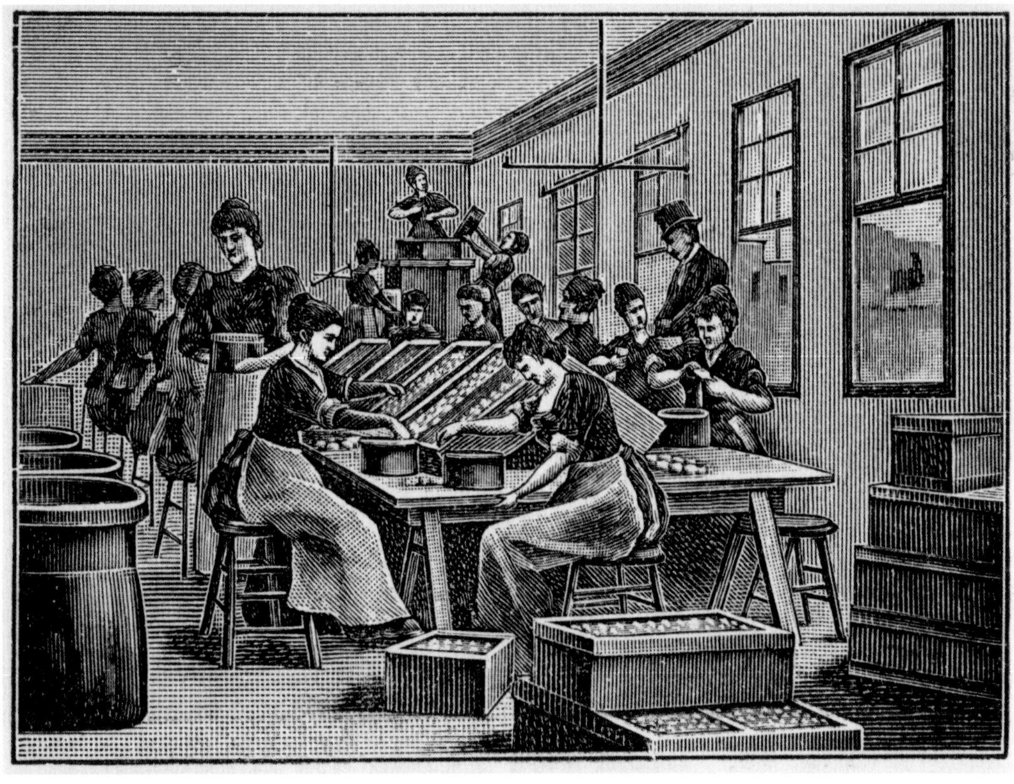

# Toute une histoire en une seule image

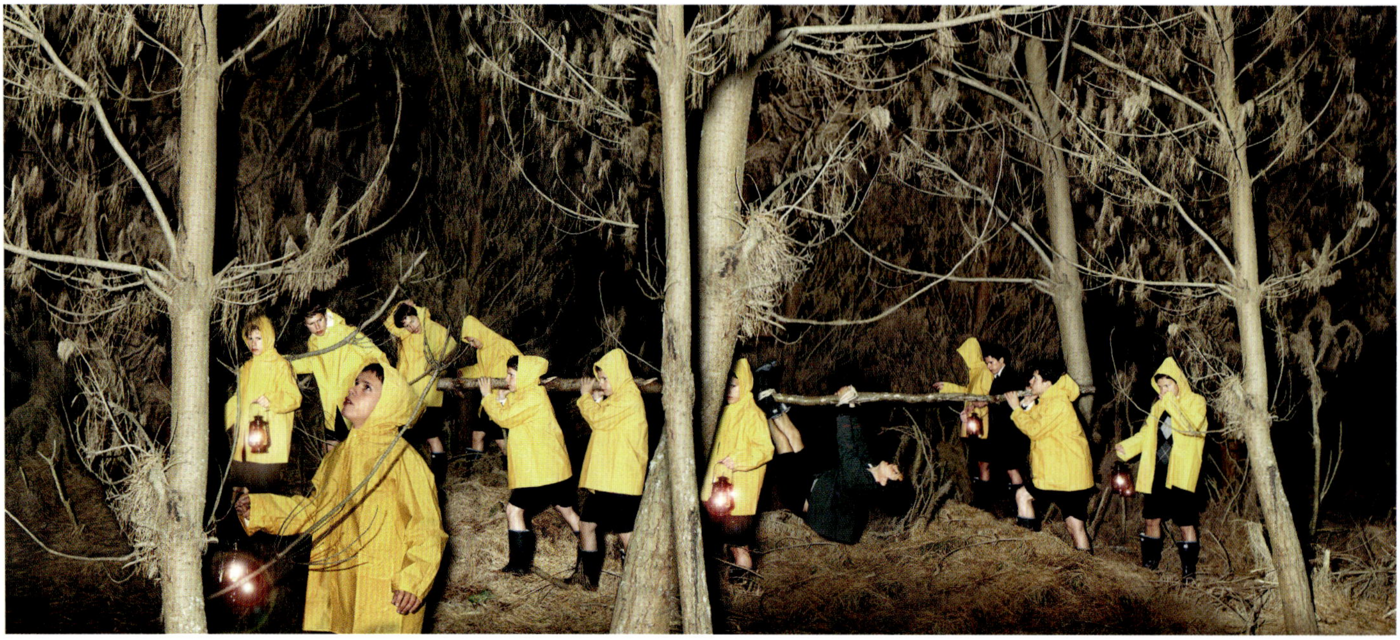

*Les activités des jeunes gens sur cette image d'Anthony Goicolea intitulée* Ash Wednesday *(« Le mercredi des Cendres », 2001) intriguent, sans que l'on puisse les déchiffrer.*

IDÉE Nº 36

## RÉCIT

Tant que la photographie était considérée comme un miroir doté d'une mémoire, elle semblait n'obéir qu'à ses propres règles. Mais la pratique lui trouva bientôt d'autres missions ; elle passa de la description matérielle des êtres et des choses au récit visuel et à la métaphore.

Toutes les images, quelle que soit la manière dont elles ont été créées, reposent sur un réseau complexe d'idées et de connotations. De ce point de vue, la photographie a toujours été davantage qu'un simple miroir. Dès l'origine, les photographes inclurent dans leurs œuvres des éléments narratifs ou symboliques en créant des scènes dont les composants faisaient davantage qu'être simplement là. Ainsi, dans *Home of the Rebel Sharpshooter* (« Refuge du tireur d'élite sudiste », 1863), Alexander Gardner recomposa une scène de la guerre de Sécession pour qu'elle fonctionne à la fois d'une manière réaliste et symbolique. Le sujet central, un cadavre, fut rapproché d'un mur de pierre, sa tête appuyée sur une sacoche, pour qu'elle soit face au spectateur. La carabine appuyée au mur n'était pas celle d'un tireur d'élite, mais celle que le photographe avait avec lui. On admirait malgré soi l'audace et l'habileté des tireurs d'élite qui jouaient le rôle d'éclaireur et attaquaient seuls les troupes ennemies. Sur cette image mise en scène, l'homme n'était pas seulement montré comme un vaincu, mais comme quelqu'un qui avait accompli son devoir et était mort seul. Parce qu'il espérait que l'on percevrait leur dimension symbolique, Gardner ne dissimulait pas les arrangements qu'il avait fait subir à la réalité, mais ils causeraient un scandale dans le monde des journalistes d'aujourd'hui.

Si le récit visuel simple constitue le quotidien d'une bonne partie de la photographie amateur ou commerciale, d'autres construisent des narrations compliquées, sur plusieurs images, qui demandent une réflexion approfondie. Sans doute la complexité sert-elle à compenser l'immobilité du médium, en particulier depuis l'arrivée du cinéma et de la télévision. Celui qui observe la série de trente-cinq tirages disjoints d'Eikoh Hosoe intitulée *Kamaitachi* doit accepter de chercher leur sens, tout en admettant que le récit restera incomplet. Ces images parfois difficiles à interpréter qui mêlent mythes japonais, danse contemporaine et peur de la guerre nucléaire voient leur inten-

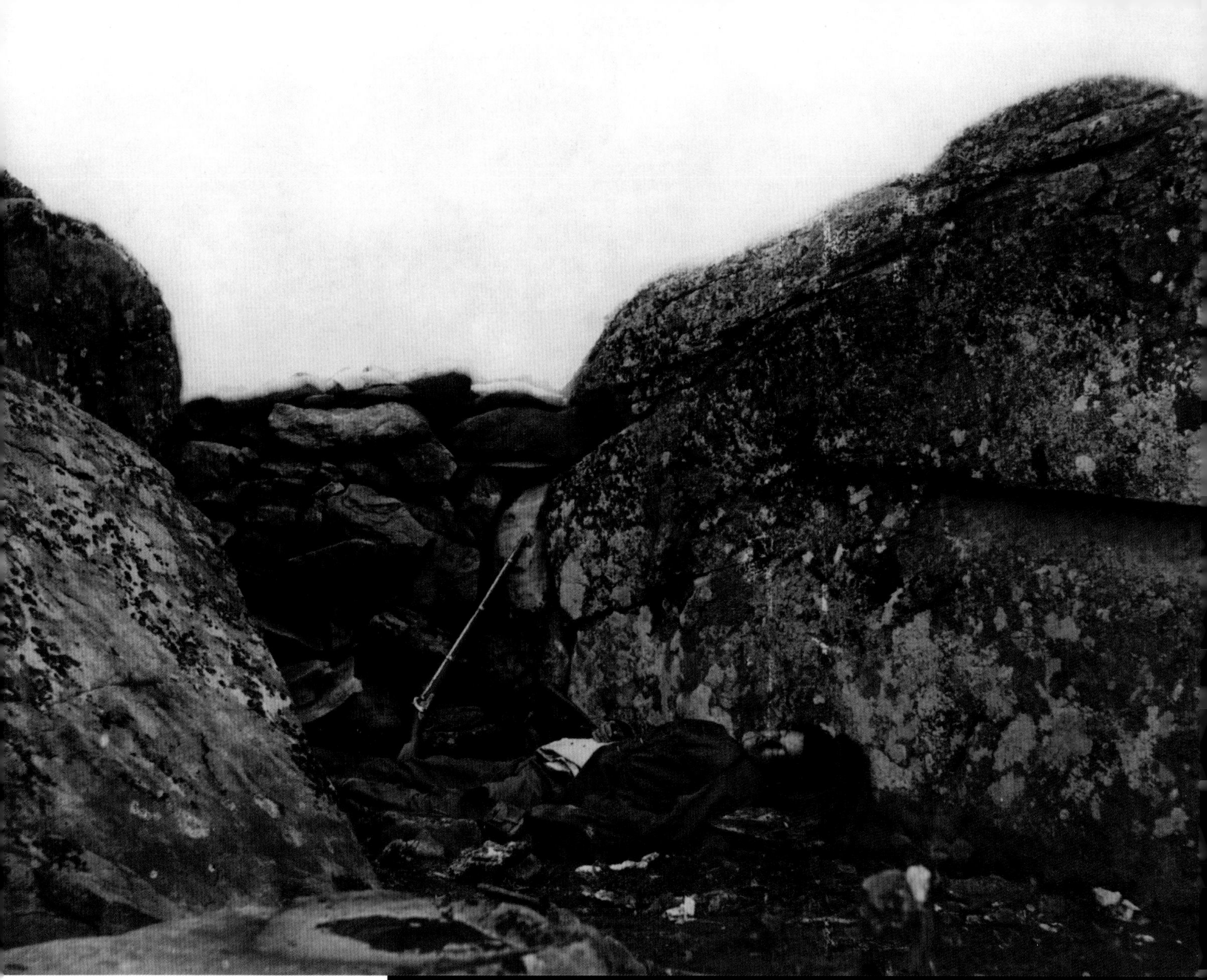

*Le photographe de la guerre de Sécession Alexander Gardner recomposa la scène de la mort d'un soldat, dans* Home of the Rebel Sharpshooter *(« Refuge du tireur d'élite sudiste », 1863).*

**"Dès l'origine, les photographes inclurent dans leurs œuvres des éléments narratifs ou symboliques."**

sité renforcée par l'alternance de noirs d'encre et de blancs sales.

La photographie contemporaine se contente parfois de narrativité, au lieu de récit, c'est-à-dire des caractéristiques d'une narration, sans la narration elle-même. L'œuvre d'Anthony Goicolea présente des personnages très concentrés sur des activités dont la nature précise est impossible à deviner. Bien qu'elle recèle des aspects sinistres, la scène ressemble aussi à une sortie d'enfants. Elle évoque l'inquiétante étrangeté du **surréalisme** quand on se rend compte qu'il y a en réalité un seul enfant, reproduit plusieurs fois. Plus encore, l'enfant n'en est pas un, mais le photographe lui-même, qui est simultanément le créateur et l'objet de l'image. Ces brefs récits énigmatiques à plusieurs figurants sont caractéristiques du début du XXI<sup>e</sup> siècle. Leur rapport avec le cinéma leur a valu le nom de *directorial photography* ou « photographie mise en scène ». ■

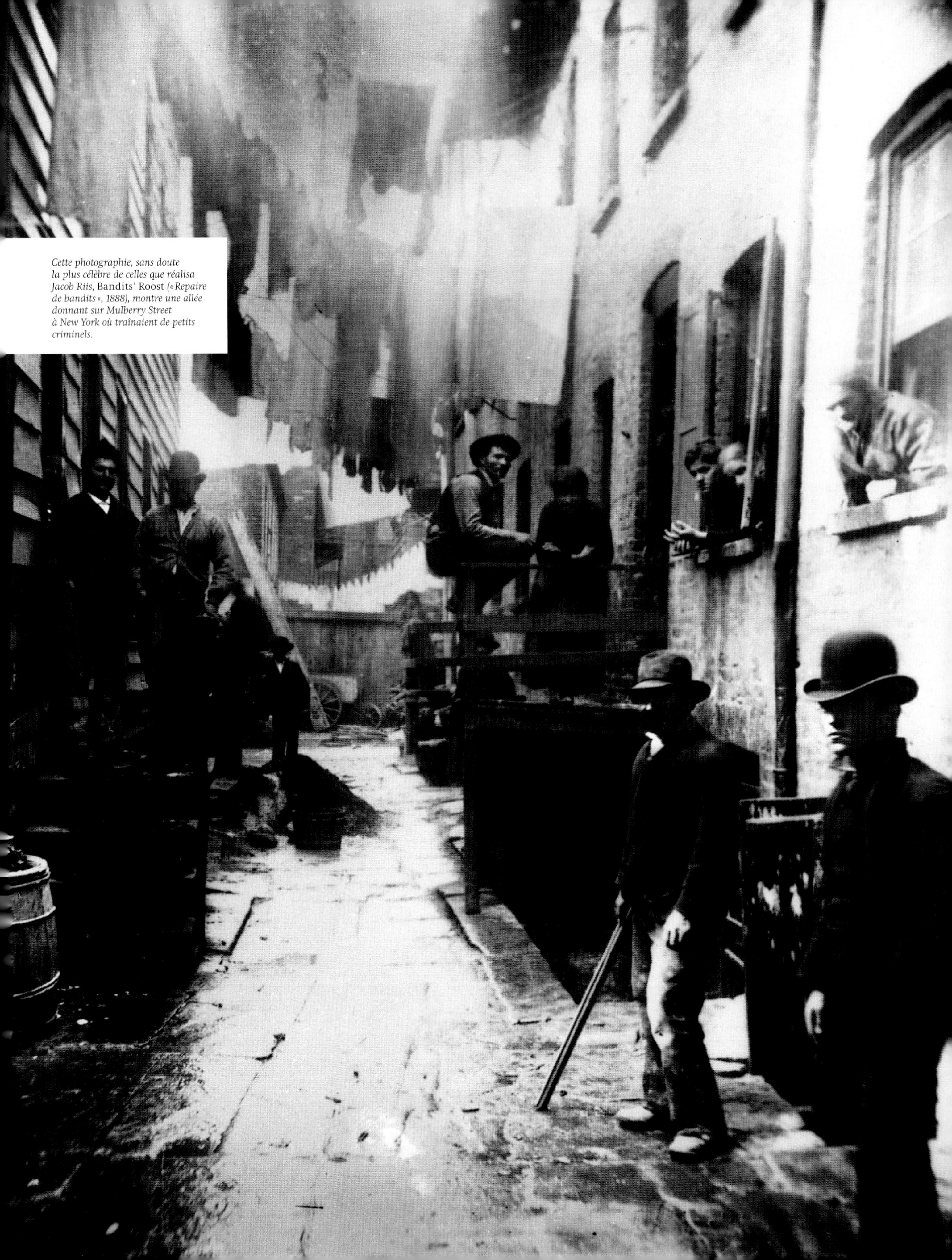

*Cette photographie, sans doute la plus célèbre de celles que réalisa Jacob Riis,* Bandits' Roost *(« Repaire de bandits », 1888), montre une allée donnant sur Mulberry Street à New York où traînaient de petits criminels.*

# *Une simple toile de fond ?*

IDÉE Nº 37

## L'ARRIÈRE-PLAN

Qu'il soit une toile peinte dans l'atelier du photographe ou une scène qui se déroule derrière le sujet principal, l'arrière-plan est une composante essentielle de l'image. Il renforce le propos et parfois même accueille l'action principale que le spectateur aurait pensé trouver à l'avant. La composition d'une relation visuelle entre le premier et le deuxième plan rend les images plus intéressantes.

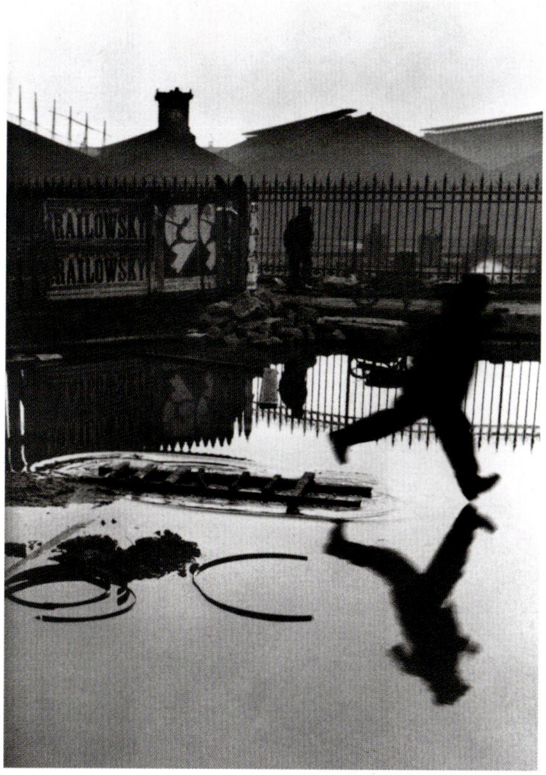

CI-DESSUS : *Toujours attentif aux coïncidences et aux possibilités d'humour visuel, Henri Cartier-Bresson a regardé* Derrière la gare Saint-Lazare *en 1932 et y a vu ce saut audacieux.*

CI-DESSOUS : *Photographe de studio depuis l'âge de treize ans, Samuel Fosso se représente souvent lui-même, comme en témoigne* Le Golfeur *(1991).*

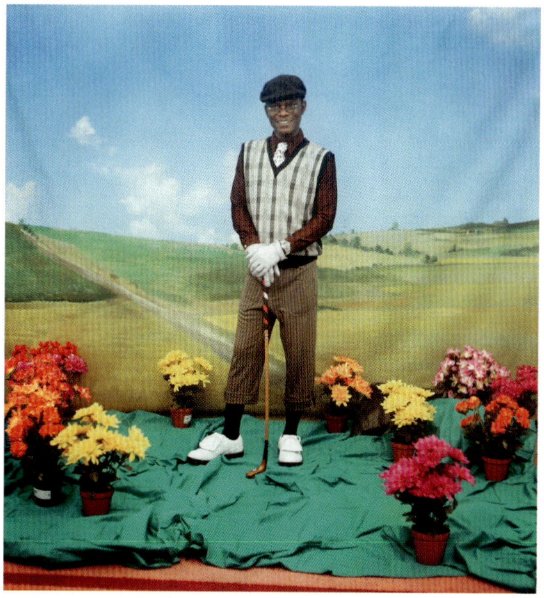

Les premiers photographes en studio offraient à leurs modèles une gamme de choix, du plus simple au plus élaboré : un fond orné de quelques objets choisis qui leur correspondaient, ou bien une véritable mise en scène qui leur permettait de s'inventer une nouvelle identité. Le perfectionnement des objectifs améliora la lisibilité de l'arrière-plan, en donnant aux appareils davantage de profondeur de champ, et permit son irruption dans l'espace créatif. En réglant la profondeur de champ, l'artisan pouvait réduire la présence des détails sans intérêt ou au contraire établir des liens entre les deux plans.

Dans *Le Golfeur*, le photographe camerounais contemporain Samuel Fosso réussit les deux à la fois. Il s'inspire de procédés anciens en revenant à la toile peinte et aux accessoires que l'on employait jadis pour les portraits en pied (voir **photo-carte**) pour exprimer les aspirations du modèle. Jouant à la fois le rôle du modèle et celui du photographe, il s'amuse avec le réalisme pictural. S'il porte un véritable costume de golfeur, l'herbe à ses pieds n'est qu'un tissu vert chiffonné, comme ceux que l'on aurait utilisés pour un cliché en noir et blanc du début du XXe siècle. La toile de fond, pâlie par la lumière des lampes, rappelle la longue tradition de travestissement dans les studios des photographes.

On a souvent utilisé des arrière-plans réels pour commenter ou construire la signification d'une image. Ils permettent de renforcer le sujet principal, mais ce n'est pas toujours le cas. Au fond du *Bandits' Roost* (« Repaire de bandits », 1888) de Jacob Riis, dont le premier plan montre des hommes et des femmes tranquillement installés devant l'échoppe d'un marchand de bière, le linge qui sèche est à la fois constitué de haillons et traversé par une lumière surnaturelle. Parfois l'élément qui lie entre eux les différents plans d'une image est dissimulé dans un coin. Henri Cartier-Bresson (voir l'**instant décisif**) maîtrisait l'interaction entre le fond et le premier plan. La silhouette qui bondit dans *Derrière la gare Saint-Lazare* retient l'attention. Malgré l'élégance de son saut, l'homme va forcément se mouiller les pieds. Cet accident imminent accroche le regard, mais ce n'est que lorsque l'œil s'égare sur le côté que l'on remarque l'affiche d'un danseur ou d'un acrobate, qui vient offrir un nouveau reflet du héros de l'action. Alors, le sens de l'image change, d'un film comique on passe à la conscience que la poésie visuelle de la vie quotidienne peut s'exprimer dans les lieux les plus banals, derrière une gare dont le nom évoque un homme ressuscité d'entre les morts. ■

IDÉE Nº 38

# LE TOURISME

La photographie, le chemin de fer, le steamer et la bourgeoisie aisée qui apparurent presque en même temps, au milieu du XIX$^{e}$ siècle, puis la démocratisation de l'automobile après la Première Guerre mondiale déterminèrent l'essor du tourisme et, avec lui, de la photographie touristique.

Jusqu'à la commercialisation de **petits appareils photo**, le matériel photographique était si encombrant, entre les réactifs et la chambre noire portative, que la plupart des touristes rechignaient à l'emporter en voyage. Cela ne les empêchait pas de vouloir des souvenirs de voyage et des professionnels parcouraient les sites célèbres pour fournir des vues standardisées, en différents formats. On encourageait la clientèle à collectionner ces clichés commerciaux dans des albums. Naturellement, la production de photographies touristiques tendait à s'uniformiser et à se cantonner à certains lieux prestigieux, comme l'Égypte, l'Italie, la Terre sainte, le Japon et l'Ouest américain. Ces images portaient souvent des étiquettes dotées de textes informatifs. Les clichés pour touristes fonctionnaient comme des rappels visuels de sites que l'on avait appréciés et renvoyaient métaphoriquement au lieu réel. L'absence d'êtres humains dans la plupart de ces vues, concept visuel que l'on retrouve sur beaucoup de **cartes postales**, les rendait intemporelles, comme si le photographe avait lui-même découvert les lieux (voir en haut de la p. 77).

La circulation de ces photographies, soit une par une, soit en albums, poussait davantage de touristes vers ces sites. Comme les sociétés de chemin de fer jouaient un rôle essentiel dans le déroulement des voyages, elles décoraient parfois leurs wagons de grandes vues des destinations touristiques qu'elles desservaient. En général, les touristes n'apparaissaient pas sur ces clichés, même si la prestigieuse agence de voyages britannique Thomas Cook faisait souvent en sorte qu'un photographe local accompagnât les voyageurs pour leur fournir des vues de sites à la demande ou des portraits de groupe.

À la fin du XIX$^{e}$ siècle, avec l'apparition des petits appareils, on commença à se prendre en photo devant ces paysages et l'apparition de personnages sur les clichés illustre les bouleversements que le tourisme connut à cette époque. Les riches voyageurs étaient en général demandeurs d'images de grand format qu'ils pouvaient encadrer ou exposer sur des chevalets dans leurs bibliothèques. Le XX$^{e}$ siècle vit l'apparition de voyageurs moins aisés, des vacanciers, qui transformèrent la photographie touristique. Les clichés privés et les photographies commerciales commencèrent à montrer des gens qui s'amusaient. Même si l'on continue à vendre des photographies au pied de monuments ou de sites célèbres, la photographie de voyage s'est affranchie de beaucoup de règles, libération qu'accéléra l'invention de la carte postale.

L'omniprésence du téléphone portable et de l'appareil numérique n'a pas encore tué la carte postale qui continue à jouer son rôle dans l'industrie du tourisme. On l'envoie, on la collectionne, on la compare avec la photographie numérique que l'on expédie électroniquement à des amis. ■

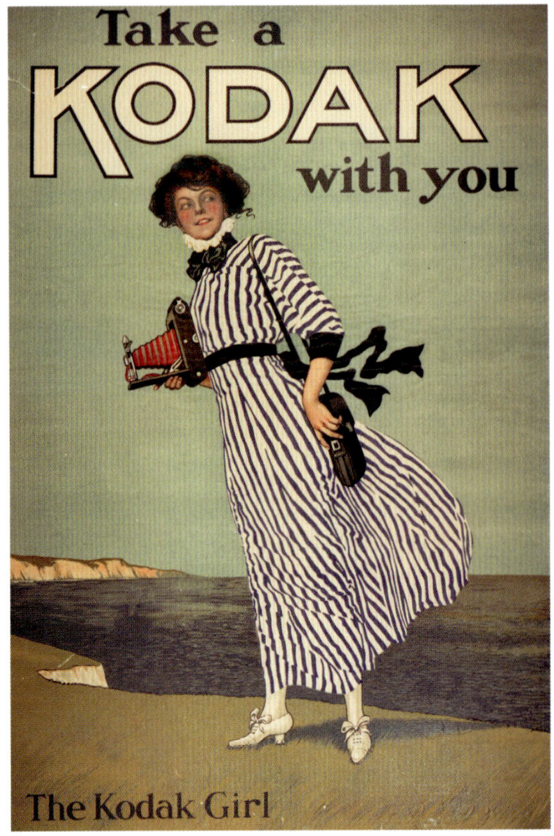


*La « Kodak Girl », apparue en 1901, encourageait les femmes du nouveau siècle à prendre des photographies.*

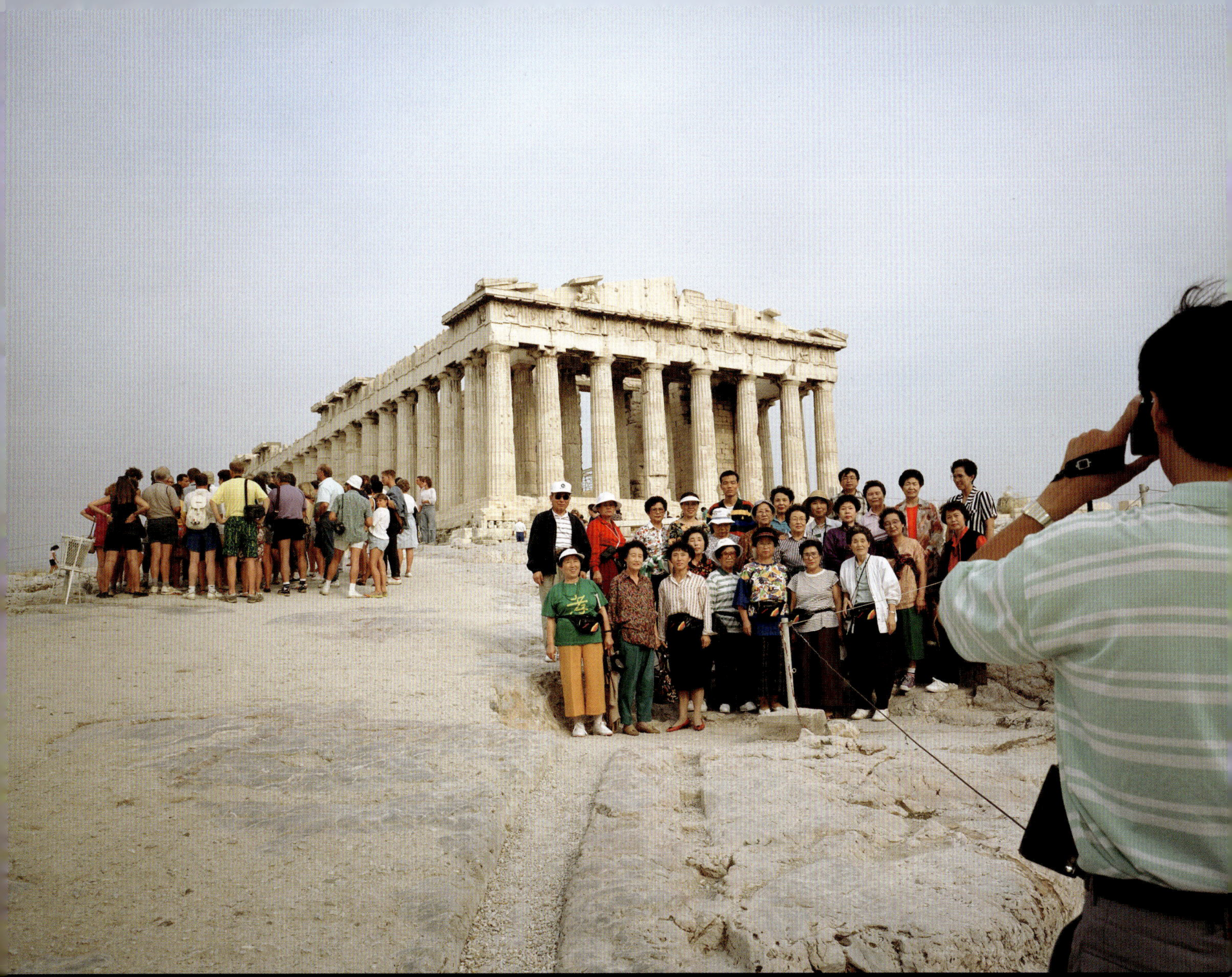

CI-DESSUS : *Dans le cadre de sa série* Small World *consacrée au tourisme mondialisé, Martin Parr a pris ce cliché simplement intitulé* Athènes, Acropole *(1991). La prise d'images semble avoir remplacé la visite elle-même.*

À DROITE : *Mr and Mrs John Chatsworth-Musters posent en 1924 devant le Sphinx et les pyramides sur ce cliché intitulé* Egypt's Sphinx and Pyramids, *pris du point précis où s'installent depuis fort longtemps les photographes qui produisent des vues commerciales.*

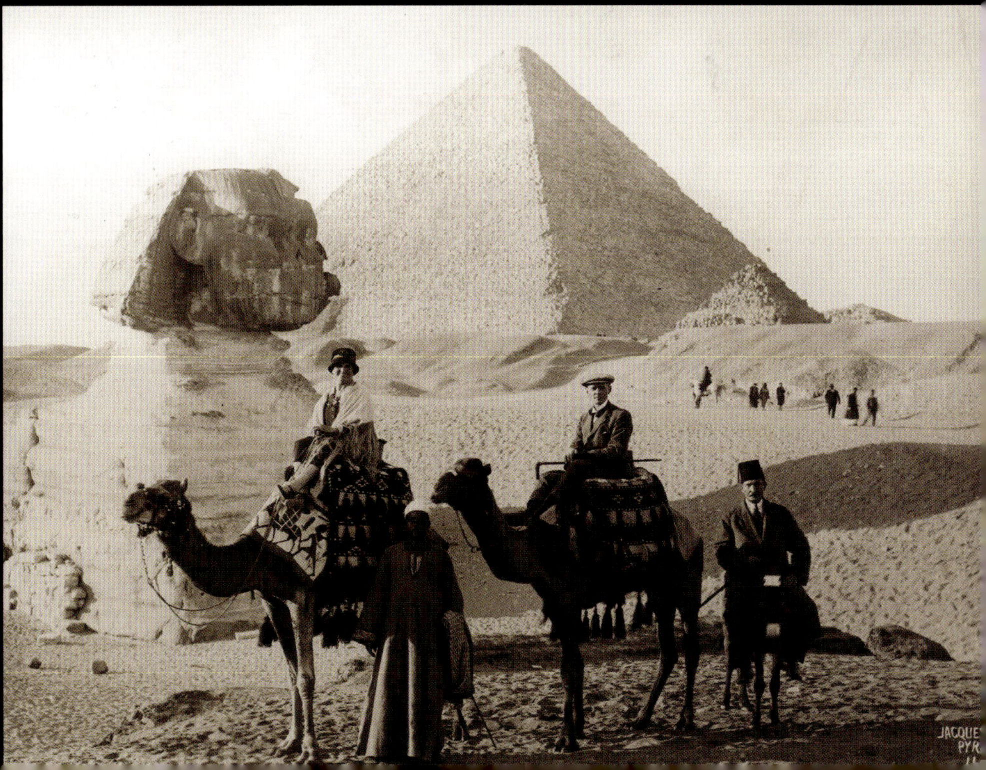

"[...] les sociétés photographiques rassemblèrent des collections immenses."

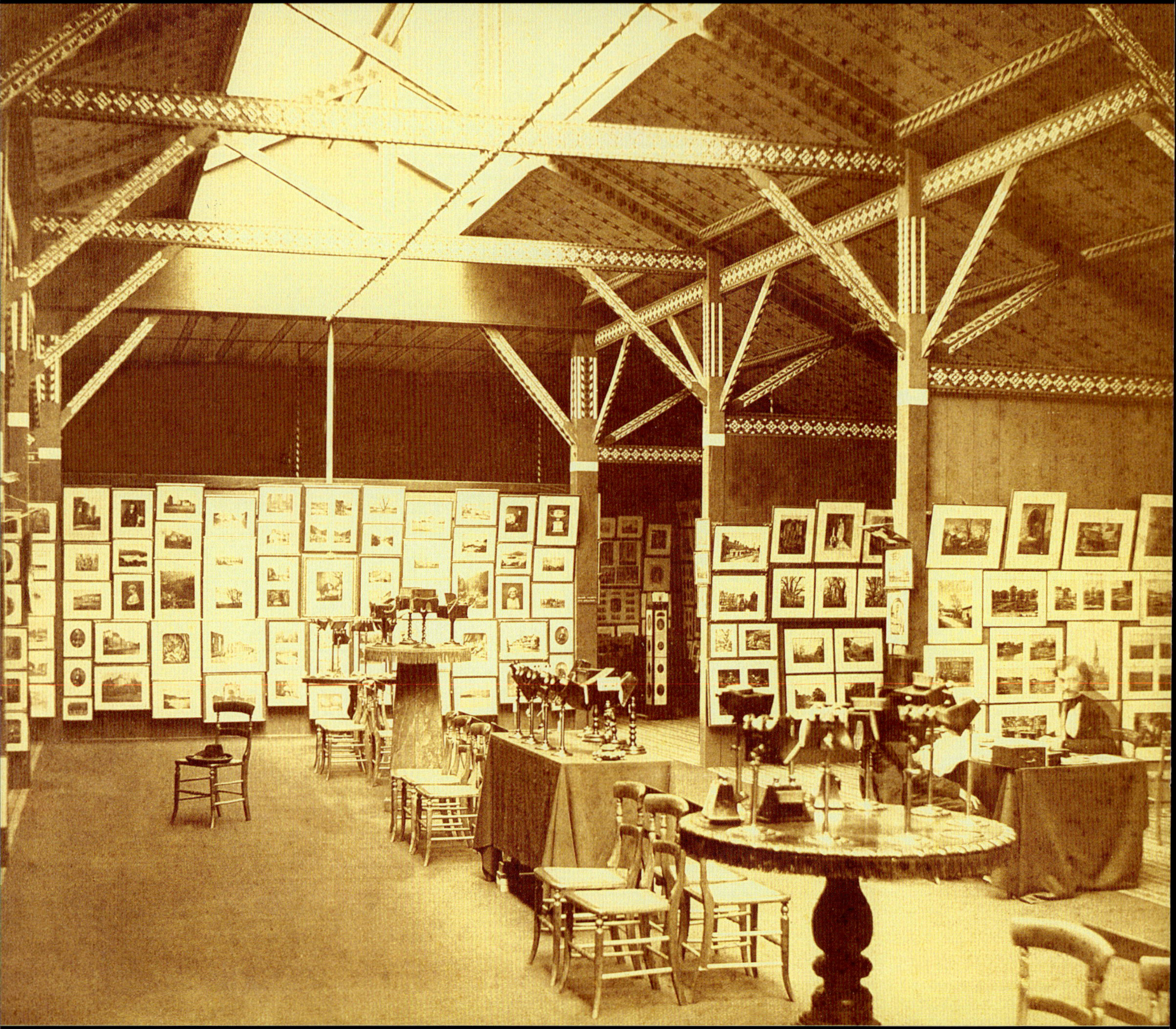

*Charles Thurston Thompson prit en 1858 ce cliché de l'exposition conjointe de la Société française de photographie et de la Photographic Society of London au South Kensington Museum, qui n'allait pas tarder à devenir le Victoria and Albert Museum.*

# *Bienvenue au club*

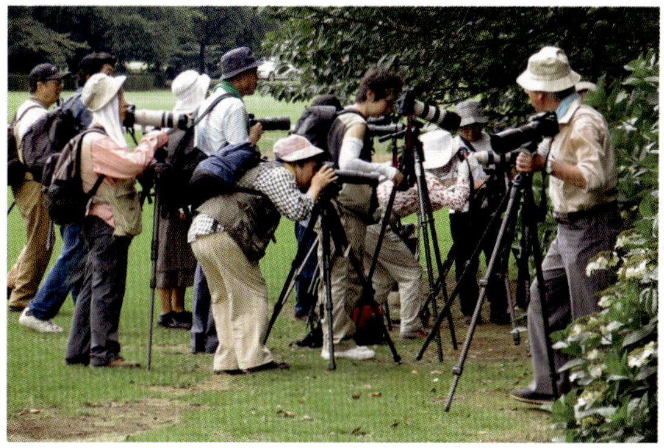

*Les sociétés photographiques organisent des réunions, mais aussi des événements où leurs membres peuvent acquérir de nouvelles techniques, comme lors de cette sortie de la Nihon Shashin Kai (Société japonaise de photographie) dans un parc de Tôkyô en 2005.*

IDÉE N° 39

## LES SOCIÉTÉS PHOTOGRAPHIQUES

À partir des années 1850 se constituèrent des associations dont le but était de faire connaître l'art photographique. Organisées par régions, par villes ou par spécialités, ces sociétés publiaient des journaux ou des lettres d'informations et organisaient des expositions d'œuvres de leurs membres ; elles préparèrent ainsi la création de collections photographiques dans les musées.

La photographie suscita davantage d'associations que la plupart des autres arts. Alors que les corporations artistiques tendaient à restreindre l'accès à la profession et à se montrer réticentes à diffuser leur savoir, la photographie se montra beaucoup plus démocratique (voir **art pour tous**).

Les sociétés photographiques se développèrent dans le monde entier, dans toutes les classes de la société et à tous les niveaux de pratique. Leurs membres étaient parfois de simples photographes et parfois des spécialistes du photojournalisme sportif ou de la photographie sous-marine. Elles diffusaient de l'information technique et éducative, dans leurs publications ou lors de réunions, organisaient des expositions fixes ou ambulantes, en plus d'offrir à leurs membres les avantages de la camaraderie et de solides discussions. Aujourd'hui, les clubs et les sociétés photographiques ont en général des sites Internet ouverts à tous, poursuivant une tradition de service et de promotion au-delà du cercle de leurs affiliés.

Le Calotype Club d'Édimbourg, fondé en Écosse au début des années 1840, est considéré comme le premier club amateur du monde, même s'il fut précédé par des groupements informels, comme celui des aficionados viennois du **daguerréotype** qui organisèrent des rencontres fin 1839 pour discuter du médium et de ses applications à la science. Des associations plus vastes et plus officielles apparurent à partir de 1850, telles que la Société héliographique (France, 1851), la Royal Photographic Society (Angleterre, 1853), la Société française de photographie (France, 1854). Dans le sous-continent indien, à Calcutta et à Madras, des associations se créèrent dans les années 1850, témoignant de l'intérêt des Anglais, mais aussi des Indiens pour cette technique. La Nihon Shashin Kai (1889) rassemblait photographes étrangers et japonais. Ces sociétés correspondaient entre elles et reproduisaient dans leurs publications des informations fournies par d'autres, créant un réseau informel. Il existait également des clubs qui échangeaient des tirages et des informations par courrier (voir **partage d'images**).

Les controverses qui s'élevèrent dans les années 1880-1890 sur les rapports de la photographie et de l'art multiplièrent le nombre d'associations. Certaines étaient issues de sécessions d'organisations anciennes que les rebelles trouvaient réactionnaires (voir **photo-sécession**). Pour lutter contre l'influence de ces sécessionnistes d'autres sociétés se créèrent, telles que le Salon Club of America. Au début du XX^e^ siècle, le développement de la photographie amateur sérieuse suscita de nouvelles organisations dans le monde entier. Un recensement de leurs publications indique qu'il en existait à peu près deux cent cinquante en Angleterre et plus d'une centaine en France et en Allemagne. Si des milliers de clubs sont présents sur Internet, ils ne cèdent pas aux sirènes de l'interactivité virtuelle et continuent à organiser des réunions en chair et en os.

En plus de défendre la photographie et de favoriser les échanges de compétences, les sociétés photographiques rassemblèrent des collections immenses à une époque où les musées ne s'intéressaient pas au sujet. Elles conservaient d'imposantes anthologies des travaux de leurs membres, des catalogues, des revues et des clichés qui avaient été exposés. Avec les collectionneurs privés, elles constituèrent des fonds qui nourrirent bien des collections publiques. Ainsi, les collections de la Royal Photographic Society ont été acquises par le National Media Museum de Bradford (voir **collections**). ■

# *Le retour au troc*

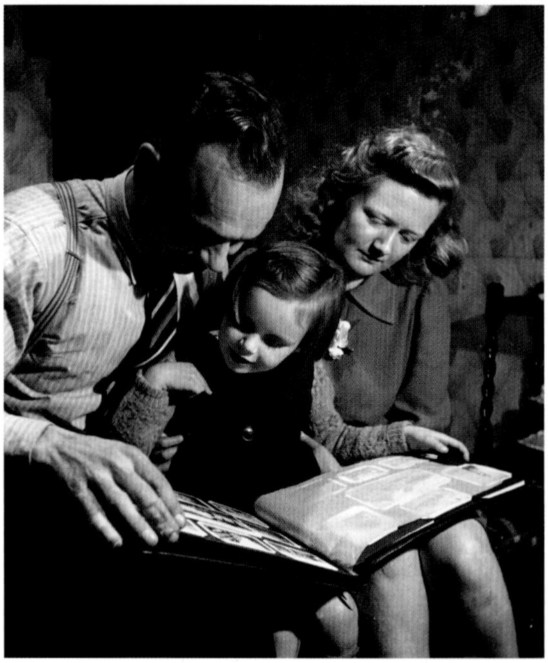

*La consultation d'un album photographique permettait aux enfants d'intégrer des séries d'événements et de personnages. Sur ce cliché de 1947, John Todd montre un album de clichés de la Seconde Guerre mondiale à sa fille.*

IDÉE N° 40

## LE PARTAGE D'IMAGES

Si la photographie n'avait fabriqué que des images uniques, non reproductibles, comme le daguerréotype, son influence sociale aurait été bien moindre. Des clubs de photographies apparurent aux États-Unis à partir des années 1850. Composés essentiellement d'amateurs, ils échangeaient clichés et conseils techniques par courrier.

Leurs règles étaient simples : leurs membres communiquaient les reproductions de leurs œuvres quand ils avaient le sentiment qu'elles intéresseraient les autres. Les affiliés des premiers clubs d'échange étaient en général aisés et jouissaient de loisirs importants, ce qui leur laissait le temps de créer et de s'amuser avec la photographie. Les collages inventifs qui ornaient les albums réalisés par des aristocrates anglaises de la dernière moitié du XIXe siècle contenaient des portraits échangés et des **photos-cartes**. Ces albums passaient de main en main pendant des fêtes et des réunions diverses ; on s'amusait du regard gentiment critique qu'ils portaient sur la société contemporaine et l'on prenait plaisir à s'y reconnaître.

À la même époque, les journaux de la bourgeoisie donnaient aux dames des conseils pour leurs albums : les orner de collages et de coupures de presse (voir **copier-coller**). Si la photographie était considérée comme un **art populaire**, on la voyait aussi comme un moyen d'instruire les foules : le daguerréotypiste américain Marcus Aurelius Root parlait même d'éducation des masses.

Quand un nouveau type de support s'imposait, comme la photo-carte, de nouveaux clubs d'échange se créaient parmi les collectionneurs de la bourgeoisie. L'invention et la popularisation des clichés instantanés permirent aux amateurs de créer des biographies familiales, en classant leurs images, qu'elles fussent consacrées aux enfants, aux fêtes, aux amis, aux grands événements, aux animaux domestiques ou aux voyages. L'album de photos devint l'un des éléments de l'identité familiale. On y collait parfois également des souvenirs, billets de théâtre, tickets de train. Il pouvait tenir de l'autobiographie ou du journal intime illustré.

Aujourd'hui, les sites de partage de photographies numériques concurrencent les albums familiaux, sans les remplacer tout à fait. Les nouvelles formes de partage d'images se multiplient sur les réseaux sociaux tels que Facebook. En 2011, le site d'hébergement Flickr contenait plus de six milliards d'images, provenant de sources variées, depuis des personnes privées jusqu'à la Library of Congress américaine qui veut démocratiser l'accès à ses collections encore assez méconnues. Il semblerait que le partage en ligne ait provoqué une diminution du nombre d'impressions matérielles d'images. Le destin de celles que prennent les téléphones portables annonce peut-être le futur du médium : elles passent instantanément d'une personne à une autre et ne sont pas destinées à être imprimées. Alors que jadis le partage de photographies supposait un tri et des choix, l'époque actuelle encourage la surabondance. La popularité des cadres numériques en témoigne : inutile de choisir quel cliché mettre sur la cheminée ou sur le bureau, puisqu'ils sont des centaines à défiler sur l'écran. ■

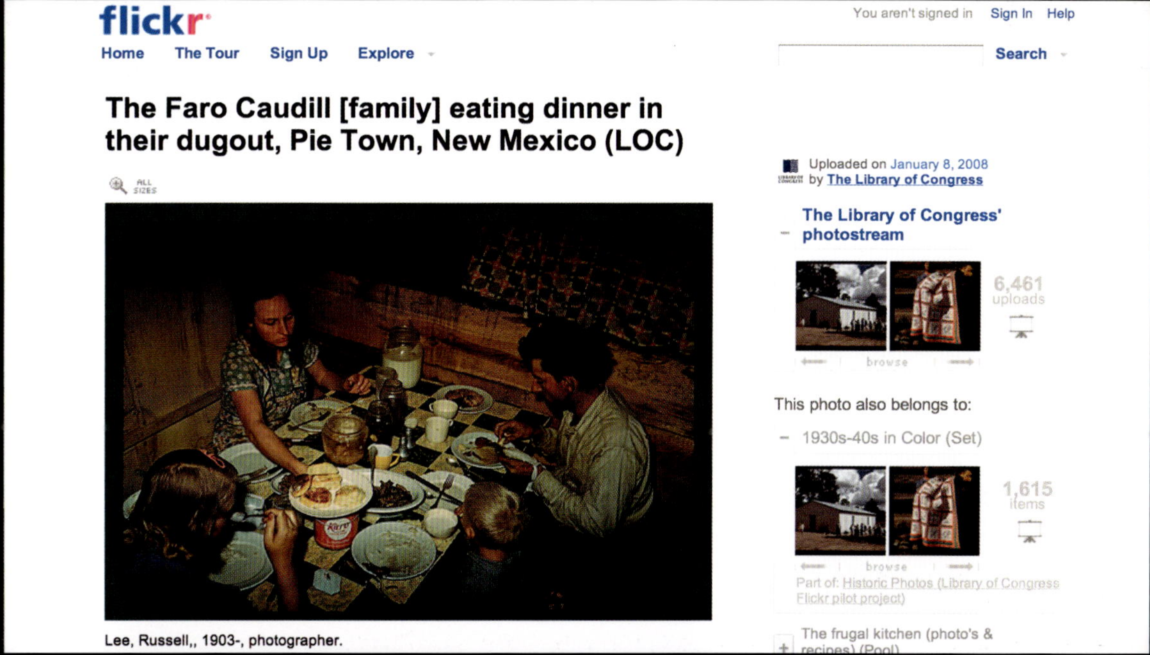


CI-DESSUS : *Quand des institutions comme la Library of Congress (LOC) des États-Unis proposent des photographies sur des sites de partage d'images tels que Flickr, les internautes peuvent les intégrer à leurs propres listes de favoris.*

À DROITE : *Lady Filmer, une intime de la cour de la reine Victoria, prenait des photographies et les arrangeait sur des feuilles de papier qu'elle ornait en les peignant, comme en témoigne ce collage datant des alentours de 1864.*

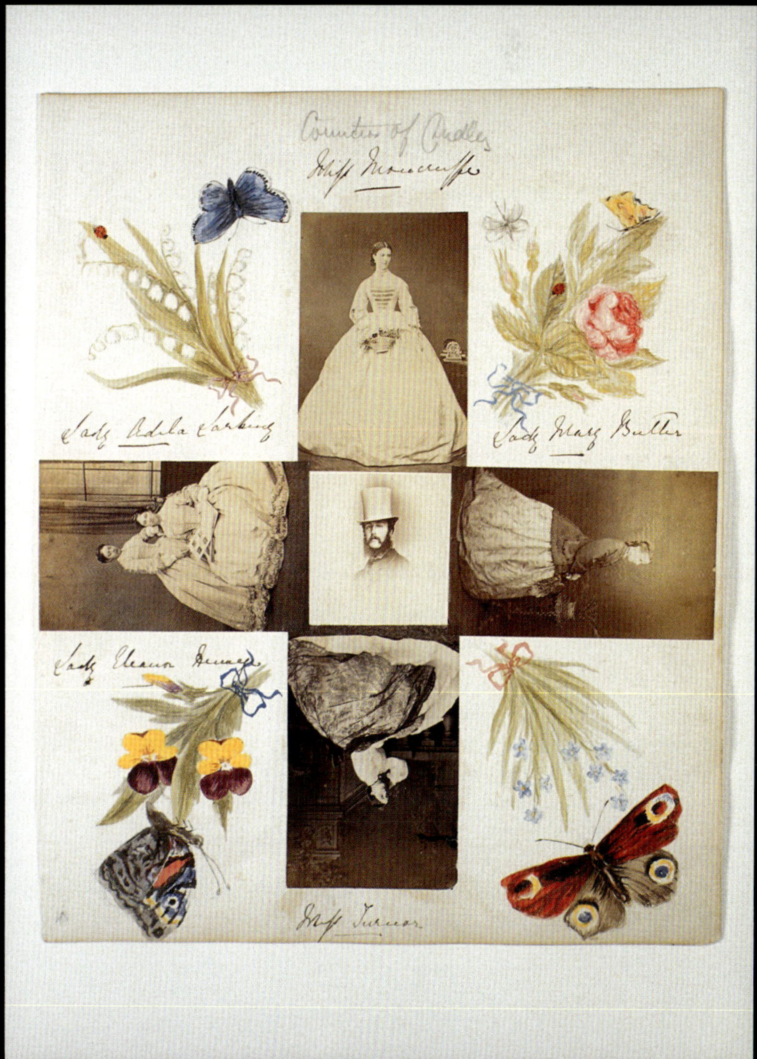

“L'album de photos devint l'un des éléments de l'identité familiale.”

“On sait que certains photographes sont restés fidèles à la continuité des tons offerte par le tirage argentique.”

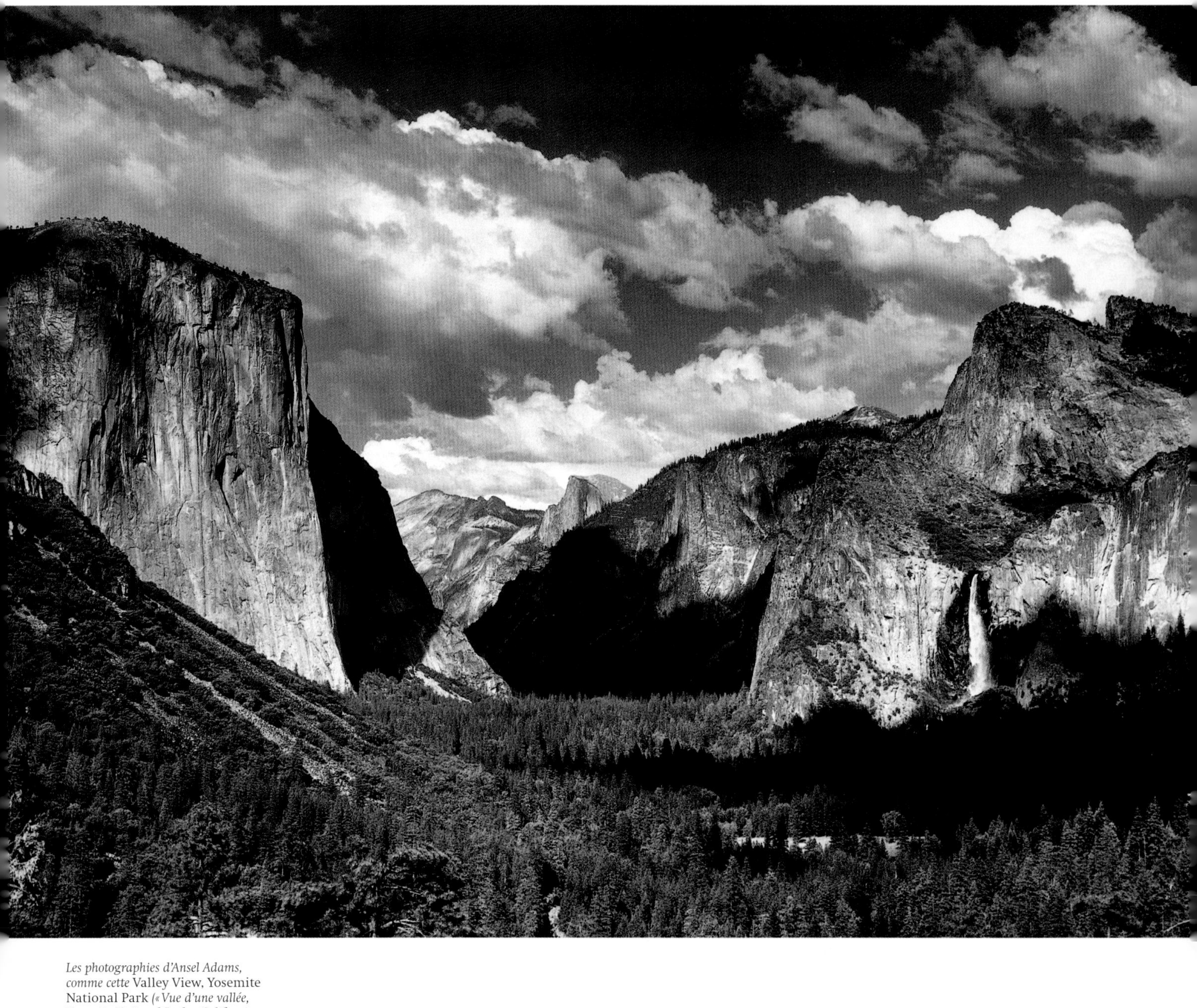

*Les photographies d'Ansel Adams, comme cette* Valley View, Yosemite National Park *(« Vue d'une vallée, Yosemite National Park », Californie, vers 1935), sont devenues des symboles de la pureté de l'air et des paysages sauvages de cette région.*

IDÉE Nº 41

# LE TIRAGE GÉLATINO-ARGENTIQUE

Le tirage sur gélatine d'argent, synonyme de photographie en noir et blanc, domina la majeure partie du XXe siècle. Des images des journaux au cliché familial, c'était par lui que des générations se voyaient et voyaient le monde autour d'elles. Même s'il fut détrôné au cours des années 1960 par la photographie couleur, il survit en tant que technique artistique ou au moins comme procédé alternatif.

Ainsi que son nom l'indique, le procédé repose sur la suspension de sels d'argent sensibles à la lumière dans une gélatine que l'on applique ensuite sur du papier. La gélatine est posée sur une couche de sulfate de baryum qui empêche le mélange sensible de s'enfoncer dans les fibres du papier. C'est la couche de baryum intermédiaire qui donne à cette technique ses détails clairs et précis si caractéristiques. À la différence du procédé à l'albumine, qui suppose d'appliquer un négatif sur du papier sensible et de l'exposer à la lumière, le tirage gélatino-argentique est rapidement exposé au négatif qui lui communique une image latente qu'il faut ensuite développer dans une chambre noire. Cette technique fit de la chambre noire le lieu de travail du photographe et donna naissance à une nouvelle activité, celle des laboratoires auxquels l'on confiait le développement.

Si l'on excepte le Technicolor et la publicité, le public avait peu l'occasion de voir des images en couleurs. Pendant la plus grande partie du XXe siècle, les magazines et les livres étaient illustrés de clichés en noir et blanc ; les photos de famille étaient en noir et blanc, ainsi que les photos de classe ou de mariage. Au fil du temps, on perfectionna le procédé argentique et l'on accrut ses possibilités. À force, sa gamme de gris très nuancés et ses contrastes expressifs s'imposèrent auprès du public. Il est difficile d'imaginer aujourd'hui à quel point le noir et blanc semblait à l'époque à la fois moderne et réaliste.

Le tirage argentique possédait ses fanatiques, de l'amateur passionné qui possédait chez lui une chambre noire, jusqu'à de grands photographes comme Ansel Adams, Edward Weston ou Walker Evans, qui essayèrent tous la couleur, mais trouvaient ses nuances trop agressives. Alors que le numérique permet de recréer *a posteriori* du noir et blanc, certains sont restés fidèles à la continuité des tons offerte par le tirage argentique, tandis que d'autres qui n'utilisaient jadis que la pellicule expérimentent avec le numérique. Sebastião Salgado travaillait auparavant avec des développeurs habiles et imaginatifs tels que Philippe Bachelier pour parfaire la luminosité de ses tirages argentiques et les adapter aux sujets représentés, une description de la résilience humaine dans des situations de famine ou de labeur pénible. S'il est encore trop tôt pour savoir si la récente conversion de Salgado durera, cette tentative, quelle que soit sa durée, témoigne assez de la capacité du numérique à rendre les délicates déclinaisons monochromes qui ont valu à l'argentique de régner pendant un siècle. ■

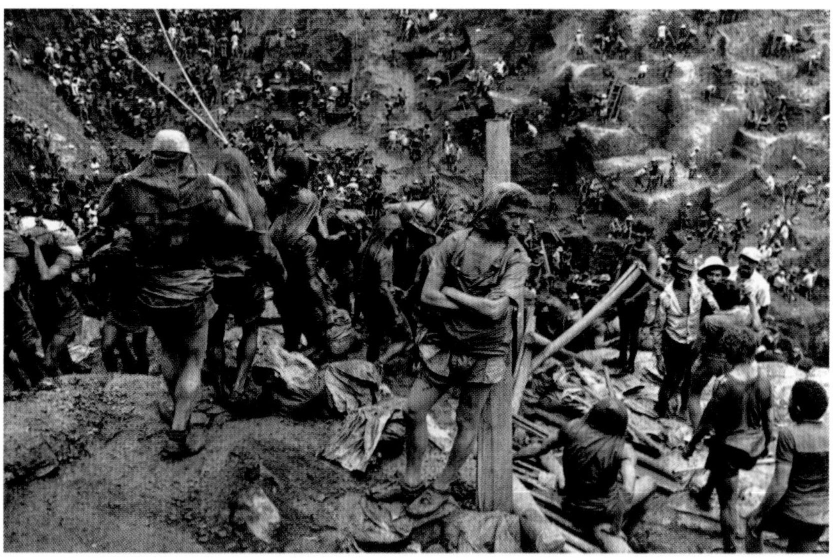

*La gamme de tons étendue de l'argentique permit à Sebastião Salgado de donner de la force à cette image de mineurs d'or de la Serra Pelada au Brésil publiée en 1990 dans son livre* Une certaine grâce.

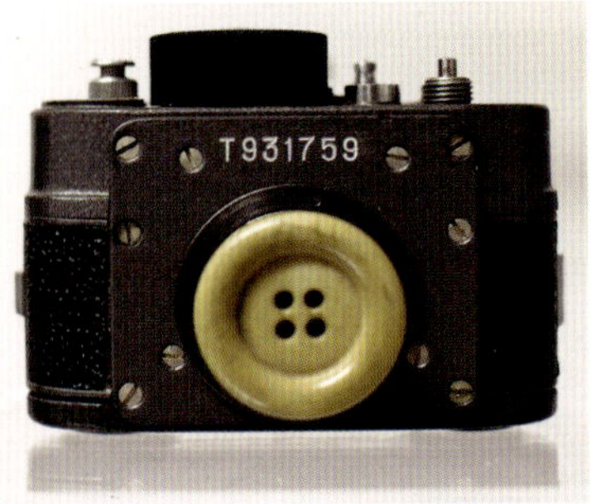


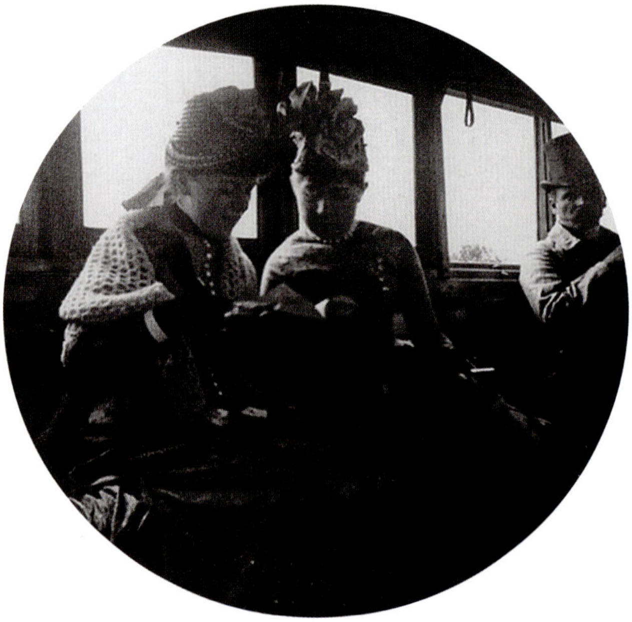

IDÉE N° 42

# PETITS APPAREILS PHOTO

À GAUCHE : *Cet appareil espion à bouton fut utilisé par la Stasi, la police politique d'Allemagne de l'Est.*

CI-DESSUS : *Avec un appareil « détective » caché dans sa veste, Horace Engle prenait en 1888 des clichés des gens et des rues de West Chester (Pennsylvanie) à travers sa boutonnière.*

La taille des appareils photo n'était pas indifférente. L'apparition d'appareils portables de plus en plus petits transforma la photographie et multiplia ses possibilités : on pouvait désormais espionner ou créer des portraits plus spontanés que ne l'auraient permis les appareils ordinaires.

Après l'invention de la photographie, les appareils devinrent soit plus grands, soit plus petits. Les professionnels et les amateurs sérieux utilisaient de grandes chambres pour le travail en studio, tandis que l'on recourait aux petits appareils à l'extérieur. À l'époque où les matériaux sensibles exigeaient des expositions prolongées, un appareil tenu à la main bougeait trop pour fournir des images nettes, mais l'apparition de plaques sèches, plus rapides, à la fin du XIXᵉ siècle, puis de la pellicule, permit la fabrication en série d'appareils miniatures rentables.

L'appareil baptisé « détective », créé en 1881, permettait aux hommes de la police publique ou privée de le dissimuler sur eux. Petit, plat, réglé sur une mise au point unique, il pouvait se dissimuler sous un gilet et prendre un cliché à travers une boutonnière. Certains empruntaient la forme de livres, de jumelles, de sacs à main ou de pommeaux de canne. En 1888, Horace Engle prenait des clichés sur les trottoirs et dans les tramways de la Pennsylvanie, en dissimulant l'appareil dans son gilet. À une époque où l'on avait déjà l'habitude de poser devant l'objectif, Engle recensait des attitudes et des gestes spontanés, sans se préoccuper du respect de la vie privée, mais sans enfreindre les lois. Lors d'un procès portant sur la question des clichés pris dans la rue, le photographe contemporain Philip-Lorca diCorcia réussit à établir qu'ils étaient légaux, que le sujet sût ou non qu'il passait devant un appareil photo.

L'appareil le plus populaire ne fut pas le « détective », malgré ses qualités, mais l'appareil Box de chez Kodak, sans réglage de mise au point et sans viseur, doté d'un rouleau de pellicule de cent poses. Fidèle à son slogan « Appuyez sur le bouton, nous faisons le reste », Kodak fournissait un service complet : une fois les cent images prises, on envoyait l'appareil par la poste à la société, elle les développait et les renvoyait avec l'appareil rechargé. Ces images s'appelaient des « instantanés », *snapshots* en anglais, d'après une expression inventée au milieu du XIXᵉ siècle par l'un des pionniers du médium, John Herschel, pour désigner des photographies rapides.

La photographie amateur était déjà une affaire sérieuse avant que n'apparaisse le Kodak, mais cet appareil et ses successeurs contribuèrent à en faire un divertissement très répandu dans la bourgeoisie qui aimait conserver des traces du passé. Même si l'usage des albums précéda l'invention de ces appareils, ces derniers ne tardèrent pas à les remplir entièrement. Ils encourageaient la spontanéité, la création d'images moins conformistes que celles que l'on produisait en studio ou pour les grandes occasions. Aujourd'hui, les petits appareils numériques et les téléphones ont repris le flambeau, mais on ignore encore si leurs images seront conservées aussi religieusement que celles de leurs prédécesseurs. ■

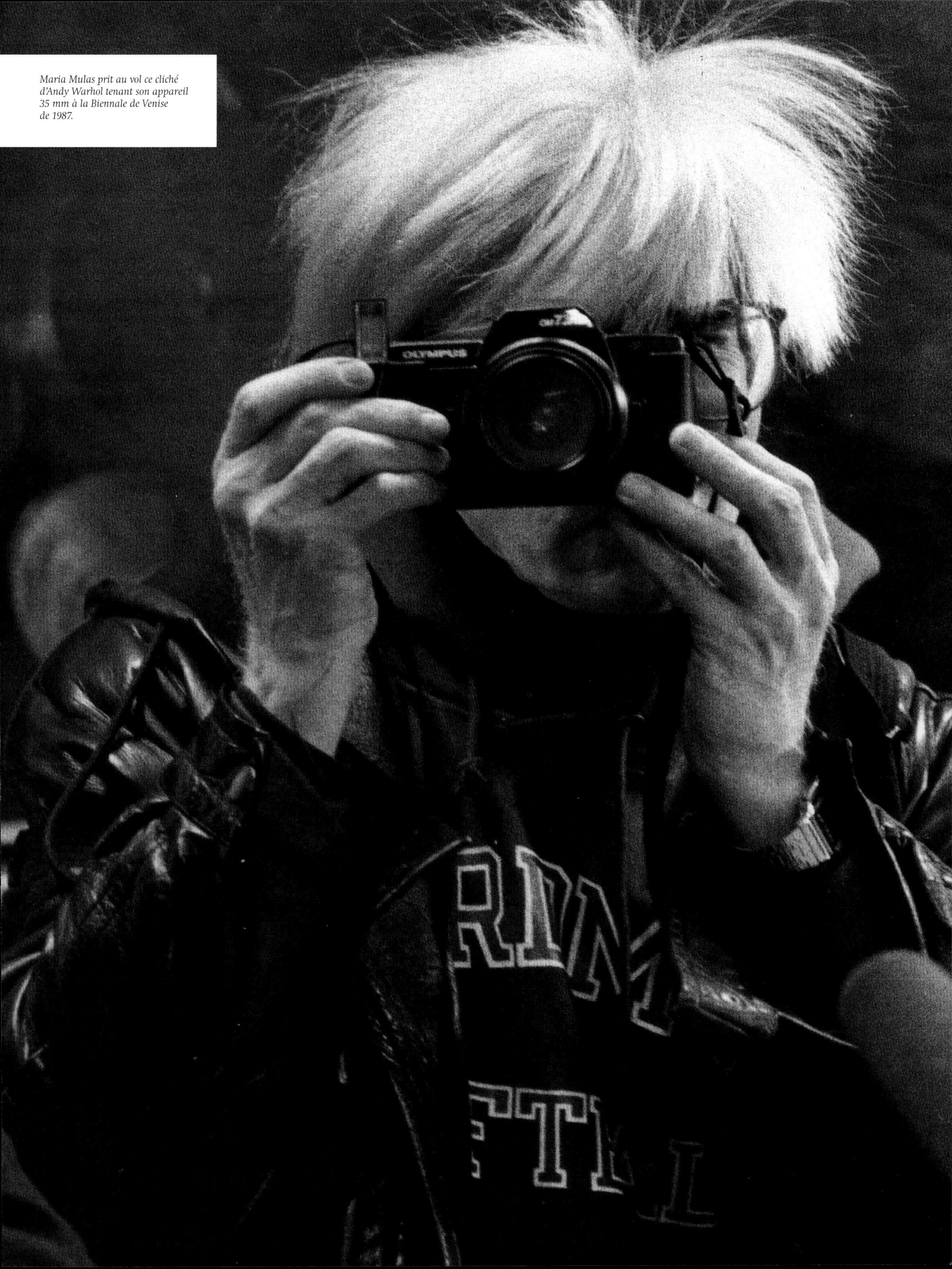


*Maria Mulas prit au vol ce cliché d'Andy Warhol tenant son appareil 35 mm à la Biennale de Venise de 1987.*

Average net paid circulation of THE NEWS, Dec., 1927:
Sunday, 1,357,556
Daily, 1,193,297

# DAILY NEWS

NEW YORK'S PICTURE NEWSPAPER

EXTRA EDITION

Vol. 9. No. 173 36 Pages — New York, Friday, January 13, 1928 — 2 Cents

# DEAD!

Story on page 3

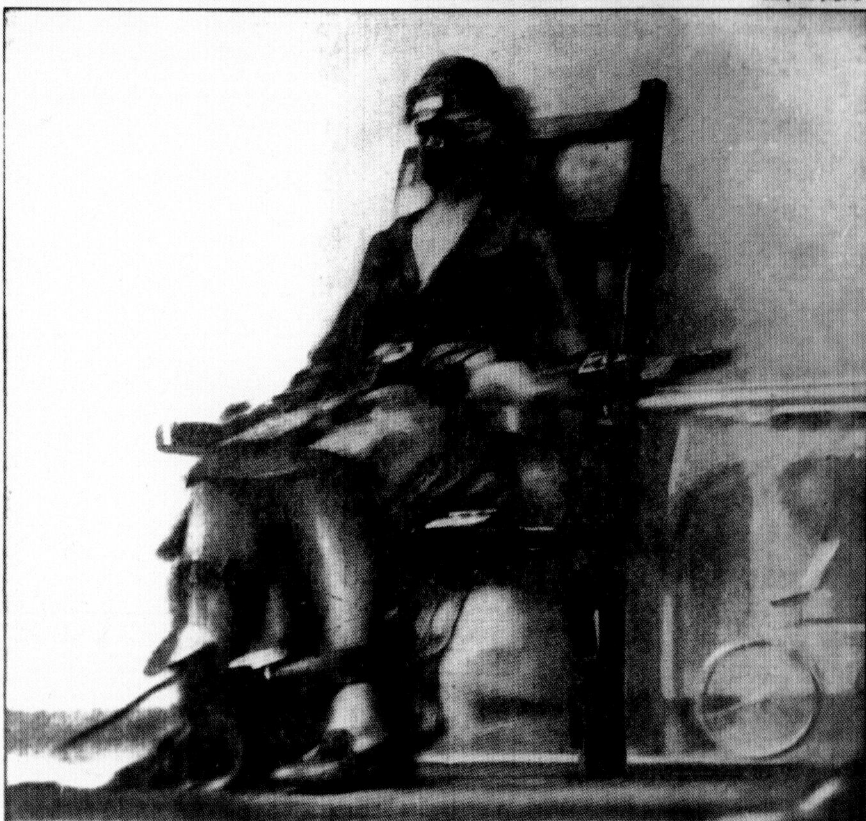

(Copyright: 1928: by Pacific and Atlantic photos)

**RUTH SNYDER'S DEATH PICTURED!**—This is perhaps the most remarkable exclusive picture in the history of criminology. It shows the actual scene in the Sing Sing death house as the lethal current surged through Ruth Snyder's body at 11:06 last night. Her helmeted head is stiffened in death, her face masked and an electrode strapped to her bare right leg. The autopsy table on which her body was removed is beside her. Judd Gray, mumbling a prayer, followed her down the narrow corridor at 11:14. "Father, forgive them, for they don't know what they are doing?" were Ruth's last words. The picture is the first Sing Sing execution picture and the first of a woman's electrocution.—*Story p. 3; other pics. p. 28 and back page.*

*Le photographe du* Daily News *Tom Howard prit en cachette l'exécution de la meurtrière Ruth Snyder, avec un appareil attaché à sa cheville. Surmontée du gros titre «Dead!» («Morte!»), la photo fit la une du numéro du 13 janvier 1928.*

# Vous connaîtrez tous ce scandaleux secret

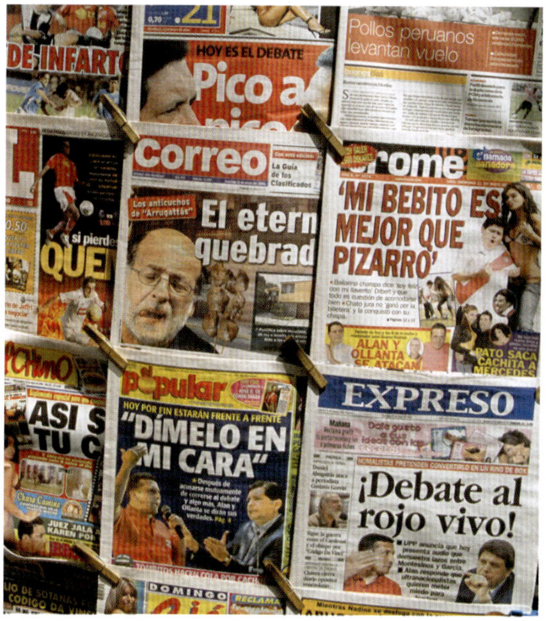


Dans le monde entier, la photo et l'impression numériques ont transformé l'allure des tabloïds, sans changer leur contenu. Ce cliché a été pris à Lima, au Pérou.

IDÉE N° 43

## LES TABLOÏDS

**Employé à l'origine pour désigner des tablettes de médicaments, le mot « tabloïd » servit ensuite pour un nouveau genre de journal, très dépendant de l'image, qui réduisait les textes à l'essentiel et dont les clichés à sensation dictaient la ligne éditoriale.**

Au XIX^e^ siècle, on lisait de gros romans à voix haute, en famille, après le dîner. La vie accélérée de la première moitié du XX^e^ siècle donna naissance au tabloïd, destiné à être lu individuellement, en silence, pour se divertir dans les transports en commun en allant au travail ou pendant la brève pause de midi. Les tabloïds reposaient sur des histoires courtes, de grandes images et des légendes brèves. Dans les quotidiens de qualité, la photographie illustrait des reportages, mais dans un tabloïd elle racontait une histoire. Ainsi, elle permettait aux moins lettrés de trouver du divertissement et de l'information dans un journal, formule qui attirait aussi les travailleurs immigrés.

Les tabloïds eurent besoin d'un stock toujours renouvelé d'images récentes et choquantes pour résister à la concurrence des nouvelles en direct de la radio. Alors que les quotidiens rapportaient l'actualité locale et internationale, les tabloïds la fabriquaient. Leurs photographes espionnaient la fréquence de la police pour arriver rapidement sur les lieux des catastrophes sanglantes ; ils rémunéraient les portiers et les serveurs pour obtenir des informations sur les excentricités des vedettes. Les tabloïds les encourageaient à être agressifs et indiscrets, bien avant que le film *La dolce vita* n'inventât le terme *paparazzi* dans les années 1960.

Aujourd'hui, les tabloïds sont en concurrence avec des chaînes d'information qui fonctionnent vingt-quatre heures sur vingt-quatre, l'Internet et les téléphones portables. Pour prendre en compte la rapidité accrue de la circulation des nouvelles, les tabloïds les plus importants possèdent des sites Internet où ils diffusent leurs grands titres et leurs images. Que ce soit sur une page Web ou sur du papier, les thèmes dominants restent identiques : le sexe, les scandales et les morts violentes. La véracité ne constitue pas leur souci premier. Dans certains pays, les scènes que l'on n'a pas pu photographier sont rejouées par des acteurs ou reconstituées grâce à des logiciels d'animation, pour illustrer des faits divers.

Même si elle est due aux circonstances, l'allure brouillonne et sans façon des clichés des tabloïds a intéressé des photographes et des peintres qui l'ont imitée : William Klein a emprunté à l'esthétique du *New York Daily News* certaines de ses images décentrées et agitées, parce que le grain, l'encrage gras, la mise en page agressive et les titres tonitruants lui correspondaient. Ces images chargées et indiscrètes inspirèrent également Andy Warhol, qui lisait des tabloïds et collectionnait leurs images. Sa série *Death and Disaster* (« Mort et désastre ») recensait des accidents de voiture, des exécutions sur la chaise électrique ou des suicides. L'artiste contemporain Shepard Fairey, avant de se faire connaître pour son affiche de la campagne présidentielle d'Obama intitulée *Hope*, créa un autocollant qui portait l'image inquiétante d'un géant de cinéma, accompagnée du titre « *Obey* » (« Obéissez ») dans une typographie inspirée par les tabloïds. L'autocollant ne servait pas une cause en particulier, mais il fut diffusé dans le monde entier pour que chacun réfléchisse à sa situation personnelle. Depuis l'arrivée du numérique, les clichés flous des tabloïds ont presque disparu, pourtant, comme d'autres images de la culture populaire, telles que les bandes dessinées ou les dessins animés, ils continuent à offrir aux artistes un vocabulaire visuel iconoclaste. ■

*Cette plaque autochrome prise à Sidi Bou Othmane, au Maroc, en 1913, appartient à la collection Albert Kahn. Elle montre des Marocaines sans voile, vêtues de simples caftans destinés à les protéger de la rigueur du soleil et des vents de sable.*

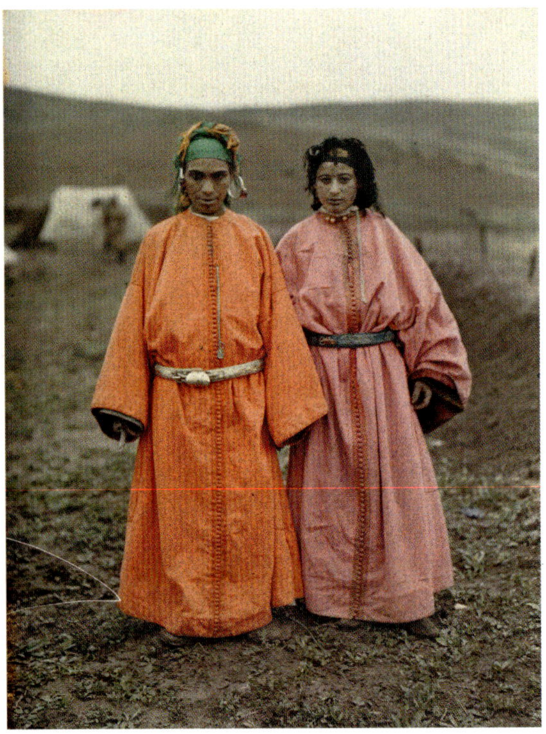

IDÉE Nº 44

# L'AUTOCHROME

Les frères Louis et Auguste Lumière avaient déjà lancé le cinéma quand ils imaginèrent le procédé autochrome pour réaliser des photographies en couleurs. Reposant sur l'utilisation de grains de pomme de terre ou d'autres formes d'amidon, il parvenait à créer des images aux couleurs lumineuses qui dominèrent le marché jusqu'aux années 1930.

On ignore comment les frères Lumière pensèrent à utiliser l'humble pomme de terre. Ce ne fut pas leur première idée, mais sans doute le fait de vivre à Lyon, entouré de fermes, joua-t-il un rôle. En utilisant une technique additive (voir **couleur**), ils mirent au point des plaques couvertes d'un mélange de petits grains d'amidon teints en rouge, orange, violet et vert, puis d'une couche de matériau sensible à la lumière. Une fois la plaque posée dans l'appareil, le côté verre nu tourné vers la lumière, les grains fonctionnaient comme autant de filtres minuscules. Après le développement, on obtenait une **image en positif direct** sur plaque de verre qui, à la lumière du soleil ou d'une lampe, brillait comme un vitrail.

Bien qu'il fût coûteux, compliqué à fabriquer, qu'il demandât un filtre spécial et que l'on ne puisse le regarder qu'avec un éclairage particulier, le procédé autochrome apporta au début du XXᵉ siècle un peu de l'enthousiasme et du mystère qui avaient été associés au **daguerréotype**. Les louanges qu'il reçut alors montrent combien l'on espérait qu'il incarnerait enfin la photographie couleur attendue depuis si longtemps. À une époque où les artisans cherchaient de nouvelles manières de légitimer leur travail, l'autochrome séduisit pour ses qualités artistiques. Les sécessionnistes s'en emparèrent sur-le-champ.

La fièvre de la couleur se communiqua rapidement, non seulement aux artistes, mais aussi à ceux qui cherchaient à décrire le monde en couleurs. La Royal Geographical Society anglaise et la National Geographic Society américaine appréciaient l'autochrome. Cette dernière investit même dans le report des plaques de verre sur papier pour son bulletin. Le procédé poussa également le banquier français Albert Kahn à financer une campagne de collecte d'images dans le monde entier pour un projet baptisé « Archives de la planète ». En 1929, quand il perdit sa fortune, dès

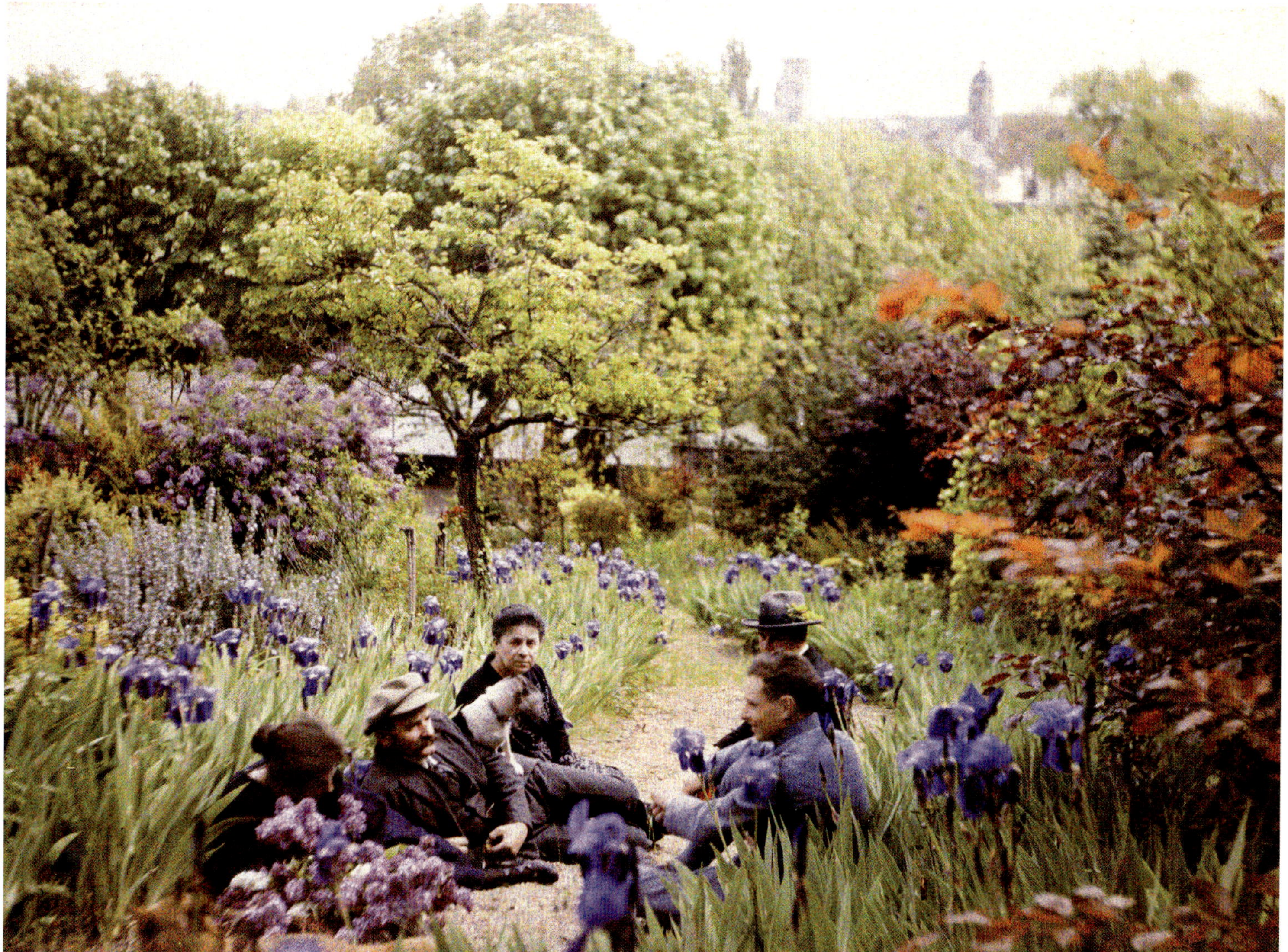

*Suzanne Porcher, qui servit comme infirmière volontaire pendant la Première Guerre mondiale puis s'installa en France, prit cet* Among the Irises, Public Garden of Tours, France *(«Parmi les iris, jardin public de Tours, France»)* le 28 mai 1924.

"L'autochrome pouvait être *dangereusement coloré* au point d'éclipser le sujet du cliché."

le début de la Grande Crise, son équipe de photographes avait déjà visité cinquante pays, réalisé 72 000 autochromes et de nombreux films.

Il s'avéra pourtant que l'autochrome n'était pas la technique tant attendue. Cet honneur fut réservé au **Kodachrome**. Cependant, l'autochrome prépara le travail avec la couleur, qui demandait une réflexion différente de celle que supposaient les tirages **gélatino-argentiques**. Comme le photographe de la Sécession autrichienne Heinrich Kühn le remarqua, l'autochrome pouvait être «dangereusement coloré» au point d'éclipser le sujet du cliché. Le diagnostic très juste posé par Kühn hanta la photographie couleur jusqu'à la fin du XXe siècle. ■

*Quel dommage que tu ne sois pas avec nous !*

IDÉE N° 45

# CARTES POSTALES

Pendant les deux premières décennies du XXe siècle, on collectionna les cartes postales avec passion. Qu'elles fussent de véritables photographies ou des images reproduites par des procédés photomécaniques, elles connurent des usages très variés, depuis la transmission des actualités locales jusqu'au portrait.

La photographie a des affinités avec les phénomènes de masse : peu après le ralentissement de la mode des photos-cartes, l'instantané s'imposa et devint un médium à part entière. Lorsque les règlements des diverses postes prirent des mesures pour favoriser l'envoi de petites images, la carte postale fut l'objet d'un nouvel engouement. Des milliards de cartes postales authentiquement photographiques (appelées « CPA », pour « cartes postales anciennes » par les collectionneurs), tirées par divers procédés, dont la **similigravure**, inondèrent les bureaux de poste et les albums familiaux. En 1908, alors que la population des États-Unis était de presque quatre-vingt-neuf millions d'habitants, la poste calcula qu'elle transportait 677 777 798 cartes postales dans l'année. Lors de la Première Guerre mondiale, elles connurent une décrue, mais comme tous les touristes le savent, on les trouve encore à l'ère du numérique, en compagnie des cartes d'anniversaire.

Même si les cartes postales n'ont pas disparu, elles ne jouent pas le même rôle que jadis. Les photographes des petites villes, qui étaient souvent les propriétaires des commerces qui vendaient les pellicules, le papier photo et les révélateurs, prenaient des clichés de l'effondrement d'une grange, d'un accident ferroviaire ou d'une fête locale. Soignés ou improvisés, mis en scène ou spontanés, les portraits de visiteurs de la foire ou les images de taureaux ou d'animaux familiers offraient des sujets parfaits. Situées quelque part entre l'actualité et le divertissement, ces images étaient imprimées et postées une à une ou par lots pour faire des économies. Parfois, on les échangeait au sein de clubs de différentes régions (voir **partage d'images**). Ces photographes de petites villes tiraient également sur carte des portraits individuels ou collectifs de gens qui n'étaient pas prêts à la dépense extravagante qu'aurait été un véritable portrait. Considérées dans leur ensemble, ces innombrables images constituent des archives pointillistes de l'histoire locale et de la vie quotidienne.

Lorsque l'on fabriqua en quantité des cartes des paysages urbains, on utilisa le plus souvent des procédés photomécaniques. Si elles n'avaient pas le charme des productions locales, elles témoignaient de l'affection des habitants pour les monuments, les œuvres d'art ou les sites historiques de leurs villes. Et puis les touristes, à la différence des collectionneurs, ne voyaient pas la différence entre les deux procédés. L'équivalent contemporain des cartes postales ne se vend pas dans les magasins pour touristes, mais réside dans le lien entre les téléphones portables, les appareils numériques, les sites sociaux et l'Internet. Le cocktail fiévreux d'images privées et de photographies d'actualité empruntées à d'autres sites rappelle précisément la manie de la carte postale. ■

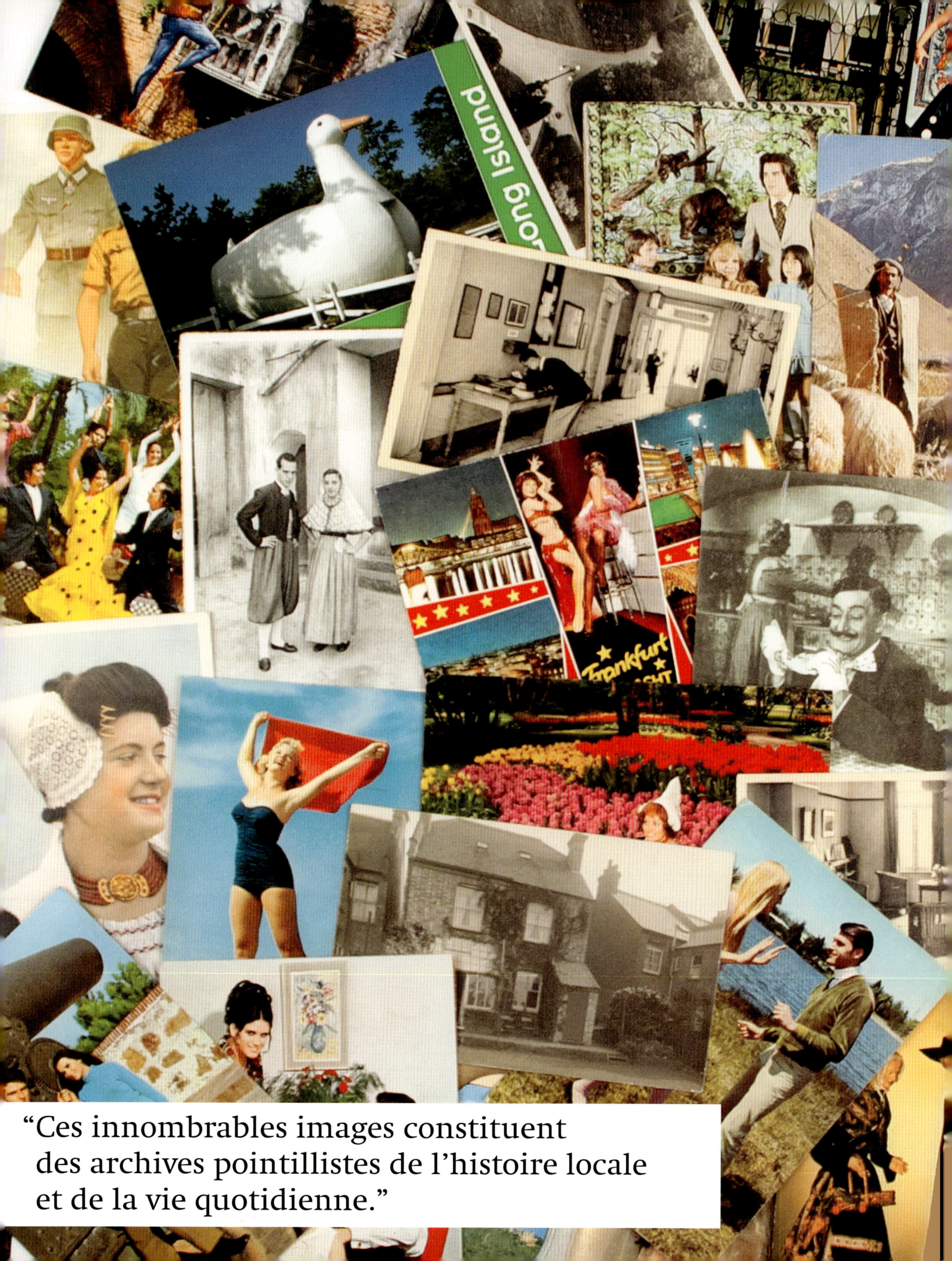


“Ces innombrables images constituent des archives pointillistes de l’histoire locale et de la vie quotidienne.”

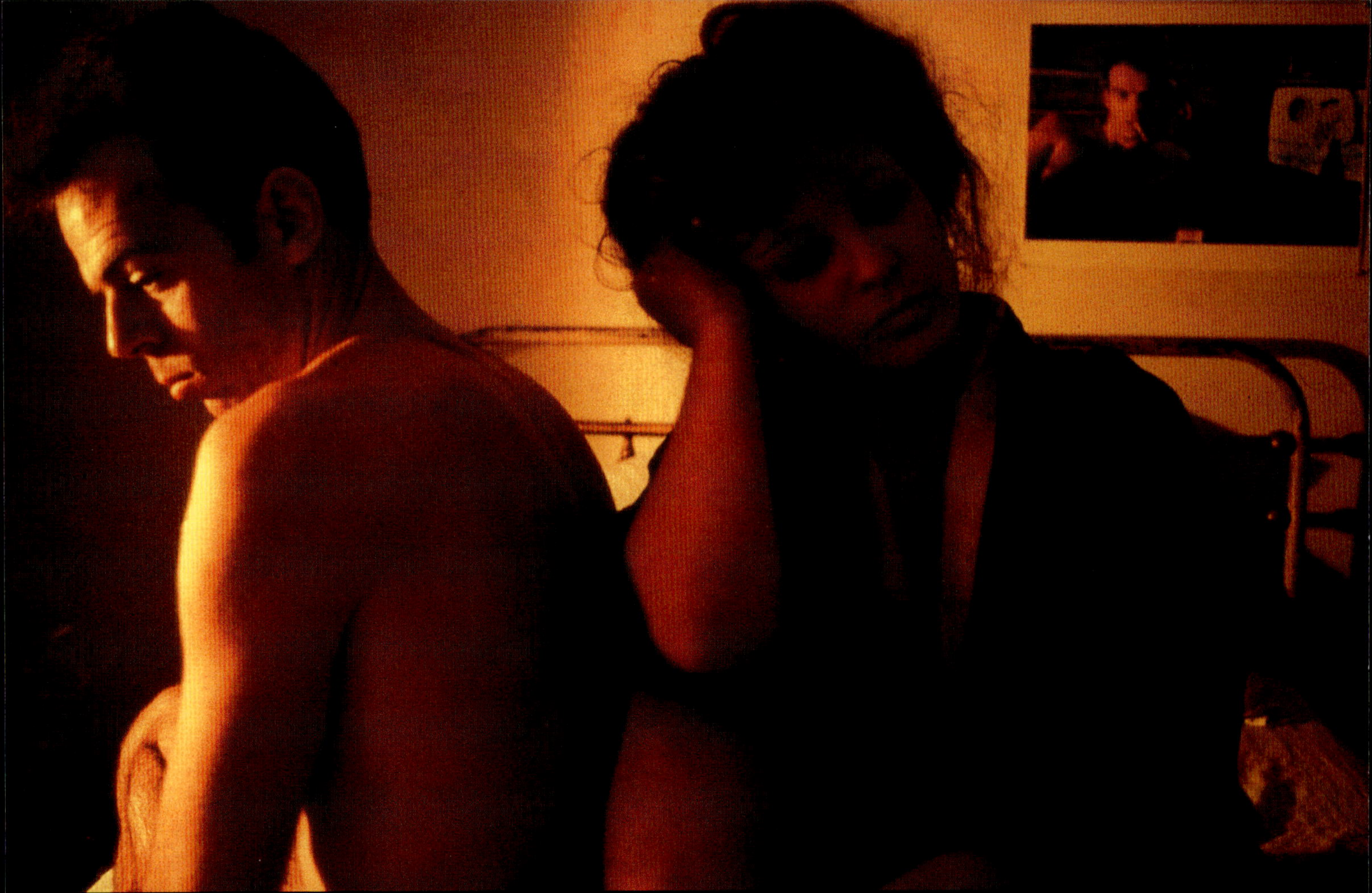

CI-DESSUS : Nan and Brian in Bed, New York City *(« Nan et Brian au lit, New York », 1983) est l'une des centaines de diapositives prises par Nan Goldin pour sa série* The Ballad of Sexual Dependency *(« Ballade de la dépendance sexuelle », 1979-2001).*

À DROITE : *En 1890, Frederic E. Ives inventa un procédé de projection en couleurs qu'il baptisa « Kromogram ». Il exigeait trois clichés du sujet avec trois filtres différents pour la prise de l'image, mais aussi des filtres pour la projection. La nature morte* Oranges and Grapes with Crystal Decanter and Glass *(« Oranges et raisin avec carafe de cristal et verre ») date des environs de 1895.*

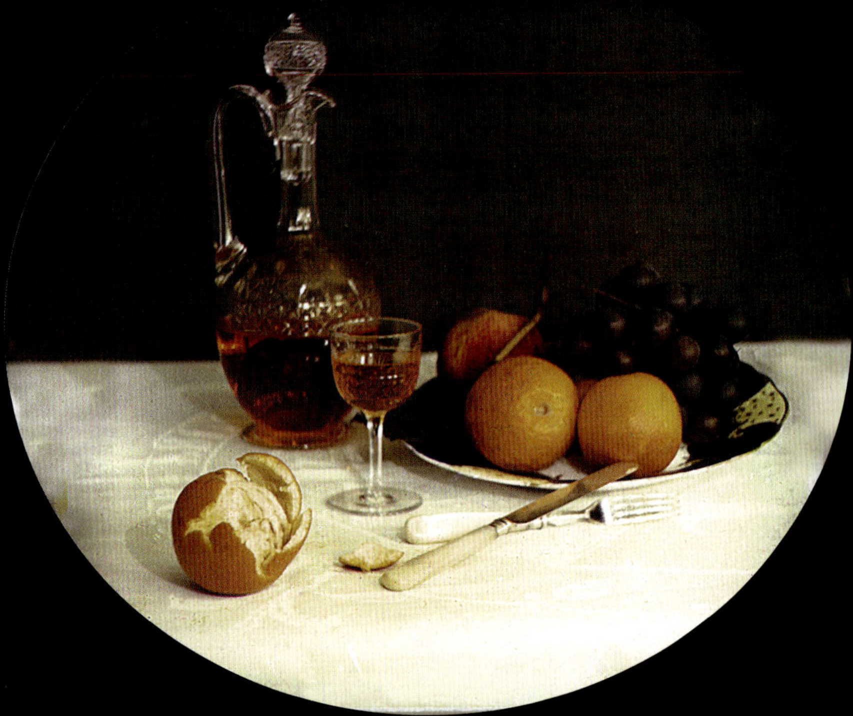

IDÉE Nº 46

# LA PROJECTION

La projection, le fait de montrer des images sur un écran, joua un rôle déterminant dans l'invention de la photographie couleur. Pendant presque deux siècles, elle permit de diffuser des clichés artistiques, documentaires ou pédagogiques.

*En 1925, le magazine français pour la jeunesse* Le Petit Inventeur *célébrait les merveilles de l'image projetée.*

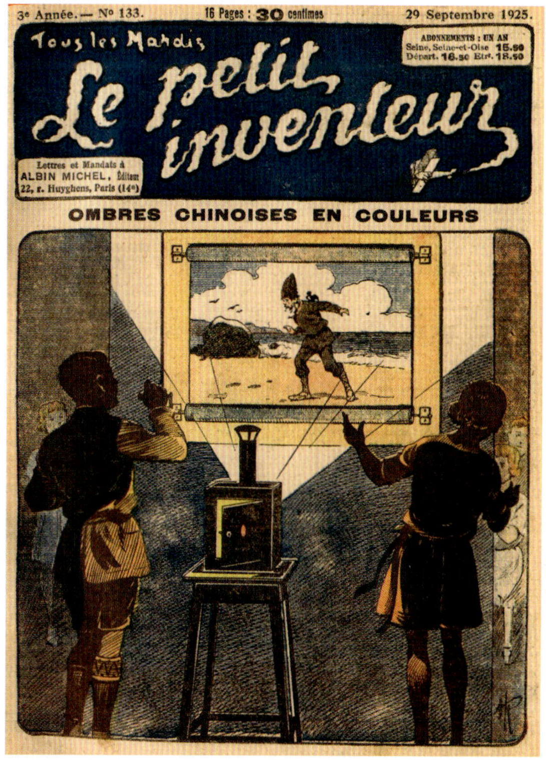


Les lanternes magiques existaient depuis longtemps quand on inventa la photographie qui doit d'ailleurs sa naissance à une forme de projecteur archaïque, puisque son prédécesseur immédiat, la **camera obscura**, projetait des images.

Dès qu'ils furent fixés sur des supports transparents, on projeta des clichés avec des lanternes magiques à côté des dessins et des peintures, lors de séances de divertissement ou d'éducation. En Allemagne, on créa des plaques d'histoire de l'art à projeter au début des années 1870 et, dès 1890, des sociétés produisaient des plaques éducatives pour les disciplines scientifiques, ou artistiques. La disponibilité des plaques et l'équipement en projecteurs donnèrent naissance dans les pays anglo-saxons à la pédagogie du *compare and contrast*, « compare et différencie ». On s'habitua à des images pédagogiques agrandies et saturées de lumière. Parfois, elles étaient plus frappantes que les objets qu'elles représentaient. Jusqu'à l'invention du cinéma, les images sur verre des lanternes magiques constituaient la première expérience d'une réalité virtuelle.

Au début du XXe siècle, Alfred Stieglitz proposa sans grand résultat d'utiliser les plaques de lanterne magique comme support artistique. Après la Seconde Guerre mondiale, quand les diapositives 35 mm montées sur carton s'imposèrent comme forme artistique populaire, les familles se créèrent un deuxième fonds d'archives en plus de l'album photographique. Le procédé connut de plus un grand succès comme médium contestataire dans les années 1960, ce qui n'était pas sans rapport avec les générations d'étudiants qui avaient appris l'histoire de l'art dans une salle obscurcie, devant un écran étincelant. Le côté très ordinaire de la diapositive, associé à l'école, aux souvenirs de voyages à Disneyland, finit par intéresser les artistes qui appréciaient ses couleurs vives et sa luminosité. Les chargeurs de quatre-vingts diapositives des projecteurs permettaient de changer l'ordre de clichés, de les « recycler », au sens propre. Ainsi, Robert Smithson transforma la diapositive en art et les photographes conceptuels (voir **photoconceptualisme**) s'intéressèrent à l'aspect éphémère de la projection. Le diaporama artistique le plus célèbre est sans doute la *Ballad of Sexual Dependency* (« Ballade de la dépendance sexuelle ») de Nan Goldin, projeté pour la première fois en 1979 et retravaillé au fil des années, qui présentait un récit autobiographique sur la vie à New York, sans éviter les scènes sexuelles ou le sujet de la drogue.

On ne fabrique plus de pellicule pour les diapositives et il est devenu difficile de dénicher un projecteur. Cependant, elles existent toujours, adaptées aux écrans d'ordinateur. Avec un appareil numérique et un ordinateur, on poste ses photographies de voyage sur des sites consacrés aux images d'amateurs. Les créateurs et les historiens de l'art utilisent le logiciel PowerPoint et projettent leurs diaporamas sur des écrans étincelants. Les diapositives de PowerPoint sont même devenues un médium artistique : en 2008, David Bowie utilisa la souplesse de ses successions d'images pour rythmer sa musique. ■

IDÉE Nº 47

# LUMIÈRE ARTIFICIELLE

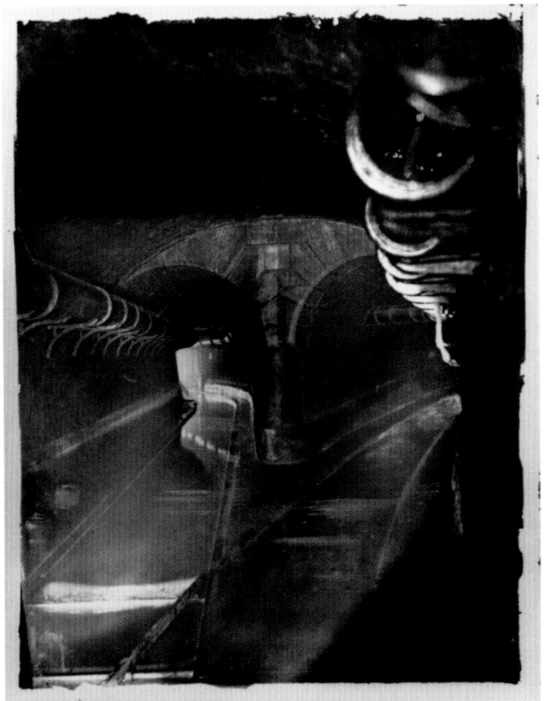

CI-DESSUS : *Nadar utilisa des lampes à arc fonctionnant avec des piles pour créer des clichés des* Égouts de Paris *(1864-1865), qui semblent provenir d'un univers parallèle.*

CI-DESSOUS : *Masatoshi Naitô a exploré les possibilités offertes par le flash pendant des années : cette amusante* Grandma Explosion *(« Grand-mère explose ») date de 1970.*

« Photographier » signifie « écrire avec la lumière » : sans lumière, il n'y aurait pas d'écriture possible. Aussi la photographie apprit-elle rapidement à s'affranchir des contraintes de la lumière naturelle, pour éclairer ses modèles, mais aussi pour créer des effets expressifs que celle-ci n'aurait pas permis.

Il faut imaginer, pendant les premières années du procédé, l'aspirant photographe fouillant le boudoir et les placards pour s'emparer de tous les miroirs et plats métalliques, les confiant à un assistant afin qu'il dirige les rayons du jour sur un modèle qui s'impatiente. Les studios vitrés sous les toits, quoique inconfortablement chauds à la belle saison, représentèrent un progrès en la matière.

La nécessité de l'éclairage artificiel s'imposa peu de temps après l'invention de la photographie pour varier les sujets et la pratique. Les scènes de théâtre fournissaient un modèle exploitable, et l'on employa de temps à autre des éclairages de scène, en particulier pour les clichés pris dans des mines ou des souterrains. Nadar fut le premier à expérimenter l'utilisation de lampes électriques à piles : il prit au début des années 1860 des images des tout nouveaux égouts de Paris. Victor Hugo, dans *Les Misérables*, avait présenté les égouts comme les intestins de la ville. En y apportant un éclairage artificiel, Nadar insistait sur l'exploit technique qu'ils représentaient.

Quand le temps d'exposition des pellicules diminua, on adapta à la photographie la poudre de magnésium déjà utilisée pour les feux d'artifice. Elle donnait un éclair intense de lumière très blanche, mais se révéla dangereuse et brutale. Quand Jacob Riis et ses compagnons explorèrent les intérieurs des quartiers miséreux de New York à la fin du XIXᵉ siècle, le photographe allumait du magnésium dans une poêle à frire ou utilisait des cartouches de la même substance ; surprenant les résidents, les réveillant en sursaut, il obtenait des images de visages étonnés.

Quand on parvint à enfermer un fil de magnésium dans une ampoule de verre étanche contenant juste assez d'oxygène pour un bref éclair, on se débarrassa des émanations nocives et de la fumée des premiers flashs. Synchronisées avec l'obturateur, les lampes flash dominèrent le XXᵉ siècle. Les ampoules de flash de la société Sashalite, ainsi baptisée en hommage au photographe des stars Sasha (de son vrai nom Alexander Stewart) qui contribua à leur invention, brûlaient de l'aluminium plutôt que du magnésium. Elles s'adaptaient aux boîtiers de flash ; il suffisait d'appuyer sur un bouton pour déclencher un éclair, allumé par la batterie. Le stroboscope qui produisait une série d'éclairs fut inventé par Harold Edgerton à des fins scientifiques ; il connut des applications militaires pendant la Seconde Guerre mondiale et reste toujours en usage (voir p. 104). Aujourd'hui, les appareils numériques permettent de synchroniser l'exposition avec les éclats très brefs d'un stroboscope. ■

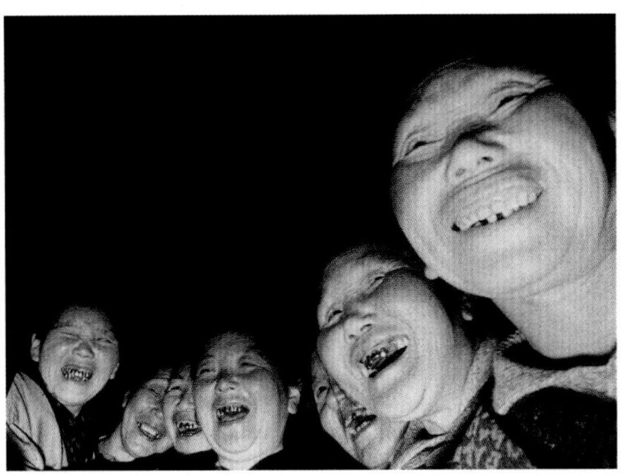

“En prenant les gens par surprise, la lumière artificielle contribuait à donner une impression d’authenticité.”

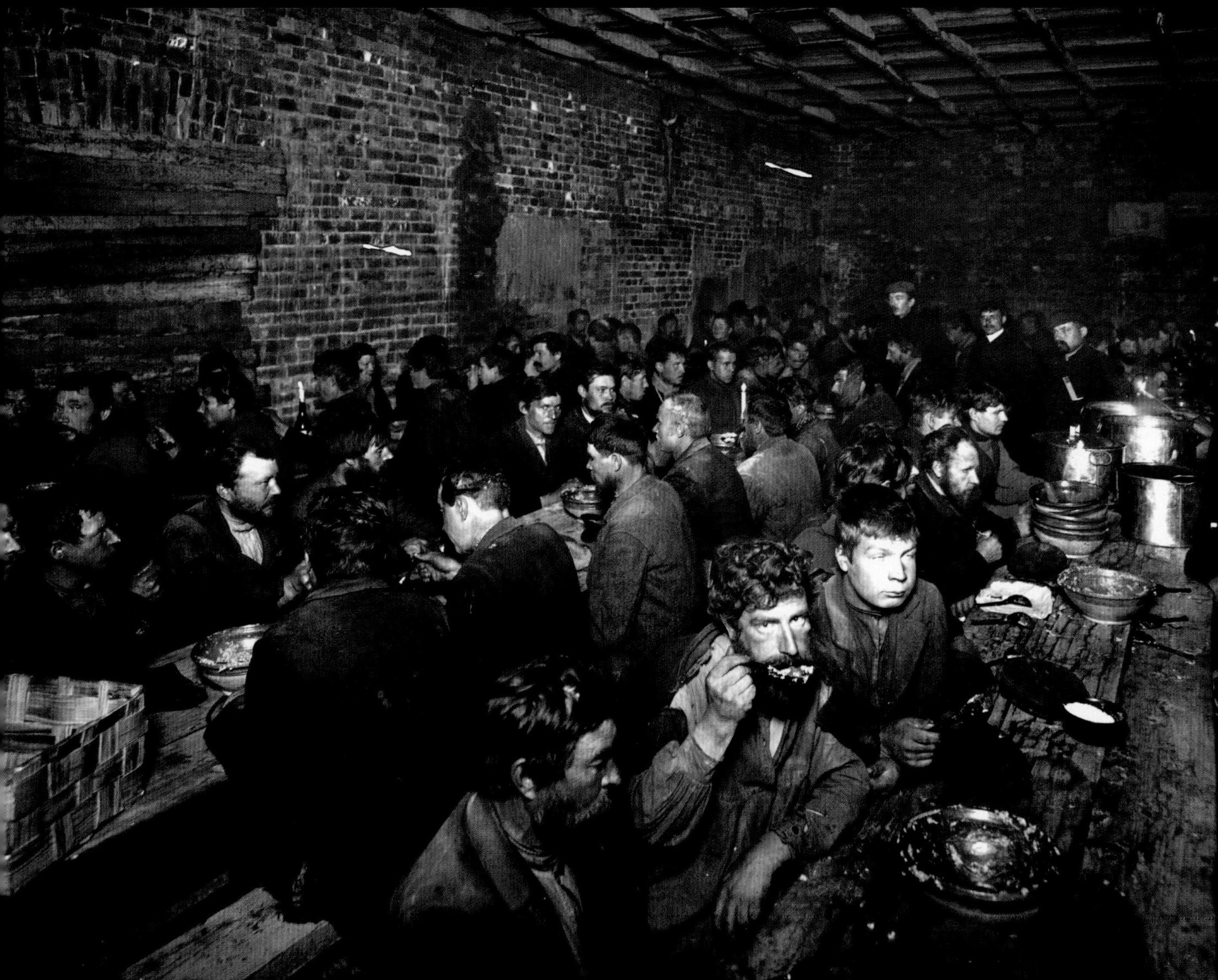

*Quand Karl Bulla, créateur de l’atelier Bulla et fils, photographia cette* Cantine de bienfaisance à Saint-Pétersbourg *en 1910, la lumière de son flash illumina certaines zones de la pièce mais créa également des pans d’ombre indéchiffrables.*

“Au cours du XIXe siècle, le flou cessa d’être un défaut pour devenir un choix volontaire.”

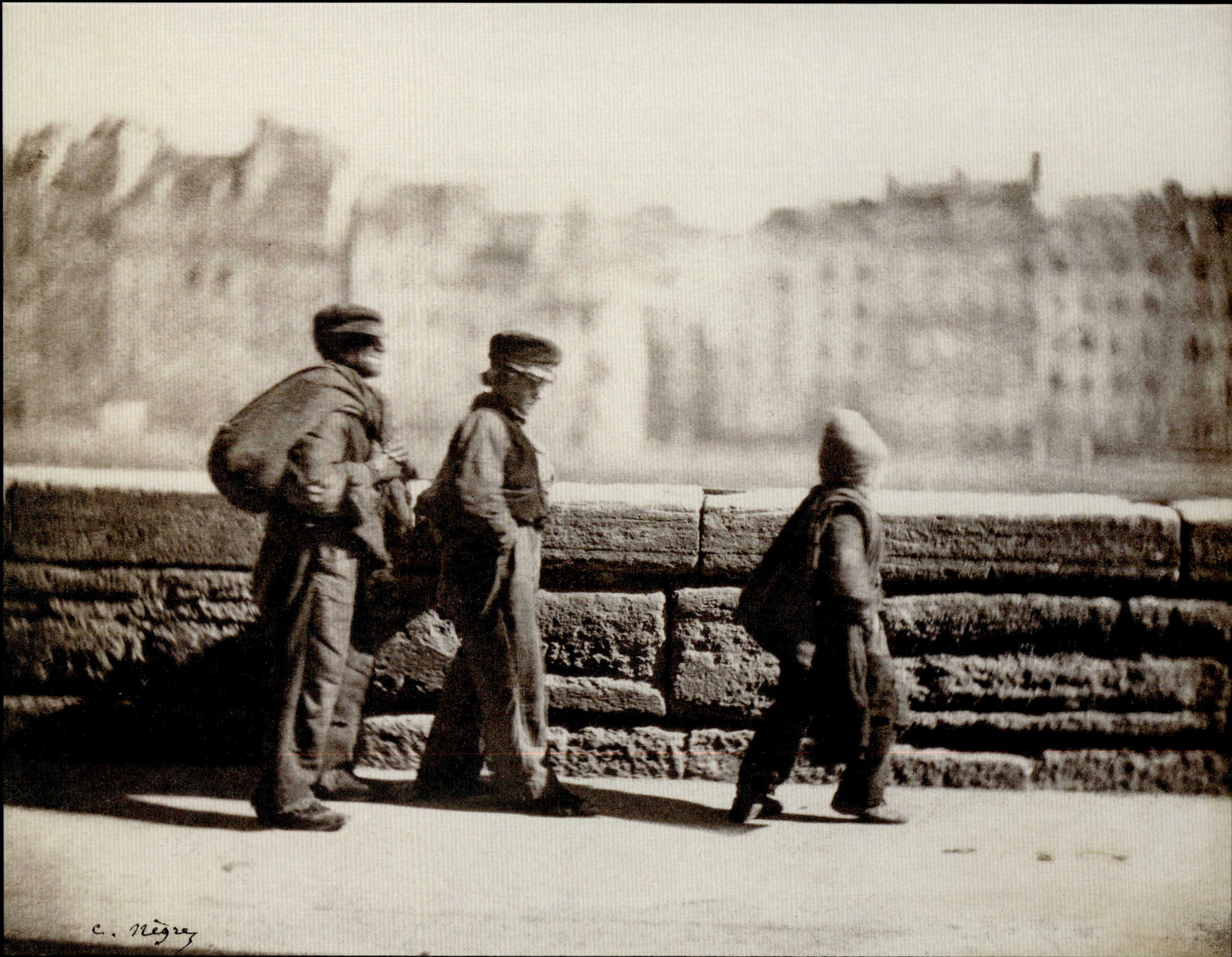

IDÉE N° 48

# LA MISE AU POINT

«Mettre au point» est sans aucun doute l'expression la plus importante du lexique de la photographie. Le point dynamise, explicite, cadre, exclut et souligne. La mise au point «juste» n'existe pas, puisqu'elle suppose toujours une interprétation de l'image. Ainsi, à partir du moment où la technique permit une mise au point plus fiable, le flou devint un parti pris esthétique.

Les premiers photographes n'avaient pas le choix : la netteté du point était restreinte par l'imperfection des lentilles et par leur fixité, mais aussi par la faible mobilité de la coulisse à l'intérieur du boîtier des premiers appareils. Quand Charles Nègre créa son image de ramoneurs en 1851, il dut retoucher le négatif pour brouiller l'arrière-plan qui risquait de détourner le regard du sujet principal, au premier plan. Avec le temps, les lentilles s'améliorèrent : elles projetaient la lumière sur l'ensemble de la surface sensible et pas seulement en son centre. De plus, on ajouta un anneau de réglage qui déplaçait la lentille. Si Nègre avait bénéficié de ces améliorations, il lui aurait suffi de faire le point sur les ramoneurs en laissant l'arrière-plan hors de la zone de netteté.

Pendant les années 1860, l'Anglaise Julia Margaret Cameron défia les conventions en choisissant pour ses portraits de personnages religieux, historiques ou littéraires la mise au point qui convenait à son œil, un savant dosage de flou et de netteté (voir p. 56). Même s'il lui valut des critiques de ses contemporains qui doutaient de sa compétence technique, Cameron fit de ce point légèrement flou la caractéristique première de son style. Nombre de ses modèles l'appréciaient et le trouvaient mieux à même de refléter leur personnalité. Au cours du XIX^e siècle, le flou cessa d'être un défaut pour devenir un choix volontaire. William Newton, peintre et photographe anglais, proposa de différencier la photographie «chimique» dont le but était la reproduction des détails, et la photographie artistique, expressive, qui ne se pliait pas à la netteté. Le Français Gustave Le Gray proposa la théorie des «sacrifices» : le photographe devait, comme le peintre, accentuer certaines zones et en laisser d'autres plus vagues. L'Anglais Peter Henry Emerson voulait que la photographie reflétât ce que voyait l'œil, avec au centre un espace net et un décor environnant plus flou, pour imiter la vision périphérique.

Quand le progrès technique permit de choisir précisément le point, il rendit possibles les interactions entre le sujet principal et l'**arrière-plan**. Aujourd'hui, le point est devenu une technique d'expression. Ainsi, l'Allemande Uta Barth joue de la mise au point pour refléter la manière dont les pièces d'une maison sont des contenants de leur propre lumière. Malgré la richesse de détails que permet le numérique, ou peut-être à cause d'elle, le flou reste une technique d'expression visuelle extrêmement efficace pour agir sur la perception ou pour renvoyer à l'histoire du médium. ■

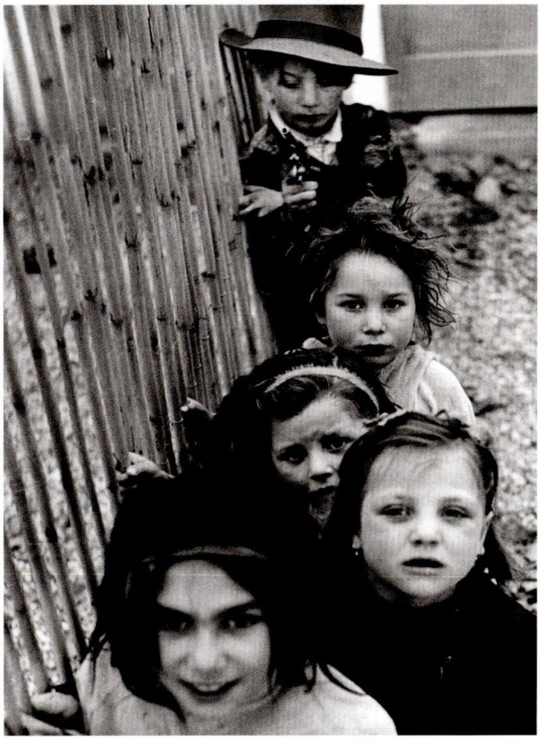

EN HAUT : *Dans* Ground#42 *(«Territoire n° 42»), Uta Barth utilise un point qui fond les contours pour souligner qu'une pièce est un réceptacle à lumière.*

CI-DESSUS : *Aujourd'hui, le point est une technique d'expression. Ce cliché romain de Mario Giacomelli pris en 1957 décline tous les niveaux de netteté, du moins net au plus précis, puis revient au flou.*

# *Analyser le mouvement et révolutionner l'art*

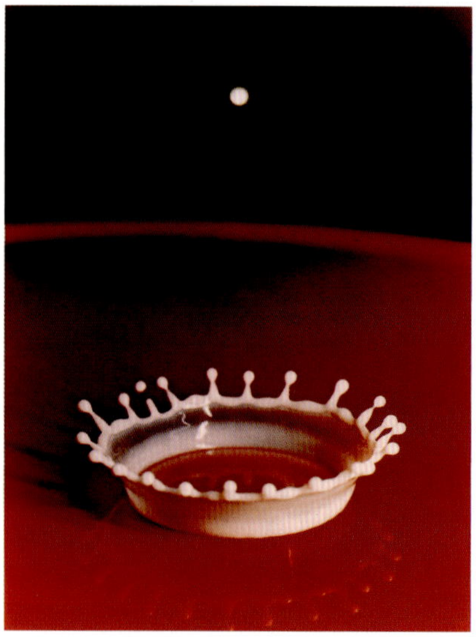

*L'image* Milk Drop Coronet *(« Couronne de la goutte de lait », 1957) fut réalisée par Harold Edgerton grâce un éclairage stroboscopique assez rapide pour saisir cet instant fugace.*

IDÉE N° 49

## FIGER LE TEMPS

Dans les années 1870, la science et la photographie unirent leurs forces afin de créer des dispositifs photographiques assez rapides pour immobiliser un instant le flux des actions. Mais quand on réussit à figer le temps, l'image obtenue ne correspondait pas à la vision humaine, et elle opposa scientifiques et artistes.

En France, Étienne-Jules Marey imagina de placer un disque tournant percé de fentes dans un appareil photographique : le mouvement régulier d'un marcheur qui passait devant l'appareil se trouvait découpé en petites images fixes qui détaillaient la locomotion humaine. Marey s'était inspiré pour cela des expériences réalisées en Californie par Eadweard Muybridge. Ce dernier, que l'on avait mis au défi de montrer comment les chevaux se déplaçaient, inventa un système d'appareils successifs dont les obturateurs étaient déclenchés par le passage des sabots de l'animal. Les images réalisées par Muybridge ne correspondaient guère à la manière dont on s'était figuré le galop, puisqu'on y voyait les quatre pattes de l'animal décoller du sol. Jointes à ses études ultérieures sur la locomotion animale et humaine, elles lui valurent une célébrité internationale au sein de la communauté scientifique (voir p. 46). Les expériences de Muybridge passionnèrent le peintre réaliste américain Thomas Eakins au point qu'il l'invita à l'université de Pennsylvanie où ils travaillèrent ensemble à photographier le mouvement.

Ces chronophotographies, qui décomposaient le mouvement en succession d'images fixes, bouleversèrent le monde de l'art, où les représentations du mouvement animal et humain étaient héritées des conventions de l'Antiquité et de la Renaissance. Par comparaison avec ces modèles, les mouvements présentés par la chronophotographie manquaient de grâce et d'équilibre. Les artistes se divisèrent aussitôt en deux catégories : ceux qui voulaient prendre en compte cette nouvelle vision du mouvement et ceux qui refusaient cette intrusion supplémentaire de la machine dans le monde de la beauté intemporelle. Le langage visuel de la chronophotographie suscita des expérimentations avant-gardistes et inspira des courants tels que le futurisme et le cubisme.

Le bouleversement apporté par la chronophotographie fut immense. L'amélioration des techniques pour figer le temps suggéra des procédures et des expériences scientifiques qui firent de la photographie un moyen de prouver l'existence de phénomènes relevant de l'hydrodynamique, de la balistique ou de la mécanique théorique. Les images qui en résultaient, publiées dans des revues scientifiques et insérées dans des articles mathématiques et scientifiques de haut niveau, échappèrent davantage au grand public que les premières avancées de la photographie du mouvement.

Harold Edgerton, qui mit au point l'éclairage stroboscopique, s'intéressa à cette discipline dans les années 1930. Sa célèbre *Milk Drop Coronet* (« Couronne de la goutte de lait ») et d'autres clichés tirés d'expériences furent largement diffusés, avec l'aide de l'ingénieur et photographe Gjon Mili, qui publiait parfois des images scientifiques dans le magazine *Life*. Avec des livres et des films abordables, Edgerton ressuscita la vulgarisation scientifique populaire, distrayante, qui perdure aujourd'hui. Même si son explication scientifique échappe à la plupart des lecteurs, l'image elle-même correspond à une sorte de partage démocratique de la connaissance qui est une composante du médium depuis ses débuts. ■

*Le peintre américain Thomas Eakins s'est passionné pour la photographie qui figeait le temps :* Motion Study: Male Nude Leaping *(« Étude de mouvement : nu masculin sautant ») date de 1885.*

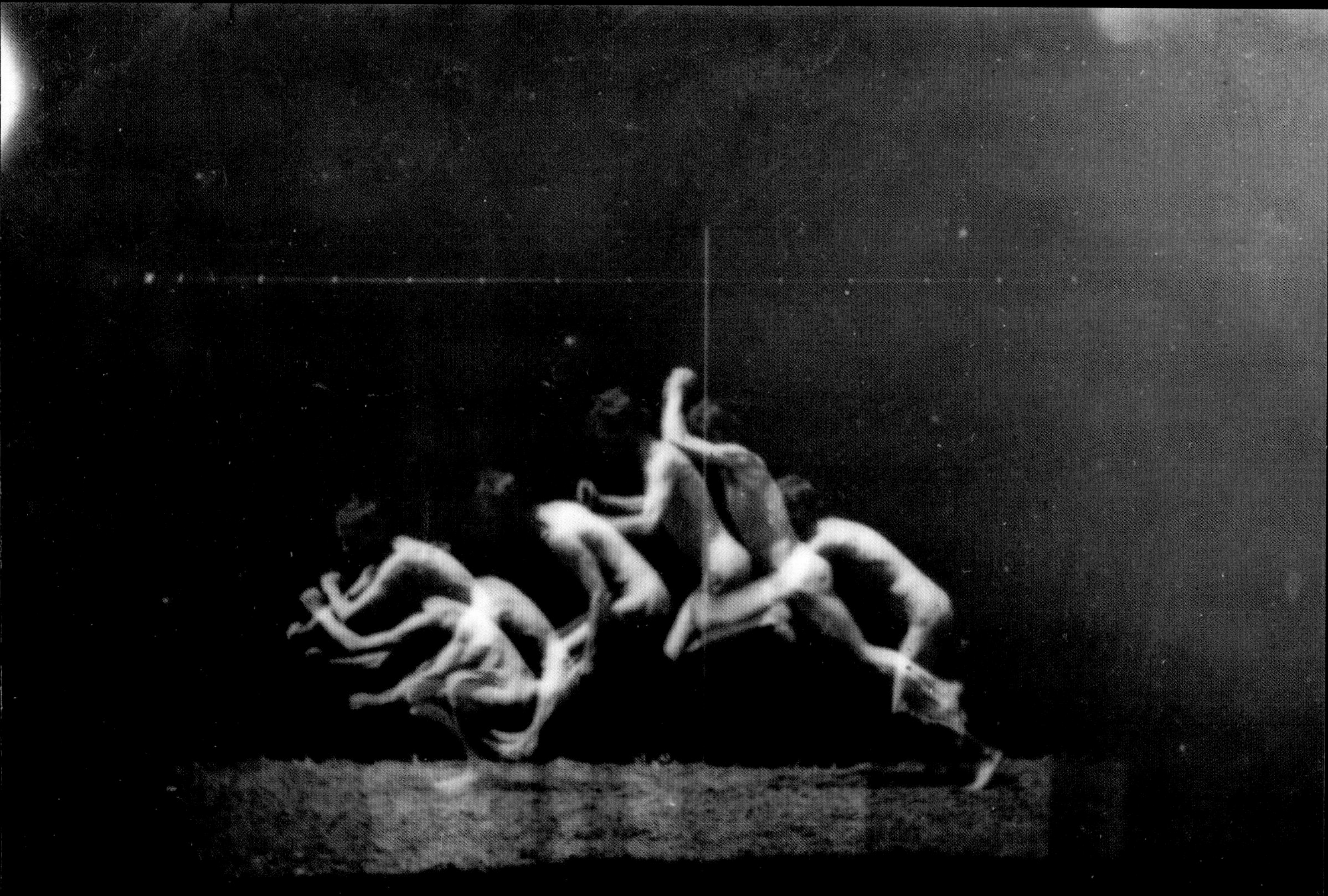

*Une révolution en pointillés*

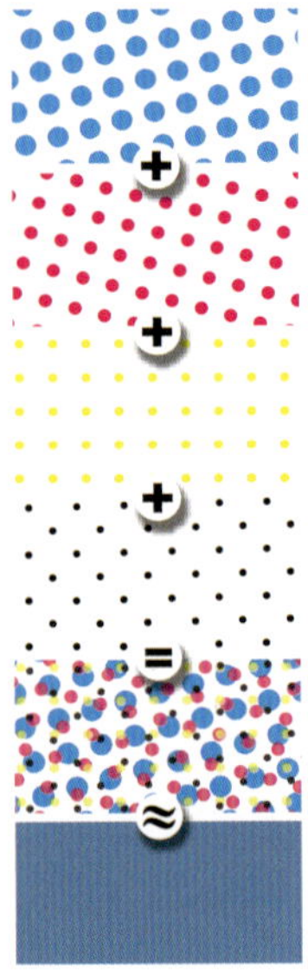

*La similigravure peut également reproduire des images en couleurs. Ici, des points cyan, jaunes, magenta et noirs de différentes tailles sont combinés pour créer une nuance particulière de bleu.*

IDÉE N° 50

# LA SIMILIGRAVURE

La similigravure, procédé de reproduction qui repose sur l'utilisation de petits points de tailles et d'éloignements variés, fut la première technique fiable pour rendre les nuances de gris d'une photographie en l'imprimant en même temps que du texte. Son impact sur les journaux et les magazines fut véritablement révolutionnaire.

Avant la mise au point de la similigravure, l'impression d'une photographie demandait plusieurs opérations manuelles. Ainsi, pendant la guerre de Sécession américaine, un graveur redessinait le cliché sur une plaque de bois puis évidait la plaque à la gouge. L'image obtenue était linéaire et dépourvue des jeux d'ombre que permettait la photographie.

Pour imprimer les photos et le texte simultanément, on développa la similigravure : une trame de points minuscules était disposée de telle manière qu'elle donnât l'illusion de reproduire les ombres et les lumières d'une photographie. Dès le milieu des années 1890, les presses rapides qui imprimaient des milliers de journaux pouvaient incorporer des images en similigravure. Cette dernière permit la publication de magazines saturés d'images et modifia la manière dont l'individu moyen percevait le monde. Comme le cinéma, la photographie imprimée contribua à l'émergence d'une nouvelle culture visuelle, qui s'affirma encore davantage lorsque apparurent la télévision, puis les images numériques.

La similigravure permettait d'imprimer les images à la même vitesse que le texte ; on put donner chaque jour plusieurs éditions des journaux accompagnées de photos, pour épouser de plus près l'actualité. Grâce à cette technique, la presse remplaça son stock de gravures réutilisables d'hommes politiques, de bâtiments, de ponts, etc. par des images prises *in situ*. Les hebdomadaires illustrés se convertirent au nouveau procédé et de nouveaux journaux, à un format plus réduit, les **tabloïds**, apparurent et tirèrent profit de cette rapidité. Comme les demi-teintes de la similigravure se distinguaient mieux sur un fond blanc, on renonça aux papiers grisâtres des journaux du XIX<sup>e</sup> siècle pour préférer le papier blanchi au chlore.

L'augmentation de la demande pour des sujets de plus en plus divers multiplia le nombre des photographes de presse, et imposa la création de postes d'iconographes pour gérer les équipes. Puisqu'on avait sans cesse besoin de davantage d'images, il fallut les classer par ordre chronologique, dans un souci de clarté et d'exhaustivité, et l'on aboutit à un **récit** photographique, qui laisse aux images le soin de raconter une histoire.

Les images de catastrophes représentaient une manne non seulement pour les tabloïds, mais pour la presse en général, en décuplant les ventes au point de rendre parfois un nouveau tirage nécessaire. Quand il s'agit d'accidents ferroviaires, de tremblements de terre ou d'incendies, la puissance du témoignage iconographique réduit parfois le texte au statut de simple légende. Comme le remarqua un rédacteur en chef du magazine *Collier's* : « Aujourd'hui, c'est le photographe qui écrit l'histoire. » ■

# "Dès le milieu des années 1890, les presses rapides [...] pouvaient incorporer des images en similigravure."

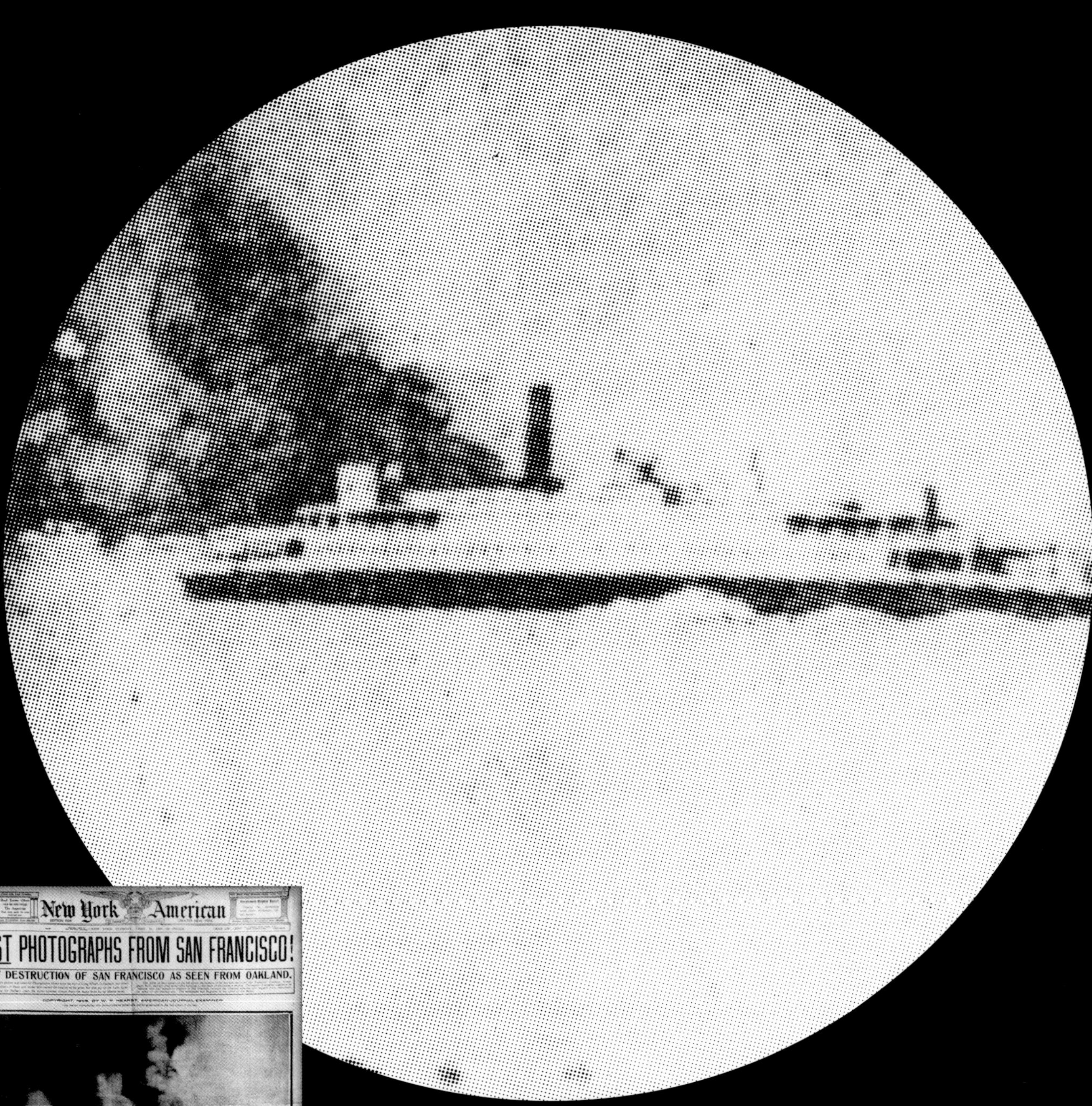

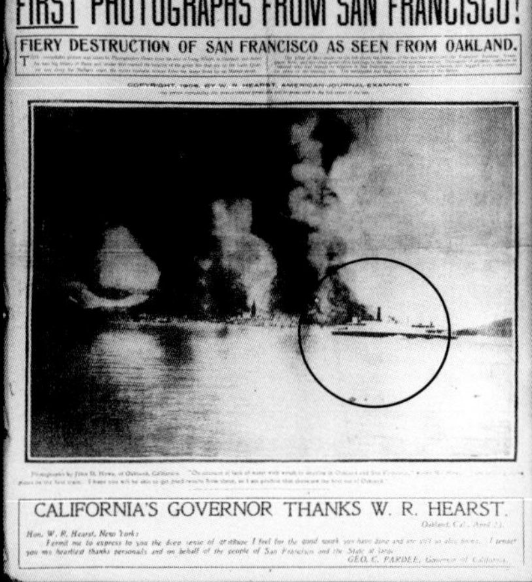

New York American

# FIRST PHOTOGRAPHS FROM SAN FRANCISCO!

## FIERY DESTRUCTION OF SAN FRANCISCO AS SEEN FROM OAKLAND.

COPYRIGHT, 1906, BY W. R. HEARST, AMERICAN-JOURNAL-EXAMINER.

## CALIFORNIA'S GOVERNOR THANKS W. R. HEARST.

Oakland, Cal., April 21.

Hon. W. R. Hearst, New York:

Permit me to express to you the deep sense of gratitude I feel for the good work you have done and are still so ably doing. I tender you my heartiest thanks personally and on behalf of the people of San Francisco and the State at large.

GEO. C. PARDEE, Governor of California.

*Le procédé en demi-teinte de la similigravure traduisait les nuances de gris de la photographie en trames de points de tailles et d'espacements variés. À distance, l'œil transforme les nuages de points en gris d'intensité variée.*

"Le succès des petits appareils photo reposait sur l'invention du rouleau de pellicule."

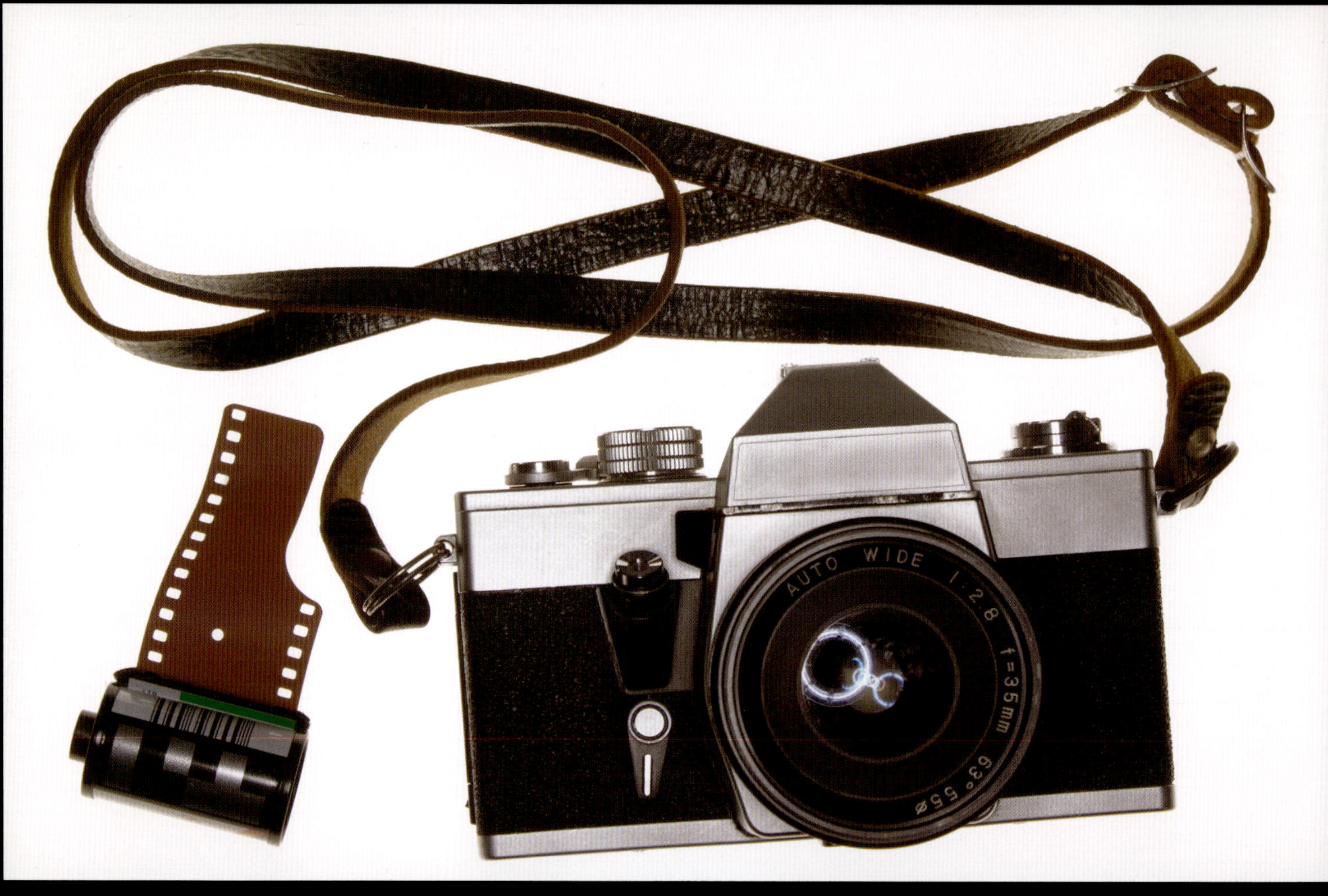


*Quand on réussit à enfermer la pellicule dans un cylindre métallique qui la protégeait de la lumière, cette solution s'imposa auprès du grand public et des professionnels.*

# *Une vitesse démultipliée*

IDÉE N° 51

## LE ROULEAU DE PELLICULE

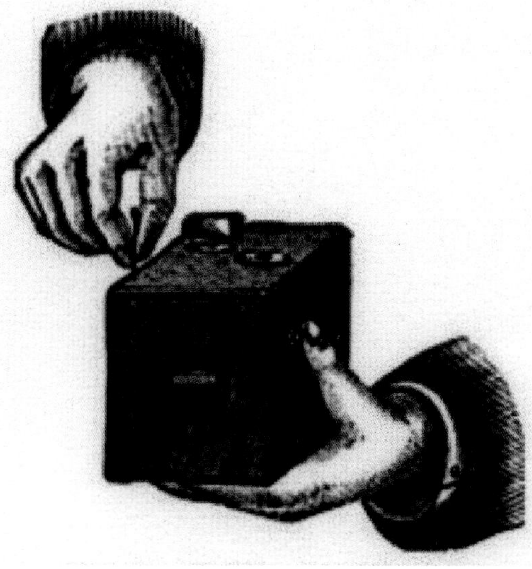

*Le premier appareil Kodak, lancé en 1888, fonctionnait avec un rouleau de pellicule qui permettait cent poses. Sur ce croquis explicatif, l'utilisateur tire une languette qui ouvre l'obturateur.*

Enroulé autour de sa bobine, le rouleau de pellicule est le héros oublié de l'épopée du photojournalisme. Coïncidant avec l'apparition des petits appareils, il permit de photographier rapidement et discrètement des scènes que la présence d'un appareil plus ancien aurait bouleversées.

La réalisation de bobines de pellicule se heurtait à une double difficulté : la nature de la pellicule elle-même, et la nécessité de la faire passer derrière la lentille. Il fallut donc fabriquer un matériau sensible doté d'assez d'élasticité pour être enroulé sur lui-même, un exploit d'abord réalisé sur du papier par Kodak, avec ses premiers appareils grand public. Le papier fut bientôt remplacé par un rouleau de celluloïd transparent qui pouvait être développé plus rapidement en laboratoire. On ajouta aussi une doublure en papier à la pellicule qui permettait de charger le film en pleine lumière, atout majeur pour la photographie en extérieur et pour les amateurs qui ne bénéficiaient pas d'une chambre noire.

À la fin du XIXe siècle, au moment où l'on conçut la pellicule en rouleau de papier, on développa aussi une pellicule transparente pour le cinéma. Ces deux inventions se nourrirent certainement l'une l'autre, d'autant plus que certains photographes se mirent au cinéma et que les mêmes détaillants vendaient les deux produits. Il semblerait d'ailleurs que plusieurs inventeurs aient imaginé en même temps d'adapter la pellicule cinématographique transparente à la photographie. Le film de cinéma était percé de perforations sur les côtés qui permettaient de l'entraîner, à la fois dans la caméra et dans le projecteur. Ces perforations s'imposèrent car elles proposaient un moyen fiable et facile de faire avancer la pellicule. Celle que l'on fabriquait pour le cinéma présentait cependant un inconvénient majeur : elle n'était pas livrée en cartouches, mais devait être enroulée à la main sur des rouleaux dans une chambre noire. Il fallut attendre 1934 pour pouvoir acheter de la pellicule 35 mm dans une cartouche.

Si les gros appareils continuaient à fonctionner avec des feuilles de pellicule, ceux qui étaient plus légers et plus petits, comme le Leica ou le Kodak Retina, utilisaient des rouleaux. Les photographes s'en trouvèrent allégés, puisqu'ils n'avaient plus à charrier avec eux de pesantes boîtes de fragiles plaques de verre. De plus, les rouleaux de pellicule pouvaient être développés dans un atelier professionnel ou amateur, ou envoyés à un laboratoire qui livrait le négatif et des tirages en formats variés. Les petits appareils, en particulier le reflex mono-objectif (*SLR* en anglais), bénéficièrent de cette innovation.

Les fabricants de bobines de pellicule décidaient du nombre de poses qu'elles offraient au consommateur. Le premier appareil Brownie, créé en 1900 (voir **appareils pour enfants**), n'en proposait que six. À l'autre extrémité du spectre, le Tourist Multiple de 1913 fonctionnait avec une pellicule de type cinéma de quinze mètres qui permettait de prendre sept cent cinquante images. Vendu comme un appareil adapté à de longs voyages, il sortit juste avant que la Première Guerre mondiale ne ralentisse le tourisme.

Si le nombre de poses possibles variait d'un appareil à l'autre, les professionnels préféraient les pellicules plus courtes, qui supposaient des boîtiers moins encombrants, d'autant plus qu'ils possédaient en général un deuxième ou un troisième appareil pour doubler leurs clichés par sécurité. Inséparable du petit appareil photo, le rouleau de pellicule étendit considérablement la gamme de possibilités, en particulier pour le photojournalisme, en donnant accès à des événements et à des lieux qu'il aurait été auparavant impossible de photographier discrètement. ■

IDÉE N° 52

# SÉQUENCES

**La rencontre entre la photographie et la presse illustrée aboutit à des séquences d'images. La décomposition d'une action en une succession d'images devint un aspect important de la création photographique, tant au moment de la prise des clichés qu'à celui de leur organisation ultérieure.**

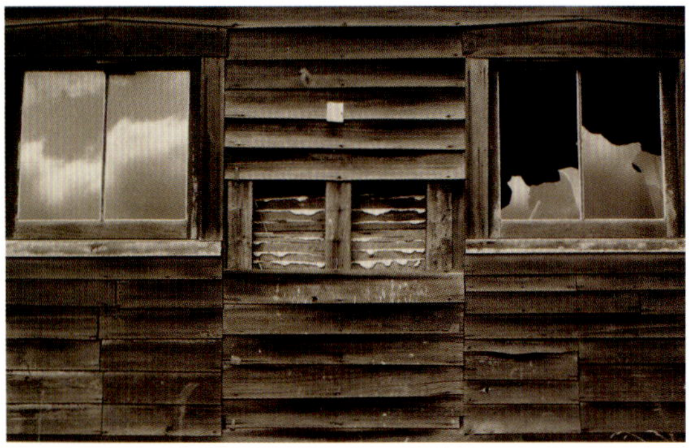

CI-DESSUS : The Three Thirds *(« Trois tiers », 1957) de Minor White pose un problème que certains comprennent comme une addition et d'autre comme une division.*

CI-DESSOUS : Refractive Hexagon *(« Réfraction hexagonale », 1965) de Robert Heinecken est composé de vingt-quatre photographies mobiles montées sur bois. L'image n'est jamais définitive.*

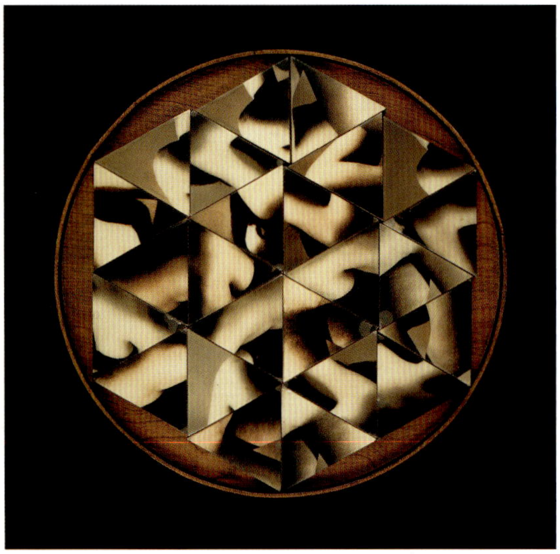

Dix ans à peine après ses débuts, l'image photographique se voyait contrainte à se multiplier. L'obligation de fournir plusieurs clichés au lieu d'un seul compliquait la tâche des professionnels, puisqu'il fallait penser le résultat comme une série de variations sur un sujet, non comme une simple image. Pendant la guerre de Sécession, les photographes américains prirent autant d'images qu'ils le purent, dans l'idée de les trier par la suite, hors du champ de bataille. L'habitude de prendre le plus de clichés possible se répandit, tout comme la nécessité de faire des choix sur une planche-contact, c'est-à-dire un tirage où plusieurs négatifs, parfois tout le rouleau de pellicule, apparaissent sous forme de miniatures. Avant que le numérique ne permette de vérifier la qualité des images instantanément, un professionnel en mission pour le *National Geographic* prenait facilement trois ou quatre cents rouleaux de trente-six poses pendant une expédition.

Les clichés destinés à figurer dans des magazines qui accordaient une place centrale à l'image, comme *Life* ou *Vu*, étaient accompagnés de légendes qui les libéraient de l'obligation de souligner les éléments correspondant à l'article. En revanche, les journaux préféraient des images simples et ils instituèrent des directives sur les séquences : la méthode supposait de prendre des images du lieu, du décor et de l'événement. Les gros plans servaient parfois à faire d'excellentes couvertures, mais ils étaient rarement utilisés dans les pages intérieures, parce que la continuité avec les autres images de l'action était difficile à établir. Le plan d'ensemble dominait.

Si l'ordre chronologique s'imposait, les images étaient parfois organisées pour correspondre au texte ou pour constituer des séquences narratives autonomes qui possédaient un sens à elles seules. Minor White, un Américain qui connaissait et admirait les *Équivalents* d'Alfred Stieglitz, créa sa propre métaphore photographique qu'il baptisa « Séquences ». « Avec une image unique, je ne suis qu'un observateur, écrivit White. Quand j'organise une série d'images, je deviens acteur et le plaisir est tout autre : la synthèse influe sur l'analyse. » Cette orientation vers les symboles reposait sur l'ordonnancement d'images isolées ou, comme dans son cliché *The Three Thirds* (« Trois tiers »), sur la création d'une séquence à l'intérieur d'un seul cadre. White ne cédait ni à la facilité de l'ordre chronologique, ni à celle de la progression narrative qui dominait dans la presse ; il voulait que l'observateur crée, à partir de propositions visuelles, sa synthèse personnelle. La liberté que White laissait au public, la possibilité de construire en toute autonomie son interprétation de la séquence, trouve des échos dans les galeries de photographie contemporaines où de grands tirages, apparemment sans rapport les uns avec les autres, sont exposés côte à côte ou projetés successivement sur un mur, sans texte pour dicter leur signification. ■

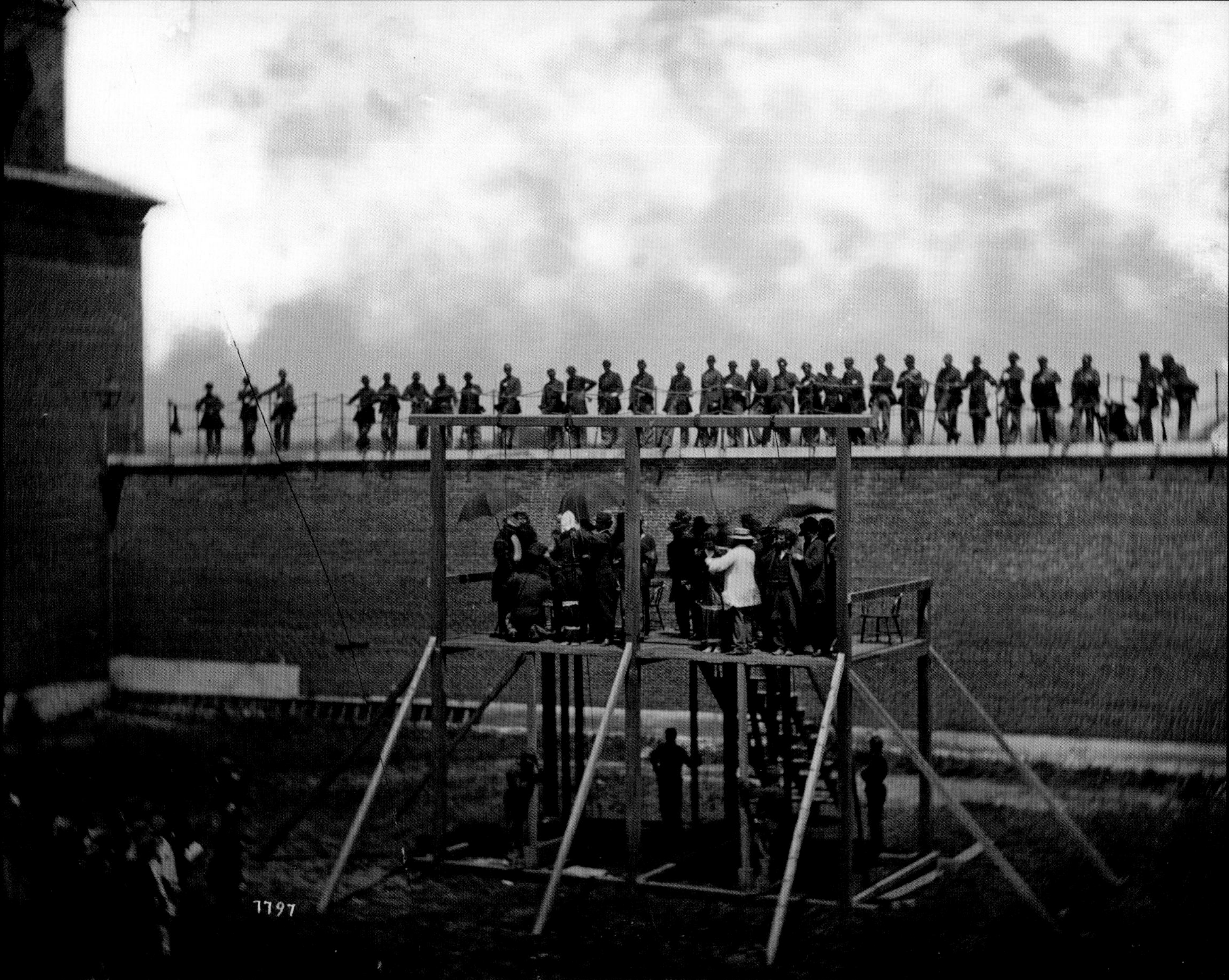


"La méthode supposait de prendre des images du lieu, du décor et de l'événement."

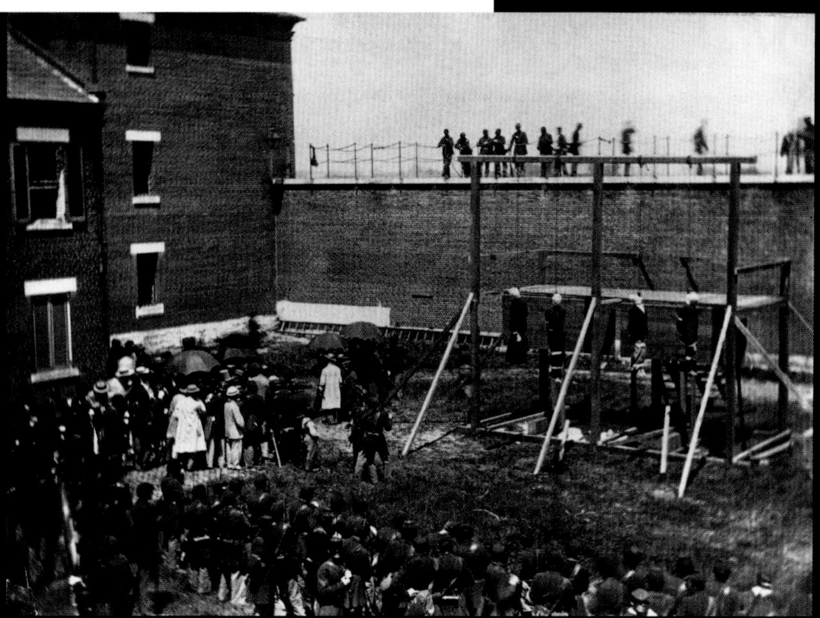

*Quand Alexander Gardner photographia en 1865* Execution of the Lincoln Conspirators *(« Exécution des conspirateurs contre Lincoln »), il réalisa des portraits des assassins en prison et une série d'images prises juste avant et juste après leur exécution.*

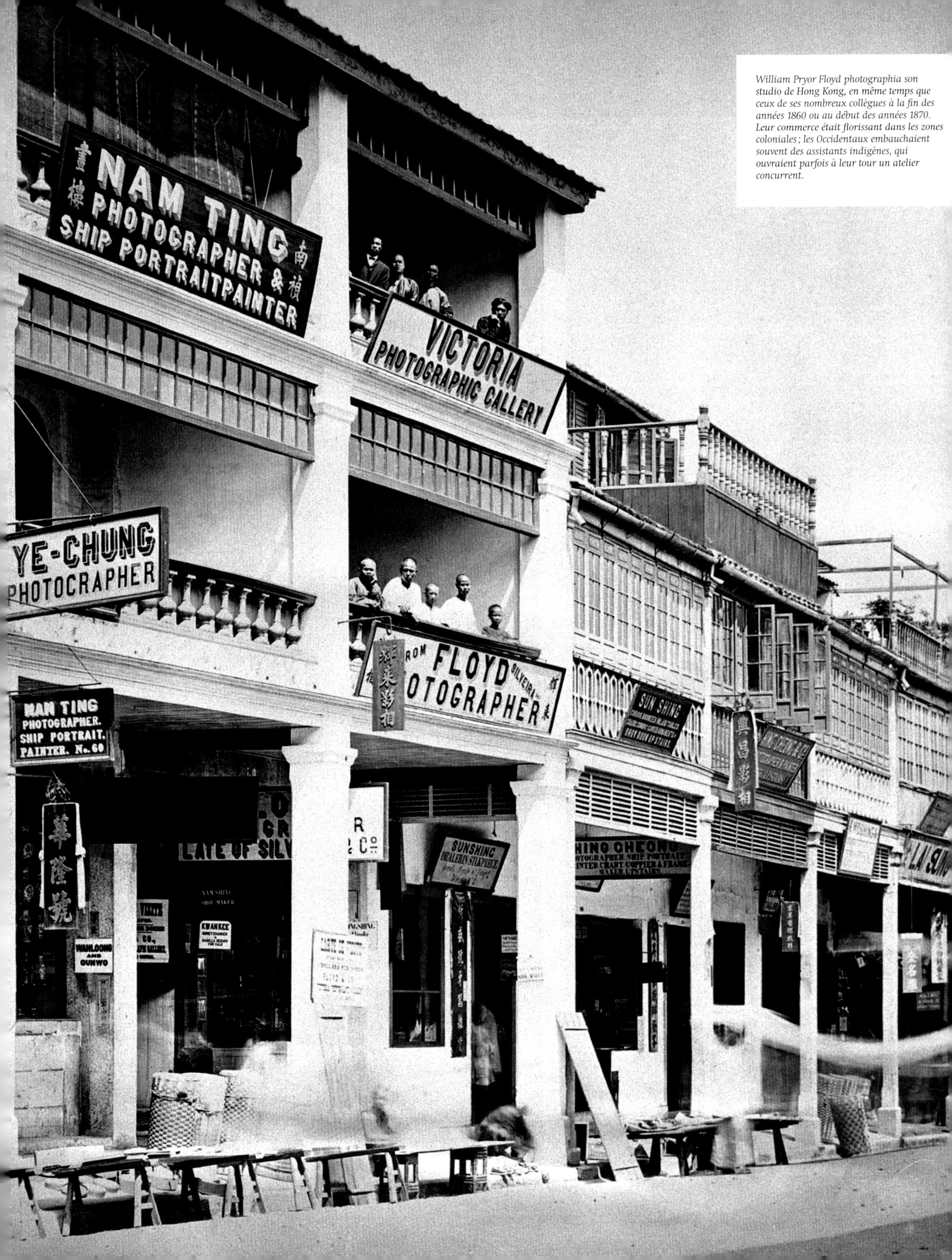


*William Pryor Floyd photographia son studio de Hong Kong, en même temps que ceux de ses nombreux collègues à la fin des années 1860 ou au début des années 1870. Leur commerce était florissant dans les zones coloniales ; les Occidentaux embauchaient souvent des assistants indigènes, qui ouvraient parfois à leur tour un atelier concurrent.*

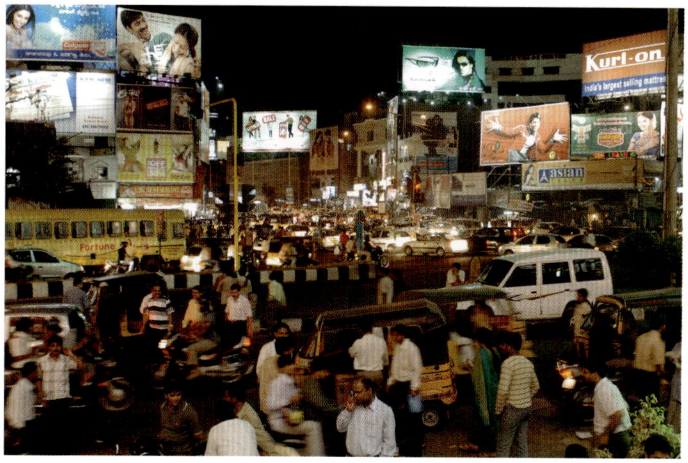


*Centre-ville la nuit, Hyderabad, Inde, 2006.*

IDÉE Nº 53

# L'USINE À IMAGES

En anglais, on appelait *image factory* l'endroit où l'on fabriquait le matériel destiné à la photographie, mais aussi celui où l'on reproduisait des clichés en grand nombre. Au XXe siècle, l'idée fut reprise comme métaphore de la prolifération des images et en particulier de la photographie.

Au XIXe siècle, les gens se méfiaient de la photographie au point qu'elle tarda à s'affirmer en tant qu'art à part entière. L'appareil photo qui paraissait déjà trop mécanique s'accompagnait d'usines qui vomissaient des images par milliers, tandis que d'autres fabriquaient du papier spécial, des révélateurs, des appareils et des lentilles. Au début, c'étaient des manufactures locales ou régionales, mais dès la fin du siècle de grandes sociétés telles qu'Anthony & Company, Eastman Kodak ou Agfa, non contentes de vendre des produits photographiques à une échelle internationale, se développèrent en intégrant les diverses étapes du procédé pour mieux contrôler les consommateurs et augmenter leurs bénéfices.

Ces sociétés avaient besoin de publicité pour faire connaître leurs produits et elles contribuèrent ainsi à la naissance de l'industrie publicitaire. Dès lors, on ne s'étonnera pas que la photographie ait été perçue comme une usine à images.

L'industrialisation reposait sur une standardisation des produits et des matériaux qui abaissait les coûts, et elle participa également à l'apparition des journaux illustrés. Profitant de ce courant, des **agences photographiques** et des sociétés d'archives d'images trouvèrent un moyen de rendre profitable et réutilisable la production des photographes. Les images devenaient plus accessibles, ce qui encouragea de nouvelles vocations.

L'accroissement du nombre d'images auquel les Occidentaux avaient accès était jugé favorablement par certains observateurs, mais en effrayait d'autres. Avant la Seconde Guerre mondiale, le philosophe et historien d'art allemand Walter Benjamin voyait dans cette abondance un outil révolutionnaire qui permettrait aux masses d'accéder virtuellement à des plaisirs et à des informations qui étaient auparavant réservés aux plus riches. Puisque la connaissance était le pouvoir, son passage dans les mains du prolétariat ne pouvait qu'affaiblir les classes dirigeantes. Après la guerre, une nouvelle interprétation du phénomène s'imposa. On accusa ce que l'on appelait « l'industrie de la culture » en incluant les publicités, les images des journaux, de véhiculer un kitsch uniformisé et condescendant destiné à distraire et à étourdir les consommateurs. Cette vision reprit une nouvelle vigueur dans les années 1970 avec le **tournant théorique** qui tira à boulets rouges sur la saturation d'images, encore amplifiée par l'apparition de la télévision. La critique développée dans les universités en réponse à l'omniprésence des images condamnait les archétypes visuels faciles de l'usine à images, qui se contentaient de reproduire les mêmes préjugés ethniques ou sexuels. On détourna également des photographies publicitaires pour se moquer de leur langage. À la fin du XXe siècle, le concept d'usine à images trouva une nouvelle actualité avec l'apparition du numérique sur ses diverses plateformes, téléphone, ordinateur. L'extraordinaire concept du *cloud*, vaste assortiment d'idées et d'images, reliées entre elles par des serveurs informatiques, s'il en effraye certains, renouvelle la promesse d'un accès démocratique aux trésors et aux arts pour le XXIe siècle (voir **art pour tous**). ■

IDÉE N° 54

# LA PHOTOGRAPHIE AÉRIENNE

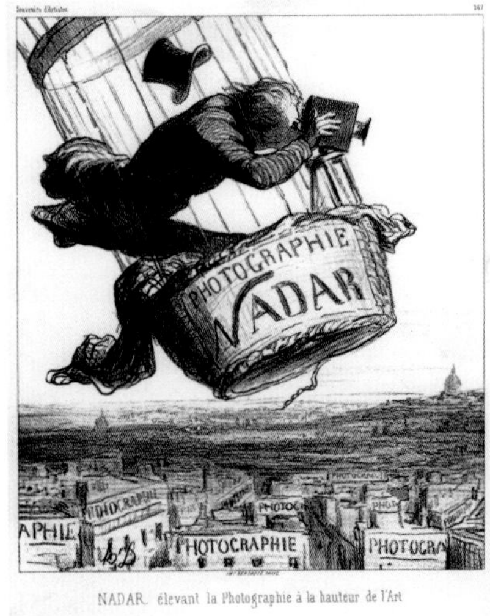


*En 1862, Honoré Daumier croqua* Nadar élevant la photographie à la hauteur de l'Art.

On imagina de montrer la Terre vue du ciel bien avant que la photographie aérienne ne fût possible. La perspective picturale à vol d'oiseau naquit au XVI^e^ siècle. La photographie, en s'inscrivant dans cette tradition préexistante, l'amplifia pour aboutir à un portrait de la planète.

La première photographie aérienne fut prise en 1858 par Nadar, à partir d'un ballon à air chaud qu'il pilotait. Quand ils étaient réussis, les clichés pris en ballon étaient spectaculaires ; ils laissaient présager un futur brillant pour le procédé, ainsi que des applications militaires et cartographiques. Cependant, le ballon était compliqué d'usage et dangereux, si bien que l'on recourut à des machines volantes simples, sans pilote, des sortes de cerfs-volants, sur lesquels on attachait un appareil photographique pour fournir des renseignements militaires ou météorologiques.

Quand on embarqua des appareils photo dans des avions, ils jouèrent un rôle déterminant en cartographie. Pendant la Première Guerre mondiale, les belligérants les perfectionnèrent pour obtenir des cartes et des reconnaissances aériennes plus précises. On réalisa des appareils spéciaux pour reproduire le réseau compliqué et mortel des tranchées. Lors de la Seconde Guerre mondiale, on trouva moyen de les synchroniser avec des flashs stroboscopiques qui permirent des reconnaissances aériennes nocturnes à haute altitude.

Même si les applications militaires, scientifiques et commerciales du procédé dominaient, l'aspect spectaculaire de ces images leur assura une place de choix dans la presse. Artistes et photographes étaient sensibles aux formes géométriques inattendues qu'elles révélaient. Au début du XX^e^ siècle, le peintre Piet Mondrian s'inspira des motifs abstraits qui apparaissaient sur des clichés aériens de sa Hollande natale. Dans les années 1920 et 1930, les photographes créèrent des images prises de haut, en se contentant parfois de grimper au sommet d'une antenne radio, autre symbole de la modernité.

Depuis le milieu du XX^e^ siècle, des photographes soucieux d'écologie ont créé des vues aériennes pour montrer les beautés de la nature et illustrer le danger de l'industrialisation et de l'agriculture intensive. Les images prises de satellites orbitant autour de la Terre offrent aux scientifiques un aperçu de la nature et de l'emprise humaine à l'échelle de la planète. ■

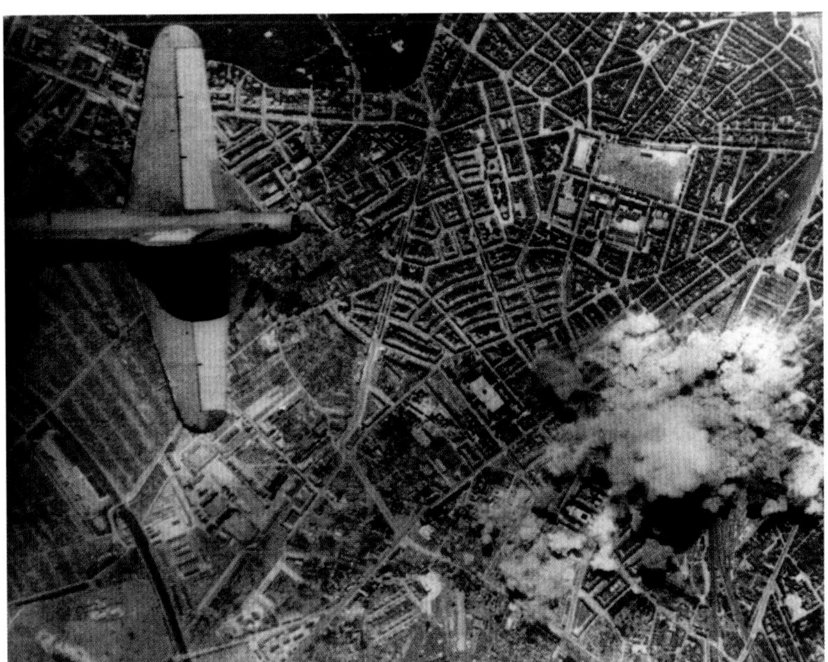

*Seconde Guerre mondiale : vue d'un raid aérien sur Hambourg le 2 août 1943.*

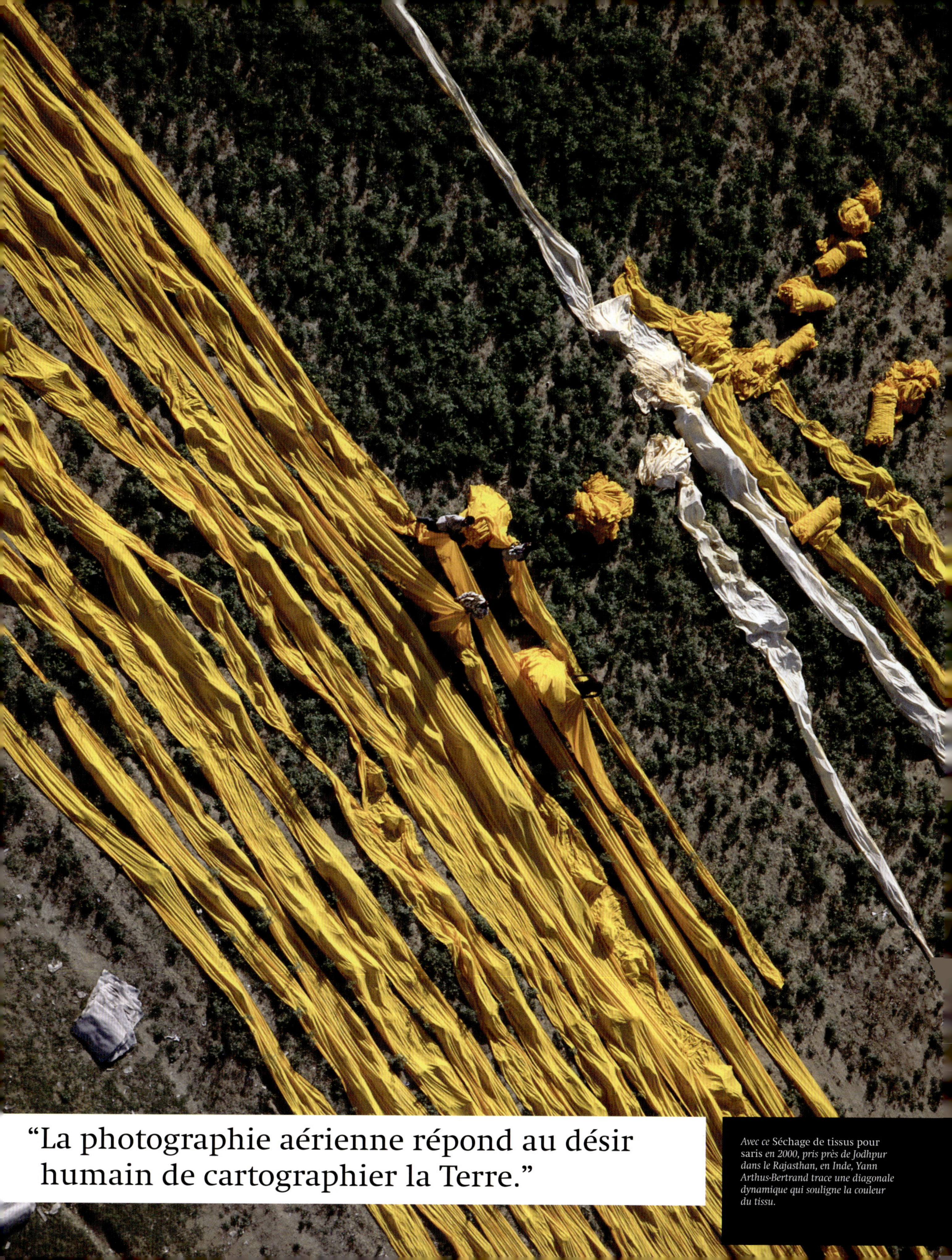

“La photographie aérienne répond au désir humain de cartographier la Terre.”

*Avec ce* Séchage de tissus pour saris *en 2000, pris près de Jodhpur dans le Rajasthan, en Inde, Yann Arthus-Bertrand trace une diagonale dynamique qui souligne la couleur du tissu.*

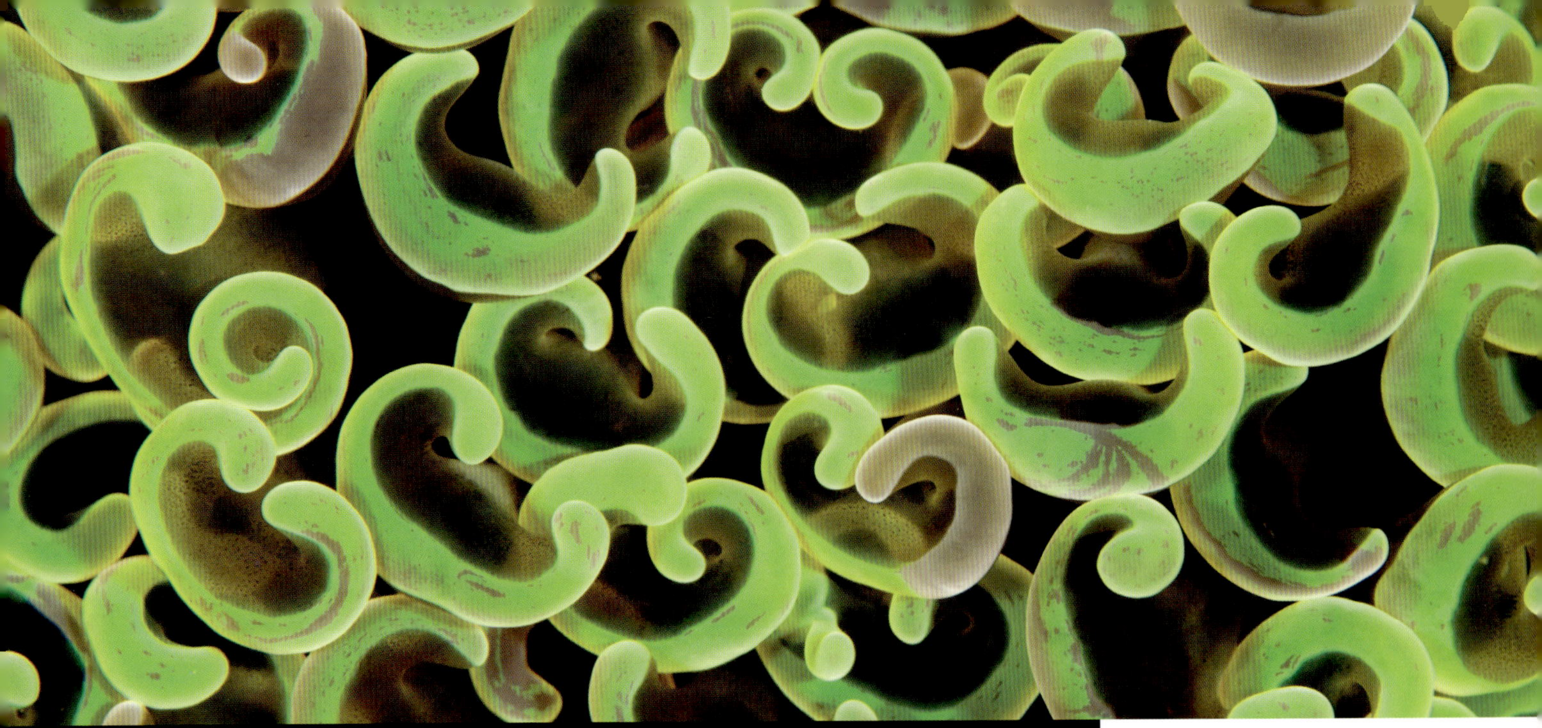

"La macrophotographie elle aussi conquit les faveurs du public."

CI-DESSUS : *Ce très gros plan des polypes irritants du corail en tuyau d'orgue signé Norbert Wu révèle une géométrie abstraite sans donner réellement d'informations sur la manière dont ces animaux capturent leurs aliments.*

CI-DESSOUS : *Catherine Chalmers éleva ces mantes religieuses pour pouvoir photographier leur rite nuptial mortel dans le cadre de sa série de 1994-1996,* Food Chain *(« Chaîne alimentaire »).*

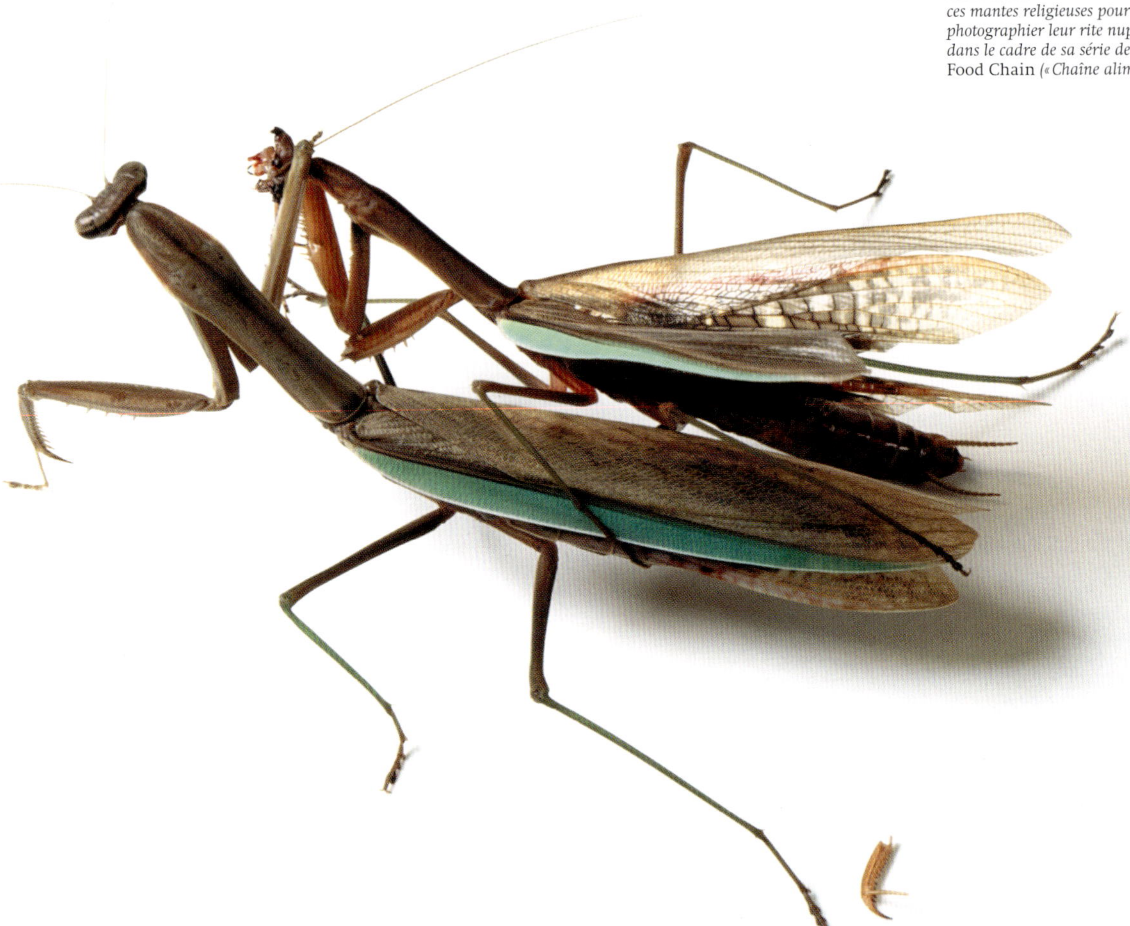

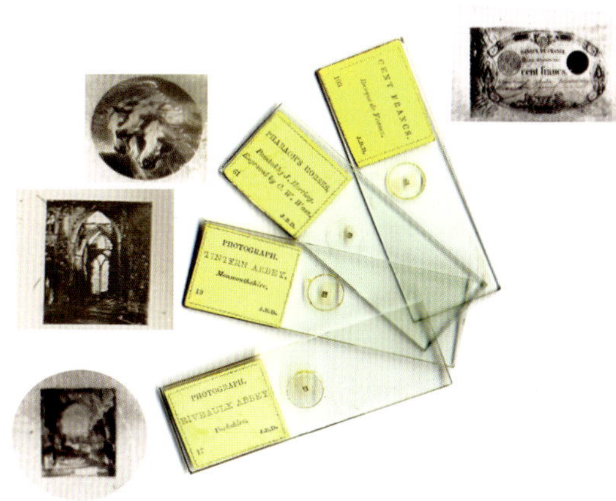

*Au milieu du XIXe siècle, l'opticien John B. Dancer de Manchester se fit connaître non seulement pour ses microscopes scientifiques, mais encore pour les microphotographies qu'eux seuls permettaient de regarder.*

IDÉE Nº 55

# MACRO ET MICROPHOTOGRAPHIE

La photographie fut vite appelée à dépasser le spectre de la vision humaine et à explorer la capacité des objectifs à rétrécir des objets gigantesques ou à agrandir des objets minuscules. Ce développement offrit des spectacles miniatures à des millions de gens et servit utilement espions et savants.

Les limites du voyeurisme se voyaient repoussées. En France, dès les années 1860, on fabriqua des microphotographies à thème pornographique qu'il fallait déchiffrer à l'aide d'une loupe. Des stylos, des pipes et autres objets usuels étaient ornés d'images microscopiques aux sujets variés. Baptisés « bijoux photomicroscopiques » en France, *stanhopes* en Grande-Bretagne, ils comprenaient une lentille de microscope : en regardant par un petit trou, on pouvait voir une image amusante, un portrait de la reine d'Angleterre ou un site touristique. Leur vogue dura jusqu'au milieu du XXe siècle. Elle correspondait à un besoin de conserver et de regarder d'une manière privée : ainsi l'on insérait parfois des microphotographies seulement visibles à la loupe dans des bijoux de deuil. Ces miniatures inspirèrent une poignée de photographes qui réalisèrent des « mosaïques », collages de centaines d'images minuscules à peine lisibles à l'œil nu.

Au-delà de ces applications pour le grand public, la microphotographie possédait beaucoup d'usages pratiques ou scientifiques. On réduisit ainsi la taille des dépêches militaires pendant la guerre franco-prussienne de 1870 et pendant la Première Guerre mondiale : ces micro-courriers étaient transportés par des pigeons voyageurs. Elle servit aussi pendant les conflits ultérieurs et lors de missions d'espionnage. Dans la fiction, James Bond, le célèbre espion britannique, teste sans cesse de nouveaux appareils miniatures. Des microfilms réalisés avec des appareils spécifiques pouvaient réduire à la taille d'un point ou d'une virgule une masse considérable d'informations. La photographie fut longtemps le principal outil de miniaturisation et contribua à la fabrication des premières puces électroniques.

Auparavant, la réalisation d'images grandeur nature ou à une échelle supérieure reposait sur l'utilisation d'une ***camera obscura***. Le procédé retint rapidement l'attention des scientifiques parce qu'il offrait un moyen d'échanger des informations visuelles avec leurs pairs. Cependant, comme la microphotographie, la macrophotographie bénéficia d'un public plus large. Des images qui agrandissaient leurs sujets plusieurs centaines de fois furent publiées par des magazines comme *Life*. Les yeux à facettes des mouches connurent un beau succès, fascinant et effrayant des générations d'enfants. La différence entre une macrophotographie scien-tifique et une image de vulgarisation ne tenait souvent qu'à la publication qu'elle illustrait. Les photographes scientifiques travaillaient à la fois pour les professionnels et pour le grand public. Pendant les années 1950, Berenice Abbott, consciente de cette ambivalence, mit en scène en studio des images destinées à illustrer des problèmes scientifiques, tels que la structure des bulles de savon. Plus récemment, Catherine Chalmers a également travaillé à la frontière de la vulgarisation scientifique et de l'art. Les grands tirages d'une froideur clinique de sa série *Food Chain* (« Chaîne alimentaire ») décrivent les luttes épiques du monde des insectes. ■

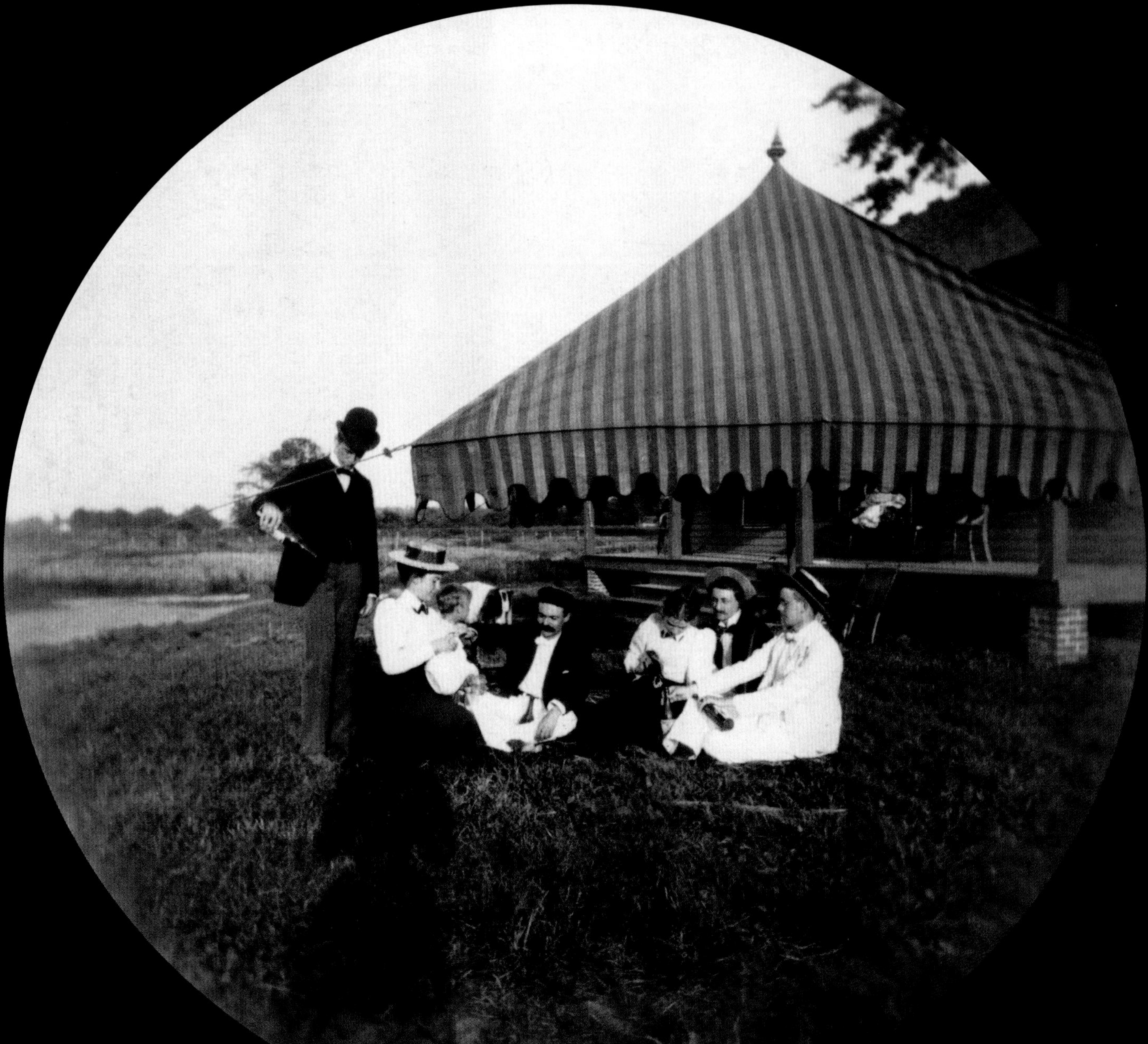

*Sur cet instantané Kodak ancien, pris vers 1888, l'ombre du photographe anonyme est clairement visible en bas à gauche.*

IDÉE Nº 56

# L'ART POUR TOUS

**Certains penseurs considéraient que les connaissances communiquées par la photographie étaient plus importantes que celles que véhiculaient les mots, parce que ces derniers étaient toujours marqués par la subjectivité. L'idée que l'immense gamme de savoir exact et objectif apportée par le nouveau médium améliorerait les masses devint un lieu commun incantatoire : la photographie était l'art pour tous.**

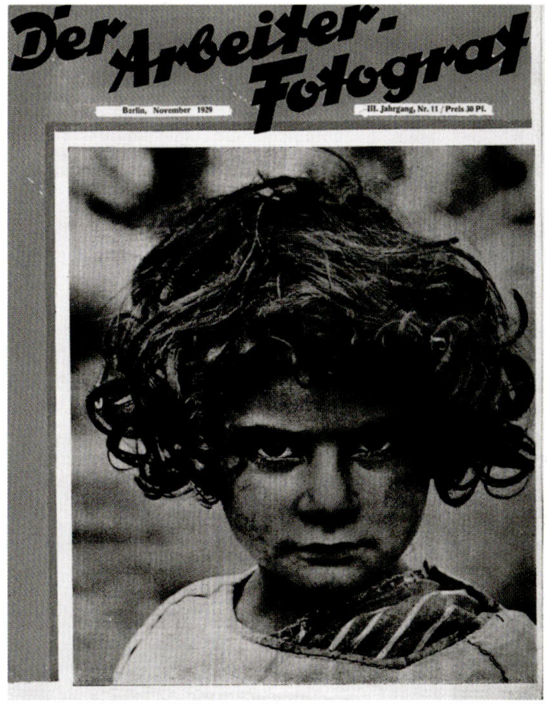


CI-DESSUS : *Pour ce numéro de 1929 de la revue allemande* Der Arbeiter-Fotograf *(«Le travailleur photographe»), Ernst Thormann choisit un gros plan d'un petit gitan.*

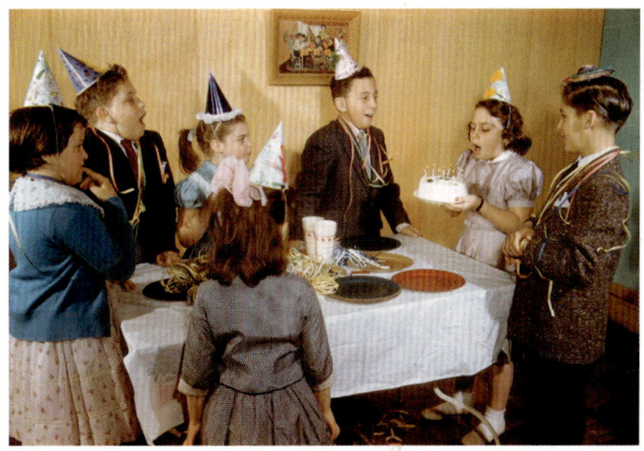

CI-DESSOUS : *Les fêtes enfantines, en particulier les anniversaires, ont longtemps offert des sujets de photographie populaires, comme sur ce cliché de 1959.*

Après avoir vu un daguerréotype pour la première fois, l'artiste et inventeur américain Samuel F. B. Morse écrivit que dorénavant tout le monde allait pouvoir devenir peintre. Le philosophe Ralph Waldo Emerson décréta de même que la photographie était un art véritablement républicain puisqu'il autorisait chacun à devenir son propre portraitiste. Mais, en réalité, il fallut plus d'un demi-siècle pour que les gens ordinaires s'en emparent, en utilisant des appareils simples (voir **petits appareils photo**) qui existaient depuis des années. Certes, un idéal démocratique teintait les images commerciales, les photos-cartes ou les plaques stéréoscopiques : même si les gens ne réalisaient pas leurs propres images, acheter un portrait d'un homme célèbre ou une vue d'un site prestigieux leur offrait un accès virtuel à des êtres et à des lieux qu'ils ne verraient sans doute jamais en réalité.

Au milieu du XIXe siècle, deux idées se combinèrent pour renforcer ce sentiment : d'une part, il semblait que les institutions publiques allaient offrir un accès illimité aux images, et d'autre part ces dernières permettaient de se passer d'interprétation savante. Et de fait, la photographie lança une révolution éducative égalitaire. Un observateur prédit en 1855 qu'elle enregistrerait l'histoire d'une manière irréfutable et rendrait caducs les comptes rendus verbaux souvent pleins d'erreurs et de parti pris.

En 1858, le magazine *Athenaeum* s'enthousiasmait : « C'est une véritable révolution éducative : nos enfants connaîtront la surface de la Terre aussi bien que les marins qui font le tour du monde. » Un an plus tard, un critique de la même revue prédit que tous les chefs-d'œuvre artistiques du monde seraient photographiés : « L'époque aristocratique de l'accumulation égoïste est bel et bien finie. » La notion d'éducation populaire servit à faire vendre beaucoup de clichés commerciaux. Le vendeur de plaques stéréoscopiques Underwood and Underwood utilisait le slogan « *To see is to know* » (« Voir, c'est savoir »). La capacité de la photographie à diffuser la connaissance constituait un argument de vente ; si, dans les colonies, elle soutenait l'entreprise « civilisatrice », dans la métropole elle éclairait les populations (voir **la preuve par la photographie**). À vrai dire, on s'enthousiasma de la même manière pour les potentialités éducatives de tous les nouveaux médias, au fur et à mesure qu'ils apparurent, photographie, radio, télévision, etc.

La photographie populaire ne tint pas ces promesses. Au XXe siècle, quand davantage de gens achetèrent des appareils et purent réaliser leurs propres clichés, ils négligèrent dans l'ensemble les sujets didactiques, pour prendre des enfants plutôt que des monuments historiques, des anniversaires plutôt que des biennales artistiques. Les touristes (voir **tourisme**) photographièrent davantage de gens en train de s'amuser que de vues célèbres. Après tout, celles-ci existaient déjà, il suffisait de posséder une visionneuse comme le View-Master. ■

IDÉE N° 57

# LA PHOTO-SÉCESSION

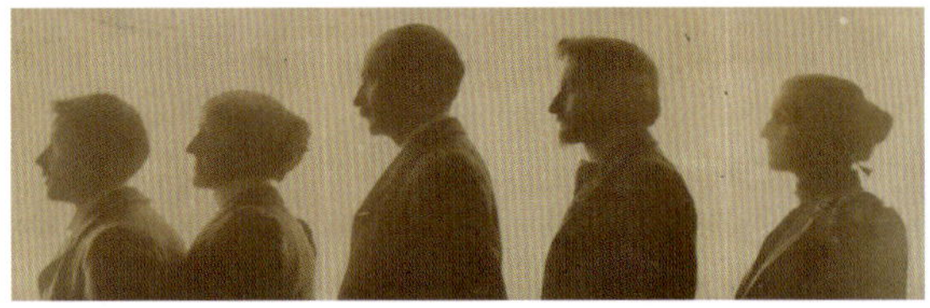

*Eva Watson Schütze, qui devint l'un des membres fondateurs de la photo-sécession, photographia les pictorialistes lors du Photographic Salon de Philadelphie en 1899. Les deux personnages de gauche sont Clarence White et Gertrude Käsebier qui rejoignirent le mouvement en même temps que Frances Benjamin Johnston, la dernière à droite. Au centre, Henry Troth et Fred Holland Day, qui choisirent de ne pas y participer.*

Les sécessions, ces désaccords qui incitent les membres d'une organisation artistique à s'en retirer, se multiplièrent en Europe à partir de la fin du XIX$^{e}$ siècle. Comme d'autres artistes, les photographes européens quittèrent des sociétés bien implantées pour en former de nouvelles, afin de faire de la photographie un art, au même titre que la peinture et la sculpture. Le mouvement ne tarda pas à se propager aux États-Unis, avec des conséquences encore perceptibles aujourd'hui.

À la fin des années 1890, une douzaine de groupes sécessionnistes se créèrent en Europe, afin d'inventer un art moderne adapté à des temps nouveaux. Pour l'intelligentsia de l'époque, imprégnée de latin et d'histoire romaine, le terme était clair et légitimait une rébellion artistique en lui donnant des précédents classiques.

Beaucoup de sécessions européennes prirent le nom de la ville où elles étaient nées, comme les sécessions viennoise ou berlinoise. Quand l'Américain Alfred Stieglitz lança la sienne en 1902, il ne choisit pas le nom d'une ville, mais le nom du procédé lui-même, même si ce n'était pas la première fois qu'un groupe de photographes se rebellait. À Paris et à Londres, des clubs contestataires s'étaient formés et avaient exposé dans les mêmes galeries que les peintres et les sculpteurs sécessionnistes. Ce qui aurait pu être la sécession newyorkaise et qui s'appela dès le début la « photo-sécession » semblait n'avoir qu'un seul membre, son fondateur, Alfred Stieglitz. Sa personnalité charismatique et surtout la clarté de son propos poussèrent d'autres personnes à le rejoindre, à s'abonner à son journal, *Camera Work*, et à fréquenter ses expositions. La photo-sécession voulait faire avancer la photographie, rassembler les Américains que cet art intéressait, qu'ils soient professionnels ou amateurs, exposer leur travail, qu'ils appartiennent au groupe ou pas. Stieglitz mettait d'ailleurs un point d'honneur à rassembler non seulement des photographes, mais encore des artistes d'autres disciplines.

Sous les auspices de la photo-sécession et en association étroite avec son collègue Edward Steichen, Stieglitz importa aux États-Unis la peinture et la sculpture de l'avant-garde européenne. Il l'exposa en même temps que des photographies, suggérant par là que le support importait moins que les convictions et que le style personnel de l'artiste. Il y joignit des œuvres des peintres expérimentaux américains, haussant symboliquement l'art américain à la hauteur de la création européenne. En accord avec sa stratégie interdisciplinaire qui regroupait des musiciens, des écrivains et des plasticiens modernistes, en même temps que des photographes, *Camera Work* n'était pas réservé à la photographie, mais intégrait les arts modernes et la critique contemporaine.

La photo-sécession et *Camera Work* n'eurent pas une existence très longue, puisqu'ils disparurent en 1917, au moment où les États-Unis entrèrent en guerre. Cependant, ce mouvement constitua une pierre de touche de l'expérimentation artistique, d'abord pour la peinture et la photographie américaines, puis dans le monde entier. La photo-sécession créa le précédent historique d'une avant-garde pluridisciplinaire, préfigurant par l'esprit, sinon par la forme, nombre de mouvements artistiques et d'œuvres, dont les créations multimédias contemporaines. ■

“Stieglitz mettait un point d’honneur à rassembler non seulement des photographes, mais encore des artistes d’autres disciplines.”

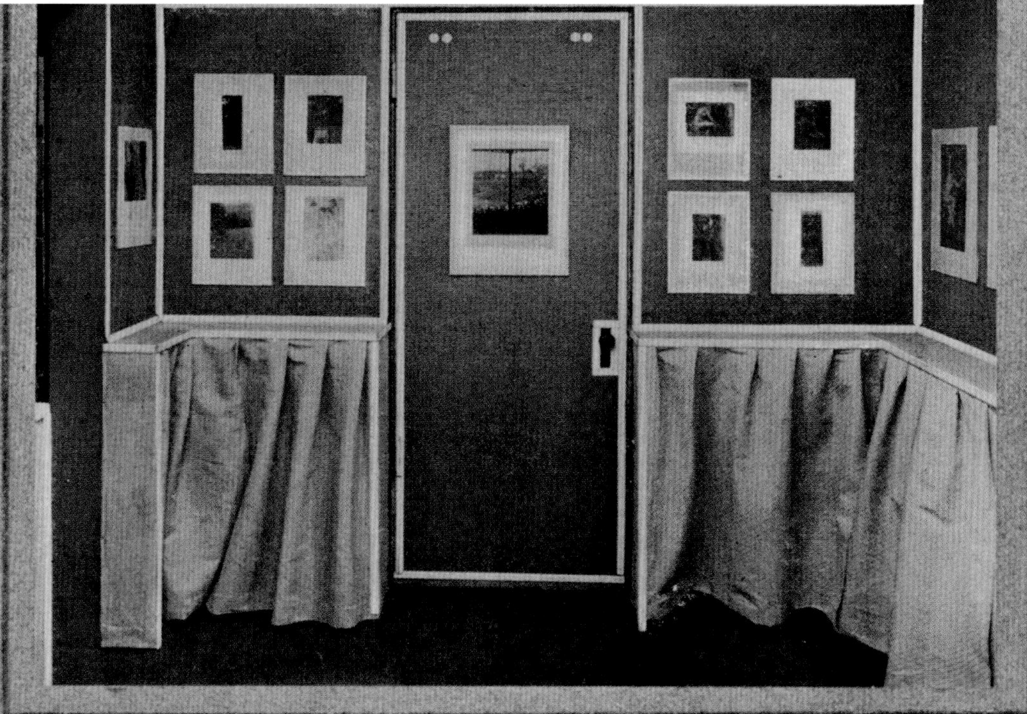

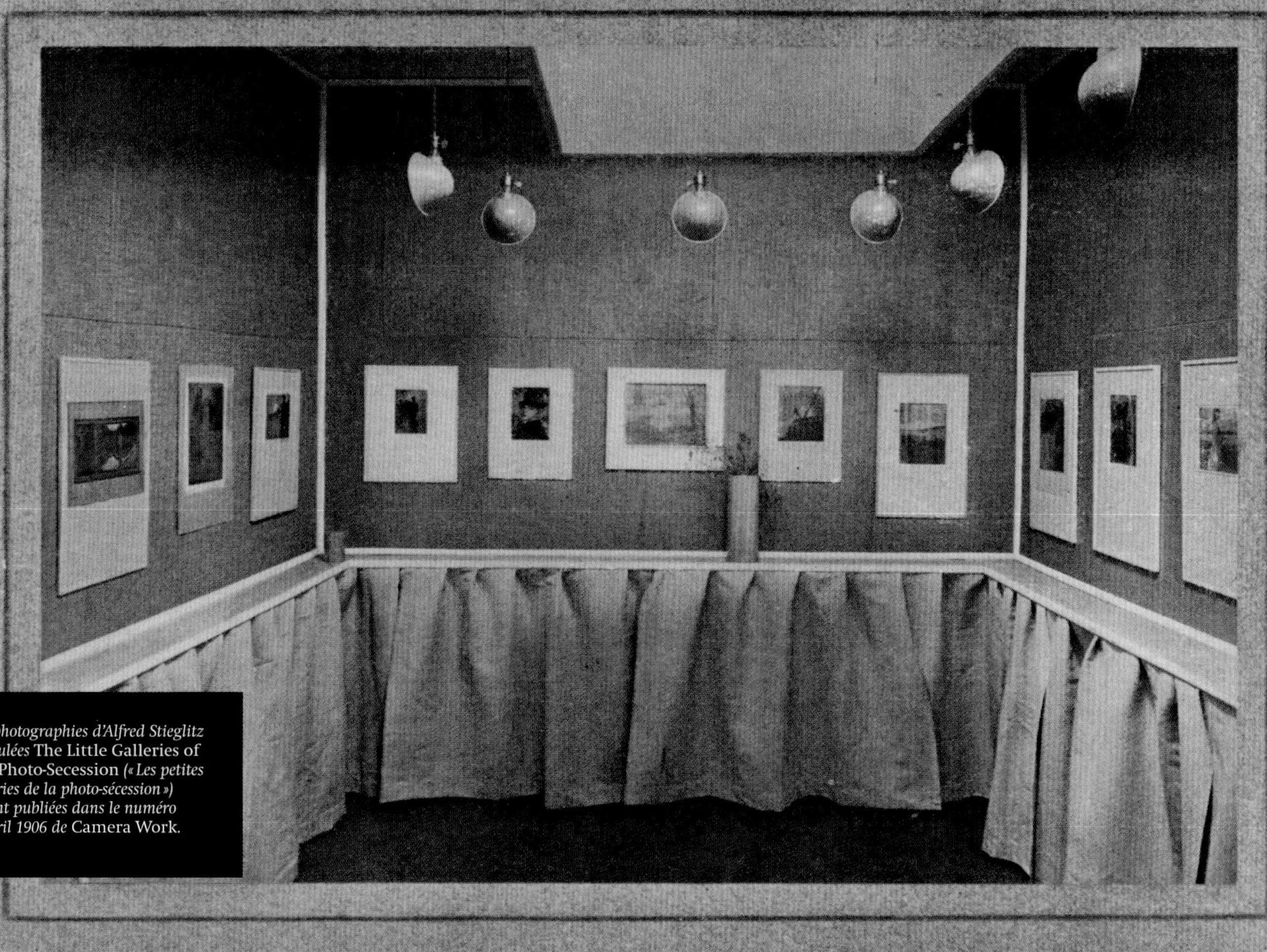

*Les photographies d’Alfred Stieglitz intitulées* The Little Galleries of the Photo-Secession *(« Les petites galeries de la photo-sécession ») furent publiées dans le numéro d’avril 1906 de* Camera Work.

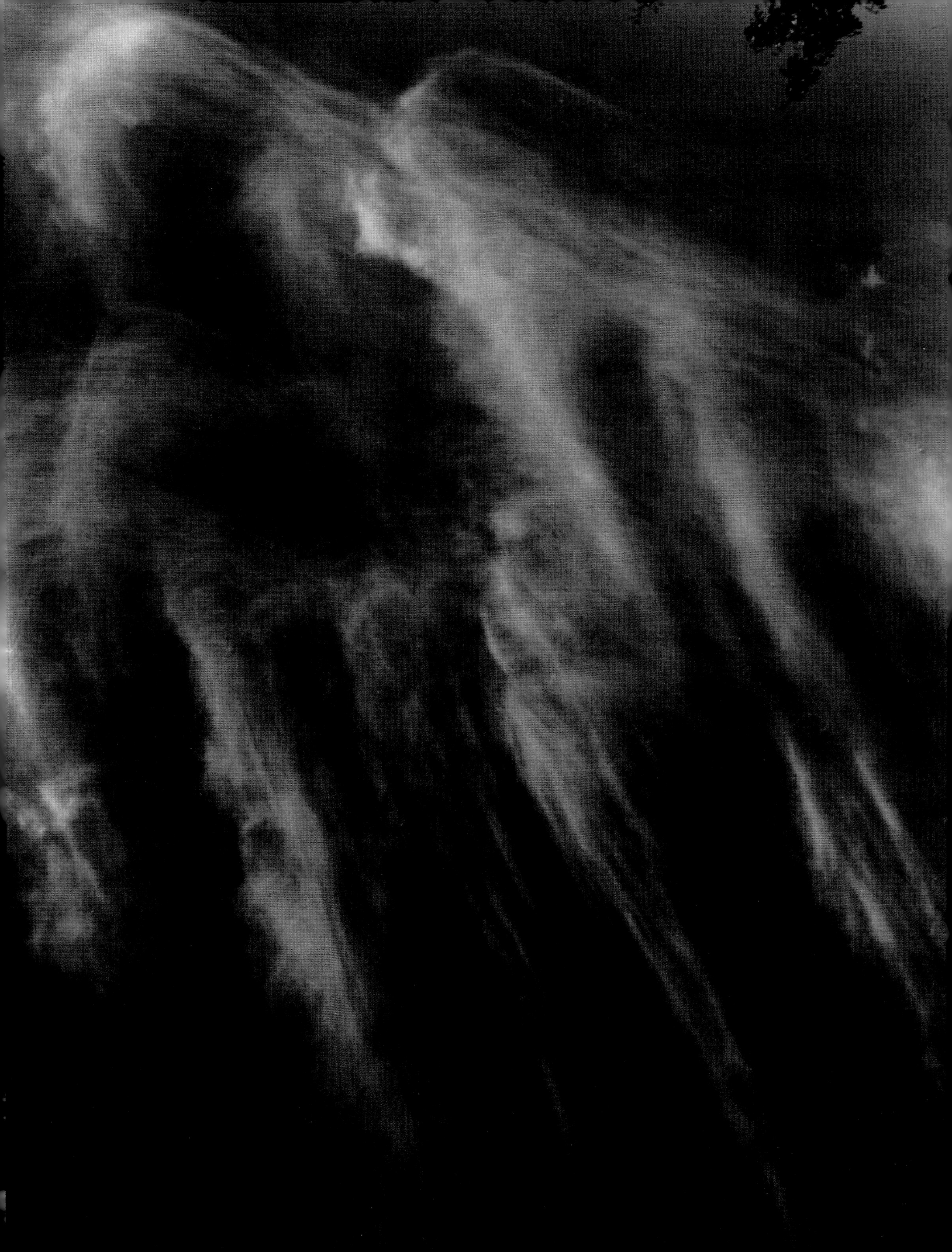

# *Le silence musical des nuées*

*Alfred Stieglitz exposait parfois ses* Équivalents, *dont fait partie cette image de 1930, la tête en bas, pour atténuer leur aspect figuratif et renforcer leur dimension symbolique.*

IDÉE Nº 58

## LES *ÉQUIVALENTS*

La série d'images qu'Alfred Stieglitz consacra aux nuages et qu'il baptisa *Équivalents* fut influente, sans susciter pour autant d'imitations directes. En fait, elles poussèrent les photographes à chercher plus loin que la reproduction de la réalité et à tenter d'égaler la musique, la poésie ou la philosophie.

Les légendaires clichés des cieux que Stieglitz appelait *Équivalents* trouvent leur origine dans le jugement d'un critique, selon lequel la puissance de ses clichés découlait de la notoriété et de la force des personnages qu'il photographiait. Pendant une dizaine d'années à partir de 1925, ce dernier contre-attaqua en produisant une série de plus de deux cent vingt images de ciel et de nuages, un sujet qui était accessible à tous. Même si elles provoquèrent à l'époque autant de perplexité que d'admiration, elles représentent aujourd'hui un tournant de l'histoire de la photographie.

Rien dans ces *Équivalents* n'évoque un jour de juin. Ils s'obstinent à montrer des ciels noirs, cadrés d'une manière si resserrée que la notion de haut et de bas se perd. Quand Stieglitz les exposait, il les accrochait dans un sens ou dans un autre, selon son inspiration du moment. Dépourvus de ligne d'horizon, de jalons géographiques ou d'autres points de repère, les *Équivalents* semblent offrir un univers en noir en blanc vu du hublot d'un petit avion. Leur séduction et leur influence tiennent moins à ce qu'ils représentent qu'à la manière dont ils révolutionnent les finalités de la photographie d'avant-garde. Ils ne se soucient ni d'être beau, ni de reproduire une géométrie moderne et nette.

Stieglitz désirait explicitement dépasser la notion de sujet et créer des images qui imprègnent la conscience à la manière de la musique. D'ailleurs, il avait à l'origine pensé baptiser l'une de ses premières séries *Music: A Sequence of Ten Clouds Photographs* ou *Clouds in Ten Movements* (« Musique, une séquence de dix photographies de nuages » ou « Nuages en dix mouvements »). Il choisit finalement deux autres noms : *Songs of the Sky* (« Chansons célestes ») et *Équivalents*. Il refusait pourtant l'idée qu'elles étaient abstraites. Il écrivit : « Il y a davantage de véritable abstraction dans certaines représentations figuratives que dans les représentations exténuées baptisées "abstraction" qui sont tellement à la mode aujourd'hui. »

Si les *Équivalents* aspiraient à devenir musicaux, beaucoup de ceux qu'ils inspirent les considèrent comme des abstractions, et même comme les premières abstractions volontaires de l'histoire de la photographie (voir **abstraction**). Ainsi, Minor White, conscient de sa dette envers Stieglitz (voir **séquences**), admirait la manière dont la forme, plutôt que le sujet, suscitait des émotions pour lesquelles la langue ne possède pas de mots.

Aujourd'hui, on expose fréquemment les *Équivalents* et le public, s'il est sensible à leur rôle dans l'histoire du médium, reste perplexe face à leur taille réduite et leur côté énigmatique. Sans doute ne possèdent-ils pas de signification explicite, de même que la musique ne peut être réduite à une succession de concepts. Les *Équivalents* constituaient une synthèse expérimentale de l'art et de la philosophie. Leur importance ne tient pas à une vérité ésotérique qu'ils recéleraient, mais à l'idée que la photographie peut être davantage qu'un miroir doté de mémoire. ■

*Conçu pour être placé à la fin d'un album de photos-cartes, ce montage d'images réalisé vers 1865 encadre un poème qui contient les vers : « Jeunes ou vieux, grands ou petits / je veux auprès de moi tous mes amis. »*

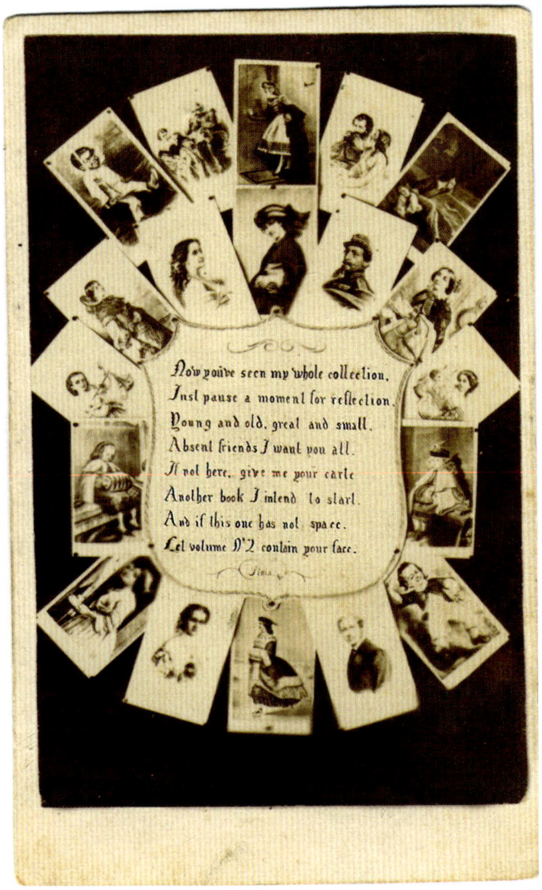


IDÉE N° 59

# LES COLLECTIONS

**Louis Jacques Mandé Daguerre pensait que, grâce à la photographie, « on se formera[it] des collections en tous genres ». Bon marché, faciles à trouver, traitant d'un grand nombre de sujets, les photographies attirèrent les collectionneurs, même s'il fallut attendre un siècle avant que les grands musées ne songent réellement à rendre compte de leur évolution.**

Le concept de collection de photographies nourrit le discours sur la démocratisation de l'éducation qui persista pendant un siècle (voir **art pour tous**). André Adolphe Eugène Disdéri, inventeur de la **photo-carte**, désireux que chacun puisse accéder aux informations qu'elle transmettait, proposa la publication de recueils exhaustifs. L'idée d'instituer des photothèques universelles destinées à documenter tous les sujets imaginables encouragea des sociétés privées comme la Keystone View Company à lancer des catalogues ambitieux de plaques stéréoscopiques. Partout, on montait sur carton des clichés sur tous les thèmes pour les afficher dans les salles de classe.

Pourtant, si l'on parlait souvent de l'établissement de collections méthodiques grâce à la photographie, peu d'entre elles virent réellement le jour. Au XIX^e siècle, l'Anglais Francis Frith fait figure d'exception, lui qui prit systématiquement des vues de l'Égypte, de la Palestine et de la Terre sainte, puis les diffusa à des prix et dans des formats qui convenaient à toutes les bourses. L'entreprise la plus ambitieuse de Frith, photographier une par une toutes les villes du Royaume-Uni, était si vaste qu'elle resta inachevée. La demande pour ses images était telle que la société qu'il avait fondée pour les diffuser perdura jusqu'en 1970. Aujourd'hui, un site Internet qui porte son nom continue à vendre ses tirages.

Ici et là, des agences publiques conservèrent des images prises lors de grandes missions, mais elles se préoccupaient rarement de leur état de conservation. Les musées les plus généralistes comme le Victoria and Albert Museum de Londres, la Bibliothèque nationale de France à Paris et la Library of Congress de Washington rassemblè-

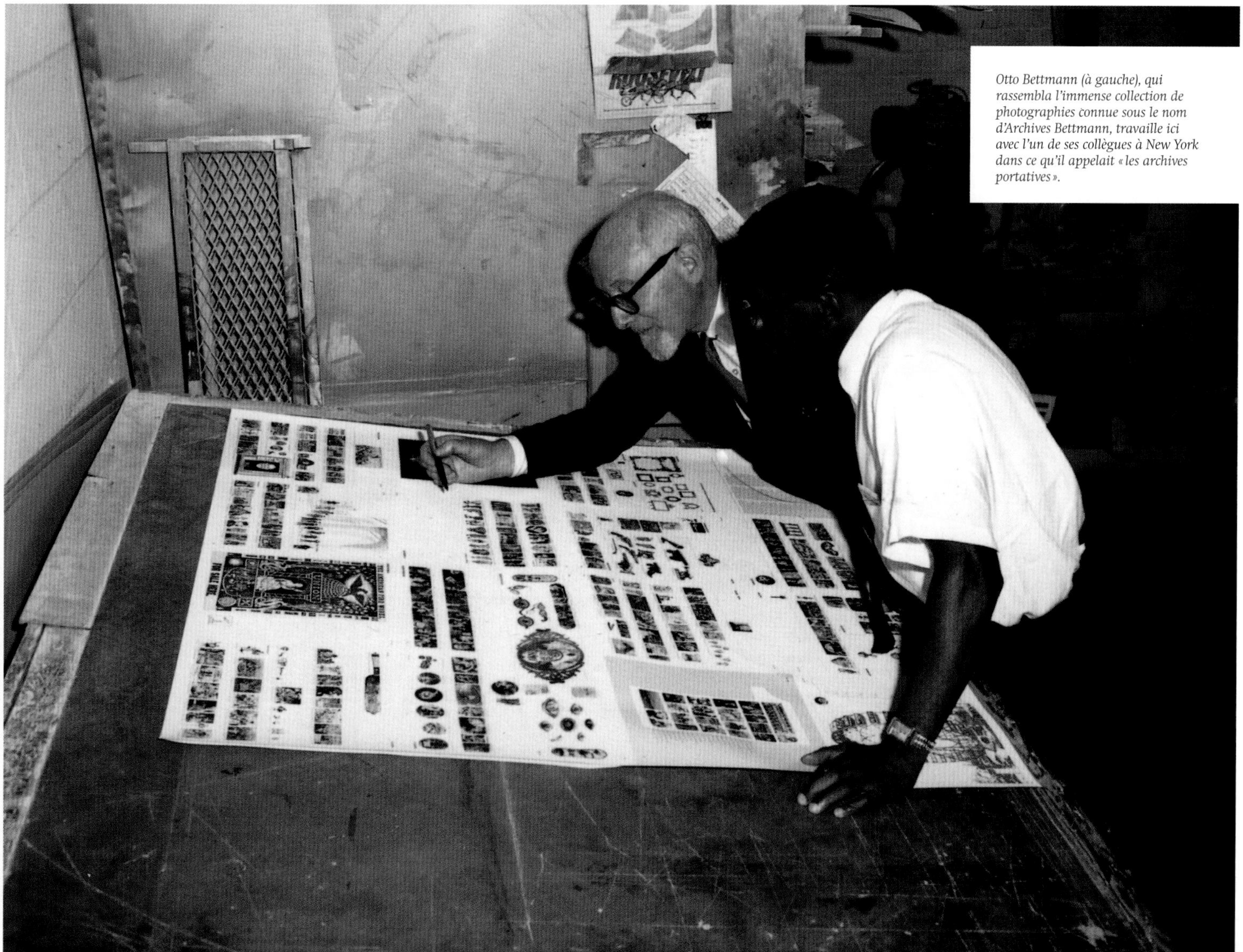

Otto Bettmann (à gauche), qui rassembla l'immense collection de photographies connue sous le nom d'Archives Bettmann, travaille ici avec l'un de ses collègues à New York dans ce qu'il appelait « les archives portatives ».

rent des collections d'intérêt national. Malgré ces efforts et les compilations créées par les **sociétés photographiques**, ce médium ne fit pas l'objet de collections spécifiques mais fut intégré à des ensembles plus vastes qui comprenaient des affiches et des gravures. De magnifiques collections privées comme celle que rassemblèrent en France Marie-Thérèse et André Jammes ou en Grande-Bretagne Alison et Helmut Gernsheim préservèrent des images clés de l'histoire de la photographie, mais elles étaient rarement exposées en public.

Il fallut attendre que le Museum of Modern Art (MoMA) de New York organise l'exposition *Photography 1839-1937*, sous la supervision de l'historien de la photographie Beaumont Newhall, pour que la discipline se voie accorder une première rétrospective à la fois importante et réfléchie. Les efforts de Newhall aboutirent à la création du premier département photographique au sein d'un musée d'art. Grâce à cette exposition, le MoMA acquit une influence déterminante pendant plusieurs décennies sur la manière de collectionner, mais aussi sur les projets des artistes eux-mêmes (voir **l'œil du photographe**). ■

"Ici et là, des agences publiques conservèrent des images prises lors de grandes missions."

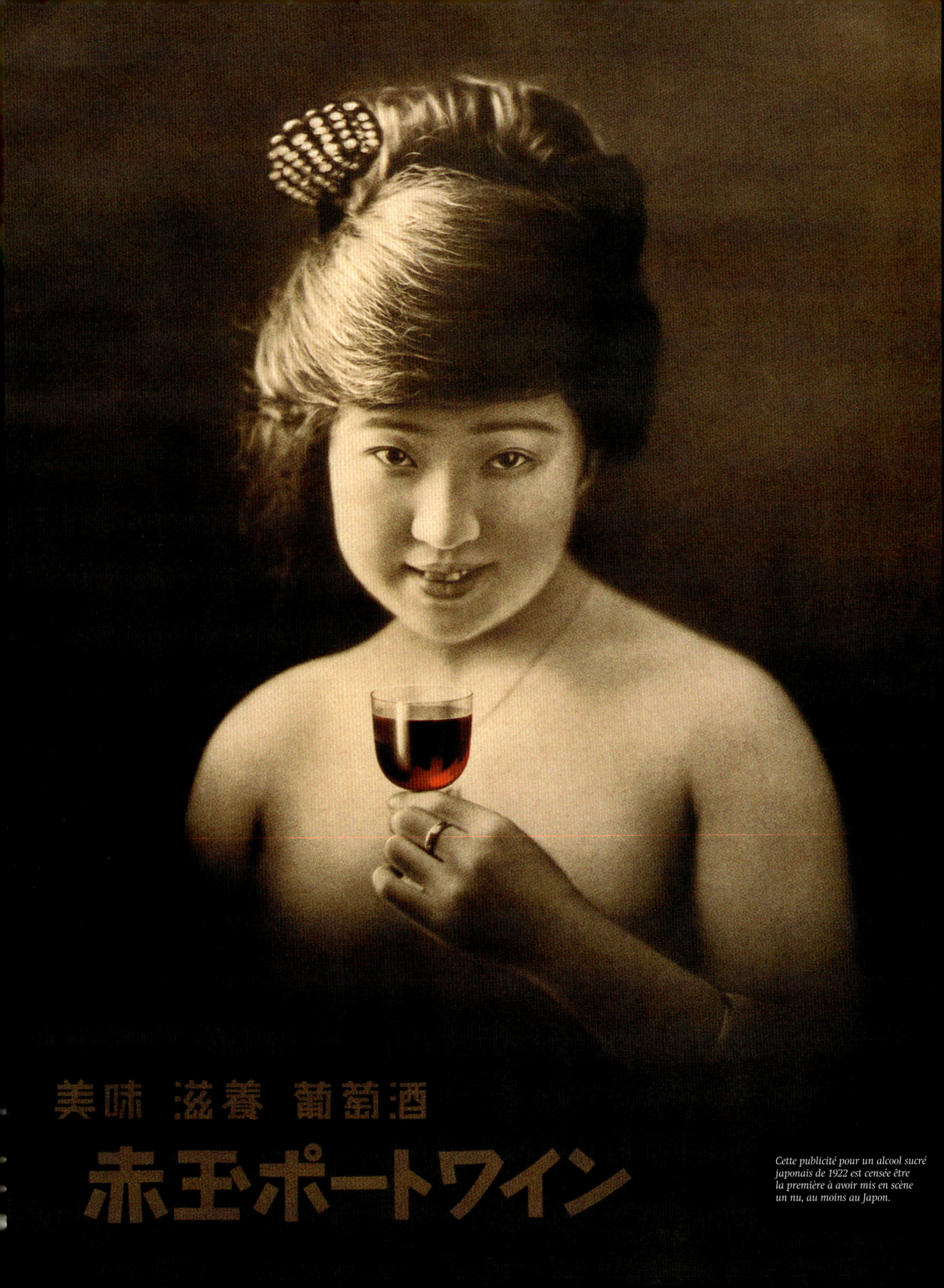


*Cette publicité pour un alcool sucré japonais de 1922 est censée être la première à avoir mis en scène un nu, au moins au Japon.*

# *Du photographe au consommateur*

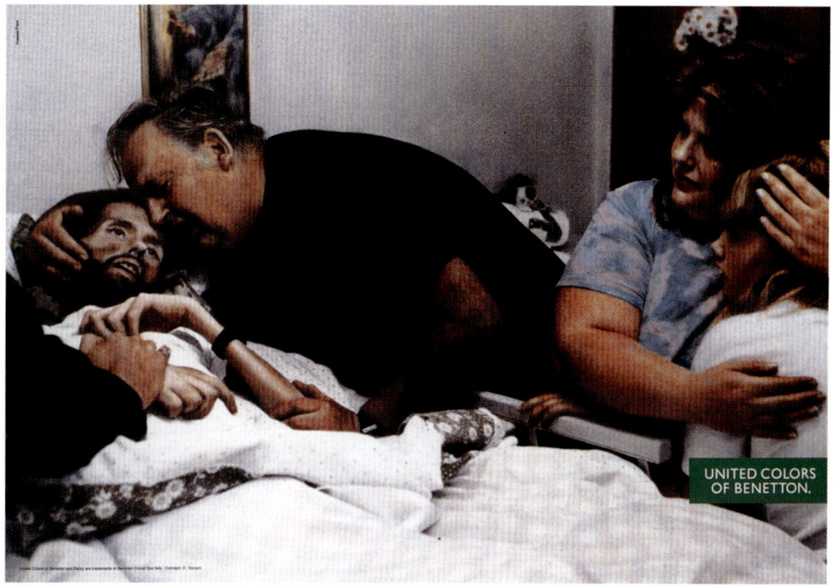


*La photographie de Therese Frare,* Final Moments *(« Les derniers instants », 1990), fut l'une des plus discutées d'une campagne d'information sur le sida. Oliviero Toscani en exploita une version coloriée, rebaptisée* Pietà, *pour une campagne publicitaire Benetton en 1992.*

IDÉE N° 60

## DES IMAGES QUI FONT VENDRE

Les entreprises furent d'abord réticentes à l'idée d'utiliser des photographies pour leur publicité. Après un démarrage hésitant, cependant, le procédé se montra capable de créer des allégories visuelles alléchantes et la photographie publicitaire devint un domaine florissant.

Si, dès la propagation de la similigravure au début du XXe siècle, la photographie fit irruption dans les pages des journaux et des magazines, la publicité mit davantage de temps à l'accepter. Alors que les publicitaires déclaraient lui être favorables, moins de 20 % d'entre eux l'utilisaient réellement dans les années 1920. Si la publicité recourut davantage aux photographies lors de la décennie suivante, cela correspondait à un changement conceptuel dans les stratégies publicitaires. En effet, tant que les fabricants pensèrent que l'énumération des qualités d'un produit suffisait à convaincre la clientèle, le texte l'emporta sur l'image. Mais quand on prit conscience que des images suggestives ou évocatrices étaient souvent plus efficaces, la photographie put s'insinuer dans la publicité.

Souvent citée comme le premier nu publicitaire photographique, l'image de 1922 pour l'alcool sucré Akadama n'était pas la seule à vanter un produit en recourant au flou artistique. Des images sensuelles et oniriques servirent à faire valoir la beauté et la douceur du linge, des serviettes de bain ou des crèmes de beauté. En une décennie, la publicité offrit aux photographes des possibilités d'expérimentation qui couvraient tout le champ de l'art contemporain. En effet, les emprunts visuels à la géométrie moderniste ou à l'onirisme surréaliste rehaussaient le cachet d'un produit. Dès 1930, 80 % de la publicité contenue dans les magazines américains reposait sur la photographie.

L'Europe, qui n'éprouvait pas le dégoût puritain des Américains pour la publicité, offrit aux photographes un espace où ils pouvaient gagner leur vie, tout en pratiquant leur art. Les Européens recherchaient les contrats publicitaires et certains d'entre eux se formèrent en agence à cet effet. De plus, pour ceux qui possédaient une conscience politique, la publicité offrait un accès plus vaste aux masses. Parce qu'ils pensaient que des images visuellement complexes permettaient de lutter contre le conformisme poussiéreux hérité du XIXe siècle, des créateurs tels que László Moholy-Nagy concevaient des publicités stimulantes, utilisant des gros plans, des collages et des angles déconcertants. En Union soviétique, on distinguait la publicité capitaliste, qui induisait le public en erreur, et la publicité socialiste, supposément éducative, qui offrait aux dessinateurs et aux photographes la latitude de créer des œuvres audacieuses dont le design séduisant semblait proclamer qu'un nouveau monde était né.

Pendant les années 1950 et 1960, la publicité tomba en disgrâce et des livres dont le meilleur exemple est *La Persuasion clandestine* de Vance Packard jetèrent l'opprobre sur ceux qui, selon le langage du temps, s'étaient « vendus ». Le **tournant théorique** les enferma dans un dilemme moral qui opposait l'art à la publicité.

Même si la critique de la publicité inspire toujours des magazines comme *Adbusters* (ou *Casseurs de pub* en France), cette dernière jouit d'un regain de faveur qui rappelle les années 1930. Aujourd'hui, de grands noms de la photographie n'hésitent pas à prêter leur talent à des campagnes publicitaires et le vaste terrain d'expérimentation qu'elles offrent séduit nombre de jeunes créateurs. ■

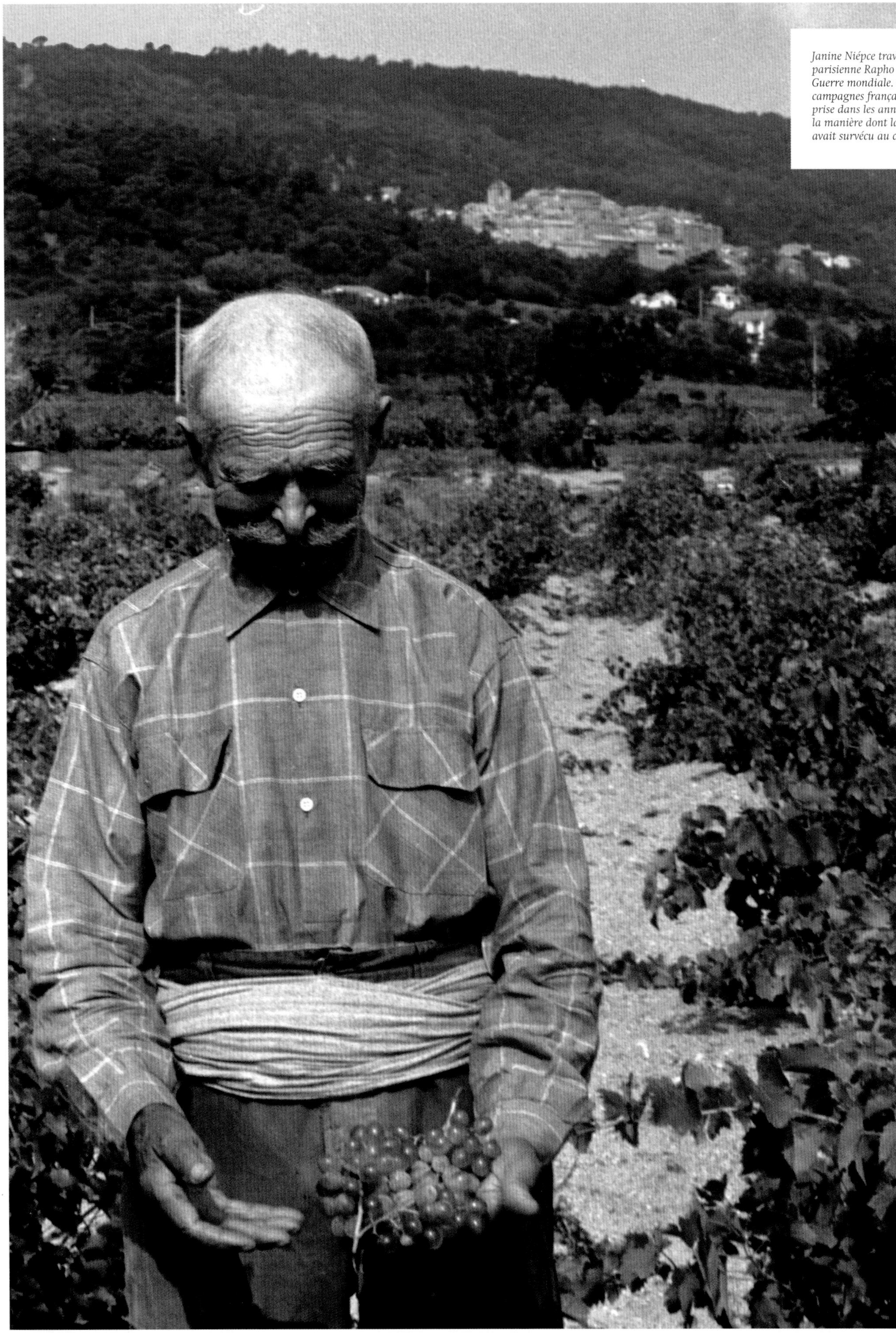

*Janine Niépce travailla pour l'agence parisienne Rapho après la Seconde Guerre mondiale. Ses images des campagnes françaises, dont celle-ci prise dans les années 1950, illustrent la manière dont la culture rurale avait survécu au conflit.*

IDÉE N° 61

# LES AGENCES PHOTOGRAPHIQUES

Des agences se créèrent dès le début du XX^e siècle pour fournir des images aux journaux et aux magazines illustrés récemment apparus, mais aussi pour intervenir sur les droits et les tarifs, au bénéfice des photographes dont elles géraient les clichés.

Le développement conjoint de la **similigravure** et de la presse illustrée démultiplia la demande de photographies, en particulier de clichés d'événements brûlants et de portraits des hommes ou des femmes qui faisaient l'actualité. Les agences fournissaient les images, mais constituaient également des banques de photographies qu'elles vendaient à la presse et aux agences de publicité. Souvent sans mention d'auteur, les images d'agence étaient envoyées par courrier ou par câble à des clients qui les achetaient à l'unité ou s'abonnaient à des envois réguliers. En réalité, les agences ne se contentaient pas de photographier l'actualité, elles choisissaient les événements et les personnages à mettre en avant et fabriquaient, elles aussi, les nouvelles. Le nom d'une agence prestigieuse en bas d'une image assurait de sa crédibilité.

Si ce fut la presse illustrée qui inventa le métier d'iconographe, les agences durent en embaucher également pour planifier les missions de leurs membres. Elles achetaient aussi des images à des particuliers qui s'étaient trouvés au bon endroit au bon moment, ce qui encouragea les indépendants à être sur la brèche avant tout le monde. Même si le mot *paparazzo* n'est apparu qu'avec le film de Federico Fellini *La dolce vita* en 1960, le photographe inquisiteur fut l'une des conséquences de l'apparition des magazines illustrés et du développement des agences de presse.

Ces dernières ne couvraient pas seulement l'actualité, elles permettaient à des photographes de se former et elles servirent même de refuge à ceux qui avaient dû fuir leur pays durant les diverses crises que connut le XX^e siècle. Sa situation géographique, au cœur d'un nœud ferroviaire et aérien qui desservait l'Afrique, l'Europe et l'Asie, fit de Paris leur capitale. Là comme ailleurs, chacun développa ses propres spécialités et son propre style. Les gros plans pris par un **photographe de guerre** au risque de sa vie, traités dans une forme originale, constituaient la spécialité des agences parisiennes. Gamma couvrit les conflits d'Indochine et du Vietnam, mais aussi l'insurrection de mai 1968 à Paris. Magnum, qui possédait des bureaux à Paris et à New York, imposa le modèle d'une agence coopérative que les photographes géraient eux-mêmes, où ils choisissaient leurs missions, tout en conservant les droits sur leurs images, une exception en 1947.

Dans les années 1970, quand la télévision remplaça les journaux papier comme première source d'informations, et que des hebdomadaires illustrés comme *Life* cessèrent de paraître ou perdirent de leur importance, l'esprit d'indépendance et le fonctionnement financier des agences survécurent dans certaines coopératives, comme Contact Press Images. Au moment où les journaux passèrent à la couleur, lors des dernières décennies du XX^e siècle, elles s'agrandirent, développèrent leurs compétences et de nouvelles coopératives, telles que VII, se formèrent.

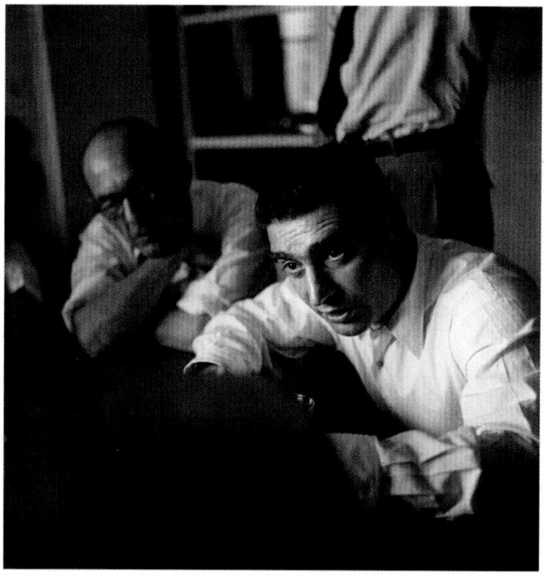

CI-DESSUS : *Ernst Haas, qui appartint à l'agence Magnum, photographia Robert Capa animant énergiquement une réunion des membres de la coopérative à Paris en 1947.*

CI-DESSOUS : *En 1957, les photographes de Magnum posèrent pour un portrait de groupe lors d'une réunion à Paris. De gauche à droite, au premier plan : Inge Bondi, John Morris, Barbara Miller, Cornell Capa, René Burri, Erich Lessing. Au deuxième plan : Michel Chevalier. Au fond : Elliott Erwitt, Henri Cartier-Bresson, Erich Hartmann, Rosellina Bischof, Inge Morath, Kryn Taconis, Ernst Haas et Brian Brake.*

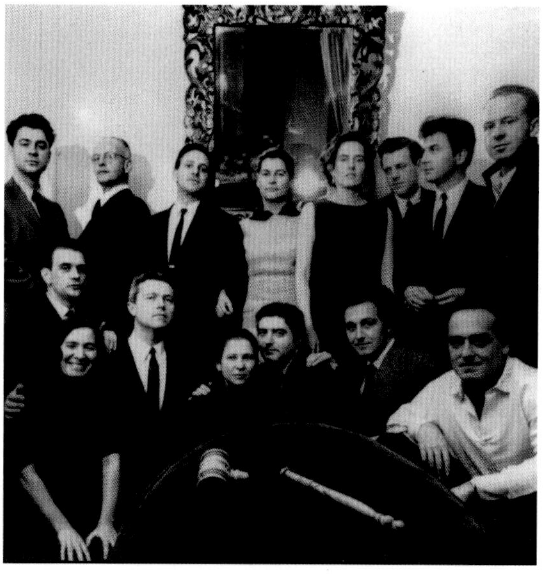

Si la révolution numérique a rendu la transmission, le stockage et la vente des images en pixels plus faciles, les agences doivent gérer le fonds de millions d'images papier qu'elles ont accumulées. Les plus célèbres ont été scannées, mais un nombre considérable d'entre elles, constituant des archives historiques d'un grand intérêt, attendent toujours dans des chambres froides. ■

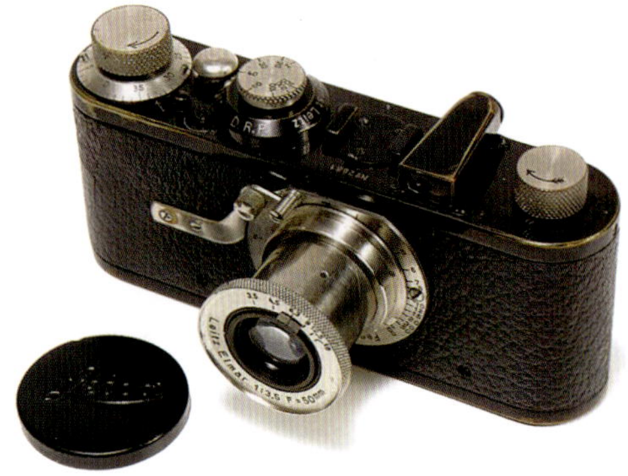

*Le Leica A, premier boîtier mono-objectif à s'imposer, fut fabriqué entre 1925 et 1936.*

IDÉE N° 62

# LE REFLEX À UN SEUL OBJECTIF

La *camera obscura* fonctionnait avec une lentille unique et un miroir qui reflétait l'image sur un écran. Si de nombreux inventeurs tentèrent d'adapter ce fonctionnement à l'appareil photo, ils mirent plus d'un siècle à y parvenir.

Les premiers appareils, qui n'étaient que des boîtes dotées d'un objectif à l'avant et d'un cadre où placer le support sensible à l'arrière, permettaient de voir ce que voyait la lentille, soit sur un écran à l'arrière, soit par une petite fenêtre à volet au sommet. On a soutenu que les améliorations ultérieures se réduisirent à des perfectionnements de ce système primitif, mais c'est laisser de côté nombre d'innovations importantes, dont l'**obturateur**, le **rouleau de pellicule** et l'appareil reflex à un seul objectif (parfois baptisé SLR, *Single Lens Reflex*), qui répondaient à des attentes du public.

La lenteur du développement du reflex mono-objectif illustre parfaitement l'interaction entre la technologie et les besoins de la société. Quand les appareils étaient lourds et encombrants, montés sur des pieds, le reflex n'intéressait pas grand monde, car les mouvements du boîtier étaient si lents qu'il importait peu de voir exactement ce que cadrait la lentille : des viseurs sommaires suffisaient. Lorsque les appareils rétrécirent, ils furent parfois équipés de deux lentilles, comme le célèbre Rolleiflex moyen format : l'une dirigeait l'image sur un écran de visée en haut de l'appareil, l'autre projetait une image légèrement différente sur la pellicule. On les appelait des reflex bi-objectifs (TLR, *Twin Lens Reflex*) ; ils se tenaient à la hauteur de la taille, le photographe ne regardait pas la scène, mais son viseur, vers le bas. Avec les progrès de la miniaturisation, appelés par le développement du **photojournalisme** et de la photographie touristique, les appareils devinrent plus légers. Joints à l'amélioration des objectifs et des obturateurs, ces perfectionnements libérèrent de l'obligation de porter un pied. Équipé de ces petits appareils photo, on pouvait travailler plus discrètement sur les lieux de l'action. Restait cependant la question du cadrage et de la mise au point. De fait, la miniaturisation des appareils changea le rapport à la scène : on cessa de tenir l'appareil contre son ventre pour le porter à son œil.

Nombre des premiers petits appareils professionnels, comme le Leica, étaient équipés de télémètres qui aidaient à régler la mise au point : un deuxième objectif donnait l'impression de voir deux images distinctes, jusqu'à ce qu'en réglant la bague, elles se recouvrent. Malgré l'intérêt du télémètre, le photographe ne pouvait l'utiliser quand il avait l'œil sur l'objectif qui prenait le cliché. Le reflex à un seul objectif, en revanche, grâce à un système de prisme ou de miroir rétractable, offrait une image instantanée et fiable de ce que l'optique voyait. Il permettait de garder un œil sur la scène à prendre tout en se déplaçant et en choisissant d'autres angles de vue. Dès son apparition, dans les années 1930, il concurrença efficacement les télémètres. Après la Seconde Guerre mondiale, il s'imposa d'autant plus que la concurrence des divers fabricants avait abouti à des améliorations considérables et domina le marché à partir des années 1960. Les avancées techniques du reflex mono-objectif survivent dans bien des appareils numériques, à l'exception du rouleau de pellicule. ■

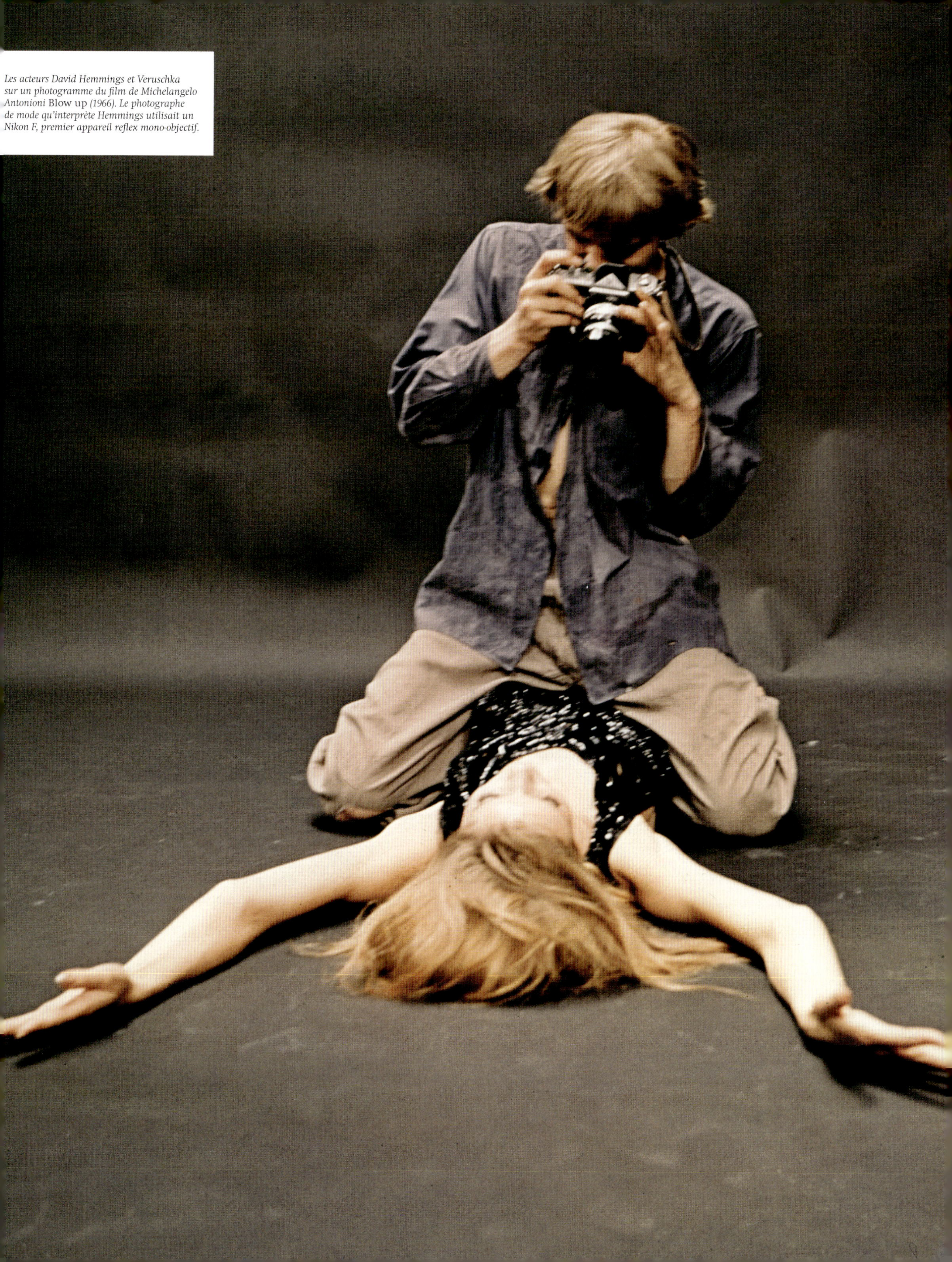

*Les acteurs David Hemmings et Veruschka sur un photogramme du film de Michelangelo Antonioni* Blow up *(1966). Le photographe de mode qu'interprète Hemmings utilisait un Nikon F, premier appareil reflex mono-objectif.*

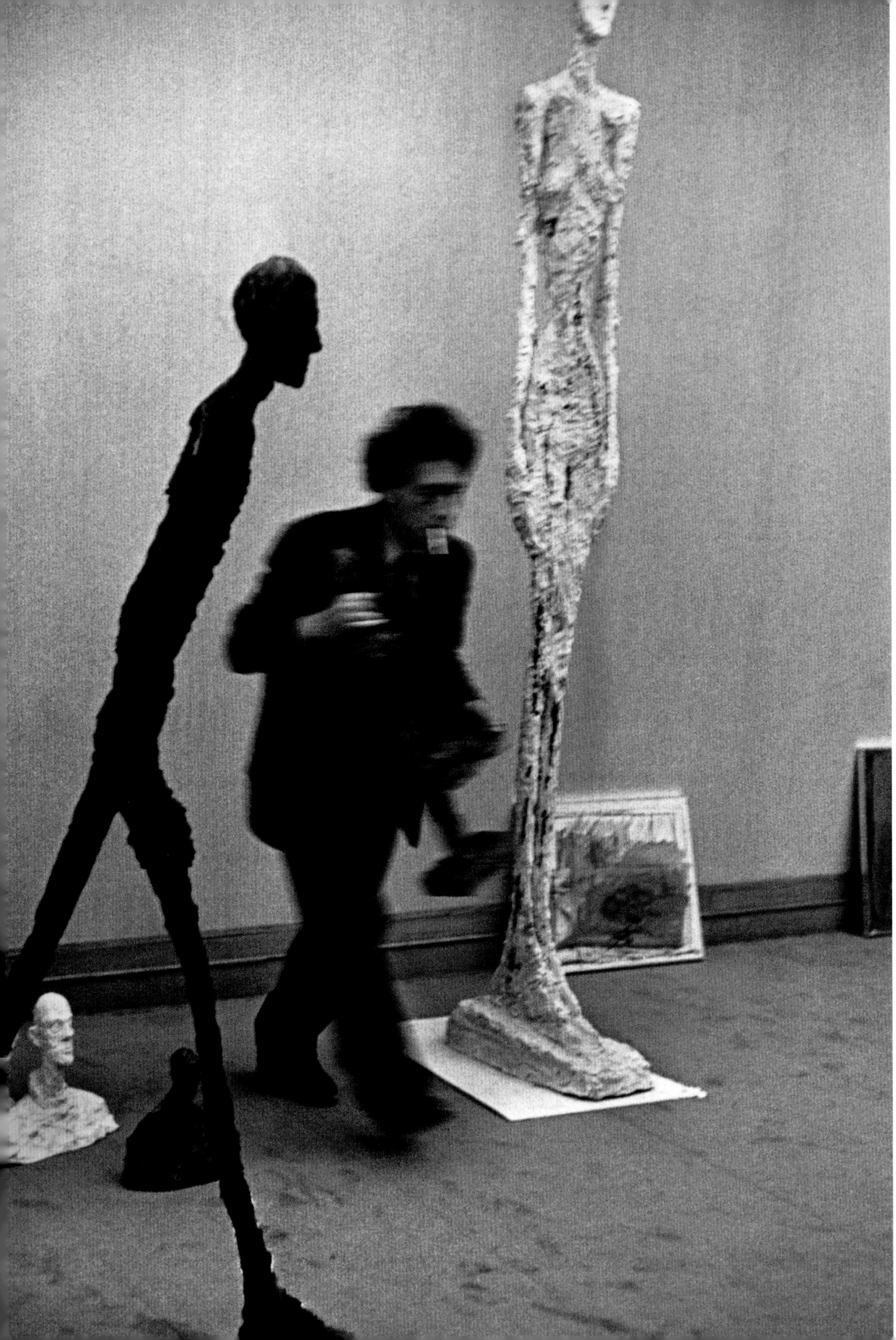

PAGE DE GAUCHE : *En 1961, Henri Cartier-Bresson représenta son ami le sculpteur Alberto Giacometti dans un mouvement qui reflète l'attitude de l'une de ses statues.*

CI-DESSOUS : *Sur ce cliché de 1930 intitulé* Liberia, *Martin Munkácsi saisit au vol le moment où trois garçons vont plonger dans la mer, dans des attitudes qui rappellent les Trois Grâces de la mythologie grecque.*

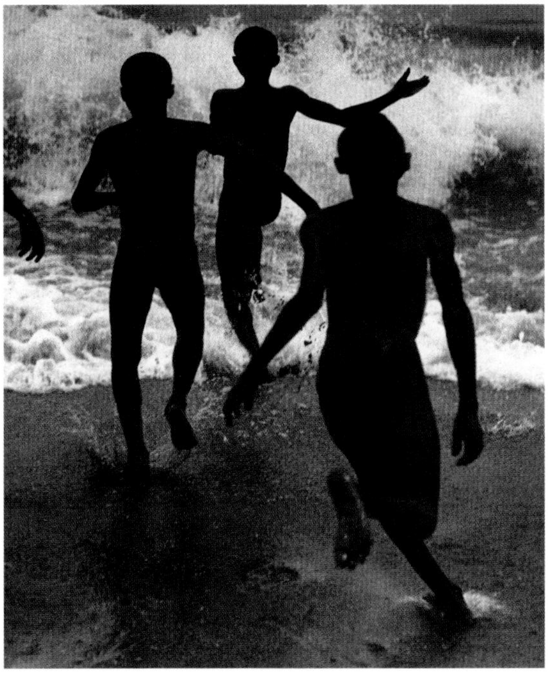

IDÉE N° 63

# L'INSTANT DÉCISIF

En inventant le concept de « l'instant décisif », Henri Cartier-Bresson offrit à la fois une description et un but : « Photographier, c'est dans un même instant et en une fraction de seconde reconnaître un fait et l'organisation rigoureuse de formes perçues visuellement qui expriment et signifient ce fait. »

À l'époque où Cartier-Bresson baptisa ce concept, il faisait déjà partie de la pratique des photojournalistes. Le **petit appareil photo** et le **rouleau de pellicule** qui pouvait être avancé rapidement pour passer au cliché suivant nourrirent la fringale d'images des lecteurs de la presse illustrée. Les **images de sport**, comme celles de Martin Munkácsi, figeaient l'action sur un instant révélateur, la montrant sous un angle inattendu. Il est intéressant de noter que Cartier-Bresson ne reconnut l'influence sur son travail que d'une seule photographie, un cliché de Munkácsi qui représente trois garçons se précipitant dans une vague : de manière involontaire, ils rappellent les poses des Trois Grâces. L'image communiqua à Cartier-Bresson l'intuition de « fixer l'éternité dans un instant ». Par ailleurs, l'idée de « l'instant décisif » s'enracinait dans les théories surréalistes (voir **surréalisme**), un mouvement que le photographe fréquentait à Paris. Le titre original du livre de Cartier-Bresson paru en 1952, *Images à la sauvette*, traduit en anglais « *The Decisive Moment* », rappelle la manière dont les surréalistes voulaient s'emparer des moments qui voient le « hasard objectif » intervenir dans le quotidien.

Pendant un temps, ce concept domina le travail de Cartier-Bresson. À la fois peintre, amoureux de la littérature, activiste politique, et photographe parmi les plus influents du XX$^{e}$ siècle, il faisait autorité et beaucoup d'imitateurs appliquèrent sa méthode, en particulier dans le **photojournalisme**. Comme « l'instant décisif » ne s'appliquait qu'à la photographie, il rehaussa sa dignité en la dotant d'une théorie prestigieuse et autonome.

Comme d'autres belles idées, le concept s'épuisa à force d'imitations médiocres. S'il offrait des images de couvertures magnifiques, il laissait peu de place au récit ou à l'expérimentation. Pourtant, même à son déclin, son influence restait telle qu'il devint le modèle contre lequel il fallait s'affirmer. L'œuvre célèbre de Robert Frank *The Americans* (1959) construit des va-et-vient entre des instants décisifs et des instants banals, et propose des juxtapositions brouillées qui ne fournissent que des impressions indistinctes, au lieu des merveilles précisément ciselées préconisées par Cartier-Bresson. ■

# *Des fantômes dans l'appareil*

IDÉE N° 64

## EXPOSITIONS MULTIPLES

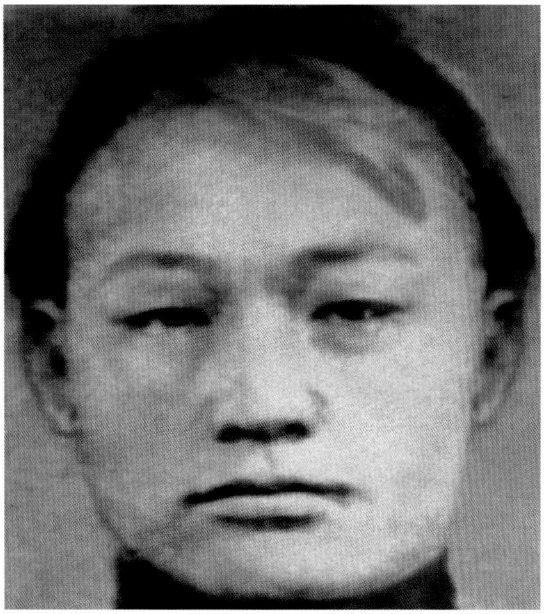

*La photographie composite de Nancy Burson baptisée* Mankind *(« L'espèce humaine », 1983-1984) fut réalisée avec un ordinateur. Elle superpose des visages d'Asiatiques, d'Occidentaux et de Noirs, en respectant leur proportion statistique de l'époque.*

Pour réaliser une double exposition en photographie argentique, on expose brièvement un support sensible à un sujet, puis à un autre. L'image qui en résulte est correctement exposée et superpose des éléments des deux sujets. Les expositions multiples créent souvent un effet d'étrangeté et de mystère.

La première exposition multiple fut très certainement due à une erreur de manipulation, mais cette technique purement photographique, absente des autres arts, trouva sa place dans des contextes variés, scientifiques, artistiques ou comiques. Elle permettait de truquer des clichés humoristiques, de photographier des spectres ou d'autres types d'apparitions. Beaucoup de photographes de studio s'en firent une spécialité. Le public appréciait le procédé puisqu'il permettait de juxtaposer un portrait de face et un portrait de profil, sans la ligne de séparation qu'auraient laissée deux développements séparés. Lorsqu'il avait été correctement exposé et tiré, l'assemblage révélait les ressemblances familiales avec une efficacité qui paraissait surnaturelle.

Les expositions multiples furent aussi pratiquées par des photographes qui pensaient, en multipliant les interventions manuelles sur l'image, se hisser au niveau des peintres et autres artistes. À l'époque victorienne, Oscar Rejlander et Henry Peach Robinson se donnèrent du mal pour combiner des images dont il fallait développer les différents éléments un à un, à partir de plusieurs négatifs. Le généticien Francis Galton, qui pensait que les criminels possédaient des traits physiques repérables, conçut un système à expositions multiples qui superposait des visages de délinquants pour révéler l'oreille typique du meurtrier ou le sourcil du voleur.

Quand les négatifs devinrent transparents et les agrandisseurs plus fiables, la fabrication d'expositions multiples ne se passa plus dans l'appareil, mais dans le laboratoire de développement. Si le procédé s'est débarrassé de ses tendances moralisatrices ou pseudo-scientifiques, il est resté associé aux trucages ludiques. Il fit les beaux jours de magazines illustrés tels que *Life* qui en publièrent régulièrement, dont une image de Marcel Duchamp descendant un escalier qui ressemblait à celui qui figure sur son célèbre nu, ou bien une femme qui sautait à la corde en sous-vêtements Playtex de Gjon Mili. La photographie publicitaire l'utilisa aussi, avec des clichés qui superposaient « l'avant » et « l'après ».

Stimuler l'esprit en perturbant la vision était une idée qui séduisait les surréalistes et ceux-ci popularisèrent les expositions multiples : Man Ray et Herbert Bayer en particulier exploitèrent dans les années 1920 les effets étranges qu'elles permettaient. Parmi les contemporains, Jerry Uelsmann, virtuose de l'agrandisseur, produit des images complexes à partir de ce qu'il appelle un « sandwich » de négatifs.

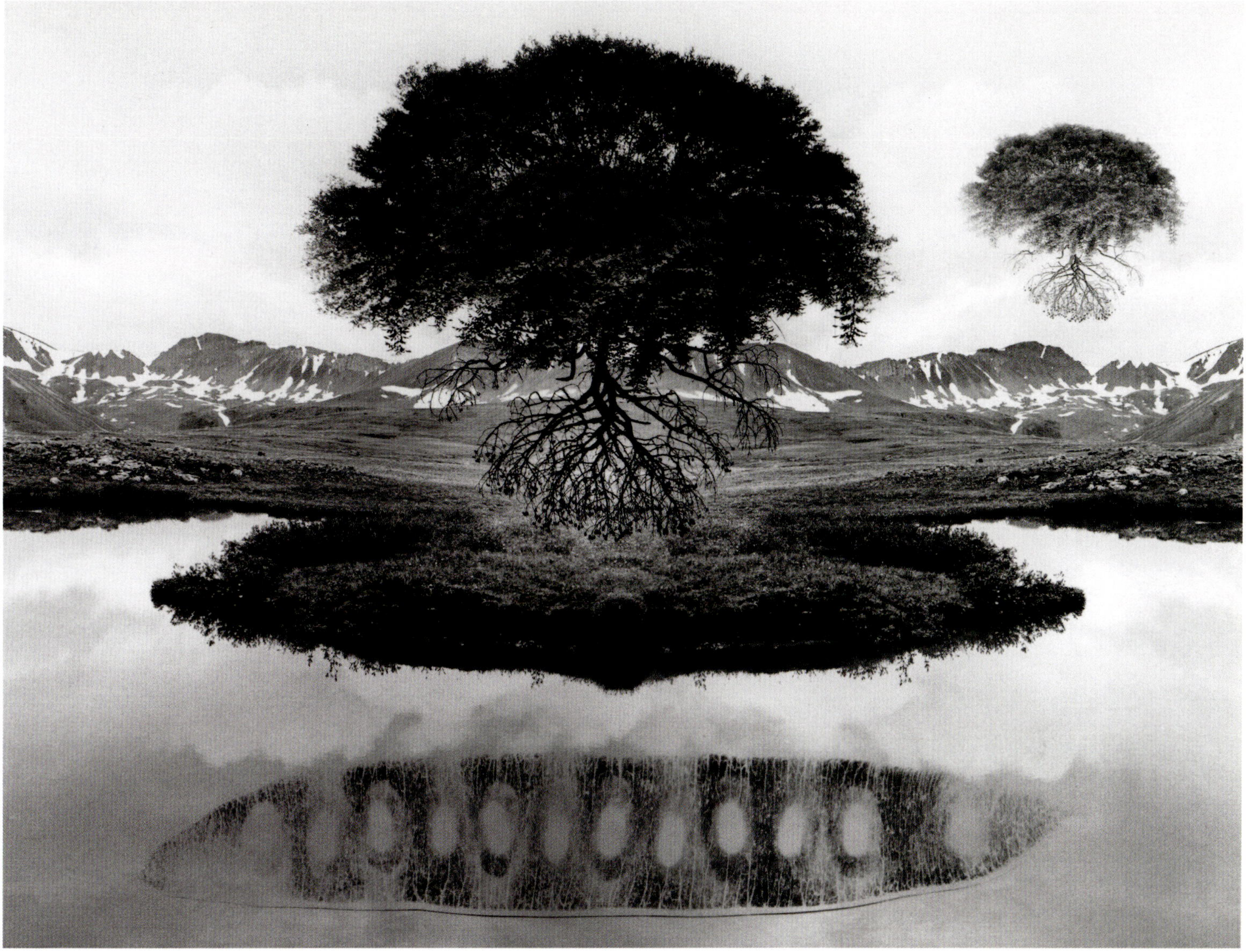

Les logiciels numériques ont simplifié l'assemblage d'expositions multiples, mais Uelsmann, comme ses prédécesseurs Rejlander et Robinson, préfère les techniques manuelles pour réaliser ses visions. ■

CI-DESSUS : *Jerry Uelsmann, auteur de ce paysage sans titre avec un arbre flottant de 1969, propose des photographies étranges de séduisants univers parallèles.*

À DROITE : *Charles F. Bracy utilisa sans doute un type d'appareil qui lui permettait une double exposition pour réaliser l'image jumelle de ce petit garçon habillé comme le* Petit Lord Fauntleroy *du roman de 1886.*

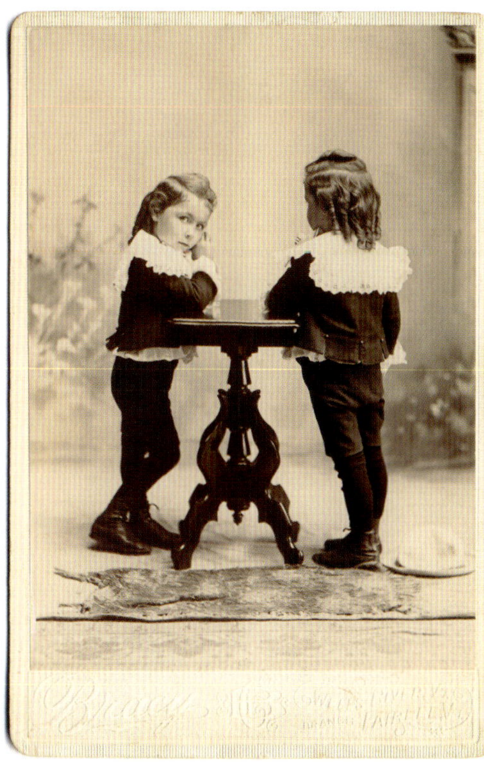

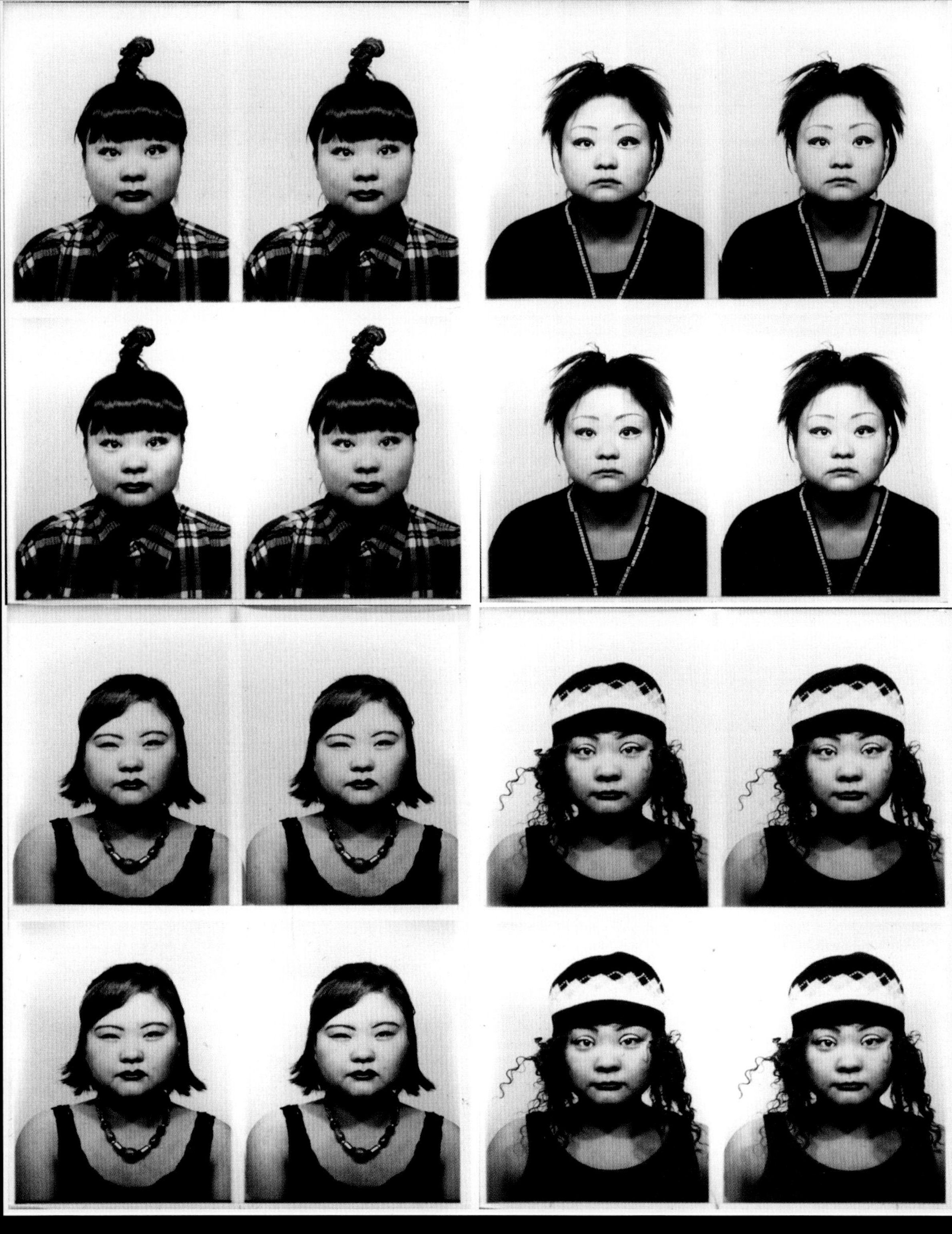

*Le photomaton a joué un rôle central dans la création artistique de Tomoko Sawada. Pour sa série* ID400 *(« Identité 400 »), produite entre 1998 et 2001, elle posa sous des apparences différentes pour souligner la fragilité de la notion d'identité.*

# Fermez le rideau, appuyez sur le bouton

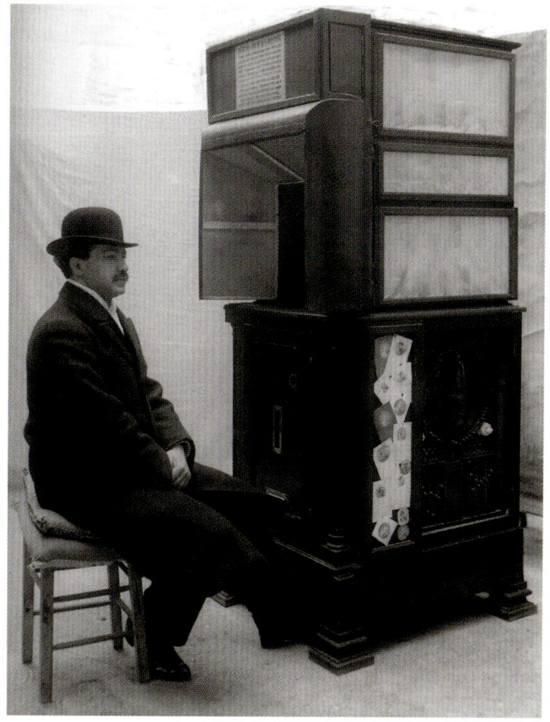

CI-DESSUS : *L'inventeur anglais H. A. Wolff et son financeur, M. Ashton, inventèrent un appareil photographique à pièces dès la fin des années 1910.*

IDÉE Nº 65

## LE PHOTOMATON

Dès l'origine, la photographie fut perçue comme un procédé de création d'images automatisé. Certes, l'idée faisait débat, mais l'intervention humaine disparut entièrement lorsqu'on inventa le photomaton, nouvel espace social où les portraits étaient bon marché, qui offrait un semblant d'intimité et – cela a son importance – ne produisait pas de négatifs.

La photographie, à côté de ses autres fonctions, a toujours servi à affirmer la personnalité du modèle. De la **photo-carte** à Facebook, l'image exprime nos désirs et nos fantasmes. Le photomaton offrait un espace clos où réaliser ses caprices de manière plus ou moins expansive. L'Exposition universelle de 1889, à Paris, présenta un automate qui réalisait des photographies, conçu par Ernest Enjalbert, déjà inventeur du photo-revolver, mais ce fut l'apparition de la marque Photomaton, dans les années 1920, avec sa cabine équipée d'un appareil photo, qui lança définitivement cette tendance. À l'origine, des assistants aidaient les clients à s'installer, mais ils disparurent bientôt, et l'on se retrouva seul dans sa cabine derrière le rideau. Après quelques éclairs, une bande de six ou huit clichés sortait d'une fente, en général placée à l'extérieur de la machine. Comme les distributeurs de nourriture à pièces apparus à la fin du XIXe siècle, le photomaton s'imposa aux États-Unis pendant la crise de 1929. Les deux machines étaient peu chères, amusantes et délivraient une jouissance égoïste.

Si dans certains pays, en Europe en particulier, le photomaton servait à réaliser des clichés d'identité pour les papiers officiels, il permettait aussi de créer des portraits beaucoup moins standardisés. L'espace clos de la cabine offrait un lieu utopique où l'on pouvait jouer, sans crainte d'être vu ou puni. Comme le modèle bénéficiait de plusieurs poses, il pouvait varier son allure. Mieux encore, les photomatons produisaient des **images en positif direct**, sans négatifs. Ce qui se passait dans la cabine n'y restait donc pas enregistré.

Son rideau, son installation dans des lieux de divertissement tels que les parcs d'attractions, les foires ou les cinémas lui donnaient un aspect récréatif. Dans les bazars, en revanche, les photomatons n'avaient pas de rideaux, ce qui accordait moins de liberté. Aujourd'hui, le photomaton est devenu numérique et il propose au client des fonds variés et des accessoires. Comme ses ancêtres, il s'abstient de garder une copie des images prises.

Son côté frivole et théâtral intéressa les artistes un peu voyeurs ou exhibitionnistes. Plusieurs surréalistes tirèrent leur portrait dans des photomatons et René Magritte en assembla dans son œuvre de 1929 *Je ne vois pas la [femme] cachée dans la forêt* (voir p. 173). Il joua également un grand rôle à la Factory, où Andy Warhol l'utilisait afin de détendre ses modèles avant de recourir à d'autres techniques pour faire leur portrait. Le photomaton lui permit aussi de fabriquer des images qui servirent de matériau de base à des créations plastiques. ■

CI-DESSOUS : *Partout au Japon, on trouve des boutiques de photomatons où l'on peut tirer son portrait, mais aussi le retoucher numériquement. Celle-ci, baptisée Purikura, se trouve à Kyôto.*

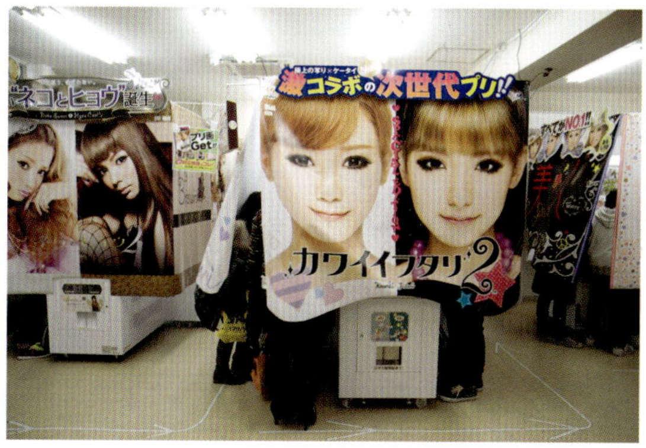

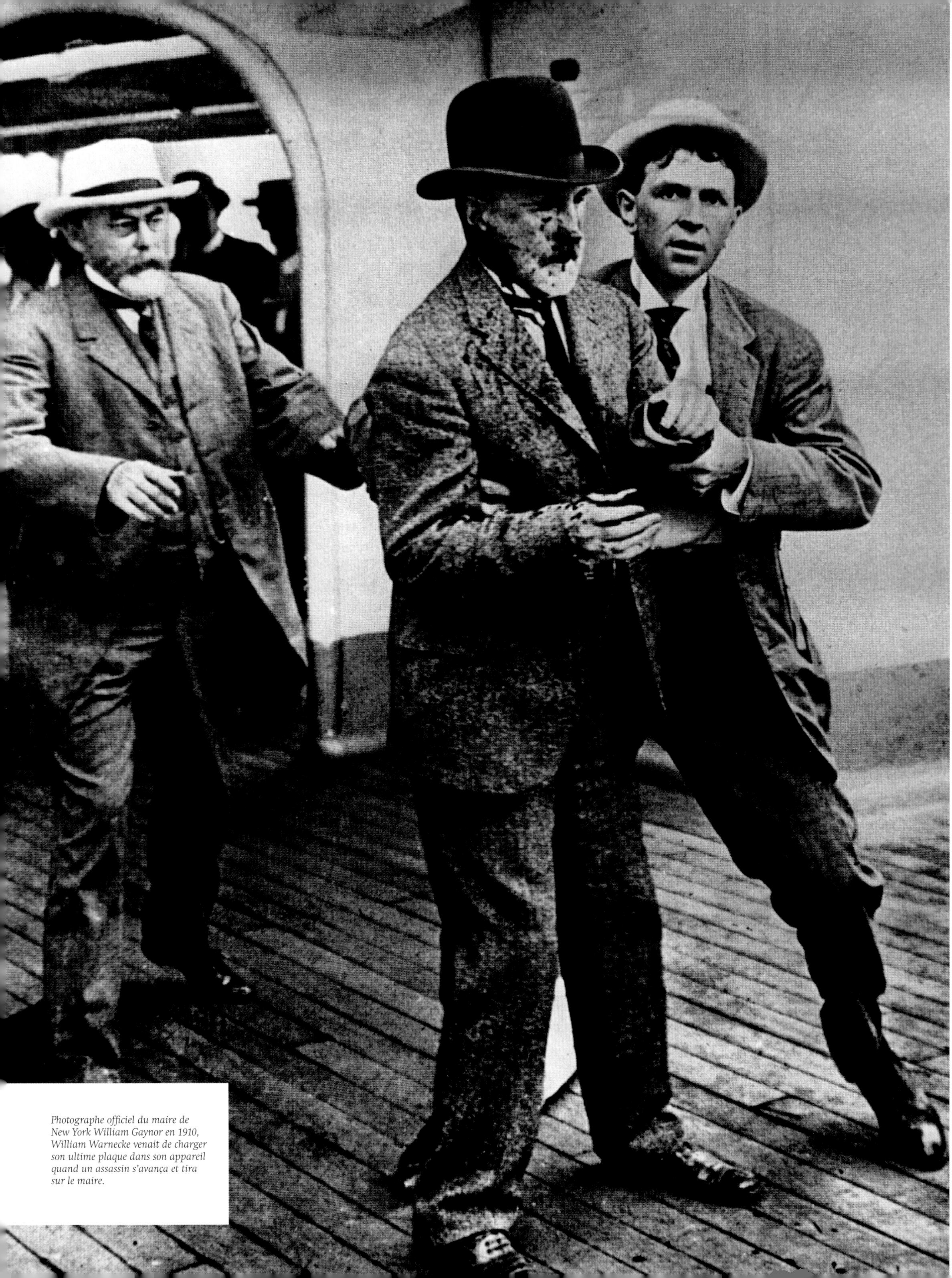

*Photographe officiel du maire de New York William Gaynor en 1910, William Warnecke venait de charger son ultime plaque dans son appareil quand un assassin s'avança et tira sur le maire.*

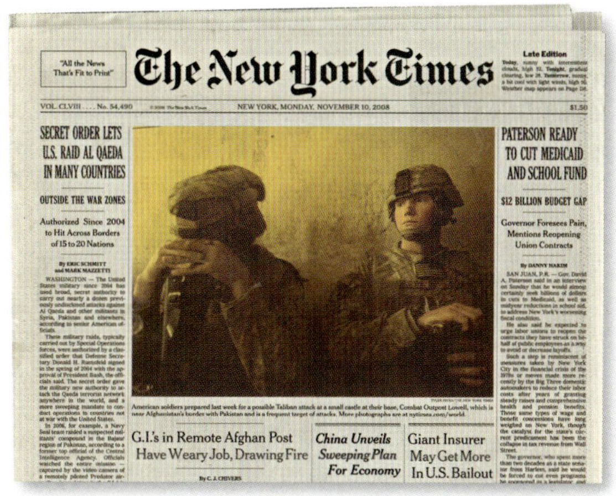
"All the News That's Fit to Print"

The New York Times

Late Edition

VOL. CLVIII . . . . No. 54,490 — NEW YORK, MONDAY, NOVEMBER 10, 2008 — $1.50

SECRET ORDER LETS U.S. RAID AL QAEDA IN MANY COUNTRIES

OUTSIDE THE WAR ZONES

Authorized Since 2004 to Hit Across Borders of 15 to 20 Nations

PATERSON READY TO CUT MEDICAID AND SCHOOL FUND

$12 BILLION BUDGET GAP

Governor Foresees Pain, Mentions Reopening Union Contracts

American soldiers prepared last week for a possible Taliban attack at a small castle at their base, Combat Outpost Lowell, which is near Afghanistan's border with Pakistan and is a frequent target of attacks. More photographs are at nytimes.com/world.

G.I.'s in Remote Afghan Post Have Weary Job, Drawing Fire

China Unveils Sweeping Plan For Economy

Giant Insurer May Get More In U.S. Bailout

IDÉE N° 66

# LE PHOTOJOURNALISME

CI-DESSUS : *L'impression numérique en couleurs et un meilleur contrôle sur la publication de ses images permirent à Tyler Hicks de combiner iconographie de l'actualité et ambiances chromatiques évocatrices.*

CI-DESSOUS : *Steven L. Raymer cadre son image sur cette petite fille entourée par une foule affamée qui attend une distribution de nourriture pendant la famine de 1975 au Bangladesh.*

**Au cours du XXe siècle, les photographes jouèrent un rôle de plus en plus important dans la presse et ils durent s'adapter aux innovations technologiques ainsi qu'à une consommation d'images effrénée.**

Même si la presse recourut à la photographie dès le milieu du XIXe siècle et si l'on connaissait déjà la pratique du reportage, le mot « photojournaliste » n'apparut qu'en 1938, pour désigner l'Allemand Alfred Eisenstaedt, dont les images sur la montée du nazisme étaient aussi efficaces que des mots. Eisenstaedt avait d'ailleurs préfiguré cette dénomination en se baptisant « reporter photographe d'actualité ».

Le début du XXe siècle vit le développement de plusieurs types de photojournalisme, chacun doté de son propre langage visuel. Il y avait tout d'abord un style neutre, dont la règle unique était de se trouver au bon endroit au bon moment. Ainsi, la composition de *The Shooting of Mayor Gaynor* (« Tentative d'assassinat du maire Gaynor »), du New-Yorkais William Warnecke, avec sa pente légère, le mélange de stupéfaction et d'irritation sur le visage de l'homme qui soutient le maire, relève de l'accident et confirme que l'image a bien été prise dans l'instant. Les compositions désordonnées et les visages choqués devinrent les éléments d'un style qui garantissait l'authenticité d'une image. Par opposition, les photojournalistes des magazines développèrent une syntaxe plus moderne qui recourait à des lignes géométriques, à des cadrages inédits et à des noirs et blancs volontairement contrastés, qui suggéraient une vérité sous-jacente et témoignaient que le photographe ne se contentait pas de reproduire les faits, mais les interprétait.

La théorie de « **l'instant décisif** » marqua une nouvelle évolution du photojournalisme moderne, en s'intéressant aux instants magiques où la vision et l'information entraient en collision.

Ce mariage de l'art et des idées contribua à l'apparition du reportage photographique qui fit les belles heures des magazines européens et américains, avant la crise que provoqua la télévision. Ces reportages consistaient en une série de clichés accompagnés d'un texte minimal. Si les images suffisaient à raconter une histoire, alors leurs créateurs étaient de véritables auteurs, seuls dotés du pouvoir de modifier, d'ordonner leurs séquences et même d'écrire les textes qui les accompagnaient. En tant qu'auteurs, des gens comme W. Eugene Smith exigeaient un contrôle créatif total sur leur travail et certains rédacteurs en chef les écartèrent de leurs magazines pour cette raison. La vocation de certaines **agences photographiques** consistait à donner à leurs membres davantage de maîtrise sur leurs missions et sur la présentation de leurs travaux. L'élévation des photojournalistes au statut d'artiste leur ouvrit les portes des galeries d'exposition et des musées.

Les années 1960 virent le triomphe de la télévision en noir et blanc, en particulier en Amérique du Nord. Les magazines ripostèrent à cette concurrence en multipliant les clichés d'actualité en couleurs. Les reportages approfondis laissèrent place à des images d'événements récents. Ce domaine connut une dernière révolution dans les années 1990 avec l'ensemble constitué par la photographie numérique, la transmission sans fil et l'impression numérique des journaux. ■

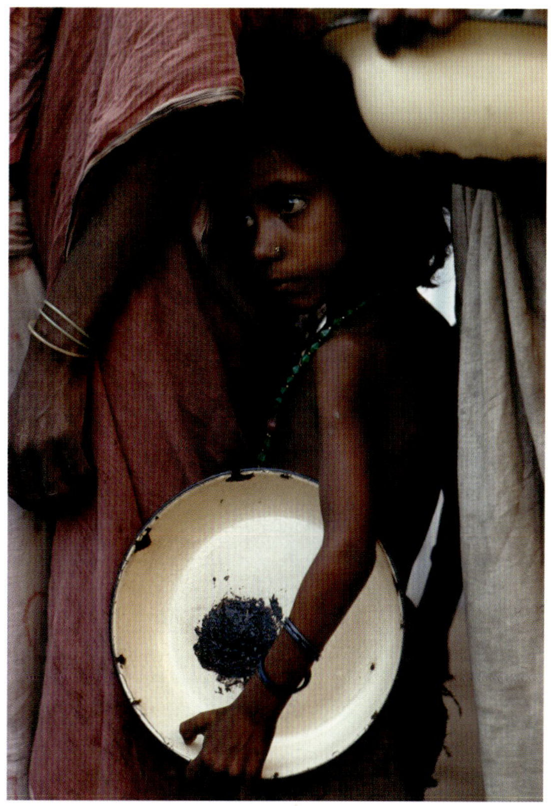

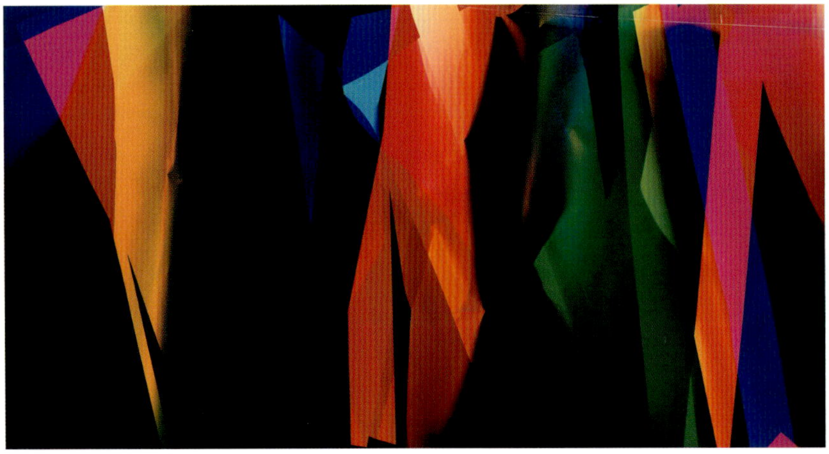

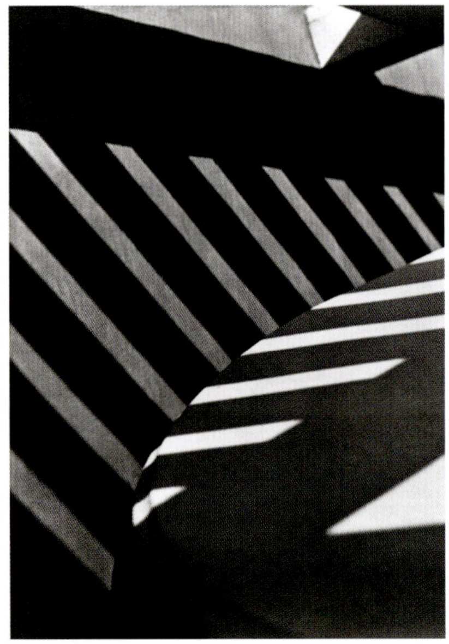

À GAUCHE : *Le* Six Color Curl *(« Torsion de six couleurs, 2008 ») de Walead Beshty est un gros plan de constructions en papier sensible exposées à des lumières colorées.*

CI-DESSUS : *Paul Strand renverse la réalité avec cette image de 1916 :* Abstraction, Porch Shadows, Connecticut *(« Abstraction, ombres de pergola, Connecticut »).*

IDÉE N° 67

# L'ABSTRACTION

**La photographie peut-elle créer des images au sens le plus large, plutôt que de se contenter de reproduire ce que voit l'œil ? La question s'imposa au début du XX^e siècle, au moment où elle fut confrontée à l'art non figuratif, et un nouveau type de photographie d'art apparut.**

Alors que la plus grande partie de l'histoire de la photographie semble se résumer à une évolution vers un réalisme optique de plus en plus parfait, l'expérimentation avec un agrandisseur (voir **agrandissement**), un **obturateur** ou avec l'anneau de réglage de la **mise au point** contribua à l'émergence d'une photographie non figurative. La finalité du procédé cessa d'être unique, et son évolution devint moins linéaire, au fur et à mesure que s'ouvraient de nouvelles possibilités, dont celle de l'abstraction.

L'une des toutes premières expériences abstraites fut réalisée par Alvin Landgon Coburn qui posa la question suivante : « Pourquoi l'appareil photo ne se libérerait-il pas des chaînes qui entravent la représentation contemporaine ? » Intéressé par le vorticisme, un courant artistique qui souhaitait dynamiser la rigidité du cubisme, Coburn construisit une sorte de kaléidoscope qu'il baptisa « Vortoscope ». À partir d'« **expositions multiples** », il créa des images qui évoquaient des insectes transparents et agités. Ses tentatives s'intercalaient parmi d'autres, moins isolées, qui mettaient en relief les formes géométriques de l'environnement urbain quotidien, ponts ou réverbères. Il existait depuis le début du XX^e siècle un autre procédé, plus répandu et encore pratiqué aujourd'hui, qui poussait les images jusqu'à les rendre presque inidentifiables, en jouant avec la capacité du spectateur à les accepter en tant qu'énigmes ou en tant qu'abstractions, puisqu'il ne pouvait plus savoir exactement quel objet réel leur avait donné naissance. Paul Strand, qui pratiqua ce type d'images, décrivait la photographie comme « de l'objectivité organisée ». Les cadrages resserrés et aplatis de ses *Porch Shadows* (« Ombres de pergola ») créent ainsi des puzzles de motifs répétitifs.

Du début du XX^e siècle jusqu'à nos jours, la photographie a réfléchi aux limites du réalisme et tenté de s'en libérer, pour s'intéresser aux jeux géométriques en deux dimensions. Dans sa chambre noire, Lotte Jacobi produisit des abstractions qu'elle appelait des *Photogenics* et qui résultaient du dessin tracé par une lampe stylo ou par une bougie sur du papier sensible.

Le penchant de la photographie pour l'abstraction devint un trait permanent, y compris quand la couleur puis le numérique s'imposèrent. Si les images de Lotte Jacobi semblent parfois réalisées à partir d'objets en papier, nombre de clichés d'allure abstraite de Walead Beshty utilisent réellement ce matériau. Il tord et sculpte du papier sensible puis expose les surfaces ainsi créées à de la lumière colorée. Cependant, si l'on veut être précis, ces gros plans pris dans une lumière vive, proches du travail de Paul Strand, ne sont pas réellement des abstractions. Comme Strand, Beshty s'emploie à explorer les possibilités offertes par la photographie et ses images constituent de séduisants produits dérivés. ■

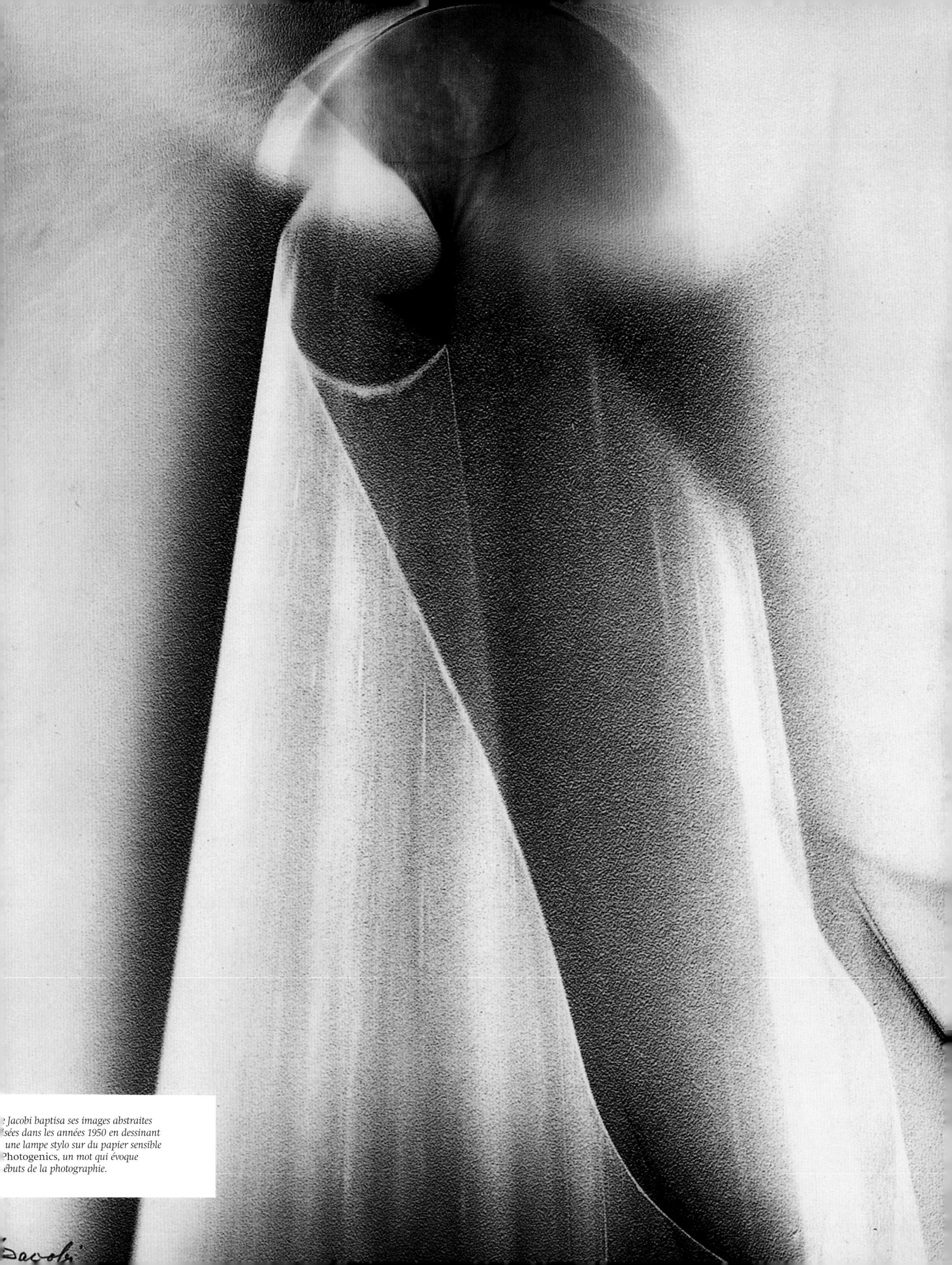

: Jacobi baptisa ses images abstraites
sées dans les années 1950 en dessinant
une lampe stylo sur du papier sensible
Photogenics, un mot qui évoque
ébuts de la photographie.

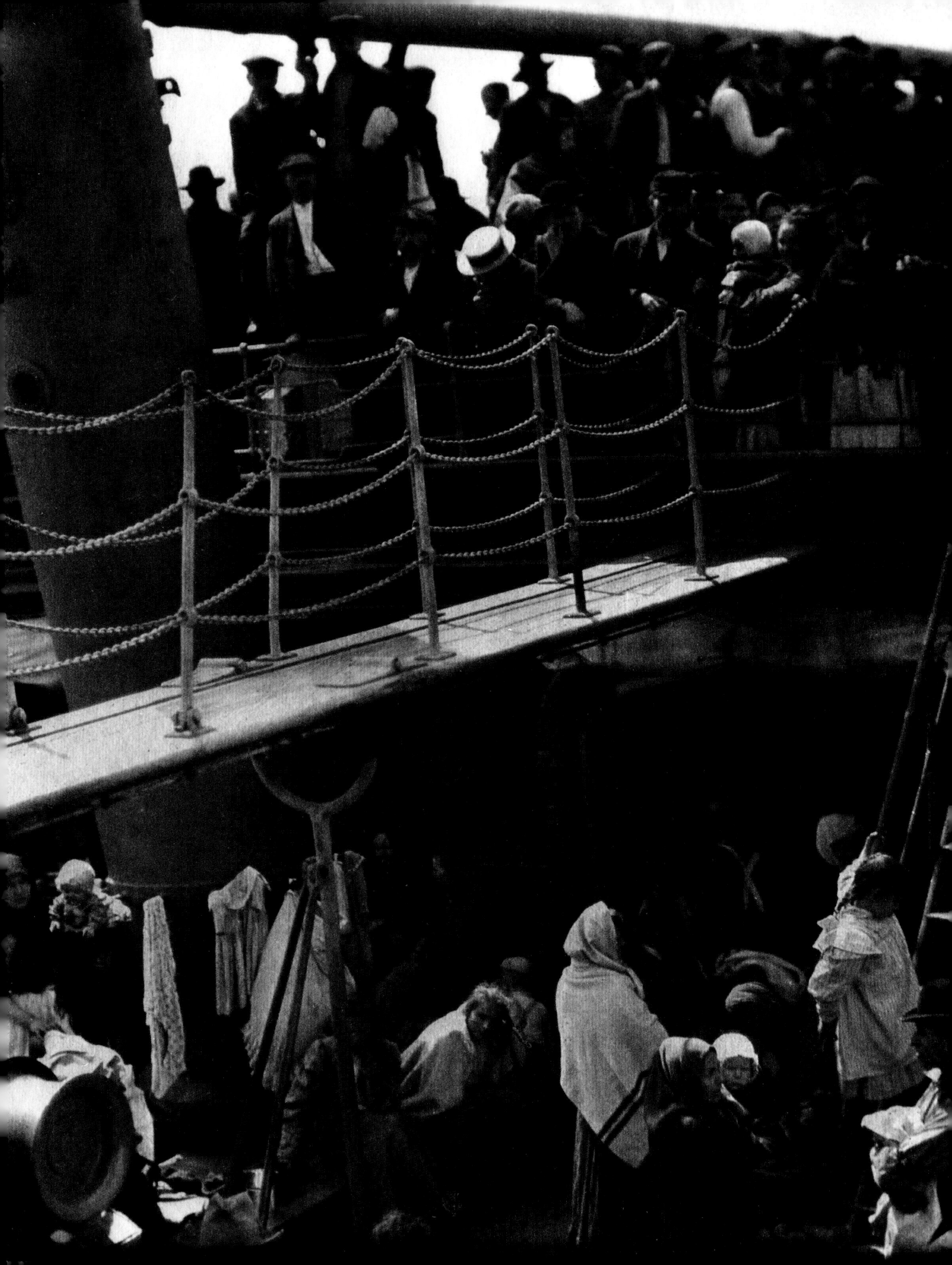

IDÉE N° 68

# STRAIGHT PHOTOGRAPHY

Le critique du début du XX^e^ siècle Sadakichi Hartmann avança l'idée percutante que la force visuelle du procédé s'était diluée dans les brumes du pictorialisme et proposa un retour à la photographie pure et simple, la *Straight Photography*.

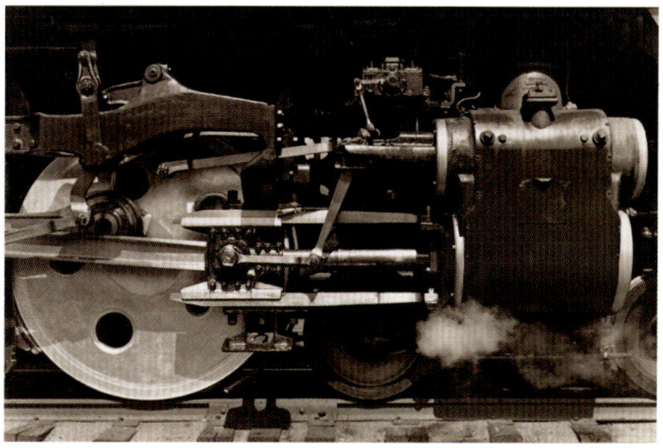

PAGE DE GAUCHE : *Quand Alfred Stieglitz raconta la création de sa célèbre photographie de 1907,* The Steerage *(« La troisième classe »), il expliqua que les formes géométriques de la scène se combinaient pour exprimer sa perception de l'existence.*

CI-DESSUS : *La photographie* Wheels *(« Roues ») réalisée par Charles Sheeler en 1939 traite à la fois de la locomotive et des formes géométriques qui la constituent.*

Au moment où elle réussissait à être reconnue par le monde de l'art, certains critiques se demandèrent si la photographie n'avait pas vendu son âme pour y parvenir. Pourquoi l'image photographique devait-elle imiter les autres arts et perdre sa spécificité ? En 1904, le critique américain d'origine japonaise élevé en Allemagne Sadakichi Hartmann, qui, bien qu'il ne fût pas photographe lui-même, avait une compréhension aiguë de la pratique de son époque, posa la question en ces termes : les pictorialistes (voir **esthétique** et **gomme bichromatée**) ne desservaient-ils pas le procédé en l'édulcorant avec leurs flous artistiques ? Les différences entre les arts lui paraissaient légitimes et il inventa le terme de *Straight Photography*, pour promouvoir une forme de fidélité à un langage particulier, qui supposait de rompre avec la peinture et d'aller vers une image plus brute. Contrairement à ce que son nom pourrait laisser penser, la *Straight Photography* reposait sur un ensemble complexe de procédés : une mise au point plus précise que celle des pictorialistes, une prévisualisation des images pour éviter les recadrages, une attention particulière aux formes géométriques qui pouvaient apparaître au sein de la composition. Alfred Stieglitz, le fondateur de la **photo-sécession**, adopta l'expression et la critique du pictorialisme qu'elle sous-entendait. Selon Stieglitz, la photographie pure reposait sur l'acceptation des qualités inhérentes de cet art ainsi que sur la conscience de sa position parmi des courants modernes comme le cubisme.

Ce concept fournit à plusieurs générations une philosophie appuyée sur un faisceau de procédés autorisés. Il exerça une influence importante pendant toute la première moitié du XX^e^ siècle et marqua des œuvres dont les images de navires et de locomotives de Charles Sheeler ou les paysages graphiques de l'ouest des États-Unis d'Ansel Adams. Alors qu'elle est souvent considérée comme un courant essentiellement américain du début du XX^e^ siècle, la *Straight Photography* imposa son langage aux travaux documentaires jusqu'après la Seconde Guerre mondiale (voir **l'image et la chose**). Moins spirituelle que pratique, elle donna au **photojournalisme** sa syntaxe, en particulier au moment de l'essor de la **similigravure**. Malgré sa capacité à s'infiltrer partout, dans les journaux et dans les magazines, elle ne résolvait pas tous les problèmes. Elle était dépourvue des résonances symboliques qu'offraient des œuvres telles que les **séquences** de Minor White et limitait les aspirations à l'abstraction et la liberté d'expérimentation. Après la guerre, ce style se trouva ridiculisé par les images délibérément cyniques, d'allure improvisée, de photographes rebelles tels que Robert Frank (voir **esthétique de l'instantané**). ■

IDÉE N° 69

# LES APPAREILS POUR ENFANTS

Présenté par la publicité comme un appareil solide et peu coûteux destiné aux enfants, le Brownie de Kodak fut mis en vente en 1900. Sous différents modèles, il resta présent sur le marché pendant près de quatre-vingts ans. Si le Brownie devint le symbole par excellence du cliché instantané, c'est sans doute parce que les photographes qui l'utilisaient n'étaient pas tous des enfants.

Une campagne publicitaire qui suggérait que leur maniement était si facile qu'un enfant réussirait à s'en servir lança les premiers appareils Brownie. Sur les images, l'appareil était entouré de petits personnages, des *brownies*, autrement dit des lutins domestiques mâles dotés d'étranges antennes, de longues pattes et d'abdomens qui rappelaient ceux des insectes. Apparus dans les magazines et dans les livres pour enfants des années 1880, ils étaient dessinés par Palmer Cox qui autorisa Kodak à les utiliser pour sa promotion.

Comme les premiers appareils Kodak, dont le slogan était « Appuyez sur le bouton, nous faisons le reste », le Brownie pouvait être envoyé à la boutique ou directement chez le fabricant pour le développement et le tirage de ses six poses, où il était regarni en pellicule et renvoyé au consommateur. L'objectif sommaire ne convenait pas pour les gros plans, mais réussissait des images correctes à une distance d'un mètre ou deux ; on le tenait à hauteur de poitrine, contre le corps. La vitesse de l'obturateur compensait le fait que les enfants eussent du mal à rester immobiles. Il existait des modèles particuliers, le « Brownie Boy Scout » pour les garçons, le « Brownie Camp Fire Girl » pour les filles, et l'on pouvait s'inscrire au Brownie Camera Club of America qui possédait un règlement intérieur détaillé. Si les enfants d'aujourd'hui savent photographier avec un téléphone portable dès leur plus jeune âge, la pellicule de six poses devait suffire à leurs prédécesseurs, puisque cet appareil, plutôt primitif, plus ou moins automatique, connut une longue exploitation commerciale.

Certes, les qualités d'un bon appareil pour enfants ne diffèrent guère de celles d'un appareil destiné à un adulte qui apprécie la simplicité. Les parents utilisaient-ils l'appareil de leur rejeton ? Il est impossible d'en être sûr, mais, au fil du temps, le Brownie présenta des caractéristiques plus adultes. Certains modèles permettaient de réaliser des images stéréoscopiques ; le « Beau Brownie » possédait un séduisant design Art nouveau. La miniaturisation et des améliorations comme le flash (voir **lumière artificielle**) vinrent bientôt. Après la Seconde Guerre mondiale, le Brownie devint indubitablement un appareil pour adultes, comme en témoignent les vedettes qui le vantaient sur papier glacé et qui ne ressemblaient plus du tout à des lutins.

Si de nombreuses campagnes publicitaires ont promu les appareils pour enfants, la spécificité de la photographie enfantine reste encore à prouver. L'internationale des très jeunes photographes, née pendant les dernières années du XX<sup>e</sup> siècle, reposait sur l'idée que les enfants possèdent un point de vue bien à eux, capable de fasciner les adultes. Paradoxalement, ce sont des appareils pour adultes qu'ils se virent confier. ■

CI-DESSOUS : *Le Brownie N° 1 modèle B fut produit par l'Eastman Kodak Company avant la Première Guerre mondiale ; il était vendu pour un dollar.*

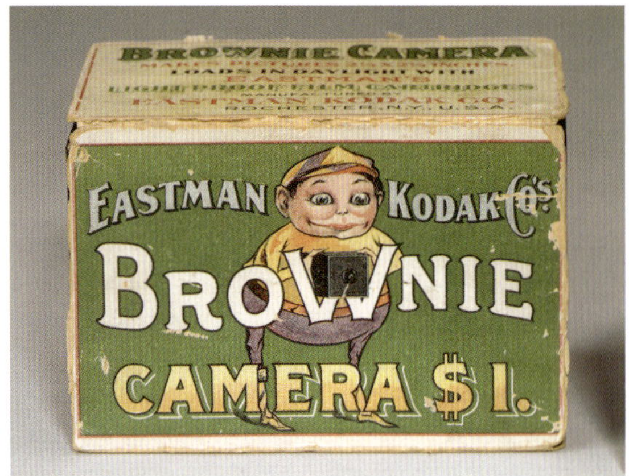


EN BAS : *Il existe des appareils Mickey comme ce Mick-A-Matic depuis les années 1950. Destiné aux enfants, il a parfois été détourné par des photographes d'art. (Reproduit avec l'autorisation de Disney Inc.)*

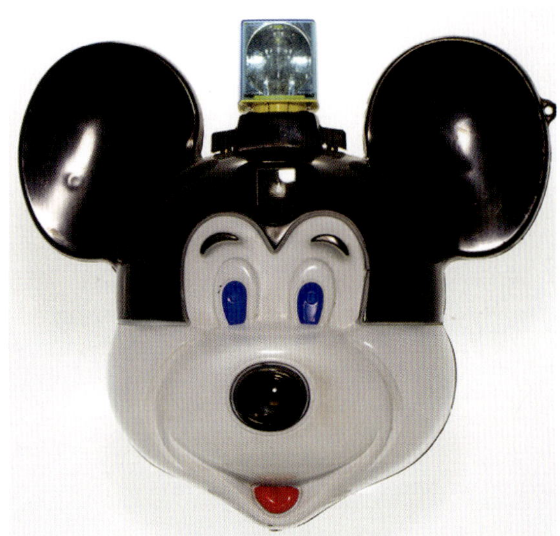

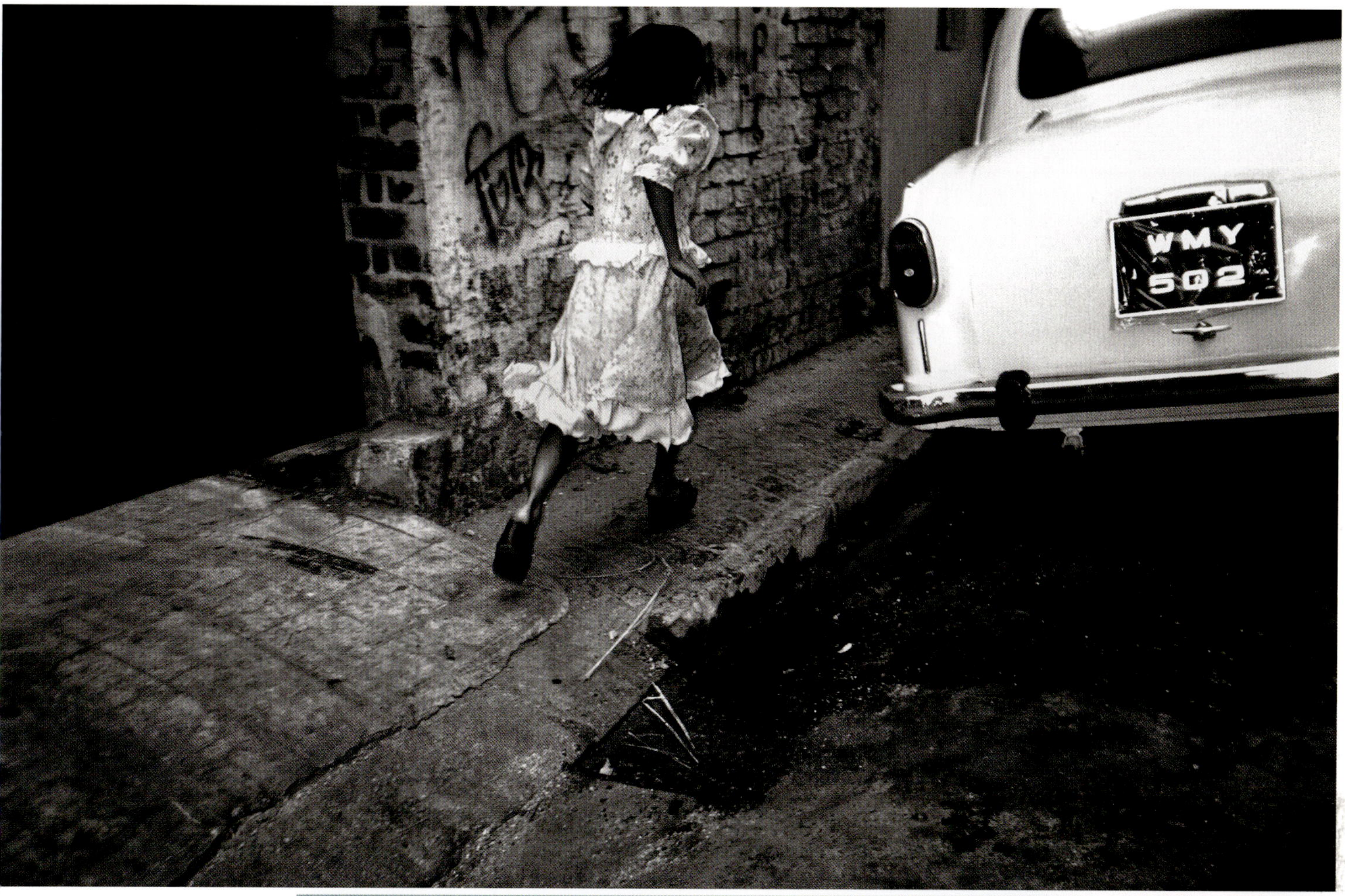


*Les enfants indiens du documentaire de 2004* Born into Brothels: Calcutta's Red Light Kids *(« Nés dans les bordels, les gamins du quartier chaud de Calcutta ») apprirent la photographie et décrivirent leur univers grâce à elle. Ils signèrent leurs œuvres de leur prénom. Ci-dessus, une image intitulée* Running *(« Course ») réalisée par Gour, treize ans. Ci-dessous,* Girl on a Roof *(« Fille sur un toit ») de Suchitra, quatorze ans.*

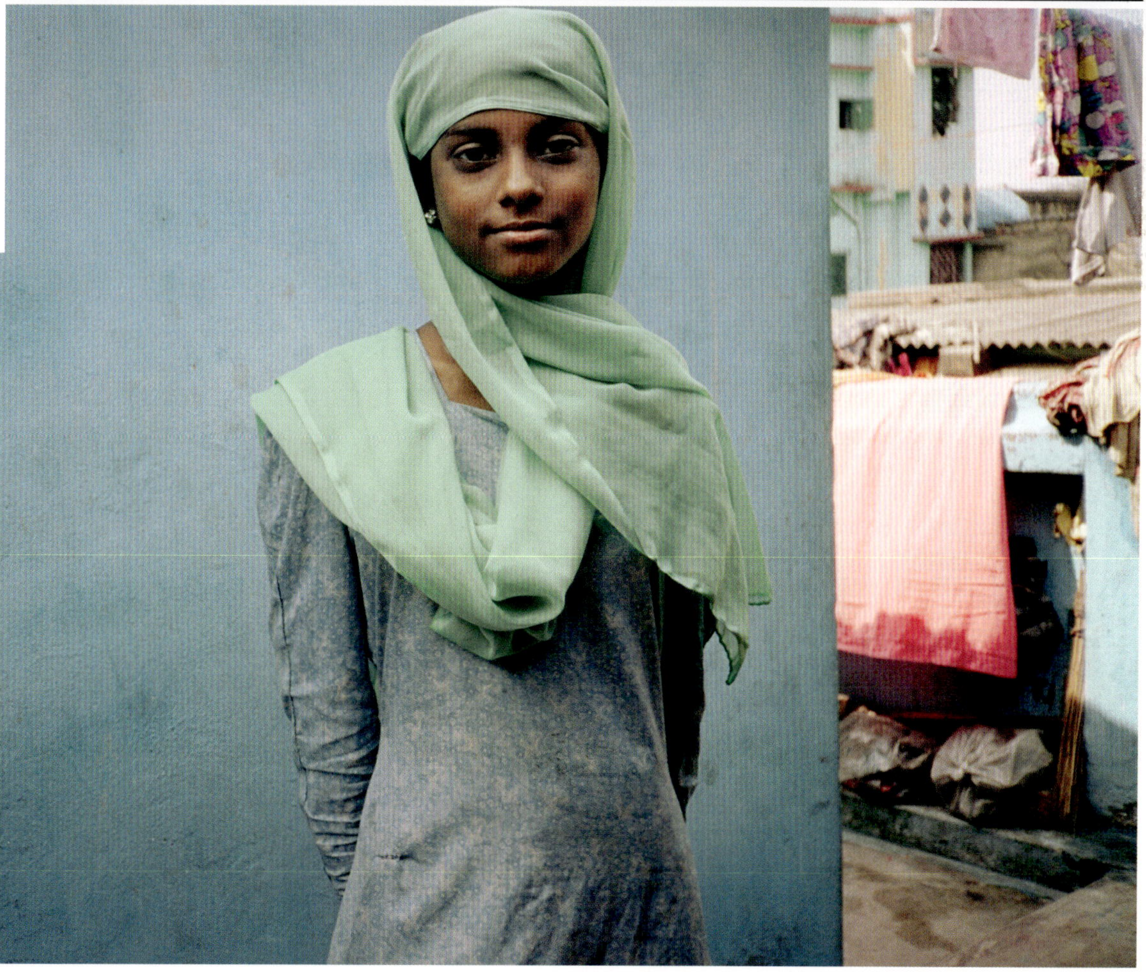

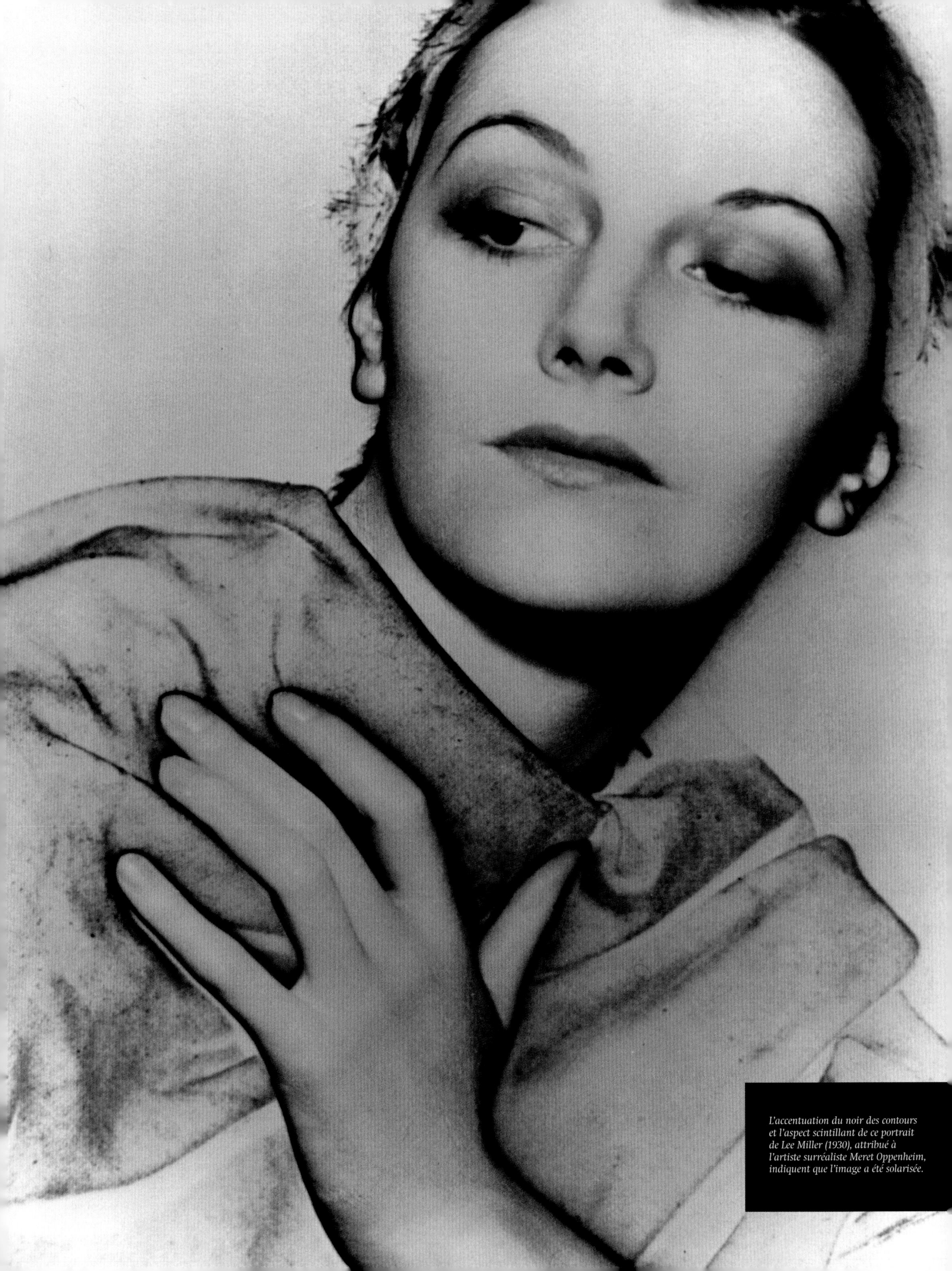

*L'accentuation du noir des contours et l'aspect scintillant de ce portrait de Lee Miller (1930), attribué à l'artiste surréaliste Meret Oppenheim, indiquent que l'image a été solarisée.*

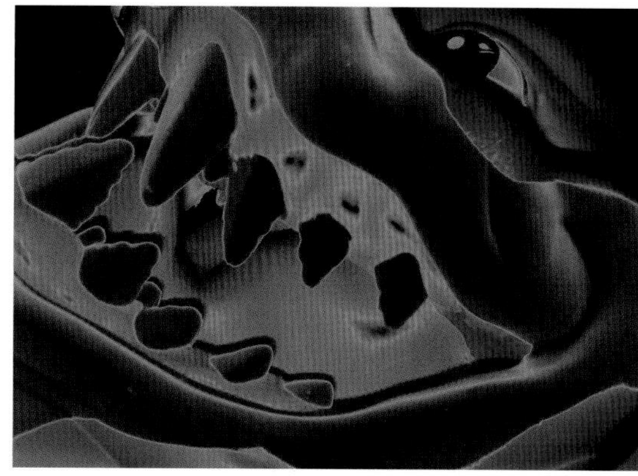

*Jaws* (« *Mâchoires* », *2006) de Peter Kent est un cliché numérique retravaillé sous Photoshop.*

IDÉE Nº 70

# LA SOLARISATION

Les erreurs des uns font le bonheur des autres. La solarisation, c'est-à-dire l'inversion des tons noirs et blancs d'une image, apparut quand on exposa par erreur un négatif à de la lumière blanche pendant le développement dans une pièce trop peu obscure. Mais il fallut attendre le début du XXe siècle pour que des photographes explorent ses capacités expressives.

Le phénomène fut remarqué dès les premiers daguerréotypes et attribué à une erreur dans le développement ou à une impureté dans les produits révélateurs. Les manuels de photographie proposaient une liste de contrôles à effectuer pour éviter son apparition.

La solarisation, qui était après tout une manifestation inhérente au médium, suscita la curiosité de quelques-uns des premiers photographes, mais son aspect et ses potentialités esthétiques ne s'imposèrent que dans les années 1930, époque à laquelle les surréalistes remarquèrent la manière dont elle transformait les endroits les plus banals en décors mystérieux et oniriques. Le caractère imprévisible et arbitraire qui avait contrarié les photographes du passé séduisit une nouvelle génération qui estimait que la photographie était essentiellement expérimentale. Ils trouvaient l'intervention du hasard stimulante, s'intéressaient au côté manuel de l'opération et à son aspect iconoclaste. La solarisation eut un effet libérateur sur la pratique, comme les libres associations d'idées auxquelles se livraient les surréalistes. Comme le dit Man Ray, la solarisation offrit la possibilité de réaliser une photographie qui n'était pas une photographie, c'est-à-dire ne constituait pas un décalque d'une expérience visuelle. Pour d'autres, comme Francis Bruguière, la solarisation réintroduisait la photo ou, en d'autres termes, la lumière dans la photographie, en éliminant les manipulations associées aux premiers temps du procédé. Il existait une technique légèrement différente, baptisée « l'effet Sabatier », en hommage au médecin français Armand Sabatier qui le décrivit en 1860, après avoir constaté l'effet de la lumière sur une plaque au collodion. Le résultat ressemblait à la solarisation, mais intervenait au moment du développement. Si ces deux formes de surexposition diffèrent, le mot « solarisation » désigne l'un ou l'autre des procédés.

La solarisation se montra particulièrement adaptée à la réalisation de portraits. Man Ray par exemple y recourut largement pour transformer ses modèles en spectres languissants et exotiques. Des photographes tels qu'Edward Steichen inventèrent des moyens de solariser des pellicules couleur et la technique s'imposa également en publicité comme un moyen de solliciter l'attention du spectateur. Comme l'**appareil à sténopé**, la solarisation est devenue un outil standard parmi d'autres.

Au moment où Man Ray l'expérimentait, elle fit l'objet de nombreuses publications, comme l'édition de l'ouvrage *Photographic Amusements* de 1937 qui recensait des trucages et des nouveautés et qui contenait un chapitre sur la solarisation. Les logiciels actuels permettent de solariser des clichés numériques. Cela suppose de fabriquer puis de superposer une image positive et une image négative. La solarisation y perd sa dimension accidentelle, puisque le contrôle sur l'image est presque total, et elle ne présente pas les accidents qui avaient fait son charme aux yeux des photographes de jadis. ■

# *À la poursuite du geste sportif*

IDÉE N° 71

## IMAGES DU SPORT

À la fin du XIX$^{e}$ siècle, une fois les règles des principaux sports codifiées, les compétitions connurent soudain un vaste succès, à l'échelle d'une région ou même d'un pays entier. La multiplication du nombre d'enthousiastes, coïncidant avec l'apparition de la similigravure, ouvrit un vaste marché aux quotidiens et aux hebdomadaires et une nouvelle spécialité aux photographes.

Les amateurs, parmi lesquels figuraient beaucoup de pratiquants ou de spectateurs de sports, s'attaquèrent bientôt aux difficultés techniques que posaient les mouvements désordonnés sur les terrains de sport. Grâce à la vitesse accrue des obturateurs, à la meilleure sensibilité des pellicules et à des appareils plus légers, ils purent bientôt fixer ces gestes rapides. Du marcheur solitaire, jusqu'aux courses collectives, le sport passa rapidement de l'invisibilité à une présence permanente dans des journaux et dans des **tabloïds** qui lui étaient spécialement consacrés. Les albums de famille virent aussi l'apparition d'un nouveau type d'images représentant enfants ou adultes en pleine action.

Une nouvelle génération de professionnels spécialisés apparut. Certains, comme le photographe hongrois Martin Munkácsi, étaient déjà de fervents amateurs de sport avant de se lancer dans la carrière. Munkácsi perfectionna le genre en créant des compositions surprenantes mais équilibrées, prises sous des angles inattendus, et son œuvre fut très influente. Son travail inspira à Henri Cartier-Bresson la théorie de «**l'instant décisif**» et ses points de vue originaux furent imités par les photographes de l'entre-deux-guerres intéressés par l'expérimentation. De fait, la photographie sportive inventa pour restituer la vitesse un vocabulaire visuel neuf et mieux adapté au rythme de la vie contemporaine. L'allure vive, désordonnée et spontanée des images de sport du début du XX$^{e}$ siècle influença des domaines aussi variés que le documentaire ou la mode, mais aussi le cinéma. Le développement du sport au-delà des terrains, avec l'explosion de la pratique amateur, des vêtements, des chaussures de sport et de tout l'équipement sportif, reposa sur des campagnes publicitaires à base de photographies réalisées à partir des années 1920.

Les procédés pour **figer le temps** et pour flouter certaines zones de l'image, bien qu'ils soient nés avec la photographie sportive au début du XX$^{e}$ siècle, ont conservé toute leur fraîcheur et leur séduction. L'invention du stroboscope rendit plus aisée l'immobilisation de gestes clés ne durant guère plus d'une fraction de seconde, quasi imperceptibles pour l'œil humain.

Quelques transfuges venus d'autres genres photographiques, comme Larry Fink, se sont intéressés au sport, non pas pour illustrer des exploits, mais pour réfléchir au milieu et aux cultures particulières qu'il suscite. Comme les champions qu'ils immortalisent, les photographes sportifs doivent connaître les règles du jeu et être physiquement en mesure d'accompagner l'action. ■

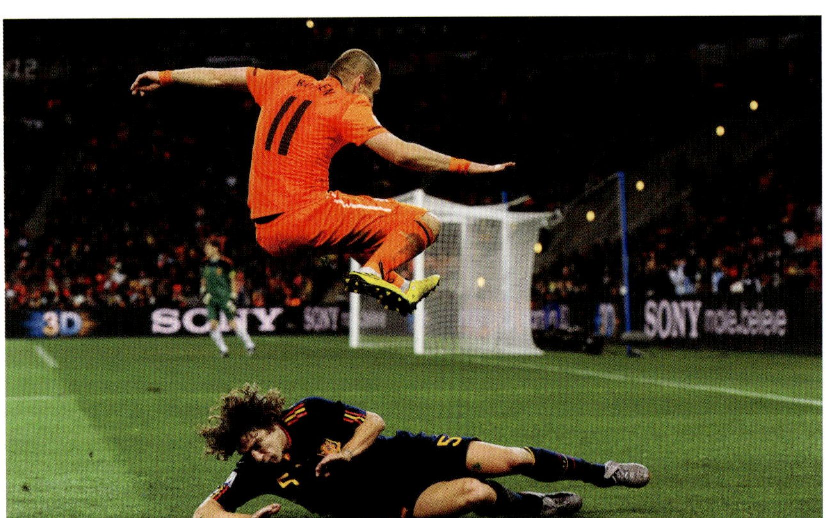


*Arjen Robben des Pays-Bas semble arrêté en plein vol au-dessus de l'Espagnol Carles Puyol pendant un match de la coupe du monde de football de la FIFA en 2010, à Johannesburg en Afrique du Sud.*

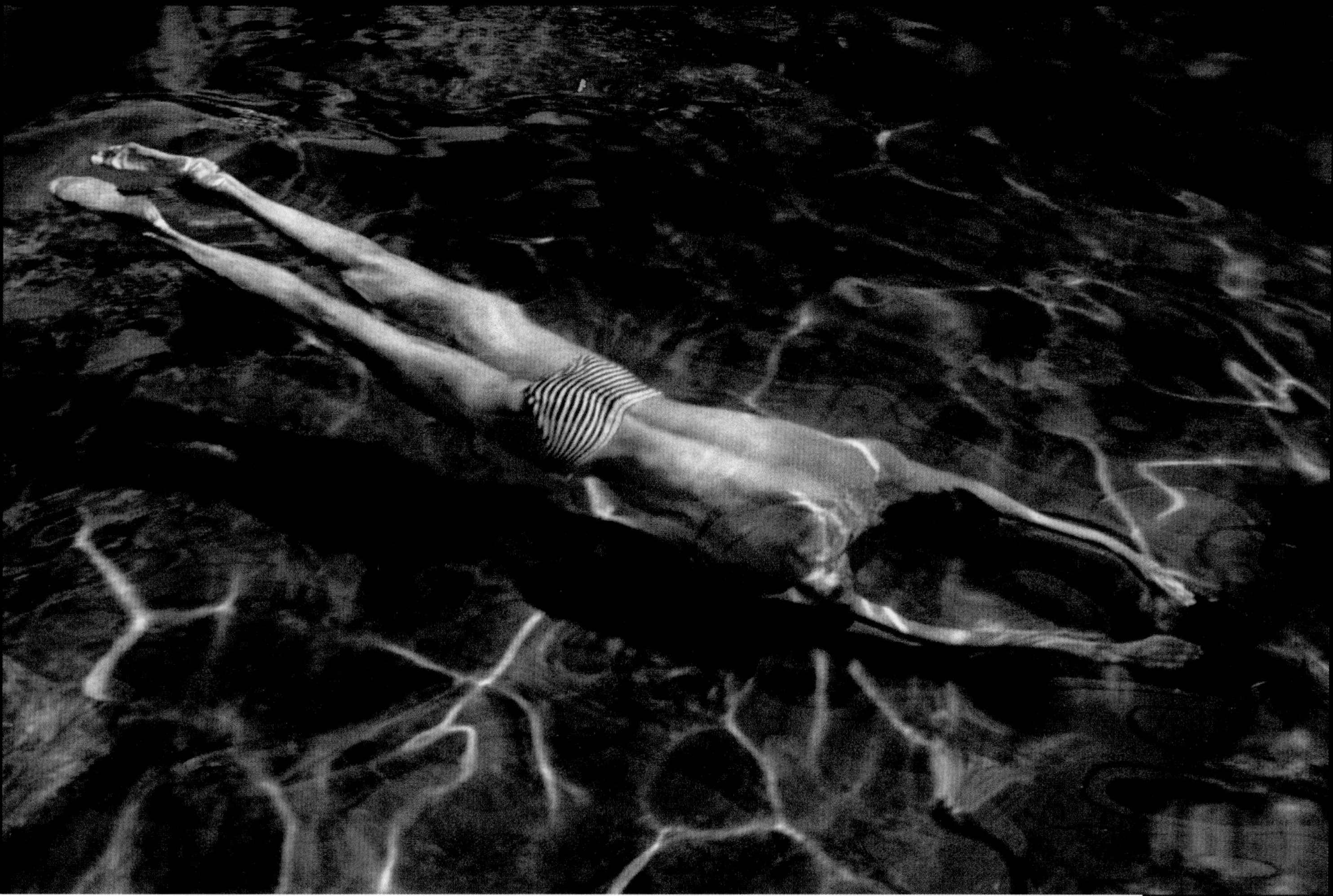

“Les photographes sportifs doivent [...] être physiquement en mesure d’accompagner l’action.”

CI-DESSUS : *Avec ce* Nageur sous l’eau, *pris à Esztergom (Hongrie) en 1917, André Kertész ne photographie pas seulement un nageur, il illustre aussi l’expérience de se trouver sous l’eau.*

À DROITE : *Ce cliché en légère plongée offre l’équivalent d’un siège exceptionnellement bien placé pour suivre le match de boxe qui opposa le poids lourd américains Jack Sharkey à Jack Dempsey en 1927.*

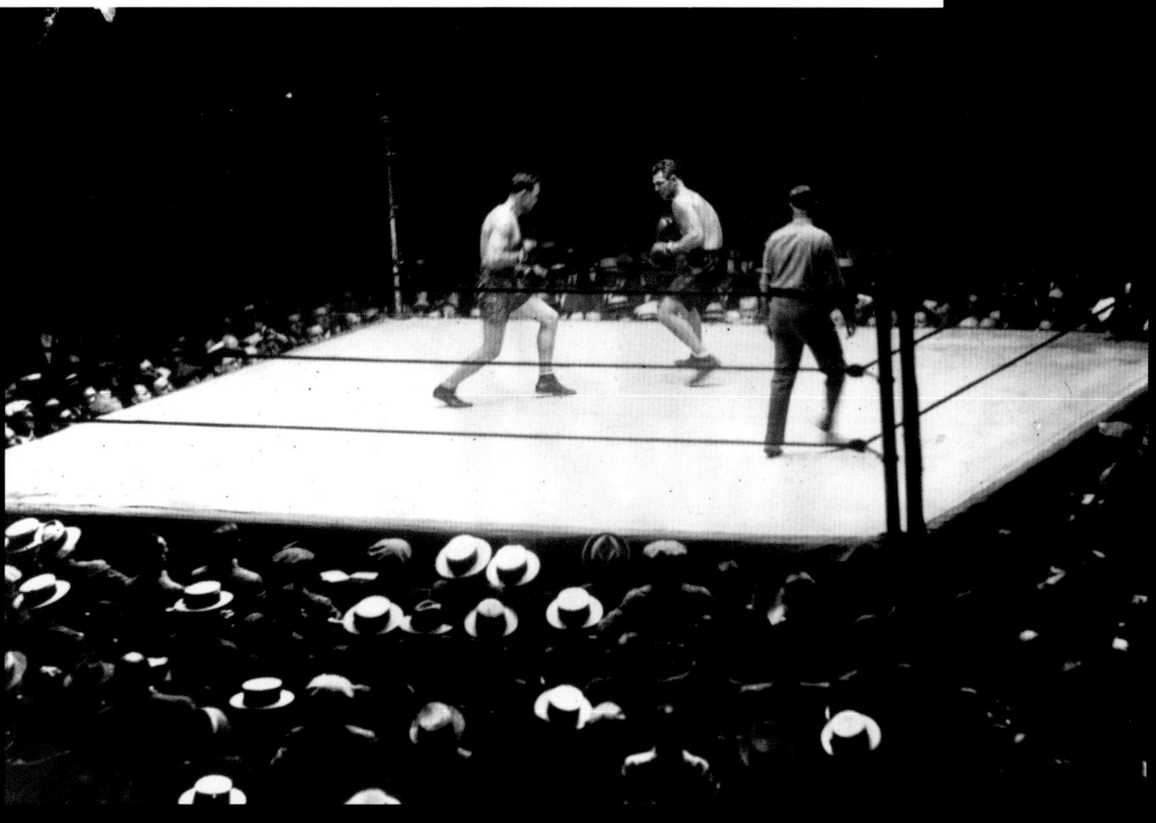

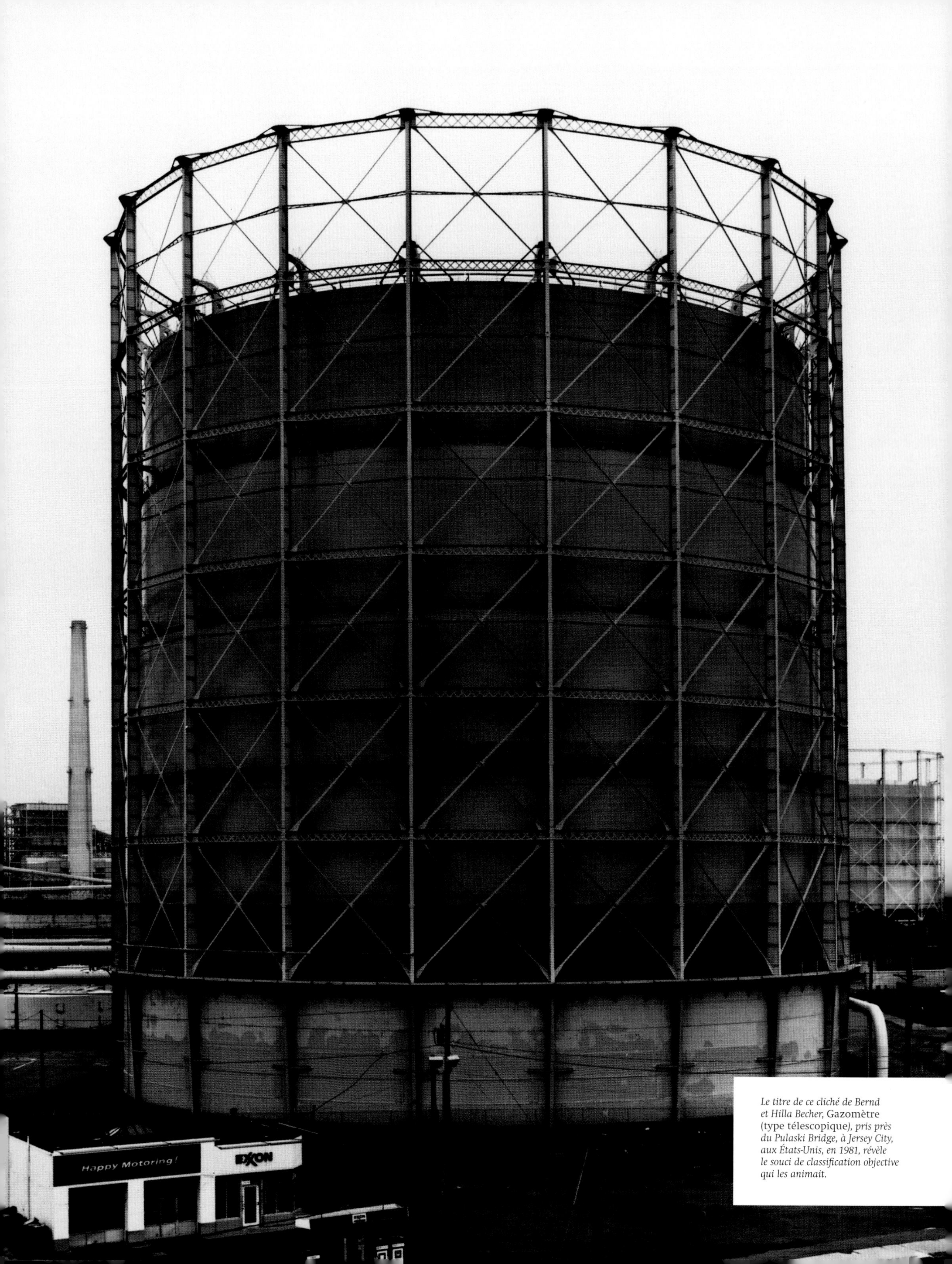


*Le titre de ce cliché de Bernd et Hilla Becher,* Gazomètre (type télescopique), *pris près du Pulaski Bridge, à Jersey City, aux États-Unis, en 1981, révèle le souci de classification objective qui les animait.*

IDÉE Nº 72

# L'IMAGE ET LA CHOSE

**Le XX^e^ siècle revisita la notion d'objectivité photographique en la rapportant aux objets fabriqués en série industrielle. Des créateurs tels qu'Albert Renger-Patzsch renouèrent avec l'idée ancienne que le médium était une machine à fabriquer des images, ce qui convenait à son sujet d'étude, les choses, et à ses clichés volontairement impersonnels.**

L'édition allemande originale de son livre connu sous le titre de *Die Welt ist schön* (« Le monde est beau », 1928) s'est d'abord appelée *Die Dinge*, c'est-à-dire « Les choses » : il présentait une analyse visuelle systématique d'objets naturels ou artificiels. Renger-Patzsch, comme d'autres, pensait que la fabrication en série donnait aux objets une froideur et un détachement qui non seulement faisaient de la photographie le langage le plus adapté pour en rendre compte, mais imposaient aussi des images distanciées et standardisées, adaptées au monde moderne. *Die Dinge* allait plus loin en appliquant au désordre du monde naturel une grille formelle quasi architecturale ; ses images insistaient sur les traits répétitifs et géométriques plutôt que sur la variété et l'originalité. Cette vision détachée de l'objet de la photographie, que l'on appela aussi *Neue Sachlichkeit*, la Nouvelle Objectivité, ne prenait en compte ni l'ego des créateurs, ni le champ de l'irrationnel, et poussait les artistes de tous les domaines à découvrir la « choséité ».

Ces froides images d'objets passèrent de mode à partir de la crise de 1929, mais réapparurent après la Seconde Guerre mondiale. Accompagnant l'intérêt pour les nomenclatures exhaustives et pour les archives ordonnées, le traitement de l'image comme objet devint une stratégie de plus en plus répandue au XXI^e^ siècle.

Le formalisme d'avant la Seconde Guerre mondiale se transforma et trouva une expression neuve avec le travail de Robert Smithson, au sein du mouvement ***New Topographics*** aux États-Unis et dans l'œuvre et l'enseignement également influents du couple allemand Bernd et Hilla Becher, dans le cadre de ce que l'on a appelé l'École de Düsseldorf. Comme avant-guerre, on représenta l'environnement bâti d'une manière aussi neutre et objective que possible. Les Becher commencèrent à photographier des structures industrielles vieillissantes à la fin des années 1950 et quand ils cherchèrent un titre pour leur exposition déterminante, en 1969, ils choisirent d'abord « Photographie objective » puis « Sculpture anonyme : comparaison des formes du bâti industriel ». Ces deux titres reflètent à la fois les préoccupations formelles et le souci de neutralité de l'après-guerre. Les images des Becher, baptisées « typologies », étaient prises à une distance fixe du sujet et utilisaient une gamme de gris très neutre. Elles étaient souvent exposées par groupes présentés en tableaux, obéissant au goût pour la classification et l'archivage de la Nouvelle Objectivité.

*En recadrant* American Maidenhair Fern *(« Fougère, capillaire du Canada »), un gros plan de fougère pris en 1928, Karl Blossfeldt lui donna une allure de produit manufacturé.*

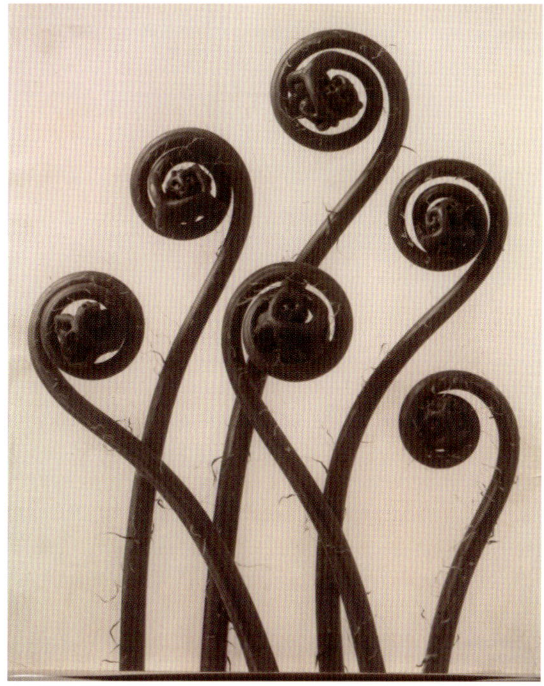

Cette photographie froide et détachée est toujours pratiquée par les élèves et les disciples des Becher ; les portraits impassibles de personnages objectivés de Thomas Ruff ou les panoramas grand format déformés numériquement d'Andreas Gursky s'inscrivent dans cette lignée. ■

IDÉE Nº 73

# FILM UND FOTO

L'exposition internationale de 1929 *Film und Foto*, montée d'abord à Stuttgart, fut l'une des plus importantes de l'histoire de la photographie. La *Fifo*, comme on l'appela, démontra à quel point la photographie et le cinéma modernistes avaient marqué non seulement l'art, mais encore un grand nombre d'aspects de la vie quotidienne.

Organisée par des membres du Werkbund allemand, un groupe progressif de designers, de photographes, d'architectes et d'industriels, cette exposition voulait créer un événement qui tînt à la fois de la galerie d'art et de la foire industrielle. Ce concept interdisciplinaire ne concernait pas seulement les beaux-arts, mais aussi d'autres domaines déjà investis par la photographie moderniste. Ainsi, en plus des dernières expériences en matière de **copier-coller**, l'exposition présentait des échantillons de clichés populaires anonymes, de la **photographie aérienne**, du reportage, de la publicité, de la mode, des photographies scientifiques, des images de films et même des clichés radiologiques. En montrant un échantillon très large des pratiques européennes et américaines, elle prouva que la photographie était désormais davantage qu'un art.

L'influence de la *Fifo* ne tenait pas à un style particulier, mais plutôt à une méthode qui encourageait l'expérimentation et envisageait le futur. Elle rendit caduc le pictorialisme, un mouvement né au tournant du siècle qui voulait se rapprocher de la peinture et de la gravure. La *Fifo* encouragea les photographes à expérimenter non seulement dans leur propre domaine, mais encore avec d'autres techniques en présentant mille deux cents images réalisées dans cette optique. En recensant d'extraordinaires utilisations pratiques, mais également des créations d'avant-garde, elle démontra que la photographie appliquée pouvait elle aussi devenir un art, pour autant qu'elle embrassât la modernité. La *Fifo* apporta sa contribution à un bouleversement majeur et sut convaincre les photographes et leurs employeurs d'essayer de nouvelles méthodes.

Avec une mise en place inventive, signée par l'artiste polyvalent László Moholy-Nagy, et des œuvres hétérogènes, la *Fifo* affirmait que la photographie n'était pas un art pur qui ne dépendait que du travail réalisé avec l'appareil ; l'exposition englobait les médias de masse et mettait en avant la typographie, capable d'apporter une contribution importante. Tout en encourageant à se tourner vers le futur, elle ravivait des techniques anciennes. Ainsi, elle fit redécouvrir la capacité à produire des images abstraites du **photogramme**, un procédé qui remontait aux origines de la discipline. En associant le tout récent cinéma aux autres arts, elle manifestait le caractère hybride de l'expression moderne.

Pour les photographes du monde entier, l'exposition constitua un manifeste de la modernité ; elle promettait à la photographie un rôle central dans un futur radieux illuminé par le progrès technologique, grâce à l'énergie d'une avant-garde libérée des anciennes règles. Malgré l'effondrement de Wall Street en 1929 et la crise économique qui s'ensuivit, l'exposition circula dans plusieurs villes allemandes et autrichiennes, avant de finir en 1931 au Japon, où elle inspira les Japonais. La *Fifo* reste dans les mémoires, autant que l'exposition de l'*Armory Show* en 1917, comme un tournant de l'histoire de l'art. ■

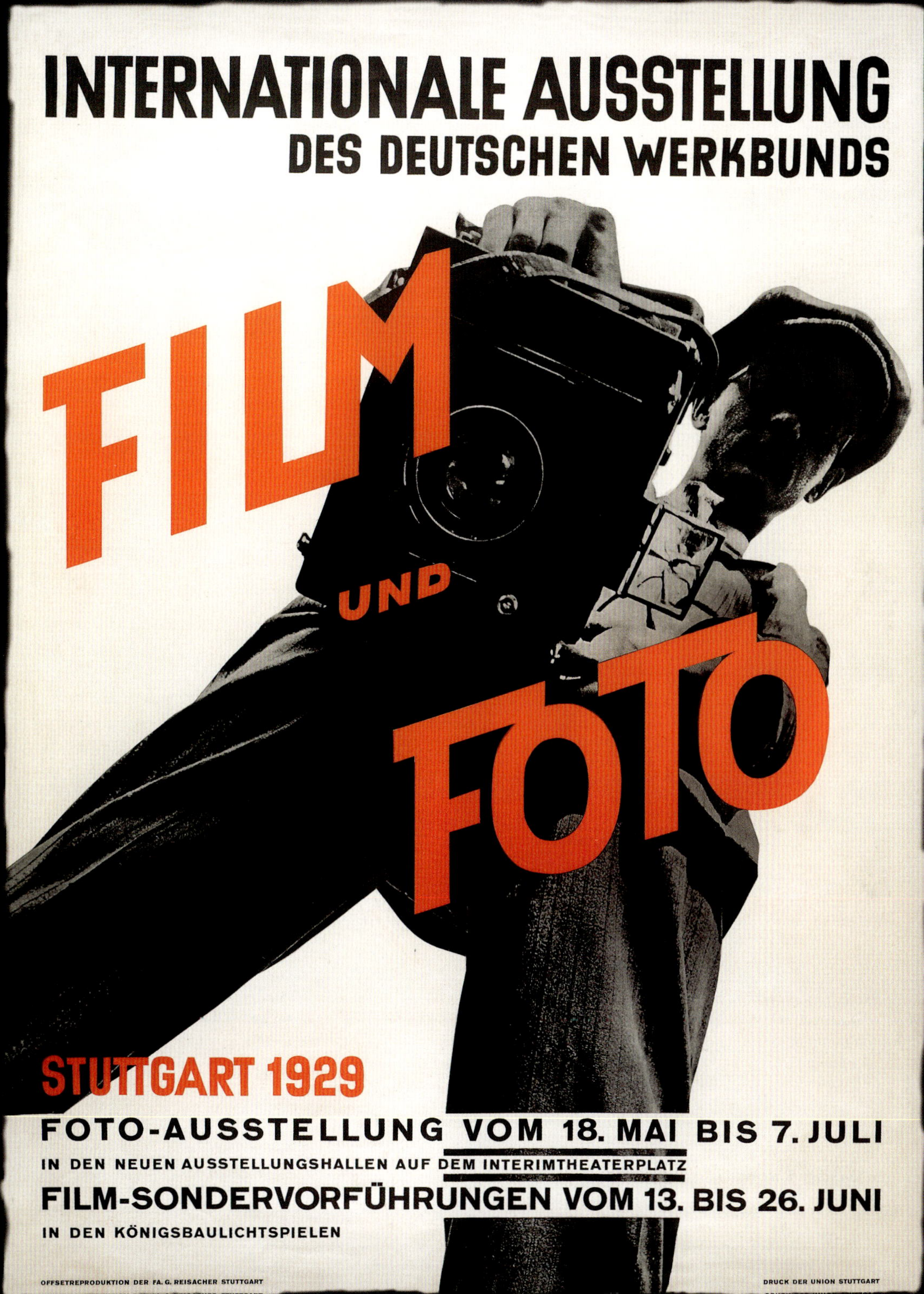


*L'affiche surprenante de l'exposition de 1929* Film und Foto *est due au typographe moderniste Jan Tschichold : elle illustrait la manière dont la photographie, la typographie et le design pouvaient s'allier.*

IDÉE N° 74

# LE PHOTOGRAMME

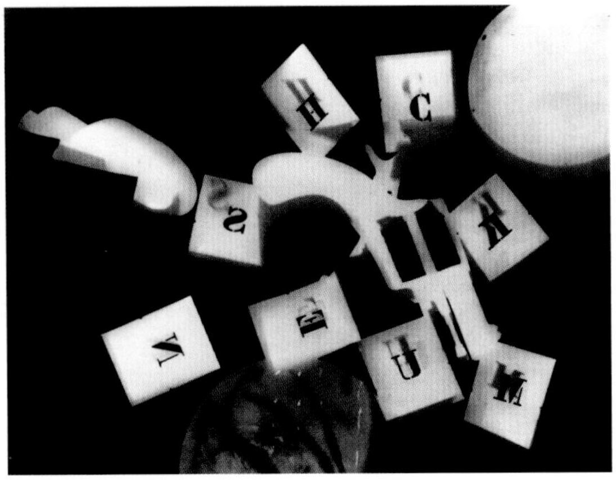

*Cette* Composition abstraite *de Man Ray, créée entre 1921 et 1928, possède une véritable étrangeté, à cause des ombres dispersées et du revolver fantomatique qui en occupe le centre.*

Le photogramme, une image réalisée sans appareil, en plaçant un négatif ou un objet sur une surface sensible, est l'un des procédés photographiques les plus anciens. La simplicité de la technique et la variété de ses résultats lui valent d'être toujours utilisée à l'époque du numérique.

La recette du photogramme est simple : il suffit d'un local sombre, d'un assortiment de petits objets, d'une provision de papier sensible et de l'envie d'inventer une composition. Une fois l'objet posé sur le papier, on expose l'ensemble à la lumière, on développe le papier et on le fixe pour obtenir une image négative de l'objet. Comme son cousin le **cyanotype**, le photogramme peut être pratiqué aussi bien par des professionnels que par des amateurs, des enfants ou des adultes.

Comme la tache que laisse une feuille morte sur un trottoir à l'automne, l'image directe aux tonalités inversées produite par le photogramme possède quelque chose de séduisant. La manière dont elle dévoie la réalité optique attira durant l'entre-deux-guerres beaucoup de photographes intéressés par l'expérimentation. Man Ray pensait que le photogramme était « une pure expression du dadaïsme ». Pour son propre compte, il rebaptisa le procédé « rayographie » ou « rayogramme ». Christian Schad, un peintre dont l'art se rapprochait de l'**hyperréalisme**, s'adonna au photogramme vers 1918 pour créer des images délibérément abstraites à partir de détritus qu'il ramassait jusque dans les rues. Le nom que l'on donna à ses images, *shadowgraphs*, « écriture des ombres », jouait à la fois sur son nom de famille et sur le procédé en tant que tel. László Moholy-Nagy, dans les années 1920, intéressé par les expériences de toutes sortes, appréciait que l'on puisse se passer d'appareil. Pour ses photogrammes, il utilisait des formes étranges, qu'il accentuait avec des lumières et des ombres irréelles. Ils figurent parmi les plus réussis et incitèrent des générations à continuer à expérimenter dans cette direction. Sans doute l'absence d'appareil séduisit-elle ceux qui considéraient la photographie comme un système de fabrication d'images et non comme un calque de ce que l'œil voit.

Malgré un maniement plus compliqué, la pellicule couleur servit aussi à réaliser des photogrammes. Aujourd'hui, le photographe d'origine anglaise Adam Fuss, célèbre pour son habileté technique et pour la profondeur de sa réflexion, crée des photogrammes en couleurs. Certaines de ses œuvres utilisent à la fois la lumière, mais aussi les interactions chimiques des objets avec le papier sensible. Quand Ulf Saupe fabrique des photogrammes, il combine les formes avec des coloris fluorescents, à la fois séduisants et troublants. Pour Saupe comme pour Fuss, le procédé est une expérience alchimique qui renvoie à Man Ray, mais aussi aux premières expériences qui ont donné naissance à la photographie. ■

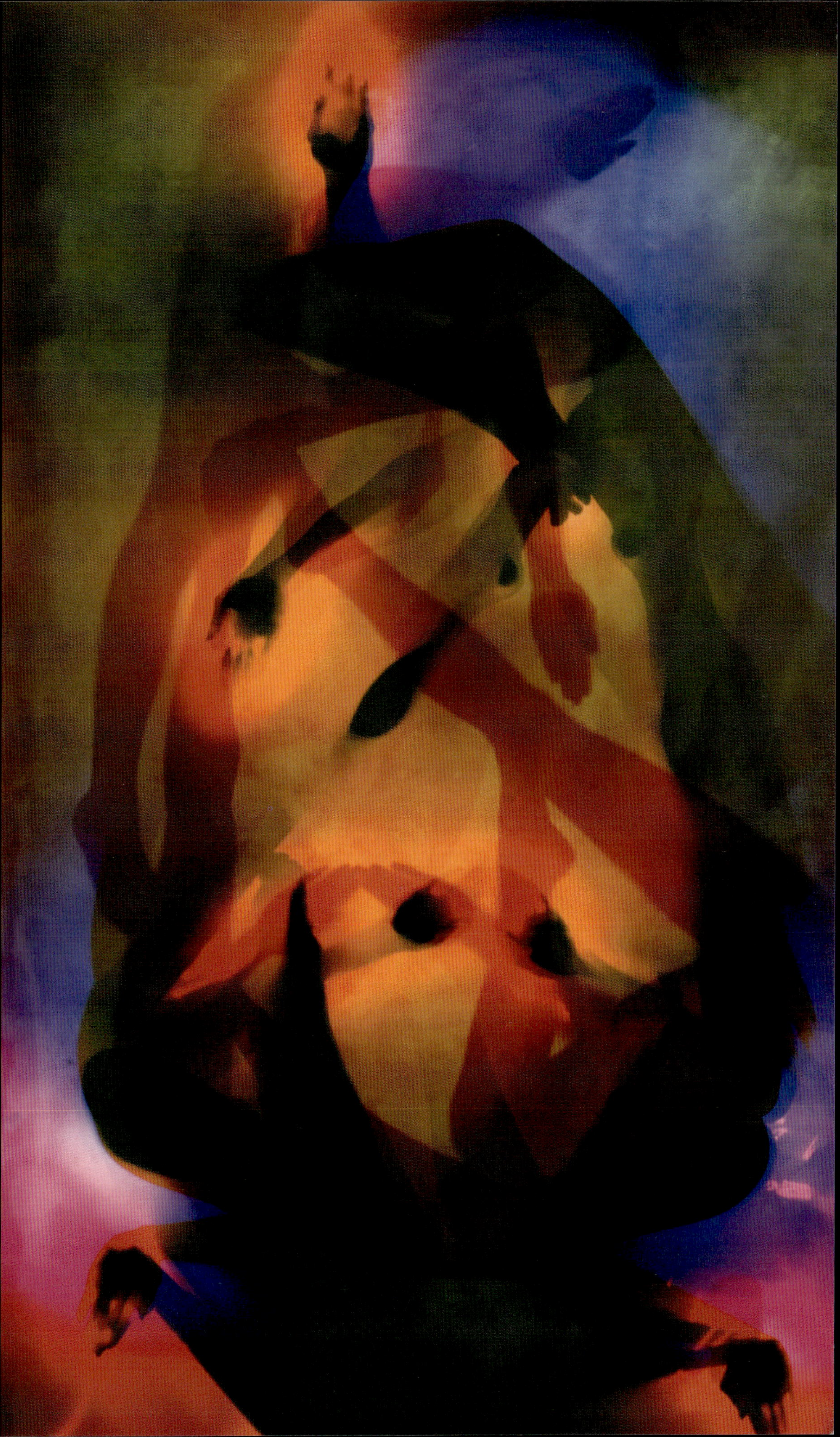

*Ulf Saupe expérimente avec les contrastes de formes et de couleurs dans ce photogramme de 2002 intitulé* F.u.s.

*Martina Lopez emploie des logiciels de retouche numérique pour créer des images qui mêlent souvenirs et autobiographie, comme cette* View of the Heart *(« Vue du cœur ») de 1995.*

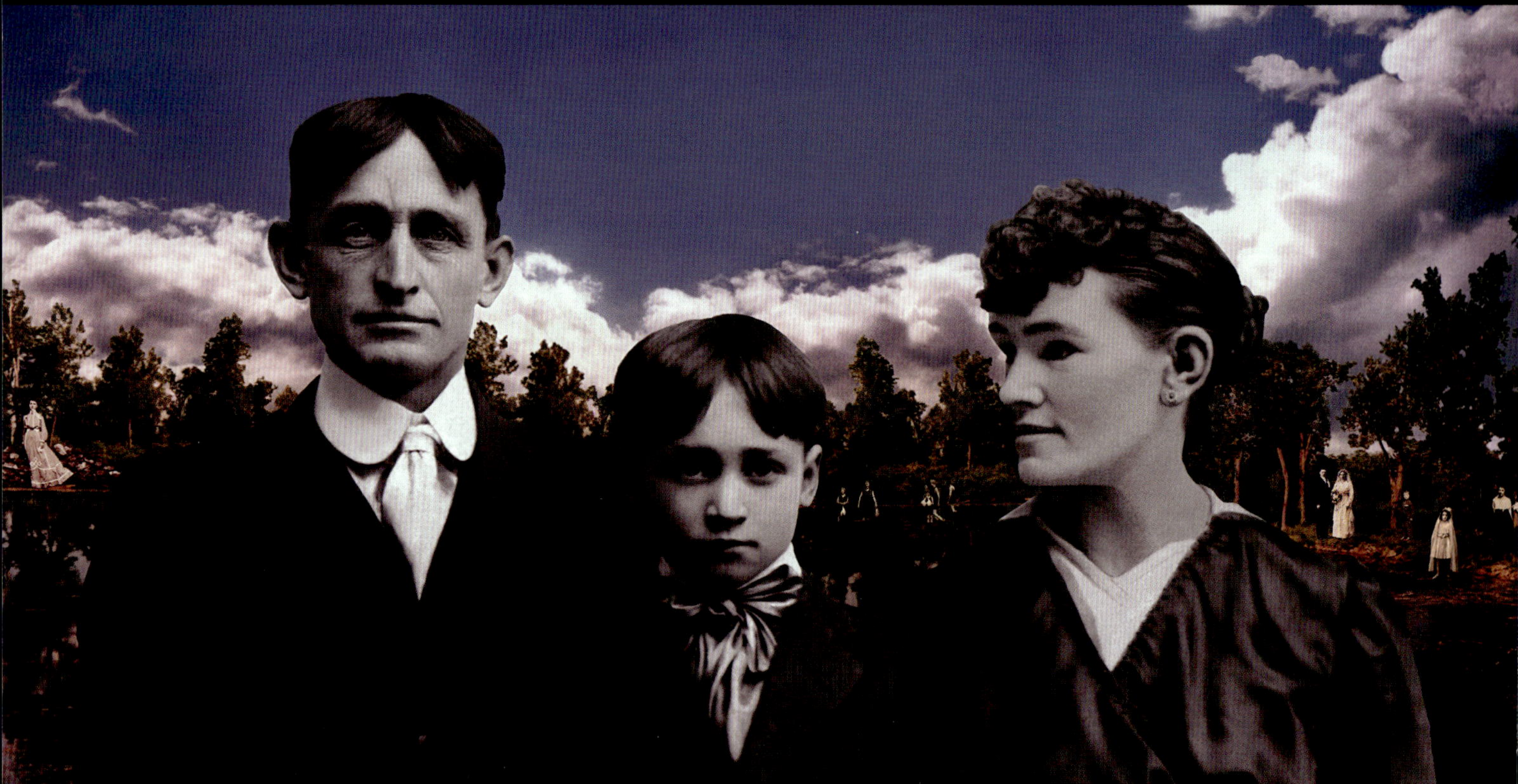

IDÉE N° 75

# COPIER-COLLER

Découper une photographie avec des ciseaux puis en recoller une partie pour créer une nouvelle image est un geste qui libéra l'imagination visuelle. Les premiers à utiliser cette technique furent des gens ordinaires de l'époque victorienne, plus que des artistes novateurs, même si le copier-coller ne tarda pas à séduire les révolutionnaires de l'avant-garde.

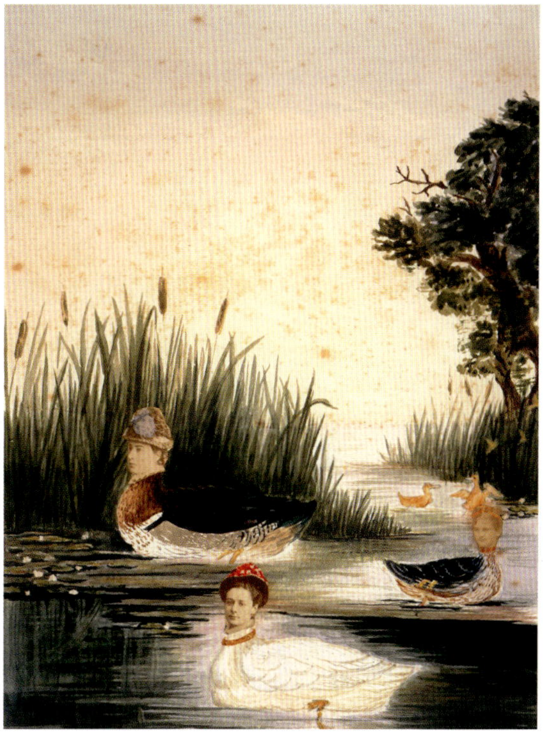

*Durant les années 1870, Kate Edith Gough, combinant des talents d'aquarelliste et de photographe, créa une iconographie humoristique très personnelle dans un album qu'elle réservait à sa famille et à ses amis.*

Tant que les photographies étaient rares et n'existaient qu'à un seul exemplaire, personne ne les découpait pour s'amuser ou pour créer une œuvre artistique. Le perfectionnement des négatifs qui multiplia les exemplaires d'une image unique rendit possible son fractionnement. L'époque victorienne fut la première à découper, réorganiser et coller ensemble des fragments. Les créations plaisantes et bizarres qui peuplaient ses albums constituent des exemples de photomontages avant la lettre : de nouvelles images créées à partir d'anciennes.

Le découpage resta une pratique populaire jusqu'à ce que les artistes s'intéressent à sa capacité à dynamiter le réalisme convenu de la perspective linéaire ou aérienne. Le véritable « photomontage » est né en Allemagne et en Russie après la Première Guerre mondiale. Leurs artistes utilisèrent la méthode des albums victoriens, mais lui communiquèrent une double charge révolutionnaire. Ils découpaient des clichés et des textes, provenant souvent de la nouvelle presse illustrée, pour créer des images neuves, dont les contrastes d'échelle, de perspective, de mots, défiaient les conventions esthétiques et politiques. En utilisant des matériaux modernes, ils voulaient se mesurer à la cacophonie immense de l'expérience urbaine contemporaine.

En détruisant la perspective, qui semblait être l'une des propriétés inhérentes de la photographie, le créateur de photomontages espérait non seulement renouveler la pratique, mais aussi suggérer au public que la réalité n'était pas ce qu'elle paraissait. Le photomontage de Hannah Höch intitulé *Coupé au couteau de cuisine* (*Schnitt mit dem Küchenmesser*), mêlant des personnages grands et petits qui se livrent à des activités incongrues, évoque le mouvement contestataire Dada qu'elle contribua à fonder.

D'abord utilisé dans un contexte politique, le copier-coller trouva des applications dans d'autres secteurs de la photographie. La publicité lui réserva un bon accueil : il avait l'air chic et moderne, mais permettait également de synthétiser, de superposer pour ainsi dire des idées différentes. Ses incongruités visuelles intéressèrent les photographes de courants comme le surréalisme qui l'édulcora un peu en lui donnant une allure plus onirique que contestataire. La révolution numérique fit passer le procédé de la chambre noire à l'ordinateur et des amateurs ou des professionnels comme Martina Lopez scannent des images anciennes et réalisent des superpositions impossibles pour évoquer la mémoire et la nostalgie. ■

# De la haute couture à la mode de la rue

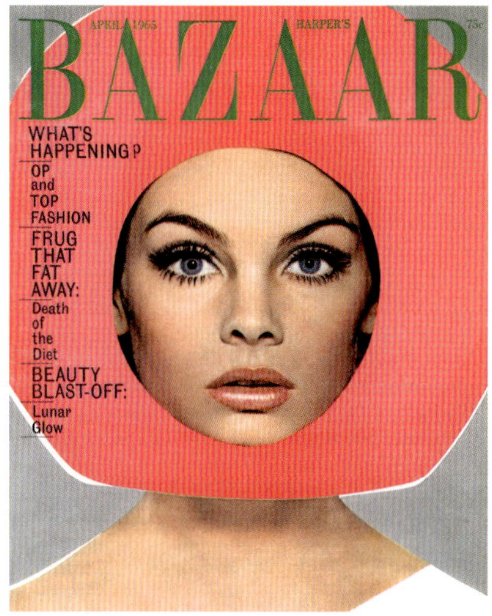


*Pendant vingt ans, Richard Avedon fut le principal photographe de* Harper's Bazaar *pour lequel il créa nombre de couvertures mémorables en utilisant des couleurs saturées, comme pour ce gros plan de 1965.*

IDÉE N° 76

## LA MODE

Adolf De Meyer, que l'on surnommait le Debussy de la photographie à cause du lyrisme de ses images, donna ses lettres de noblesse à la photographie de mode avant la Première Guerre mondiale. Par la suite, le cubisme et tous les mouvements qui marquèrent les arts visuels furent revisités par la mode, car le genre se révélait très rémunérateur tout en offrant une grande liberté créative.

Quand on put imprimer les photographies sur les presses rapides des magazines, grâce à la **similigravure**, les dessins idéalisés qu'utilisait la publicité de mode ne furent pas immédiatement remplacés par des photographies. La perfection des corps et des vêtements que permettait le dessin à la plume ne se retrouvait pas sur des clichés qu'une mèche dérangée ou une manche froissée pouvait rendre inutilisables. Il fallait de plus mettre au point un langage pour restituer les images en trois dimensions de modèles réels habillés de véritables vêtements. L'iconographie de la mode devait encore s'adapter à la photographie.

Adolf De Meyer, qui était un mondain, réalisa une synthèse de la photographie de célébrités et de celle de mode. Il perfectionna l'utilisation du flou et développa l'éclairage à contre-jour, plaçant un projecteur derrière son modèle pour théâtraliser ses vêtements et pour recréer l'irréalité qui caractérisait les gravures de mode. La combinaison de richesse et d'élégance des magazines chic comme *La Gazette du bon ton*, fondée en 1912, attira aussi des artistes graphiques et des écrivains. En Europe en particulier, le lien entre la photographie de mode et l'art protégeait des artistes tels que Man Ray contre l'accusation de trahir leur vocation pour de l'argent. Simultanément, le goût des créateurs de mode pour l'art permit à des photographes tels que George Hoyningen-Huene d'incorporer des éléments modernistes ou surréalistes aux images de haute couture qui paraissaient dans les numéros européens ou américains de *Vogue*. Sur les œuvres de Hoyningen-Huene comme sur celles de ses disciples, dont Horst P. Horst, les ombres devenaient presque solides et ressemblaient à des découpages abstraits dynamiques, trait stylistique qui perdura jusque dans les années 1950.

Le pop art et ses successeurs célébrèrent la culture commerciale et les vêtements portés par les gens ordinaires. Ils contribuèrent à l'émergence de la « basse couture », qui vantait les mérites des vêtements bon marché ou d'occasion, et qui possédait son propre style iconographique. La photographie de mode s'intéressa aussi à la sphère musicale et à l'apparition du *grunge*. Dans le monde entier, la rue devint la scène sur laquelle se produisaient les jeunes gens à la mode et les photographes les y suivirent. Un sous-genre de photographie de rue se créa (voir la **rue**) pour épouser l'apparition de ce nouveau podium et de ses mannequins amateurs. À Tôkyô, les environs de la gare de Harajuku devinrent célèbres dans les années 1990 à cause des coiffures et des tenues des jeunes gens qui s'y promenaient. Les photographes de mode travaillèrent davantage dans la rue, désertant les studios pour enrichir leurs images de décors urbains. Aujourd'hui, les images réalisées par les photographes attentifs aux nouveaux développements de la mode sont souvent directement exposées sur Flickr et sur les autres sites ou blogs de partage d'images. ■

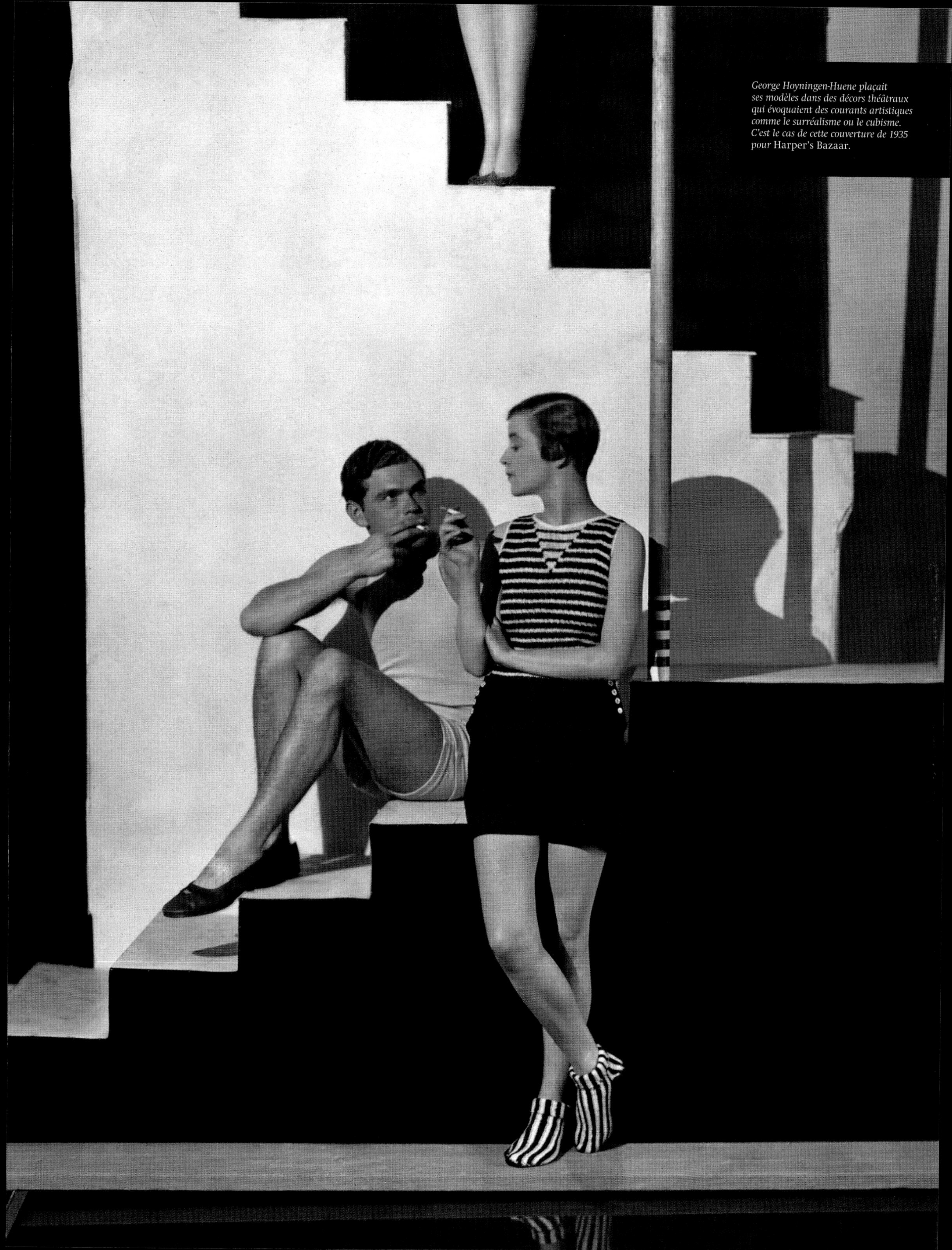

*George Hoyningen-Huene plaçait ses modèles dans des décors théâtraux qui évoquaient des courants artistiques comme le surréalisme ou le cubisme. C'est le cas de cette couverture de 1935 pour* Harper's Bazaar.

IDÉE Nº 77

# L'AUTOPORTRAIT

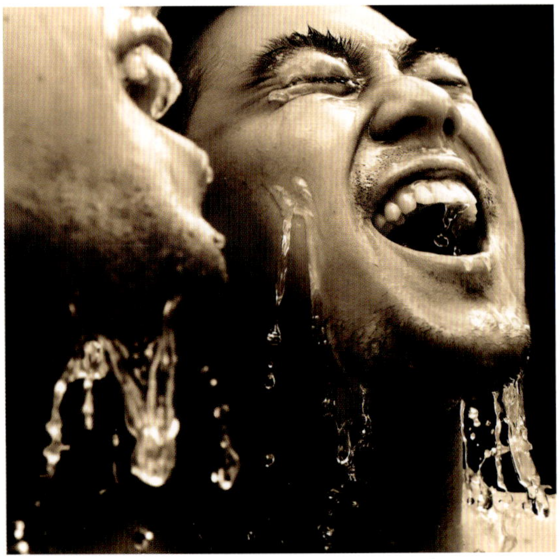

*Tomasito (J. T. Noriega) utilise l'autoportrait à la manière d'un journal intime. Il publie ses travaux, dont cette image intitulée* Triomphe, *principalement sur Flickr.*

L'autoportrait est l'un des genres photographiques les plus anciens. Chaque fois que les photographes avaient besoin d'essayer l'éclairage, la mise au point ou les produits chimiques de leur chambre noire, ils se prenaient eux-mêmes. La pratique évolua rapidement et devint un champ d'exploration de l'identité et de l'image de soi.

La photographie reproduit magnifiquement les visages, pourtant peu d'autoportraits visent le réalisme pointilleux du cliché d'identité. Plus souvent qu'un pur reflet d'une apparence, ils proposent souvent des récits élaborés. Les autoportraits jouent d'une iconographie quotidienne ou d'images plus intérieures, plus fantasmatiques, et parfois même de l'usurpation d'identité. En d'autres termes, l'autoportrait est une enquête sur l'identité autant qu'une représentation de celle-ci.

Il ouvrit à la pratique photographique un champ d'expérimentation vaste et novateur, celui de la construction des identités en fonction de critères de race, de genre ou de nationalité. Frances Benjamin Johnston en joua au point de frôler la caricature : sa pose, les jambes croisées, la chope de bière et la cigarette suggèrent l'égalité avec les hommes, tout en ironisant sur les stéréotypes masculins. Elle fait allusion à ses portraits de studio, qui sont rangés sur la cheminée, mais ne signale pas ses autres activités « masculines », comme la gestion d'une véritable entreprise.

Tout autant que révéler, l'autoportrait photographique peut masquer. Tomoko Sawada a souvent utilisé le **photomaton** pour réaliser des autoportraits multiples (voir p. 136). Ce n'est pas que l'un soit plus véridique que les autres : son travail expose le caractère circonstanciel et fragile de l'identité. Pour Sawada, la photographie réfute la réalité par un effet de loupe et ne s'arrête pas à un sens fixe. L'intérêt pour la question de l'identité s'est trouvé revigoré au moment du **tournant théorique** qui accorda à l'autoportrait un rôle central dans l'exploration de l'identité sexuelle et de la répression des désirs.

La révolution numérique de la fin du XXe siècle a dynamisé l'autoportrait populaire, en le propulsant sur des sites sociaux comme Facebook. De fait, le partage fréquent et quasi instantané d'images sur les sites Internet encouragea la création d'autoportraits de circonstance et favorisa le mélange entre photographie artistique et populaire. Le créateur philippin qui se fait appeler Tomasito propose ses autoportraits exclusivement sur Flickr. Parce qu'une exposition en ligne n'impose pas d'ordre dans lequel regarder les images, l'expérience qu'elle propose laisse plus de latitude au spectateur qu'une galerie d'art. On ne sait pas, en revanche, si ceux qui postent ces multiples autoportraits veulent se libérer d'une part d'eux-mêmes ou luttent désespérément pour trouver leur image idéale. ■

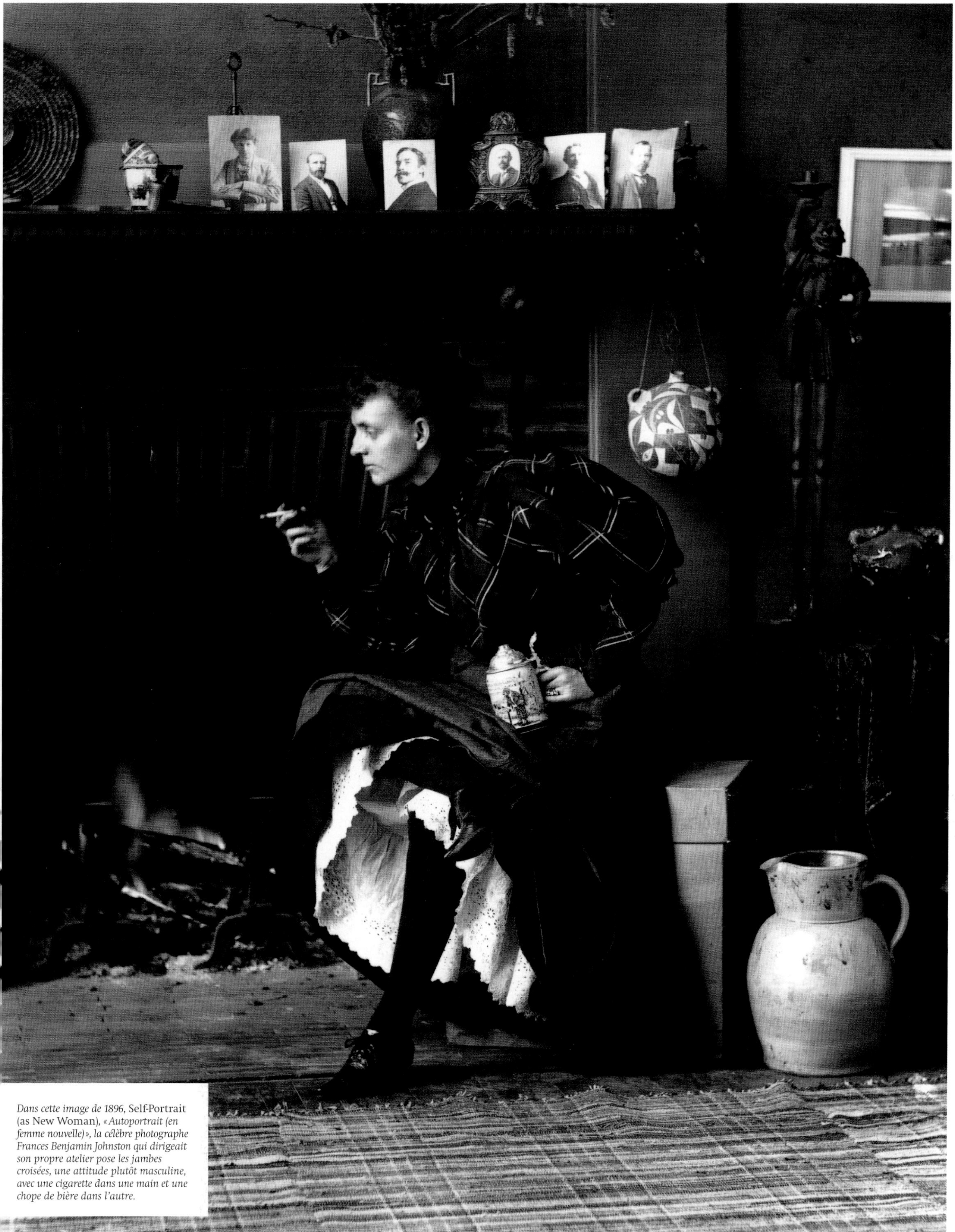

*Dans cette image de 1896,* Self-Portrait (as New Woman), *« Autoportrait (en femme nouvelle) », la célèbre photographe Frances Benjamin Johnston qui dirigeait son propre atelier pose les jambes croisées, une attitude plutôt masculine, avec une cigarette dans une main et une chope de bière dans l'autre.*

IDÉE N° 78

# LE GLAMOUR

Avec ses connotations plus sensuelles que sexuelles, le mot *glamour* est synonyme de séduction puissante. Aux origines du mot, on retrouve la croyance archaïque que certains individus pouvaient en ensorceler d'autres. La photographie glamour repose sur une survivance de cette superstition, exprimée à travers un vocabulaire visuel nouveau, pour rendre irrésistiblement séduisantes des figures publiques.

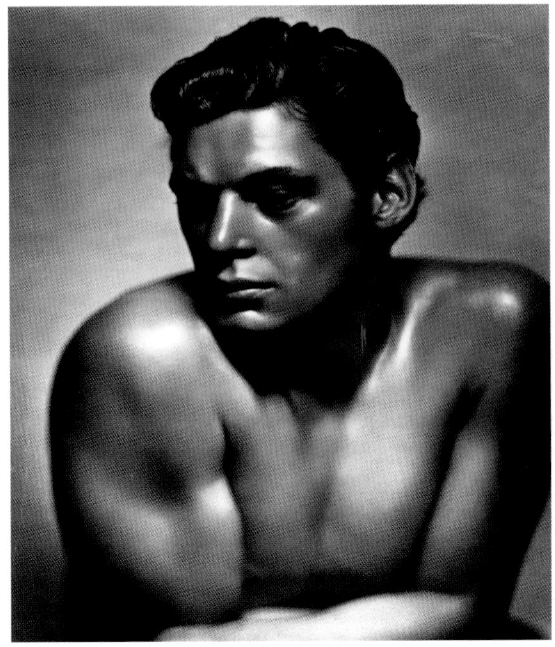

*George Hurrell pouvait rendre glamour tout le monde, y compris Tarzan, comme le prouve son portrait de 1932 de l'acteur Johnny Weissmuller.*

On dit aussi que le glamour est une forme édulcorée de pornographie. Cependant, si tous deux présentent des modèles séduisants, ceux de la pornographie s'offrent, tandis que ceux du glamour habitent un monde inaccessible, idyllique et flou, d'où la sexualité est bannie, remplacée par le plaisir de contempler l'objet désirable.

Ruth Harriet Louise et George Hurrell qui lui succéda dans les studios de la Metro-Goldwyn-Mayer (MGM) inventèrent le genre. Hurrell continua à le pratiquer après avoir rejoint la Warner Brothers. L'apogée du glamour se situe entre le pire moment de la crise économique et la Seconde Guerre mondiale. Même si la plupart des figures représentées étaient féminines, les hommes n'en étaient pas exclus : des stars de l'écran telles que Robert Montgomery, Errol Flynn ou Humphrey Bogart passèrent devant l'objectif de Hurrell, au même titre que Joan Crawford, Carole Lombard ou Rita Hayworth.

Dans l'univers du glamour, on ne trouvait pas de personnages coiffés ou vêtus d'une manière ordinaire. Hurrell montrait des êtres habités par un événement qui se déroulait en dehors du cadre ou obsédés par une pensée secrète. Leurs yeux étaient détournés de l'objectif, ce qui permettait au spectateur d'observer l'oiseau rare presque clandestinement. Plus important, la photographie glamour correspondait parfaitement au monde sophistiqué que mettaient en scène beaucoup de films de divertissement de l'époque de la Grande Crise, dont les personnages vivaient des existences dorées, protégées de tout souci matériel.

Quand la situation s'améliora, après la Seconde Guerre mondiale, le glamour connut une deuxième phase. Sur les portraits de Yousuf Karsh, l'actrice Brigitte Bardot semble plus concrète, plus disponible que ses aînées. De fait, les poses de ces nouveaux modèles étaient sans doute davantage influencées par les images de *pin-up* qu'avaient collectionnées les soldats pendant le conflit que par la sophistication des années 1930. Pendant l'après-guerre, les stars de cinéma devinrent nettement sexualisées. L'imagerie érotique homosexuelle qui circulait sous le manteau était construite sur les mêmes corps exposés et supposait le même regard indiscret.

Pendant les années 1990, le glamour se démocratisa : les studios photographiques des centres commerciaux américains proposaient à leurs clients coiffure, maquillage et tenues adéquates pour poser devant l'appareil non comme les froides divinités des années 1930, mais comme des êtres désirables ou des mannequins sur le podium d'un couturier. À la même époque, on assista au retour au glamour originel, avec l'Égyptien Youssef Nabil dont les images repeintes à la main s'inspiraient des films de l'âge d'or du cinéma son pays. ■

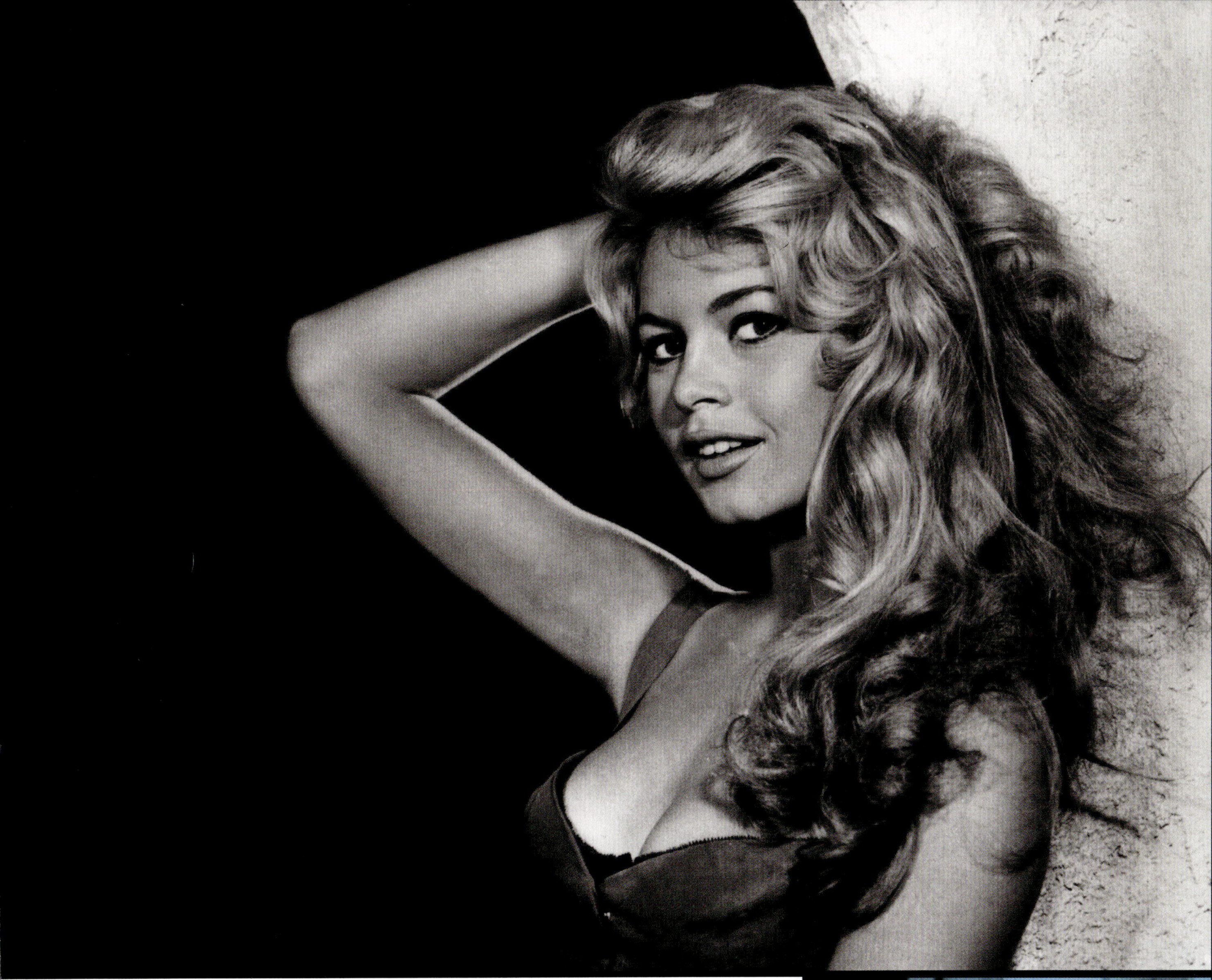

“Pendant l’après-guerre, les stars de cinéma devinrent nettement sexualisées.”

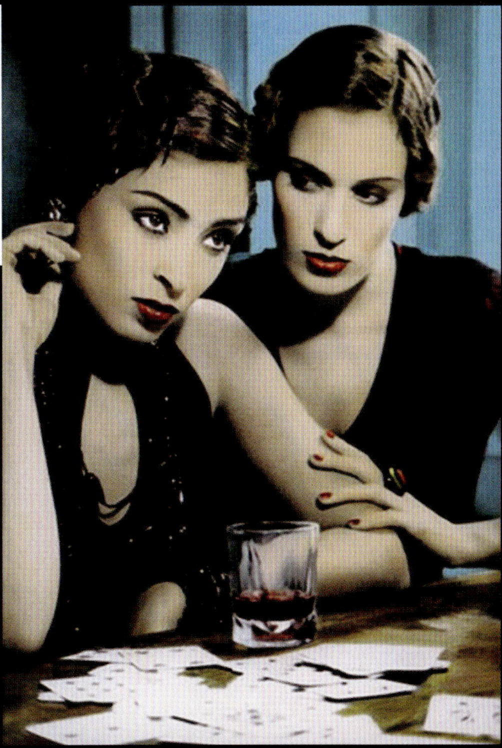

CI-DESSUS : *Sur ce portrait de Brigitte Bardot, par Yousuf Karsh en 1958, la star déploie toute sa séduction face à l’objectif.*

À DROITE : Sweet Temptation *(« Douce tentation », 1993) de Youssef Nabil s’inspire du charme du glamour traditionnel, mais le charge d’une ambiguïté sexuelle nouvelle.*

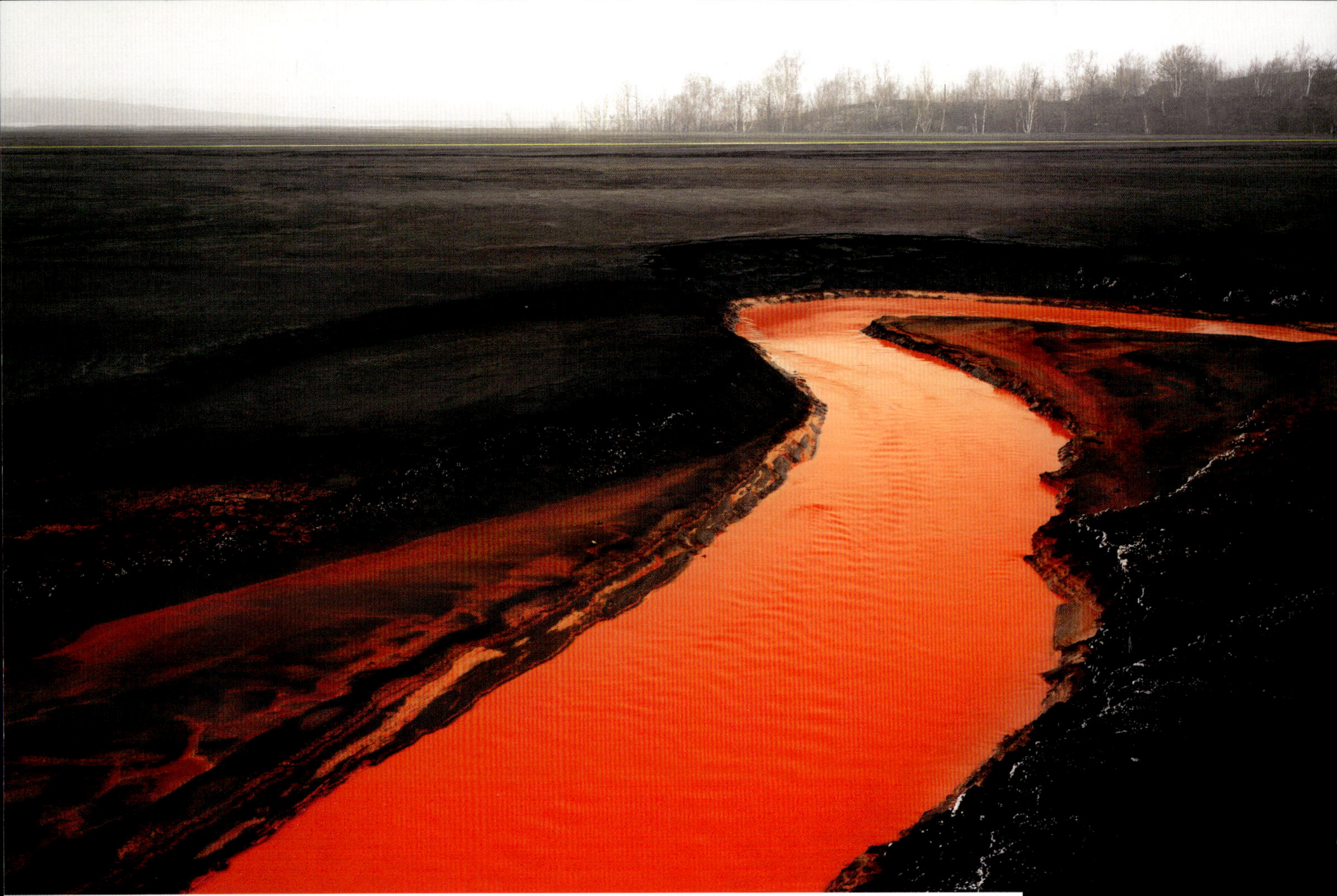

"Rien n'obligeait de telles œuvres à montrer une froide objectivité."

CI-DESSUS : *Sur une photographie telle que* Nickel Tailings No 34, Sudbury, Ontario *(« Résidus de nickel n° 34, Sudbury, Ontario », 1996), Edward Burtynsky transforme la pollution dégagée par les mines de nickel en blessure ouverte au flanc de la planète.*

À DROITE : Child in a Carolina Cotton Mill *(« Enfant dans une manufacture de coton en Caroline », 1908) de Lewis Hine s'inscrit dans une campagne destinée à faire cesser le travail des enfants aux États-Unis.*

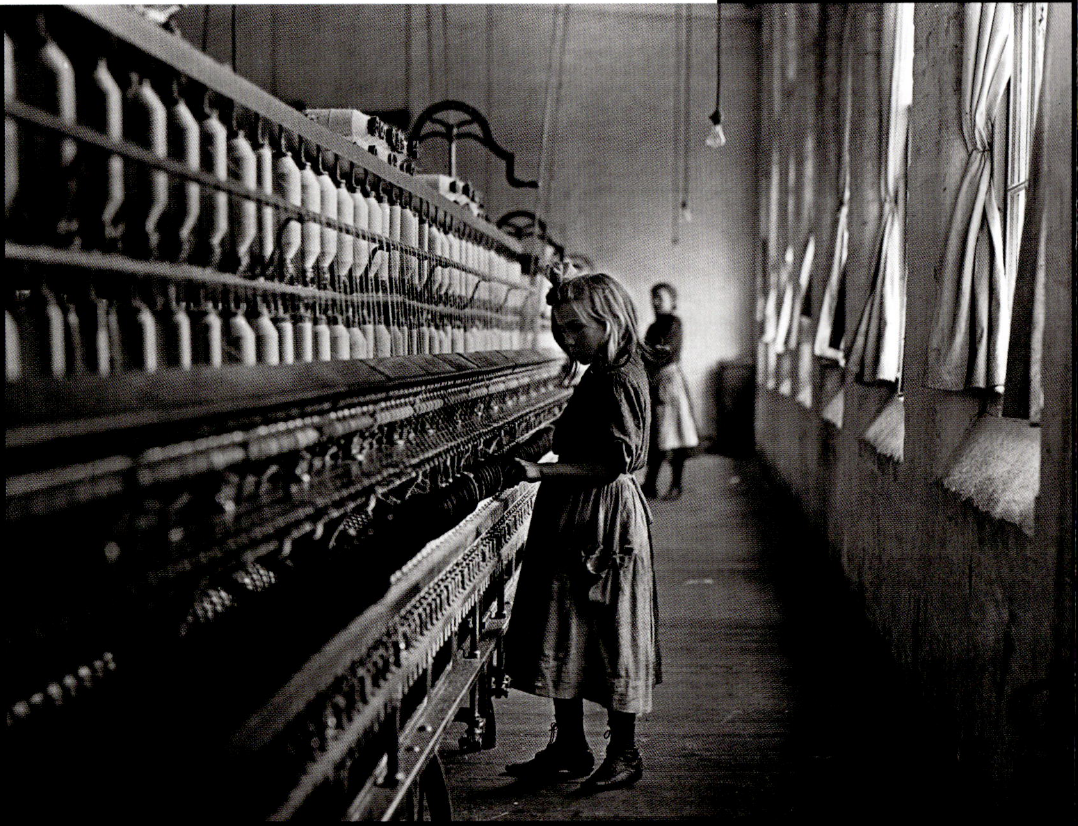

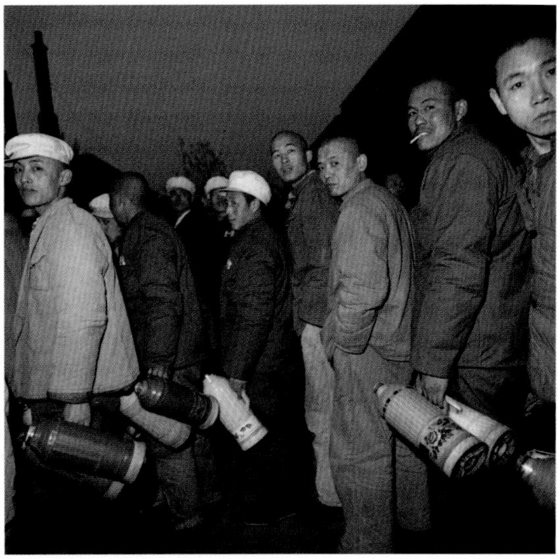

*Même si Liu Zheng travaillait pour le journal chinois* Le Quotidien du travailleur, *il s'est débrouillé pour parcourir la Chine et produire des images personnelles comme celle-ci :* Forçats allant chercher de l'eau, Baoding, province de Hebei, *datant de 1995, qui montre des prisonniers chinois sans les idéaliser.*

IDÉE Nº 79

# L'EXPRESSION DOCUMENTAIRE

Tout comme l'onirisme exista avant l'apparition du surréalisme, « l'expression documentaire », c'est-à-dire l'image qui informe sur une réalité tout en proposant une interprétation morale et esthétique, précéda le concept élaboré par William Stott dans les années 1970. Les photographes fondaient depuis longtemps au même creuset l'engagement politique et l'efficacité graphique.

La formule « expression documentaire » fut popularisée par le livre de William Stott *Documentary Expression and Thirties in America* (1973). Elle décrivait le travail documentaire produit à l'époque, en embrassant les sciences sociales, les arts, la littérature, le cinéma et la photographie. Stott dépassait le lieu commun dominant depuis le XIXe siècle qui voulait que le documentaire se limitât à une preuve empirique objective. Pour lui, le travail documentaire était « la présentation ou la représentation d'un fait réel d'une manière à la fois convaincante et vivante pour les contemporains ». Rien n'obligeait de telles œuvres à montrer une froide objectivité : elles pouvaient transmettre de l'émotion. Selon Stott, l'expression documentaire des années 1930 joua un rôle capital, parce qu'elle combinait les faits et les sentiments.

Dès le début du XXe siècle, le photographe et sociologue Lewis Hine utilisait le cadrage, la mise au point et le jeu des ombres pour transmettre un point de vue moral. Hine, dont les clichés contribuèrent à changer les lois qui régissaient le travail des enfants aux États-Unis, ne montrait pas ses sujets comme des victimes, mais comme des individus dont la dignité demeurait intacte dans les circonstances les plus éprouvantes. L'enfant dont les petits doigts se glissent entre les navettes du métier à tisser est attentive et gracieuse ; elle n'a pas peur de l'immense machine dont Hine exagère la taille pour rendre son aspect écrasant. Quand il créait ce qu'il appelait ses « récits photographiques », il présentait parfois ses images en **récit** non chronologique, poussant le spectateur à les ordonner lui-même et donc à s'investir dans la construction de leur signification.

Le travail documentaire contemporain est souvent plus introverti et moins explicite. Quand Liu Zheng parcourut la Chine pendant sept ans, il construisit son propre lexique visuel pour interpréter les scènes en fonction de ses états de conscience personnels. Ses images capturent des incidents de la vie de gens ordinaires, imparfaits, incertains, dont l'apparence, les activités et les préoccupations ne ressemblent guère à l'idéal de progrès dépeint par la propagande d'État chinoise. Si Liu Zheng a baptisé sa série *Les Chinois*, ce n'est pas pour fournir une documentation sur le sujet, mais pour évoquer une enquête personnelle.

En comparaison, la couleur propulse les images d'Edward Burtynsky dans le domaine de l'expressionnisme documentaire. Il concentre son attention sur des paysages auxquels la pollution ou l'industrie a donné des couleurs d'une vivacité spectaculaire. Pour décrire son travail, il parle d'« instant méditatif », par contraste avec l'« **instant décisif** » de Cartier-Bresson. Burtynsky appuie son travail sur une recherche documentaire et sur une interaction physique et morale avec chaque environnement. Sa photographie documentaire communique à l'image une multiplicité de significations qui mêle l'information objective et des impressions communiquées par les sens. ■

# *La vie dans les marges*

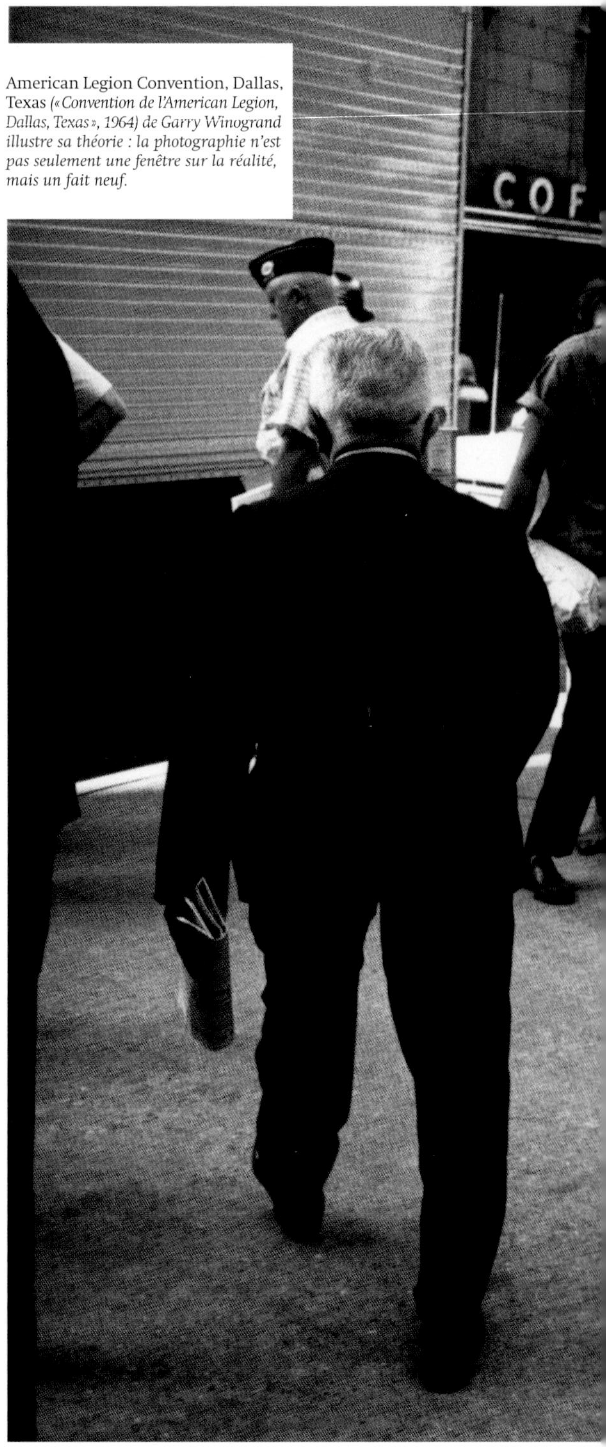


American Legion Convention, Dallas, Texas (*« Convention de l'American Legion, Dallas, Texas », 1964) de Garry Winogrand illustre sa théorie : la photographie n'est pas seulement une fenêtre sur la réalité, mais un fait neuf.*

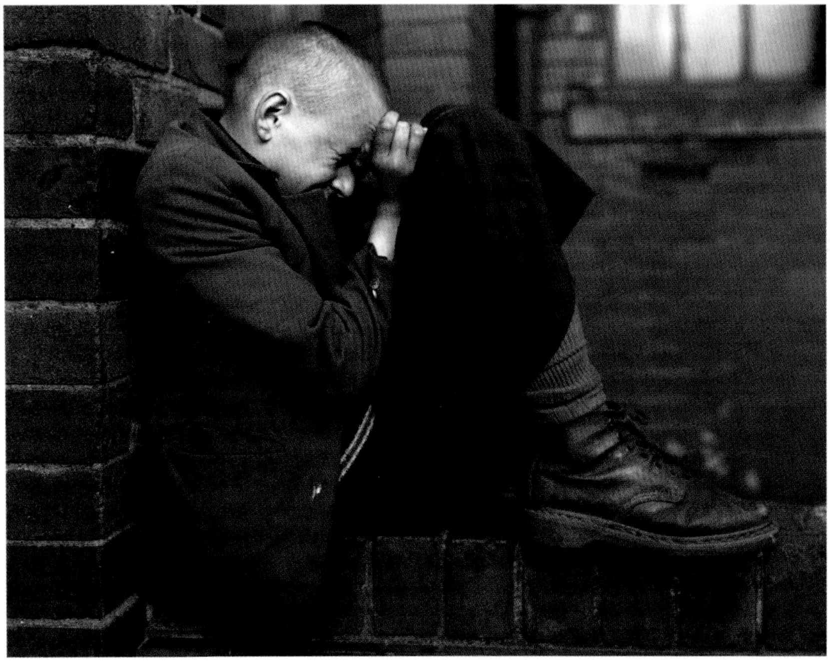

*Réalisée par Chris Killip en 1976, cette image saisissante intitulée* Youth, Jarrow *(Jeune homme à Jarrow) montre un moment d'exaspération et de colère à l'époque où la désindustrialisation frappait de plein fouet la région de Newcastle upon Tyne en Angleterre.*

IDÉE N° 80

## L'OBSERVATEUR ET L'EXCLU

Davantage sans doute que les autres arts, la photographie présente des affinités avec l'aliénation. Que ce soit en studio ou dans la rue, l'appareil crée une distance physique et optique entre le photographe et son sujet et le détachement est un élément central de la pratique.

La photographie suppose en effet de prêter attention à la lumière, à la mise au point, au cadre, etc., ce qui sépare au moins pour un instant le photographe de la scène qu'il prend. Ironiquement, le souci de construire un récit visuel peut l'isoler d'une partie de l'intensité de l'histoire qui se joue devant son objectif. James Agee, l'écrivain qui voyagea dans le sud des États-Unis aux côtés du photographe Walker Evans pour réaliser le livre *Let Us Now Praise Famous Men* (*Louons maintenant les grands hommes*, 1941), tint une sorte de journal qui révèle le détachement inhérent au rôle d'observateur : « Que si je n'étais pas ici ; et je suis étranger, un œil sans corps, ceci n'aurait jamais eu d'existence en perception humaine. [...] Je ne me fais pas le bienvenu ici. »

Il serait exagéré de dire que la solitude volontaire du photographe le met sur le même plan que ceux qui vivent dans les marges. Pourtant, son détachement d'observateur affûte sa perception des gens qui, par choix, par isolement ou parce qu'ils ont été victimes d'une catastrophe, vivent en dehors de la société. Ainsi, Garry Winogrand fit fructifier une rencontre de hasard à Dallas avec un homme que des amputations multiples forçaient à ramper au milieu des marcheurs. Alors que plusieurs des passants appartiennent visiblement à l'American Legion, une association nationale d'anciens combattants, leurs regards se détournent du handicapé au centre qui, lui, semble fixer l'objectif. La photogra-

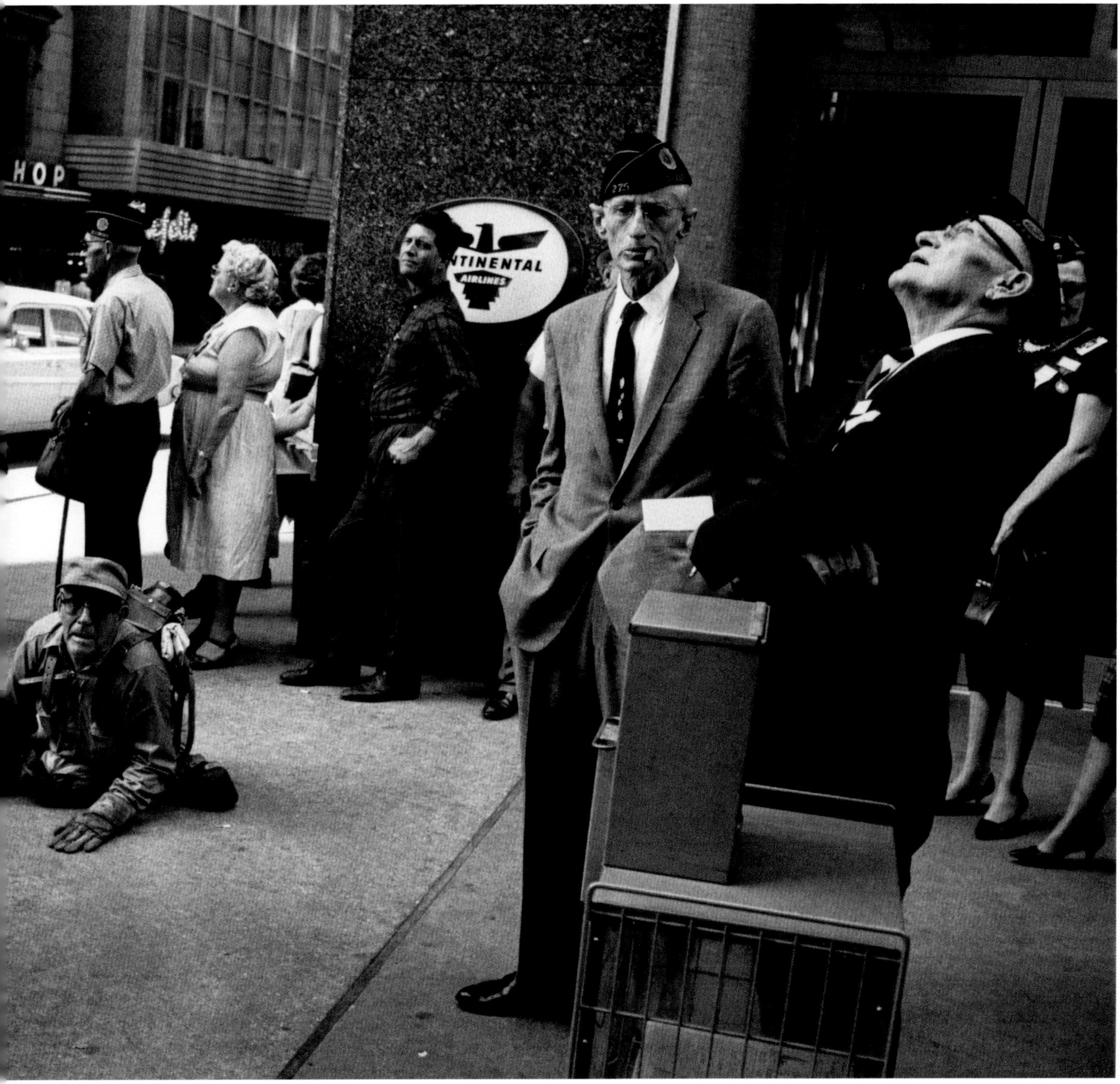


- phie de Winogrand opère à plusieurs niveaux ; elle contient même une critique de son propre détachement.

L'aliénation s'exprime des deux côtés de l'appareil sur l'image de Chris Killip montrant un jeune homme qui a durci son apparence, sans parvenir à se libérer de sa colère et de son désespoir. Cette photographie tire sa force d'une mise au point parfaite et du cadrage incluant des éléments architecturaux qui semblent enfermer le modèle dans les effets du chômage et des lacunes de l'aide sociale. Killip a pu ressentir une profonde empathie pour ce jeune homme, mais pour réaliser cette image de colère et d'angoisse, il a dû se distancier. En d'autres termes, comme beaucoup de photographes, il doit instaurer une barrière mentale et émotionnelle entre son sujet et lui pour créer. ■

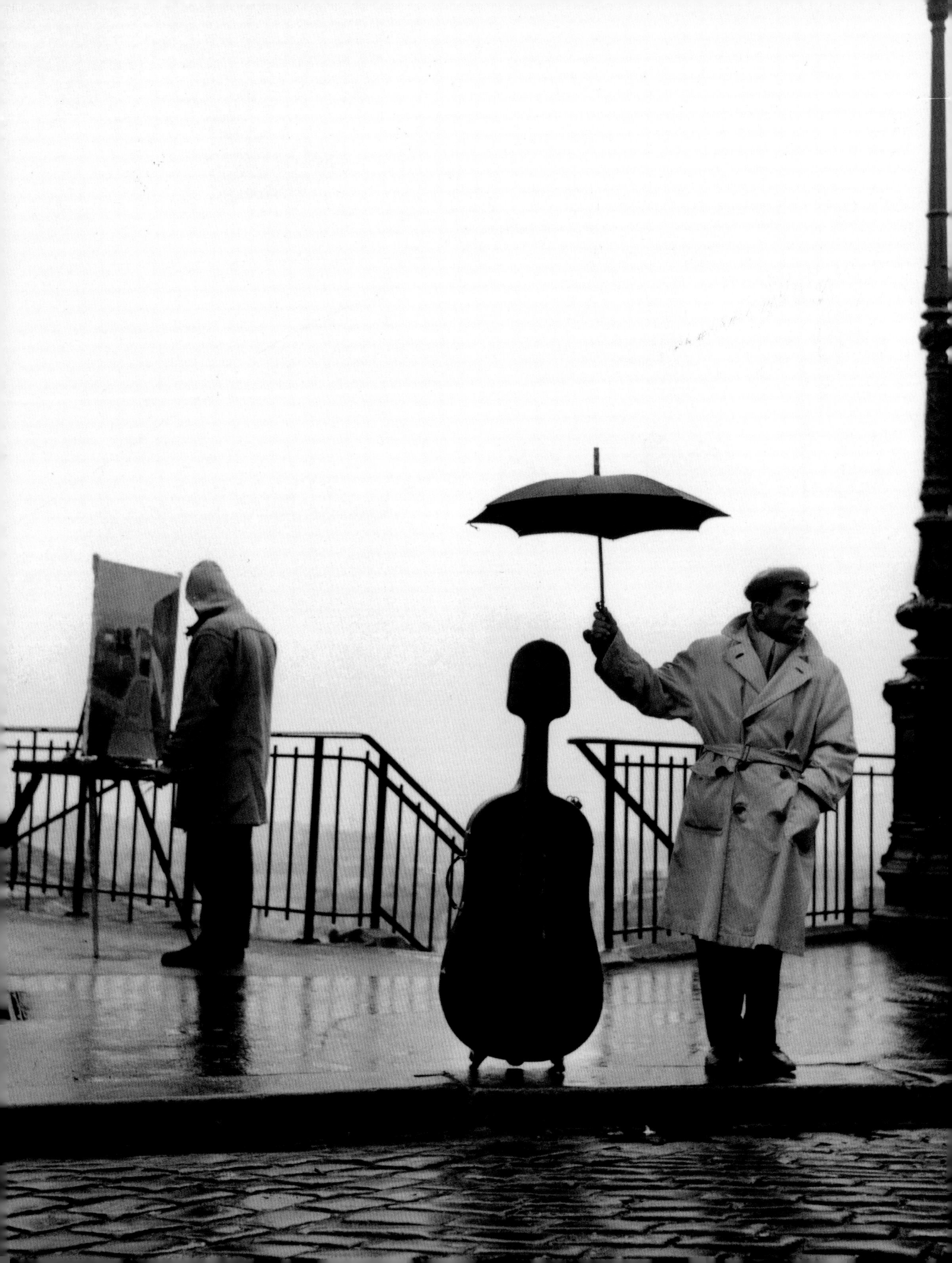

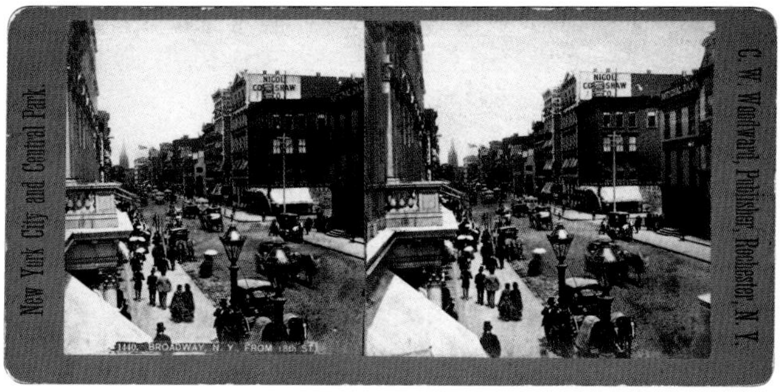


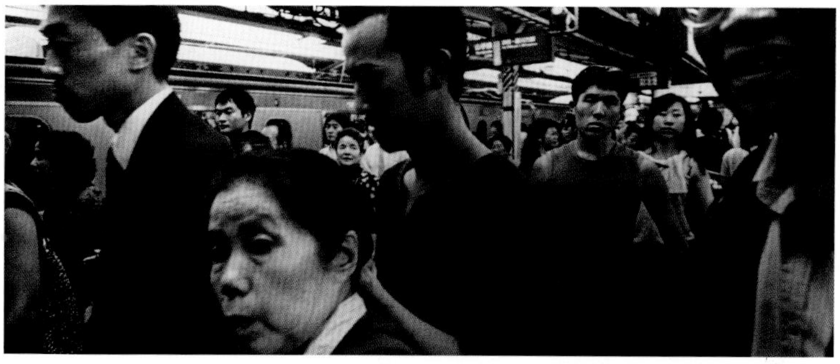

À GAUCHE : *En insérant cette carte stéréographique double de 1868 dans une visionneuse, les spectateurs jouissaient d'une vue plongeante sur Broadway. Elle s'intitule d'ailleurs* Looking up Broadway from the Corner of Broome Street *(« Vue de Broadway depuis le coin de Broome Street »).*

CI-DESSUS : *Dans les foules, les visages sont souvent inexpressifs, comme en témoigne cette image prise par Daidô Moriyama en 2001 dans le quartier de Shinjuku à Tôkyô.*

IDÉE N° 81

# LA RUE

La photographie et la ville moderne ont atteint leur maturité en même temps. À l'inverse de la petite ville où tout le monde se connaît, les rues des métropoles offrent l'anonymat à ceux qui le désirent et un défilé constant de modèles à celui qui tient un appareil.

Aux photographes, la rue a toujours fourni sa richesse : celle d'une scène où se produisent les acteurs de la vie, des badauds, des vendeurs, des voleurs ou des amants qui, pour la plupart, ne remarquent pas l'objectif braqué sur eux. Dès ses origines, la photographie a guetté le flux des passants, l'inattendu, prête à bondir sur le premier spectacle intéressant.

Les règles qui commandent en général aux interactions sociales sont souvent oubliées quand se présente la possibilité d'une bonne image. Ainsi, on photographie des accidents, en laissant aux autres le soin de venir en aide aux victimes. Les grimaces et les pleurs, les maquillages exagérés et les calvities ont leur prix. La vanité et le vice fournissent de bons clichés, l'excentricité de meilleurs encore. Le photographe de rue sait que ce spectacle lui réserve des images d'exception, tout comme les surréalistes savaient que la connaissance pouvait naître du hasard d'une rencontre (voir le **surréalisme**). Il tend aussi à transformer les spectateurs d'une scène en voyeurs, comme s'ils partageaient soudain la crudité impudente de son regard. La multiplication des caméras de sécurité dans les villes a suscité des protestations, mais les photographes continuent à espionner les rues impunément.

Même si les éléments architecturaux jouent souvent un rôle dans la composition des images, ils ont rarement été l'objet principal d'une photographie de rue. Les clichés stéréographiques (voir **stéréoscope**) représentaient souvent la rue vue de haut, pour rendre les scènes plus vivantes et accentuer leurs trois dimensions. Pour les spectateurs du XIXe siècle, ces vues de rues incarnaient l'énergie de la ville moderne. Au XXe siècle, Robert Doisneau travailla sur les points fixes dans le flux de la ville moderne. Utilisant un petit appareil, il créa des scènes d'une drôlerie douce-amère : beaucoup de ses œuvres poussent le spectateur à reconstituer un **récit** et par là à se départir, ne serait-ce que pour un instant, de la froideur anonyme du passant.

À l'opposé, les clichés de rue sombres et obliques de Daidô Moriyama provoquent des sentiments dérangeants qui frisent la répulsion physique. Même s'il travaille dans la rue, en guettant des moments révélateurs, le monde qu'il évoque semble en proie à la décomposition et à la méchanceté. D'un certain point de vue, tous les photographes de rue sont des observateurs détachés, mais peu d'entre eux montrent la froideur de Moriyama. À la différence de l'**expression documentaire**, à laquelle elle semble pourtant apparentée, la photographie de rue ne nourrit pas d'autre projet que de proposer des perceptions partielles ; elle ne tente pas de changer le monde, car de son point de vue, le règne du péché et de l'injustice offre des spectacles toujours renouvelés. ■

PAGE PRÉCÉDENTE : *Robert Doisneau réalisait des images à la fois drôles et tendres, telles qu'*Un musicien sous la pluie, *sur laquelle figure Maurice Baquet en 1957 à Paris.*

IDÉE N° 82

# LA LUMIÈRE INVISIBLE

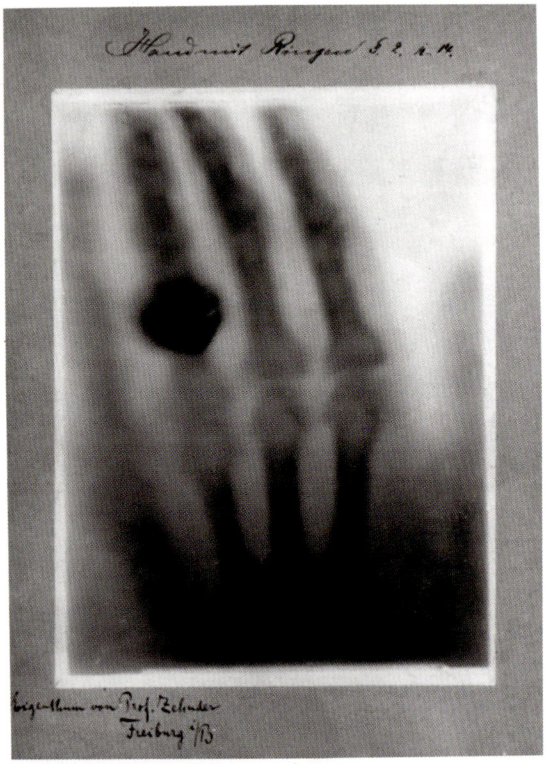

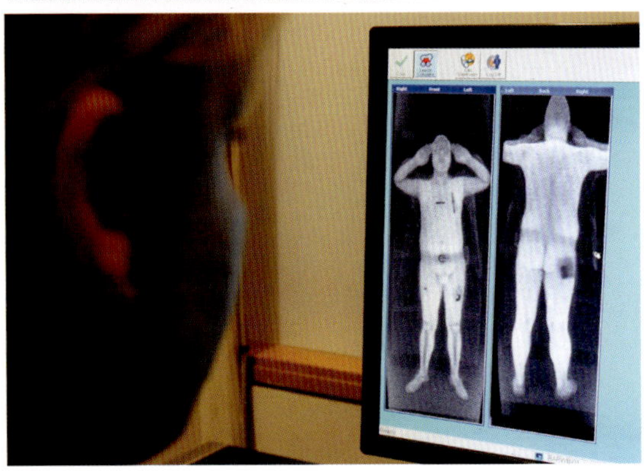

EN HAUT : *Wilhelm Röntgen illustra d'un cliché aux rayons X de la main de son épouse son premier rapport scientifique sur le phénomène. La grosseur sur le doigt de Bertha Röntgen n'est qu'une bague.*

CI-DESSUS : *Les scanners corporels des aéroports utilisent des appareils à rayons X qui produisent des images d'une telle précision qu'elles n'épargnent rien de l'intimité des voyageurs.*

Les possibilités offertes par la photographie se multiplièrent à la fin du XIX^e siècle, quand on apprit à réaliser des images de rayonnements que l'œil humain ne percevait pas. Celles que l'on produisit grâce aux rayons infrarouges ou aux rayons X connurent de nombreuses applications.

On découvrit qu'il existait des types de lumière qui échappaient à la perception humaine avant l'apparition de la photographie. Vers 1800, Frederick Herschel, dont le fils, John Herschel, inventa le **cyanotype**, établit qu'il existait une lumière au-delà du rouge du spectre visible. À cause de la chaleur qu'ils produisaient pendant ses expériences, il baptisa « rayons calorifiques » ceux que l'on appellerait ultérieurement « infrarouges ». L'image latente, dont la nature exacte n'était pas très bien comprise, suggérait également que la photographie reposait sur des propriétés invisibles de la lumière.

Ce ne furent cependant pas les images infrarouges, mais la photographie du mouvement (voir **figer le temps**) et les rayons X qui bouleversèrent les certitudes dictées par la perception. La découverte de ces derniers par Wilhelm Conrad Röntgen en 1895, si elle apporta beaucoup à la médecine, suscita également la curiosité du public, pour lequel on installa des machines à rayons X dans les foires et dans les grands magasins. Ce saut étonnant de la science au divertissement reposait sur l'impression que ce rayonnement n'était pas seulement un outil scientifique, mais aussi une manifestation occulte, peut-être issue d'émanations provenant de fantômes. Quant à l'idée de pouvoir voir sous les vêtements, elle suscitait des émois érotiques. La parution du roman *L'Homme invisible* de H. G. Wells en 1897, dont le héros devenait invisible en s'exposant à des rayons, fit également sensation. Le fait qu'en réalité les rayons X ne soient pas à proprement parler un procédé photographique car ils ne reposent pas sur la lumière a échappé au public et l'on assimile toujours les deux. Certains photographes ajoutèrent d'ailleurs les clichés aux rayons X à leur panoplie, accentuant la confusion. Le mécontentement qu'ont récemment provoqué les scanners de sécurité des aéroports s'explique par l'impression qu'ils prennent des photographies, alors que certains créent des images éphémères en utilisant des micro-ondes et d'autres des rayons X d'une nocivité réduite.

À la différence des rayons X, l'allure étrange des clichés infrarouges, mis au point dans les années 1920, ne fit pas sensation auprès du grand public, mais connut une application militaire d'importance, puisqu'ils permettaient de différencier les feuillages des tenues de camouflage. Cet « effet Wood », d'après le nom du pionnier de l'infrarouge Robert W. Wood, repose sur le fait que les feuilles reflètent davantage les rayons infrarouges que le tissu. Alors que les rayons X intéressèrent peu les artistes, la photographie infrarouge suscita quelques vocations, parce qu'elle réalisait des images étranges, par exemple des arbres blancs sur un fond de ciel noir. On l'utilisa beaucoup dans les années 1960 pour les pochettes de disques psychédéliques. Cette pratique connaît une nouvelle vie avec des appareils numériques qui rendent le procédé plus abordable. Leurs cellules réceptrices devraient même permettre de prendre des photographies en ultraviolet. ■

“Alors que les rayons X ont peu intéressé les artistes, la photographie infrarouge suscita quelques vocations.”

*Sur cette étude de feuillage que Colin Turner a réalisée en 2007 le long d'un canal, près d'Homps dans l'Aude, les infrarouges peignent les feuilles en blanc.*

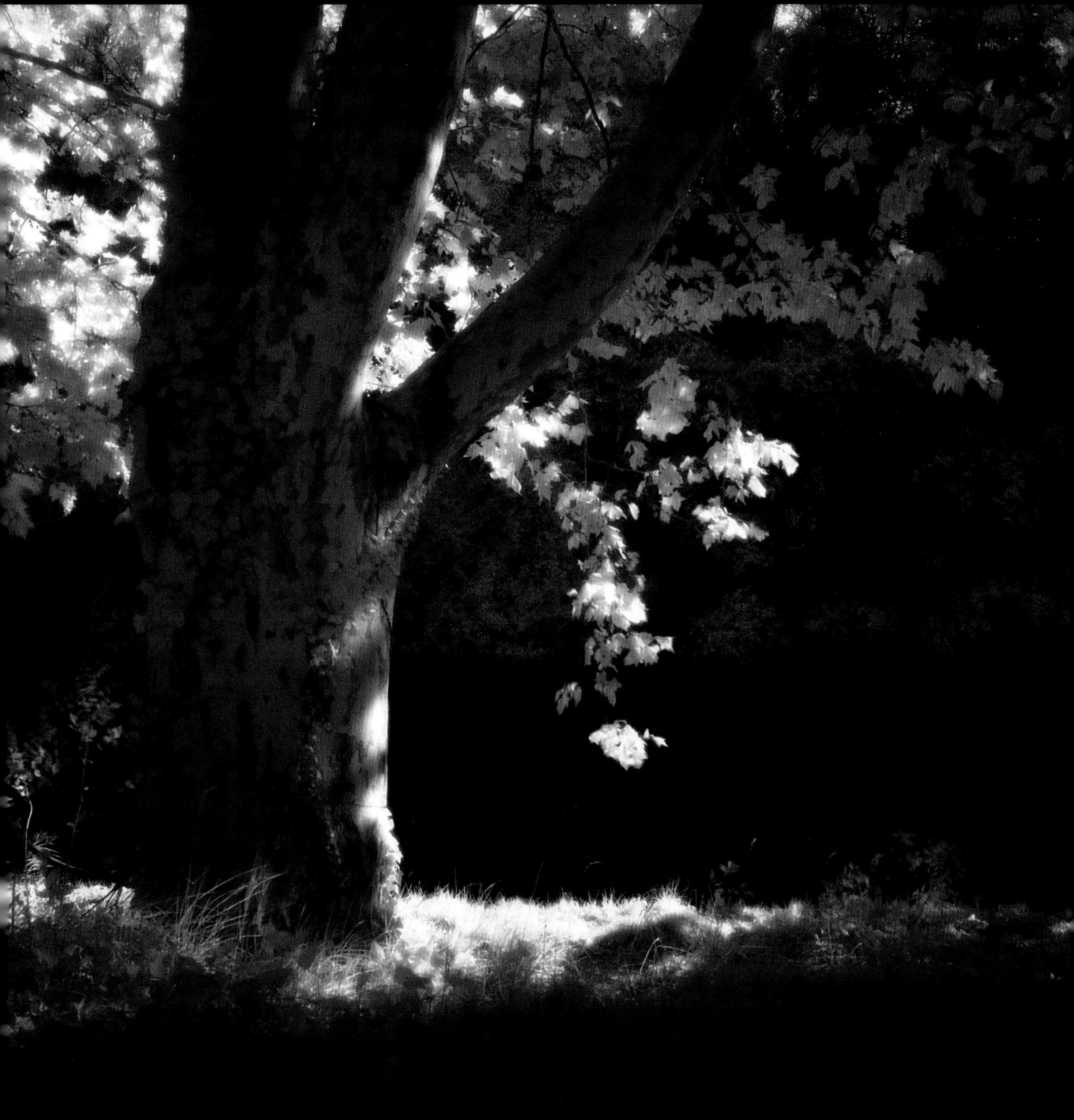

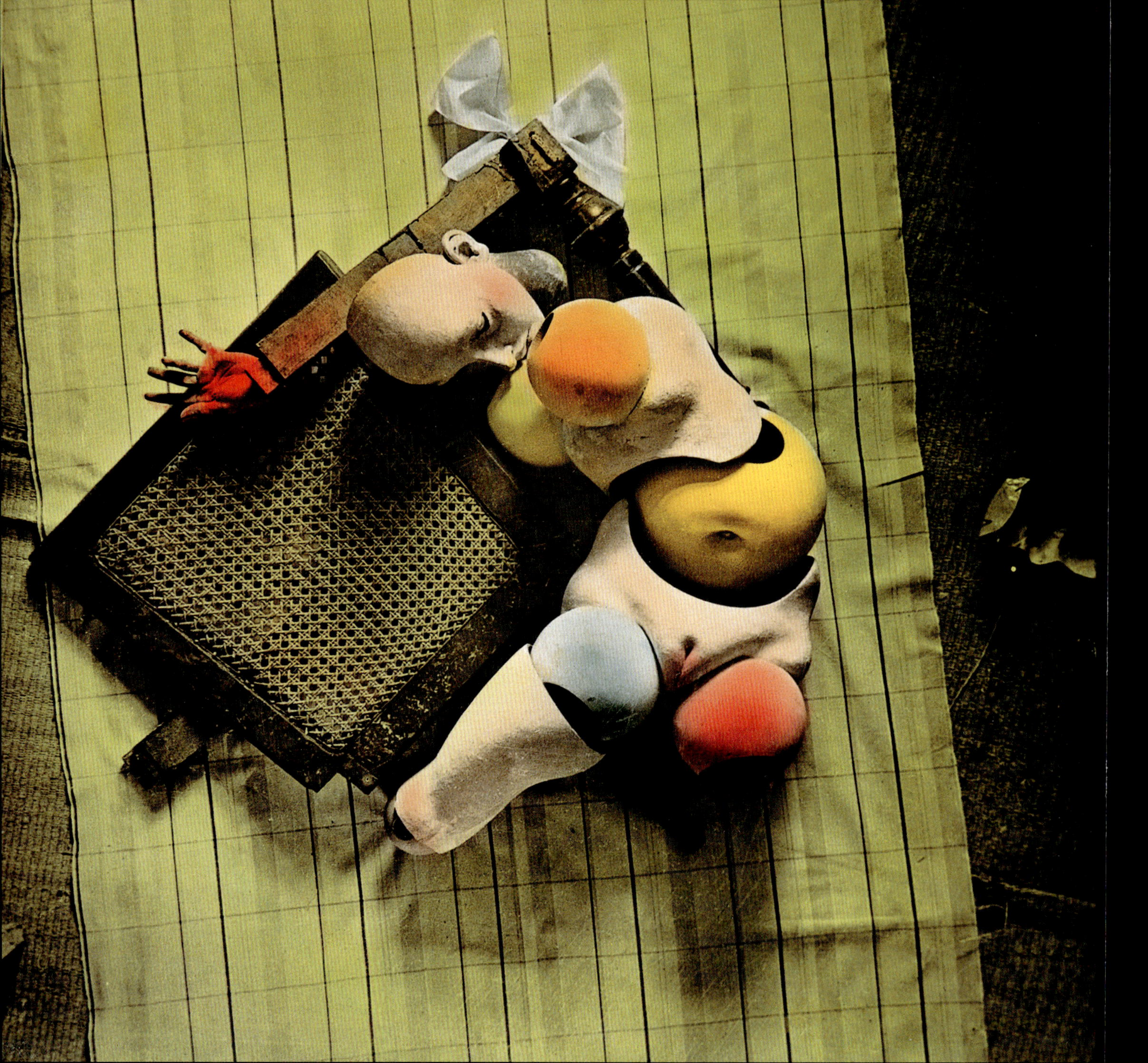

*Hans Bellmer composait des figures formées de morceaux de mannequins désarticulés, comme cette* Poupée *de 1935, photographiée en noir et blanc et rehaussée à la main de couleurs peu réalistes.*

IDÉE N° 83

# LE SURRÉALISME

L'art et la littérature offrent depuis l'Antiquité des éléments étranges qui donnent l'impression de se trouver enfermé dans un rêve éveillé. Les premiers clichés, pris en 1839, si étrangement détaillés, procurèrent le même sentiment. Cependant, cette inquiétante étrangeté ne reçut son nom qu'en 1917, avec l'apparition du surréalisme.

On peut juger du caractère déconcertant des premières photographies en lisant des livres et des journaux du milieu du XIXe siècle. Certains avaient le sentiment que le procédé perçait la surface des choses et réussissait à pénétrer l'esprit des modèles. L'œil de verre des imposants appareils de studio semblait si puissant que certains clients craignaient d'être aspirés dans la boîte noire.

La capacité de la photographie à montrer un objet ou un être de telle sorte qu'il est à la fois présent et absent est l'une de ses caractéristiques premières. Ce phénomène étrange en lui-même suscite parfois des tensions psychologiques. De ce point de vue, la photographie fabrique un double maléfique du réel qui en trouble la perception. Cette duplicité de la représentation que la photographie révèle mieux que les autres arts joua un rôle central dans le courant artistique surréaliste. Le tableau de Magritte qui porte l'inscription « Ceci n'est pas une pipe » s'appelle en réalité *La Trahison des images*; l'étonnement qu'il provoque se retrouve plus souvent avec la photographie qu'avec la peinture, dont l'effet de réel est moins trompeur.

Les surréalistes découvrirent cette dimension de la photographie et l'exploitèrent. Leurs images procurent l'impression que quelque chose d'énigmatique vient de se produire ou risque d'arriver. Elles enfreignaient les tabous sexuels au nom de la beauté, mais aussi pour promouvoir la liberté d'expression. Les surréalistes utilisèrent également la capacité de la photographie à donner une allure réelle à des distorsions optiques en pratiquant la **solarisation** ou les **expositions multiples**.

Le mouvement surréaliste eut une existence assez brève, puisqu'il connut son apogée dans les années 1920 à 1930. Il tirait une partie de sa force de sa connaissance de la psychanalyse freudienne, en particulier de la théorie de l'inconscient. La sensibilité surréaliste et sa boîte à outils inventive survécurent à ce moment historique et furent déclinées tout au long du XXe siècle. Ainsi, l'**instant décisif** de Henri Cartier-Bresson s'appuie sur la réceptivité surréaliste aux incidents étranges qui peuvent faire irruption dans la vie quotidienne. Le rôle que le hasard joue dans la photographie de rue (voir la **rue**) porte encore la marque de son influence et suppose un déchiffrement rapide des affleurements du sens plutôt que son étude approfondie. Beaucoup d'images contemporaines, comme cette scène étonnante prise par Aris Georgiou, proposent des bribes de sens plutôt qu'une explication exhaustive. ■

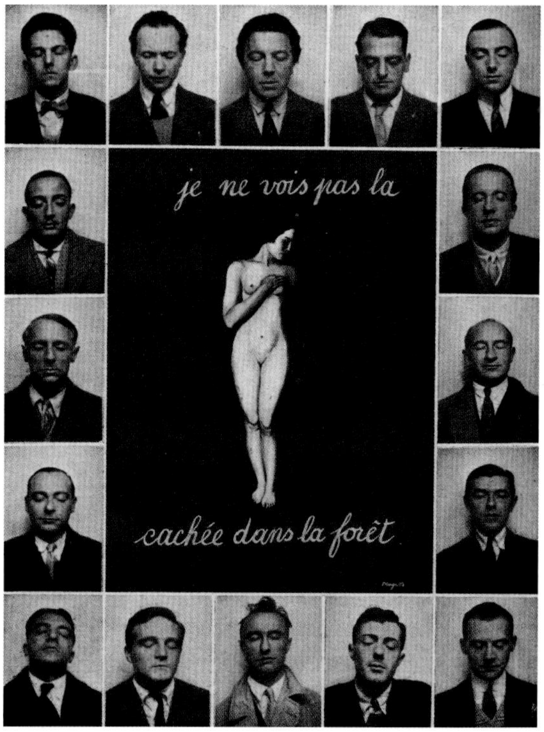


CI-DESSUS : *Théoricien provocateur, André Breton créa ce photomontage intitulé* Je ne vois pas la [femme] cachée dans la forêt *pour la couverture du numéro de décembre 1929 de* La Révolution surréaliste. *Les portraits des surréalistes, dont les yeux sont fermés à la réalité visuelle, encadrent une image d'une huile due à René Magritte.*

CI-DESSOUS : *Le surréalisme modifia profondément la pratique photographique, comme en témoigne cette image de 1975 prise par Aris Georgiou. Elle représente une enfant qui se repose sur un tapis à même la rue, dans une position étrange, à Thessalonique en Grèce, et est intitulée* Près de la rue Meleniko.

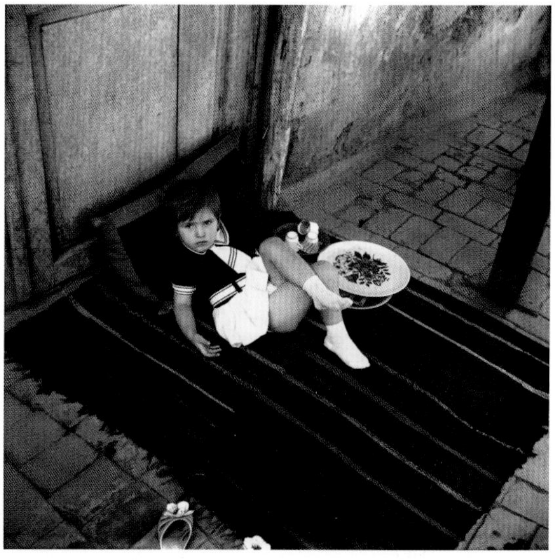

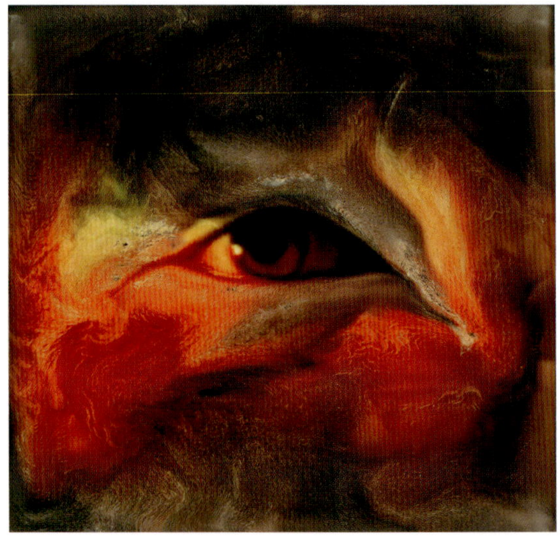

CI-DESSUS : *Avec cette image sans titre de 1973, Lucas Samaras a exploré les possibilités picturales du procédé Polaroïd en manipulant l'émulsion encore fraîche, avec les doigts ou avec des outils.*

CI-DESSOUS : *Lady Gaga, lors d'une démonstration de la firme Polaroïd à l'International Consumer Electronics Show de 2010, où elle fut nommée directrice de la création d'une ligne spécifique de produits.*

*Une gratification presque instantanée*

IDÉE N° 84

# LE POLAROÏD

L'appareil photo Polaroïd ne prenait pas seulement des clichés : grâce à un kit chimique intégré, il les développait. La possibilité de voir l'image apparaître sous ses yeux constituait une expérience magique qu'apprécièrent des générations d'amateurs.

L'histoire ressemble au rêve de tout entrepreneur : pendant les vacances, la fille d'Edwin Land se plaignit d'avoir à attendre plusieurs semaines avant de voir à quoi ressemblaient les photographies qu'il venait de prendre. Cela lui donna l'idée de créer un appareil capable de développer ses propres clichés. Son lancement pour Noël 1948 fut couronné de succès. Quinze ans plus tard, les images en noir et blanc, avec leur teinte sépia très reconnaissable, furent remplacées par la couleur.

Le Polaroïd reposait sur l'idée ancienne de l'**image en positif direct**. La version grand public de l'appareil prenait la photographie et l'éjectait. Au moment où elle sortait, une cartouche de produits chimiques s'ouvrait et se diffusait sur le papier exposé. Bien que le procédé fût baptisé « photographie instantanée », il fallait attendre plusieurs minutes pour que le développement s'achève. Regarder l'image du Polaroïd apparaître devint une activité qui passionnait les familles ou les groupes d'amis. Quand on enlevait la couche révélatrice, l'image était encore humide, et il fallait l'agiter pour la sécher, afin de pouvoir la manipuler tranquillement. Ce geste devint une sorte de rituel. Un modèle ultérieur, le SX-70, élimina le besoin d'ôter la couche révélatrice, mais l'image restait humide et il fallait encore l'agiter.

Pour la plupart des gens, elle présentait l'avantage d'être immédiate et de préserver la vie privée, des qualités que l'on associe aujourd'hui aux appareils numériques. Le Polaroïd ne perdit jamais l'attrait de la nouveauté. Jusqu'à l'apparition des réseaux sociaux, il était l'accessoire favori des fêtes et des mariages, et ses images uniques passaient de main en main, étaient affichées au mur ou offertes aux invités pour qu'ils les emportent comme souvenir. Pour atteindre le marché des adolescents, une version légère baptisée « Swinger » fut commercialisée pendant les fiévreuses années 1960.

L'artiste Lucas Samaras intervenait sur le développement automatique en pressant et en étirant la surface molle pour modifier l'image qui émergeait. Des amateurs passaient un crayon dessus pour voir ce qui résulterait. La société Polaroïd savait que son marché principal était le grand public, pourtant, elle encourageait les photographes célèbres à utiliser ses produits et diffusait leurs créations. Ansel Adams fut embauché comme consultant et Walker Evans expérimenta la gamme de couleurs particulières du Polaroïd. La société invita aussi les artistes à essayer ses grands appareils 50,8 × 60,96 cm et inventa même un format 101,6 × 203,2 cm qui pouvait prendre des images grandeur nature. Cependant, l'adaptabilité du cliché polaroïd standard intéressa des artistes tels que David Hockney qui, comme beaucoup de simples amateurs, assembla des collages de polaroïds. Même si la firme fit faillite en 2008, un nouvel appareil apparut en 2010. Malgré la domination de l'appareil numérique, l'apparition quasi instantanée d'une image concrète reste l'atout principal du Polaroïd. ■

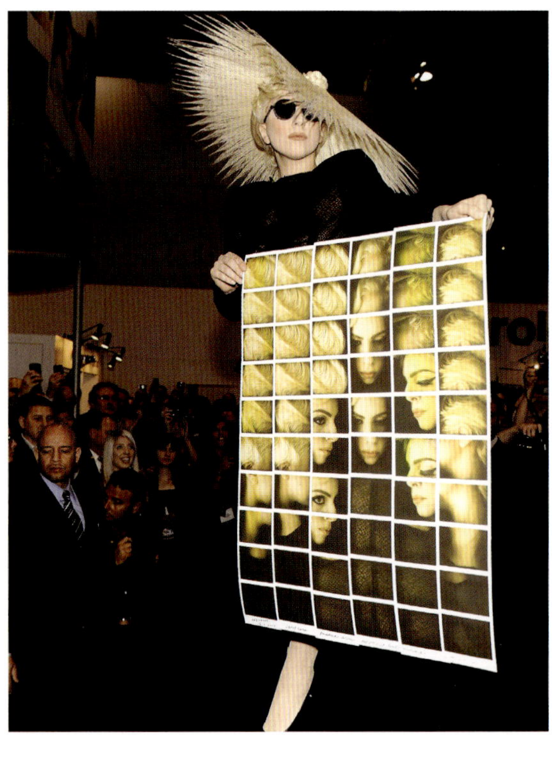

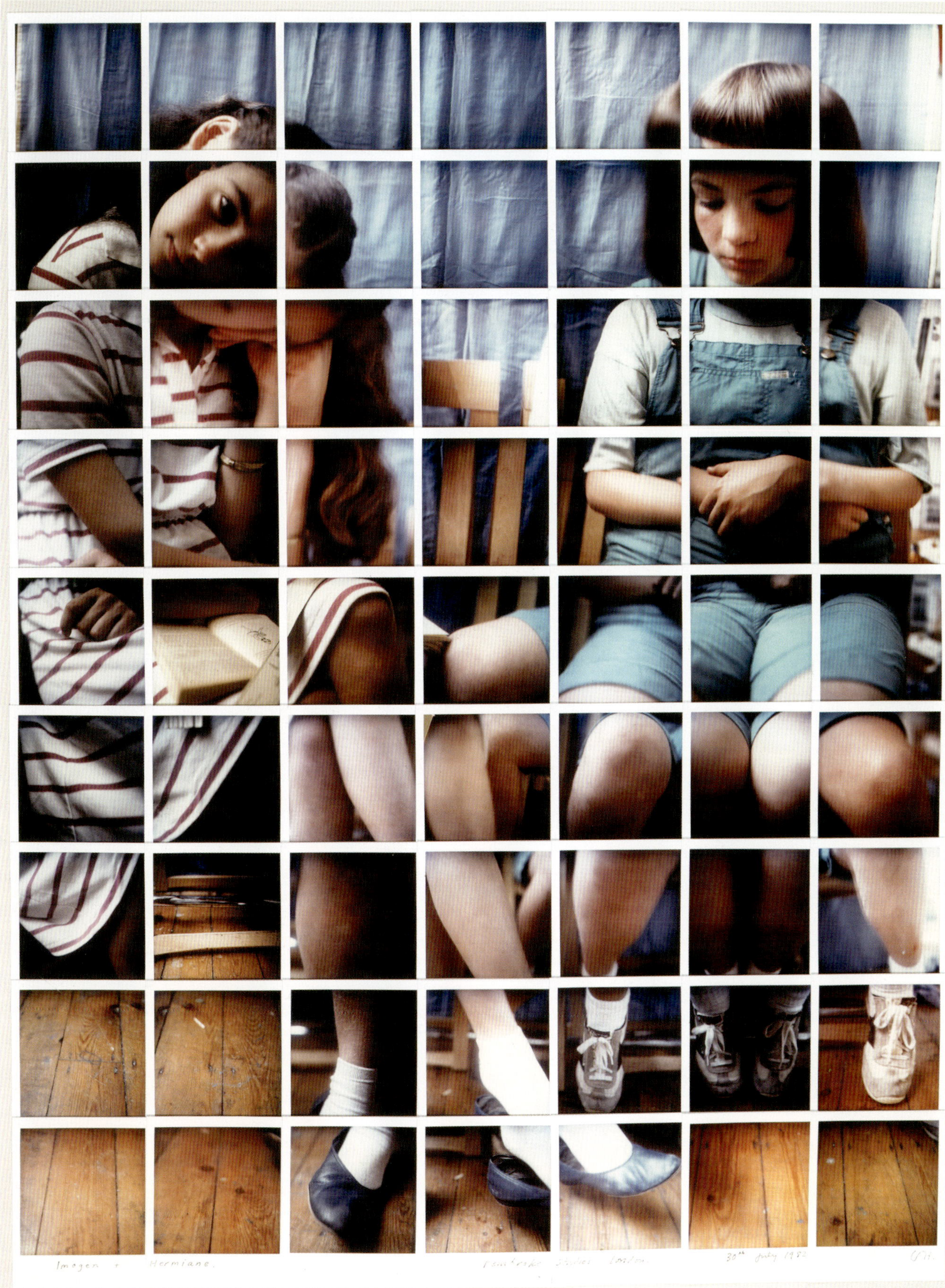


*Ce collage de polaroïds réalisé par David Hockney,* Imogen + Hermiane Pembroke Studios, London 30th July 1982, *capture parfaitement l'agitation de ses jeunes modèles.*

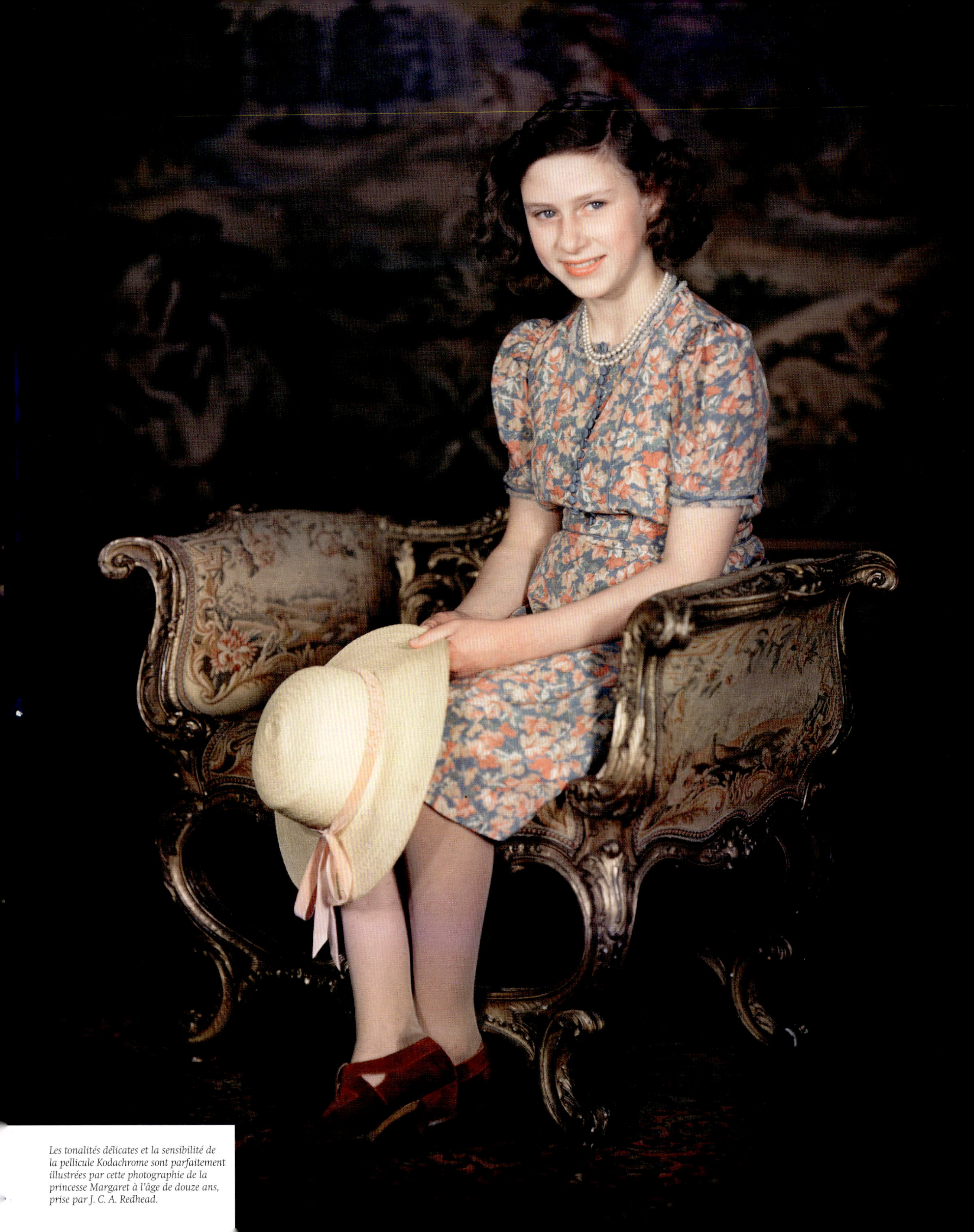

*Les tonalités délicates et la sensibilité de la pellicule Kodachrome sont parfaitement illustrées par cette photographie de la princesse Margaret à l'âge de douze ans, prise par J. C. A. Redhead.*

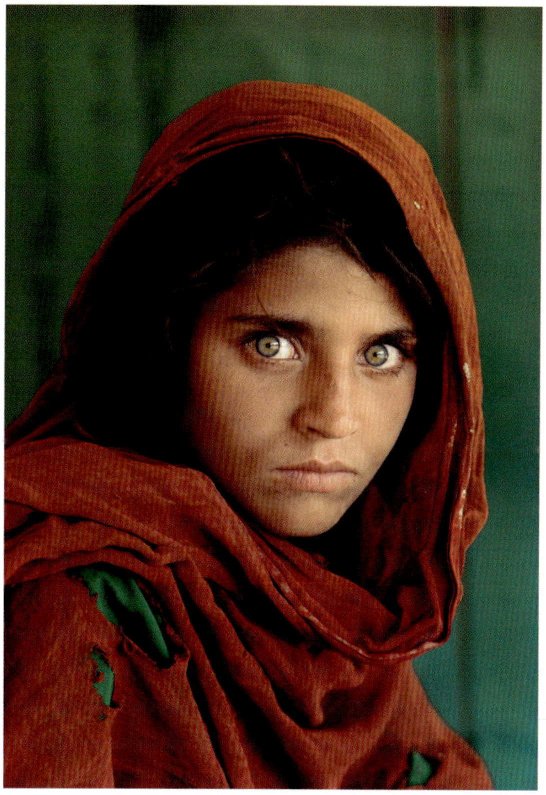

IDÉE Nº 85

# LE KODACHROME

Première pellicule couleur grand public, le Kodachrome n'enrichit pas seulement les illustrations des magazines, mais introduisit également la couleur dans les archives familiales, par le biais de la diapositive. Comme l'une de ses campagnes publicitaires le claironnait, le Kodachrome permettait des couleurs à la fois subtiles et expressives.

Bien que les premières pellicules Kodachrome eussent été fabriquées avant la Seconde Guerre mondiale, comme beaucoup d'autres produits de consommation, elles ne connurent un véritable succès qu'après guerre. Leurs couleurs vives et leur résistance au passage du temps transformèrent la manière dont les magazines produisaient leurs images. De plus, elles créèrent un rival solide à l'album de famille sous la forme du projecteur de diapositives. Comme tant d'autres genres photographiques, tels que la **photo-carte** ou l'instantané (voir l'**art pour tous**), la diapositive devint un divertissement en même temps qu'une forme d'histoire familiale.

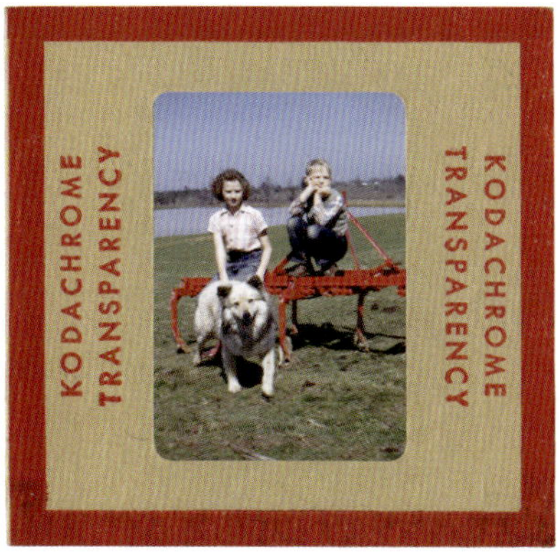


À la différence de la pellicule couleur des instantanés, le Kodachrome n'existait que sous forme transparente : l'image était développée sur un support flexible transparent qui demandait à être puissamment éclairé. Dans les entreprises et les établissements scolaires, on utilisait une table lumineuse dotée d'un plateau transparent, tandis qu'à la maison on projetait l'image sur un mur ou sur un écran portatif immaculé. En laboratoire, on pouvait réaliser des tirages papier en créant un négatif appelé internégatif, mais le succès du procédé était dû aux extraordinaires couleurs que permettait la projection de diapositives.

La couverture du *National Geographic* de 1985 qui montrait le visage de l'orpheline afghane Sharbat Gula, signée Steve McCurry, est sans doute l'une des plus célèbres et des plus typiques de l'histoire du magazine et de celle du Kodachrome. Le rouge dense du manteau de la jeune fille et le vert de ses yeux accentuent son air déterminé. L'image toucha des millions de lecteurs et contribua à la naissance d'un fonds pour l'éducation des jeunes filles afghanes.

À partir des années 1960, les artistes s'emparèrent de la diapositive Kodachrome, justement à cause de ses connotations populaires et prosaïques ; elle fut annexée par l'art conceptuel et figura dans nombre de performances. On l'associait à la vidéo, parce que ses images semblaient également résulter d'une projection. Les Anglo-Saxons inventèrent le terme *media arts* pour décrire la transformation de supports qui n'avaient jusque-là été considérés que comme des divertissements ou des outils en une nouvelle forme d'art contemporain.

Quand les diapositives furent remplacées par les appareils numériques et les présentations PowerPoint, beaucoup d'utilisateurs le déplorèrent, comme Paul Simon, dans sa célèbre chanson de 1973 « *Mama, don't take my Kodachrome away!* » (« Maman, ne me prends pas mon Kodachrome ! »). On offrit à Steve McCurry le tout dernier rouleau de Kodachrome fabriqué quand la production cessa en 2009. Ses images une fois développées ont été intégrées aux collections permanentes du Musée international de la photographie et du film de la George Eastman House à Rochester, dans l'État de New York, qui conserve les archives historiques de la société Eastman Kodak. ■

À GAUCHE : *Le rouge très reconnaissable du Kodachrome conserve toute sa vivacité et sa fraîcheur sur ce cliché amateur anonyme datant des années 1950.*

CI-DESSUS : *Les rouges du Kodachrome surpassaient en précision ceux des autres pellicules, comme en témoigne cette image de Steve McCurry,* Afghan Girl *(« Jeune Afghane », 1985).*

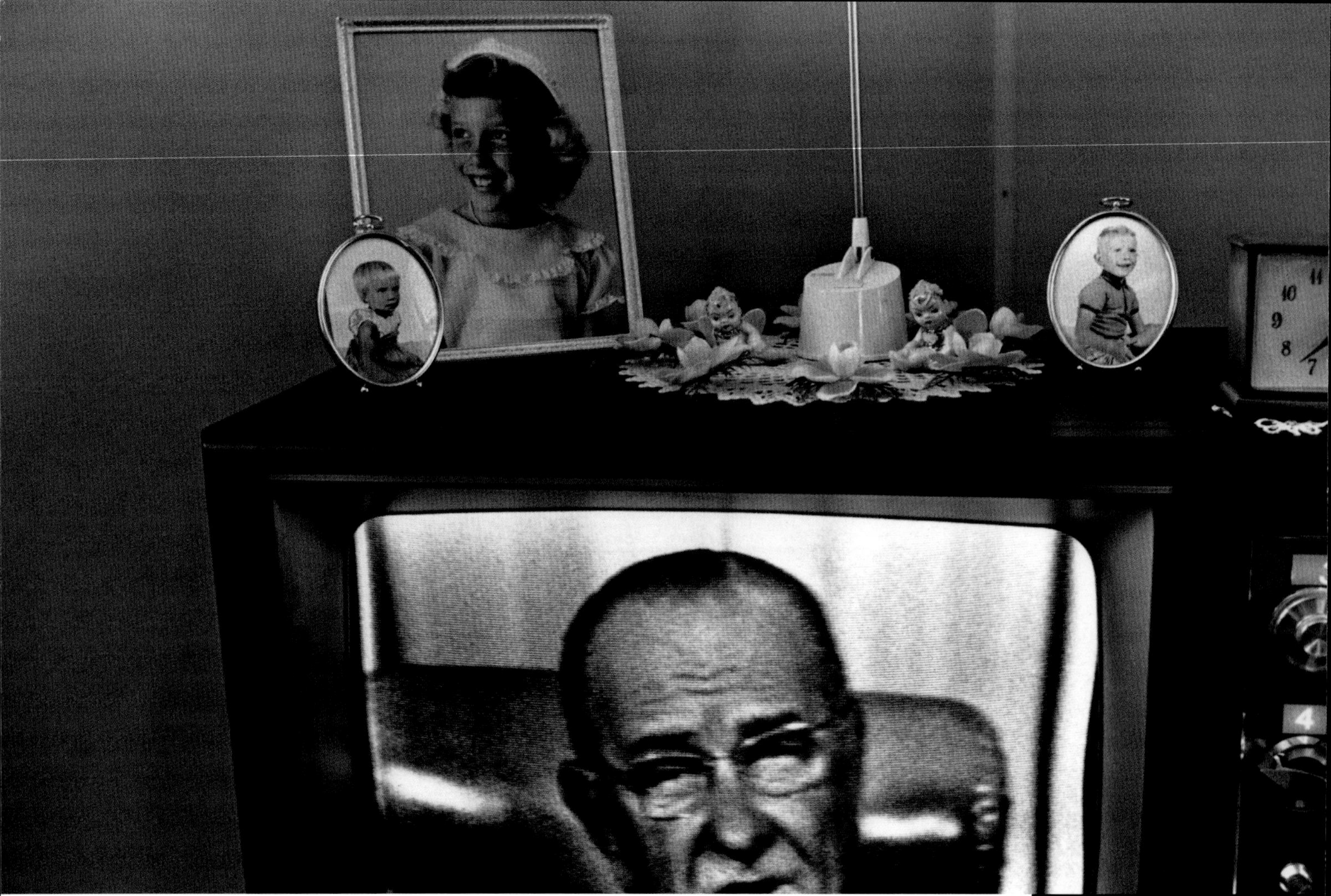

“La lumière vacillante de la télévision devint le symbole d’une décadence culturelle volontaire.”

CI-DESSUS : *La série de photographies de la télévision intitulée* The Little Screens *(« Les petits écrans »), prise par Lee Friedlander dans les années 1960, illustrait la manière dont les visages des grands de ce monde ou des vedettes envahissaient la sphère privée, à travers la petite lucarne d’un nouveau meuble de salon.*

# *Une invention nuisible ?*

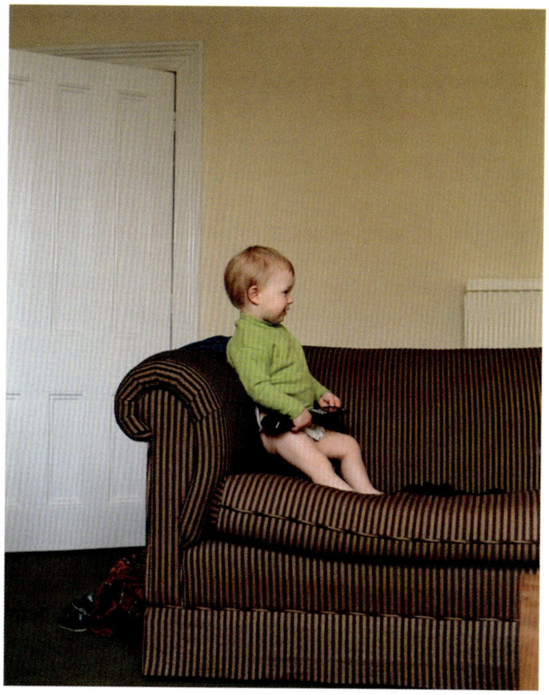

Danny, Bristol *fait partie d'une série que Paul Graham baptisa* Television Portraits *(« Portraits devant la télévision », 1990) qui montre des gens regardant le petit écran.*

IDÉE Nº 86

## LA TÉLÉVISION

L'avènement de la télévision après la Seconde Guerre mondiale a-t-il assassiné le photojournalisme en privant la presse de ses revenus publicitaires ? Ou bien n'est-ce qu'une légende ? Ce qui s'est passé dans les années 1970 dépend de l'endroit que l'on considère.

En effet, même si les ventes de récepteurs de télévision ont commencé à croître dès les années 1950, l'audience des journaux télévisés nationaux ne dépassa le nombre de lecteurs des quotidiens et des magazines qu'au début des années 1970. Les premières actualités télévisées anglo-saxonnes reposaient sur un présentateur qui lisait les nouvelles, mais aussi les bulletins publicitaires, debout ou assis, devant une carte du monde. Le décor du studio comportait parfois un téléscripteur, une machine qui imprimait des communiqués de presse transmis par les lignes téléphoniques, pour symboliser le lien avec l'actualité. Une photographie ou un petit film illustrait parfois le propos. Mais, dès les années 1970, le journal télévisé dépassa le bulletin d'un quart d'heure pour devenir un véritable programme d'une demi-heure qui incluait des comptes rendus de correspondants situés aux quatre coins du monde, des reportages et même des images en direct.

La télévision remplaça les quotidiens et les magazines sur le terrain de l'actualité immédiate, en particulier aux États-Unis. La manne publicitaire passa de la presse à la télévision, forçant nombre de magazines à réduire leur nombre de pages. L'arrêt de la version hebdomadaire de *Life* en 1972 marqua le déclin du **photojournalisme**. À la même époque apparut une nouvelle manière de traiter la politique, les modes de vie et les célébrités, reflétée par de nouveaux titres tels que *People*. En réaction, directe ou indirecte, Diane Arbus, Robert Frank et Lee Friedlander produisirent des images d'écrans de télévision allumés dans des bars déserts ou des salons abandonnés. Pour la photographie américaine, la lumière vacillante de la télévision devint le symbole d'une décadence culturelle volontaire.

Pour expliquer ce phénomène, John Szarkowski (voir l'**œil du photographe**), conservateur des collections de photographie du Museum of Modern Art de New York, souligne que les grands problèmes du moment échappaient de plus en plus à la photographie. Dans un numéro du *New York Times Magazine* de 1975, Szarkowski comparait la télévision et la photographie : la première pouvait capturer la totalité d'un événement, tandis que la seconde n'en saisissait que des fragments. Du coup, il s'agissait pour cette dernière de transformer ces fragments en autant de symboles. Selon lui, l'effondrement du photojournalisme ne s'expliquait pas par la crise des ressources publicitaires, mais par la conscience chez les publicitaires et dans le public que la télévision racontait les histoires d'une manière plus complète. Finalement, le photojournalisme n'aurait fourni qu'un brouillon en attendant l'avènement de la télévision et la maturité de ses services d'information.

Le tournant ne fut pas aussi marqué en Amérique du Sud ou en Europe, où des hebdomadaires tels que *Paris Match* surent mêler les images des stars et des boucs émissaires du moment à l'actualité journalistique, entre autres parce que la télévision tarda davantage à s'imposer dans les foyers. Sans doute réduisit-on aussi le nombre de photographies, mais le récit en images et le photojournalisme restèrent prospères, aboutissant même à la création de nouveaux magazines. C'est ainsi que Paris conserva sa position de capitale des **agences photographiques**, parfois fondées par des photojournalistes qui voulaient choisir eux-mêmes leurs sujets. ■

# *Le nouveau visage de l'Ouest américain*

IDÉE Nº 87

## NEW TOPOGRAPHICS

Peu de gens virent cette exposition de 1975, son mince catalogue fut rapidement épuisé et elle reçut quelques critiques aigres-douces. Malgré son peu d'écho à l'époque, *New Topographics* fut reconnue par la suite comme une révolution dans la pratique : elle rompait avec les images sentimentales du photojournalisme pour renouer avec l'expression neutre de l'appareil photo.

Le titre complet de l'exposition était *New Topographics: Photographs of a Man-altered Landscape* (« Nouvelles topographies, photographies d'un paysage modifié par l'homme »). Elle fut montrée une première fois à Rochester, dans l'État de New York, puis voyagea sous une forme réduite pour être exposée dans deux autres institutions. Si elle ne suscita guère de réactions à l'époque, dix ans après, on lui reconnaissait une influence capitale sur la photographie, à la mesure de *The Family of Man* (« La famille humaine ») qui, en 1955, attira les foules au Museum of Modern Art de New York. Aujourd'hui, cette exposition que peu de gens connaissent en dehors des spécialistes fait figure de tournant historique et de source d'inspiration.

Les paysages modifiés par l'homme qui y figuraient étaient dans leur majorité ceux de l'Ouest américain. Évitant les poncifs, les éternelles montagnes bleues ou les hordes de bisons des chansons, de la peinture et de la photographie du XIX^e^ siècle, son conservateur, William Jenkins, inventa le concept des « nouveaux topographes » et réunit des images distantes et sévères prises par des photographes qui avaient choisi de représenter les lotissements, les entrepôts et les bureaux en acier de l'Ouest (voir **banlieues et ghettos**). Ces images, prises à une distance qui manifestait un détachement autant physique que psychologique, sont d'une simplicité qui transgresse l'iconographie romanesque de l'Ouest. Elles illustrent la quête des qualités vraiment inhérentes à la photographie, telles que le célèbre John Szarkowski, conservateur des collections photographiques du Museum of Modern Art de New York, les définissait dans ses écrits et ses expositions (voir l'**œil du photographe**). Par ailleurs, *New Topographics* rappelait l'objectivité pratiquée en Allemagne à l'époque (voir l'**image et la chose**), en même temps qu'elle s'articulait avec les débuts de l'art conceptuel, en étant aussi complexe, impersonnelle, théorique et désintéressée que lui. *New Topographics* partageait aussi avec l'art conceptuel l'une des idées les plus fécondes de l'art du XX^e^ siècle, selon laquelle l'œuvre est un document, (voir **photoconceptualisme**). Elle contribua à rehausser le statut de la photographie dans les écoles d'art et dans les universités en lui donnant des fondations théoriques.

En fait, l'exposition et le catalogue de *New Topographics* prirent valeur de manifeste, sans que leurs créateurs l'aient prémédité, en démontrant que la photographie pouvait échapper au cadre étroit du **photojournalisme** pour évoluer vers un autre type de document, et finalement vers un autre idéal pictural. Malgré la modestie du projet d'origine, cette exposition devint après coup un moment fondateur de la photographie américaine dont le retentissement atteignit l'Europe et l'Asie, où son style dépouillé reste un modèle dynamique. Elle continue ses métamorphoses, puisque ses images ont été réutilisées récemment pour illustrer la dégradation de l'environnement dans l'Ouest américain au fil du temps. ■

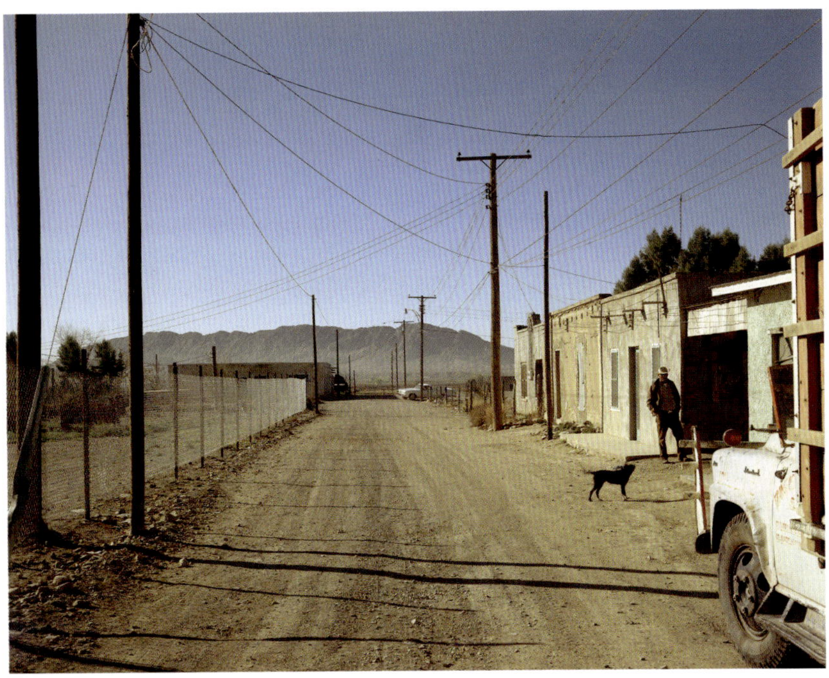

*Stephen Shore, l'un des premiers artistes à avoir choisi de s'exprimer en couleurs, parcourut l'Ouest américain et photographia des endroits rarement représentés comme cette* Alley, Presidio, Texas *(« Allée à Presidio, Texas », 1975).*

## "*New Topographics* s'articulait avec les débuts de l'art conceptuel."

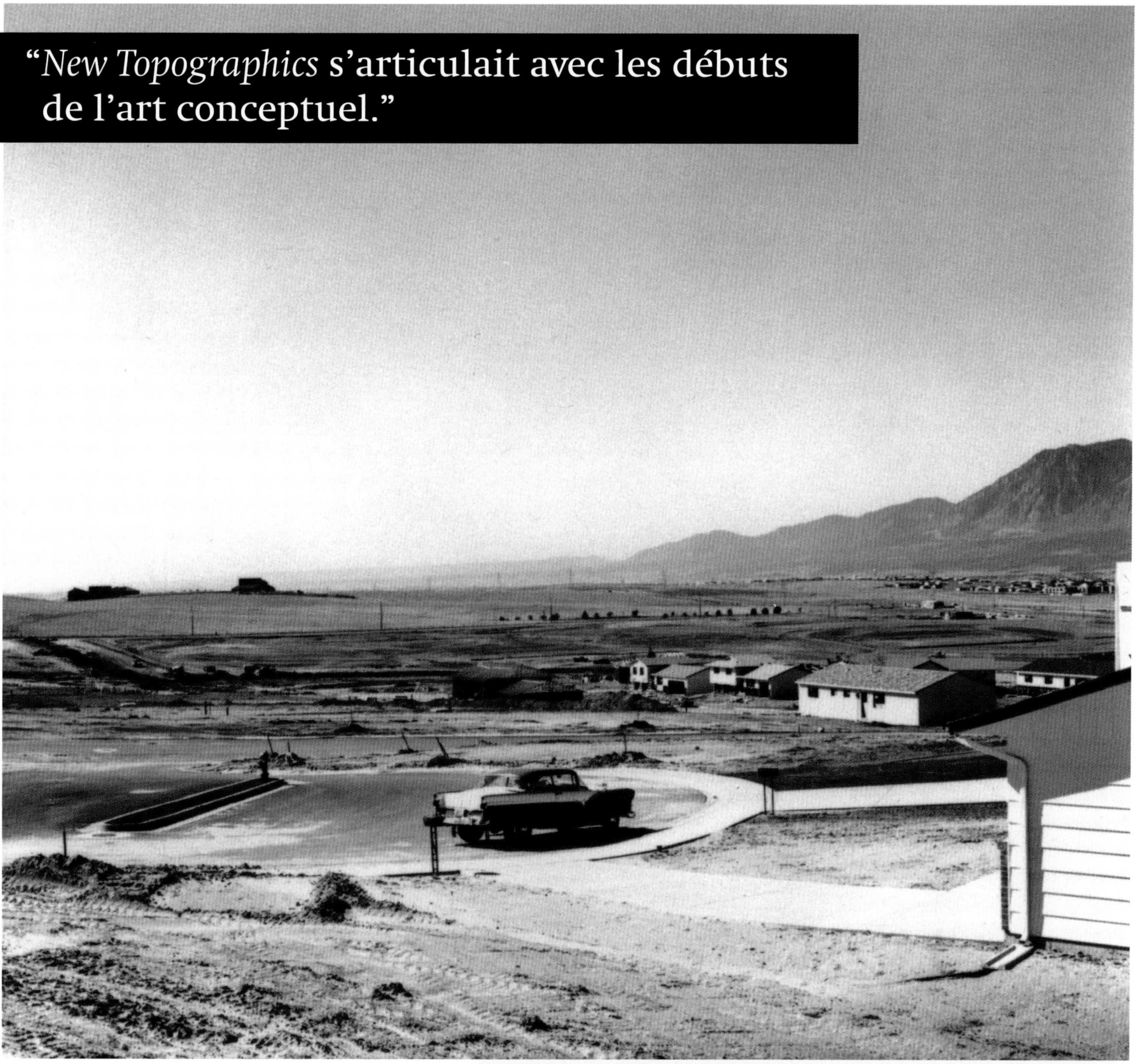

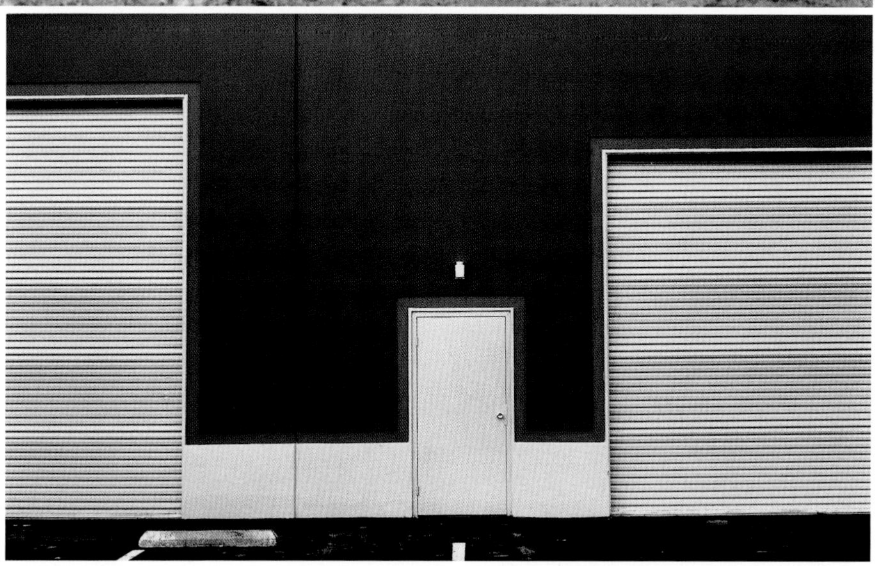

CI-DESSUS : *Après la Seconde Guerre mondiale des lotissements surgirent dans tout l'Ouest américain, à des endroits où ils semblaient incongrus, comme sur ce cliché de Robert Adams pris en 1968,* Newly Occupied Tract Houses *(« Lotissements récemment occupés »), Colorado Springs, Colorado.*

À DROITE : *Lewis Baltz se spécialisa dans la nomenclature de l'architecture des zones industrielles des années de l'après-guerre, à laquelle appartient ce cliché soigneusement recadré,* Southwest Wall of an Irvine California Building *(« Mur sud-ouest d'un bâtiment à Irvine, Californie », 1974).*

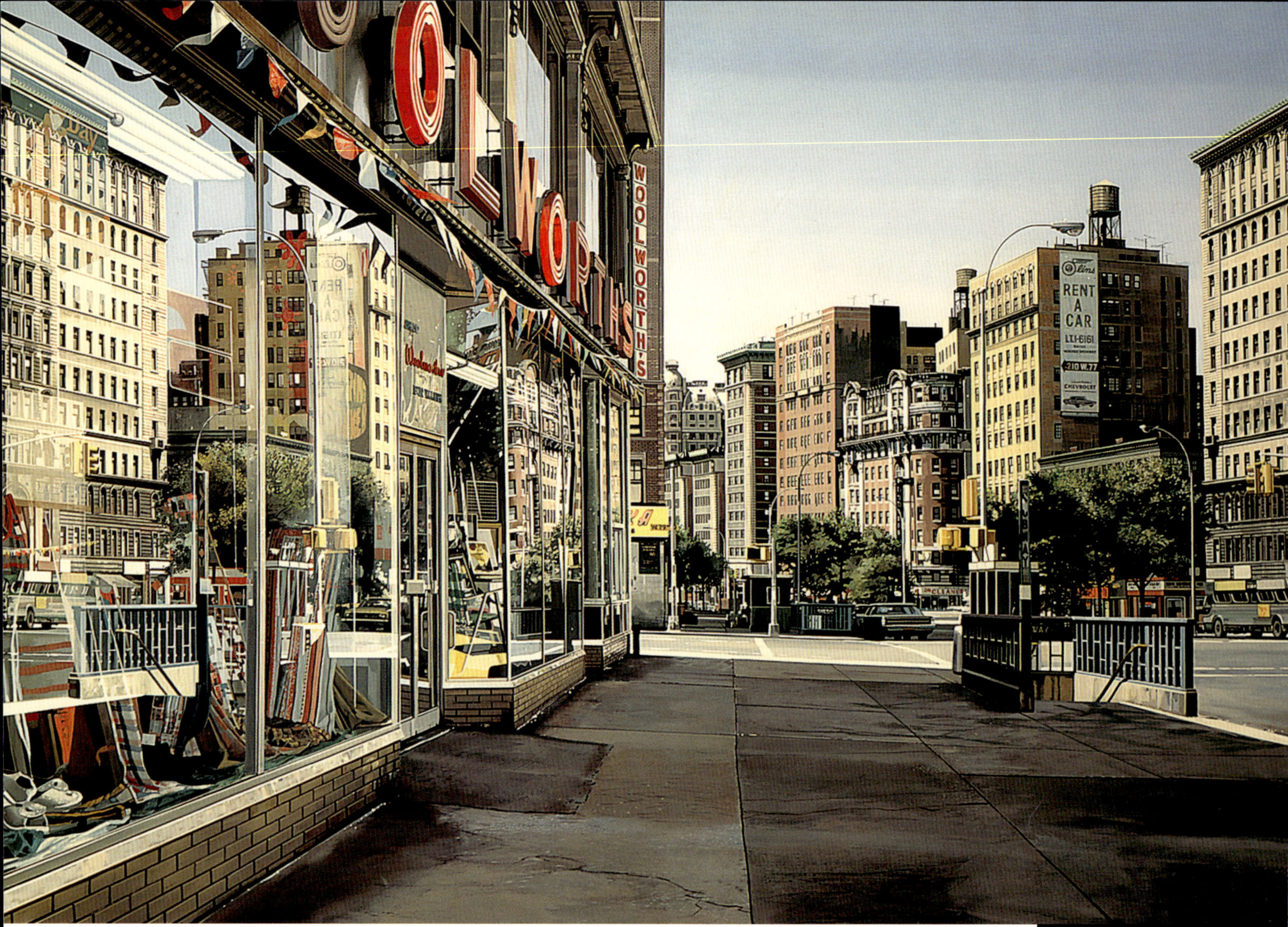


"Les hyperréalistes utilisaient certaines des distorsions optiques de la photographie, la profondeur de champ ou les déformations provoquées par un gros plan."

CI-DESSUS : *Cette étude que Richard Estes consacra à un magasin Woolworth en 1974 présente un décor urbain méticuleusement rendu, mais totalement dépeuplé.*

À DROITE : *Selon certains critiques d'art, la précision de détail de tableaux tels que* La Ruelle *de Johannes Vermeer peinte à Delft vers 1658 s'explique par l'utilisation d'une* camera obscura.

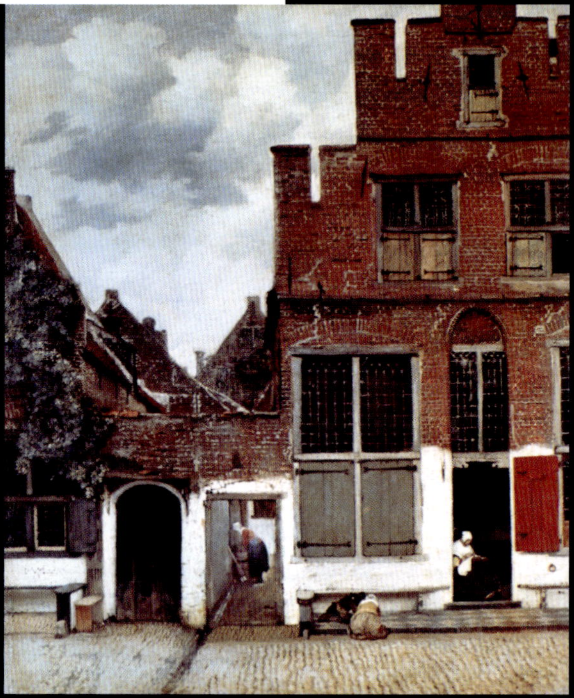

*Tout sur la liaison secrète entre la peinture et la photographie*

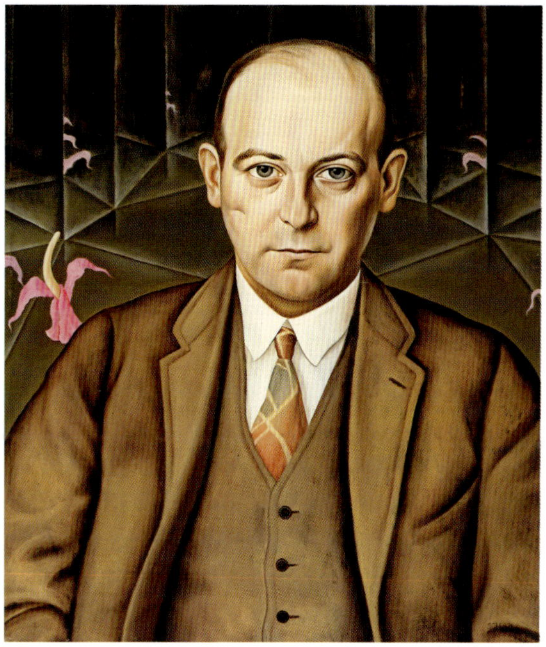

*Sur ce portrait de 1929 représentant Ludwig Baumer, Christian Schad, en mêlant des détails réalistes, tels que le double menton, et des éléments symboliques, comme les miroirs et les fleurs de l'arrière-plan, inventa l'amorce d'un réalisme magique.*

IDÉE N° 88

# L'HYPERRÉALISME

Ce courant artistique que l'anglais nomme *photo-realism* renvoie-t-il à des peintures réalisées à partir de photographies, à des peintures qui utilisent certains aspects de la photographie, ou enfin n'aurait-il aucun rapport avec elle ? Tout cela à la fois.

Pour le meilleur et pour le pire, la photographie atteignait un niveau de réalisme auquel ne pouvait prétendre aucun autre art. L'équation entre réalité et photographie est si puissante, qu'elle servit à commenter des tableaux peints avant l'invention de cette dernière, comme ceux qui l'ont été depuis.

Certains critiques pensent que les peintures réalisées par Johannes Vermeer au XVIIe siècle contiennent tant de signes révélateurs de l'utilisation d'une **camera obscura** que l'on peut les considérer comme de véritables photographies, autant que comme des tableaux peints. Seule la *camera obscura* aurait permis à Vermeer de construire une perspective aussi linéaire. On retrouve chez lui la déformation caractéristique des images de la chambre noire, le premier plan démesurément agrandi, et les éclats de lumière dont il parsème ses surfaces indiquent peut-être l'usage d'une lentille. Le peintre flamand aurait employé, à la place de la *camera obscura* en forme de boîte, la forme primitive du dispositif, réduite à une lentille placée dans l'ouverture d'un mur qui projetait l'image de l'extérieur sur une surface, peut-être la toile elle-même. La question fait encore débat, mais elle semble toucher au cœur de la relation entre les beaux-arts et la photographie. La critique Susan Sontag déclara que si l'hypothèse s'avérait exacte, « ce serait un peu comme d'apprendre que tous les grands amants de l'histoire prenaient du Viagra ». Alors que peindre une image projetée n'a rien d'un jeu d'enfant, Sontag reflète l'opinion de nombreux intellectuels depuis la naissance de la photographie : cette dernière est un art mineur et l'on se déconsidère en y recourant.

On ignore si le peintre allemand Christian Schad (voir **photogramme**) réalisait à l'aide d'un appareil photo les détails d'une lucidité glaçante et les raccourcis de perspective qui figurent sur certaines de ses toiles. Pourtant, même si une observation approfondie de peintres du XVe siècle tels que Rogier Van der Weyden révèle des techniques comparables, on rapproche souvent l'œuvre peinte de Schad de l'hyperréalisme, alors que ses propres photographies étaient résolument abstraites et non figuratives. Il est plus facile de supposer qu'un peintre a trompé son public en copiant une photographie, que de comprendre qu'il ait pu emprunter des caractéristiques optiques du procédé lui-même, sans utiliser ni lentille ni appareil.

La peinture et la photographie se trouvèrent associées par le mouvement hyperréaliste des années 1970. Les hyperréalistes s'appuyaient ouvertement sur un cliché choisi dans une série qu'ils avaient réalisée, ou sur plusieurs pour un unique tableau. Travaillant fréquemment à partir d'une diapositive projetée, ils recouraient parfois à l'aérographe des illustrateurs publicitaires pour créer des surfaces vierges de traces de pinceau. Leurs œuvres exploitaient certaines des distorsions optiques de la photographie, la profondeur de champ ou les déformations provoquées par un gros plan, mais en ignoraient d'autres, telles qu'une exhaustivité fastidieuse ou des tonalités parfois criardes.

Aujourd'hui, les logiciels qui donnent à n'importe quelle image l'allure d'une photographie prouvent clairement que le style hyperréaliste repose sur un tri des caractéristiques visuelles du médium. En d'autres termes, il n'existe pas un seul hyperréalisme mais plusieurs, aussi incommode que cela puisse paraître aux historiens de l'art. ■

# *En marge de la ville, des seuils symboliques*

IDÉE N° 89

## BANLIEUES ET GHETTOS

Qu'elles soient prises dans les banlieues californiennes ou dans celles de Paris, dans les townships sud-africains ou les favelas du Brésil, les photographies des périphéries des mégapoles ont une double vocation. Si elles enregistrent la vie quotidienne de ces lieux, elles évoquent plus largement les problèmes sociaux et les angoisses qu'ils génèrent.

Le livre d'Ernest Cole *House of Bondage* (« La maison de l'asservissement ») paru en 1967 est célèbre pour avoir fait de lieux rarement représentés jusque-là des symboles de la vie en Afrique du Sud. Comme le régime de l'apartheid limitait les zones que l'on pouvait photographier ainsi que la diffusion des images, les tensions raciales et les difficultés de la vie dans les townships n'étaient jamais montrées. Interdits dans son pays, les clichés et le texte de Cole représentaient l'un des premiers témoignages diffusés à l'échelle internationale sur l'injustice politique dont étaient victimes les Sud-Africains, obligés à vivre en dehors des villes où ils travaillaient. Le livre contribua à une prise de conscience internationale de l'iniquité du régime.

Sans entraîner toujours des changements sociaux aussi importants, la veine de la photographie de banlieue qui naquit aux États-Unis dans les années 1970 illustra la prolifération des lotissements tout en reflétant un malaise croissant envers la nouvelle société de consommation. En 1972, le livre de Bill Owens *Suburbia* montrait en parallèle des scènes de la vie dans les banlieues pavillonnaires et le sentiment de dislocation de leurs habitants. Ces images devinrent les symboles d'un mécontentement à l'échelle nationale : la vie n'aurait pas dû se résumer à une petite maison, une pelouse et une voiture. Le succès du livre pendant plus de quarante ans témoigne de la pertinence de cette chronique des angoisses de la petite bourgeoisie. Dans l'Ouest américain, qui servait de décor aux images d'Owens, d'autres photographes préférèrent s'intéresser à la présence incongrue de lotissements au milieu d'un paysage désertique : ils révélaient à la fois l'isolement de cellules familiales éloignées des villes et une politique d'implantation qui aboutirait souvent à des catastrophes écologiques (voir ***New Topographics***).

En Irlande du Nord, la série contemporaine de photographies de John Duncan intitulée *Boom Town* (« Ville-champignon ») illustre la métamorphose rapide de Belfast après les décennies de violence politique et religieuse que l'on appelait *the Troubles* (« les troubles »). Commencée en 2002, la série de Duncan prend soin de montrer les blessures qu'une rénovation de surface ne suffirait pas à gommer.

Pour créer des images efficaces, les photographes se sont intéressés aux marges et aux périphéries de mégapoles telles que New Delhi, Mexico ou Rio de Janeiro, où des populations défavorisées vivent depuis des décennies. Si l'approche documentaire domine, le Parisien Mohamed Bourouissa photographia à partir de 2006 une série de mises en scène qu'il intitula *Périphéries*. Inspirées par les couleurs saturées de la télévision numérique, elles dépeignent des violences ou des tensions qui semblent prendre place dans les banlieues de la ville. Elles offrent une espèce de test de Rorschach au spectateur, dont les préjugés ressortent souvent lorsqu'il les déchiffre. Les réactions contrastées que suscitent ces scènes apportent une contribution importante au débat sur la pauvreté et sur l'immigration. ■

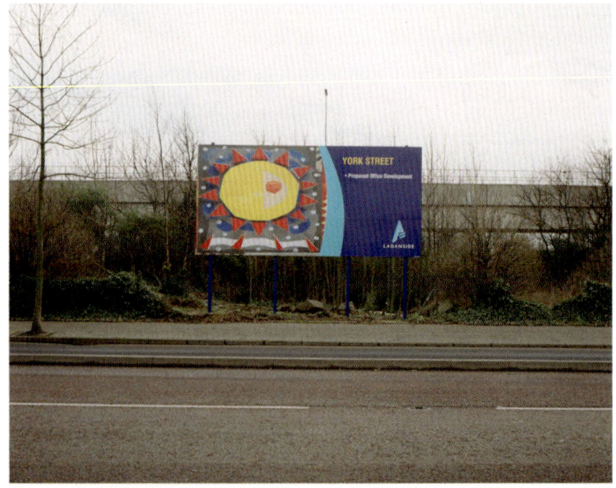


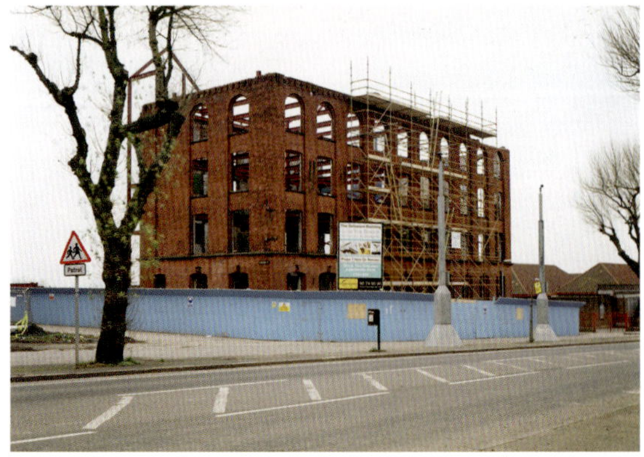

*Avec la série* Boom Town *(« Ville-champignon »), John Duncan dépeint le développement immobilier rapide de Belfast, après les accords de paix. Un soleil annonce sur une affiche un projet de construction d'un immeuble de bureaux sur York Street en 2002. La même année, un panneau sur Limestone Road invite les passants à « vivre leur rêve »* (Live the Dream) *dans des appartements de luxe qui doivent être construits à l'intérieur du squelette du Delaware Building.*

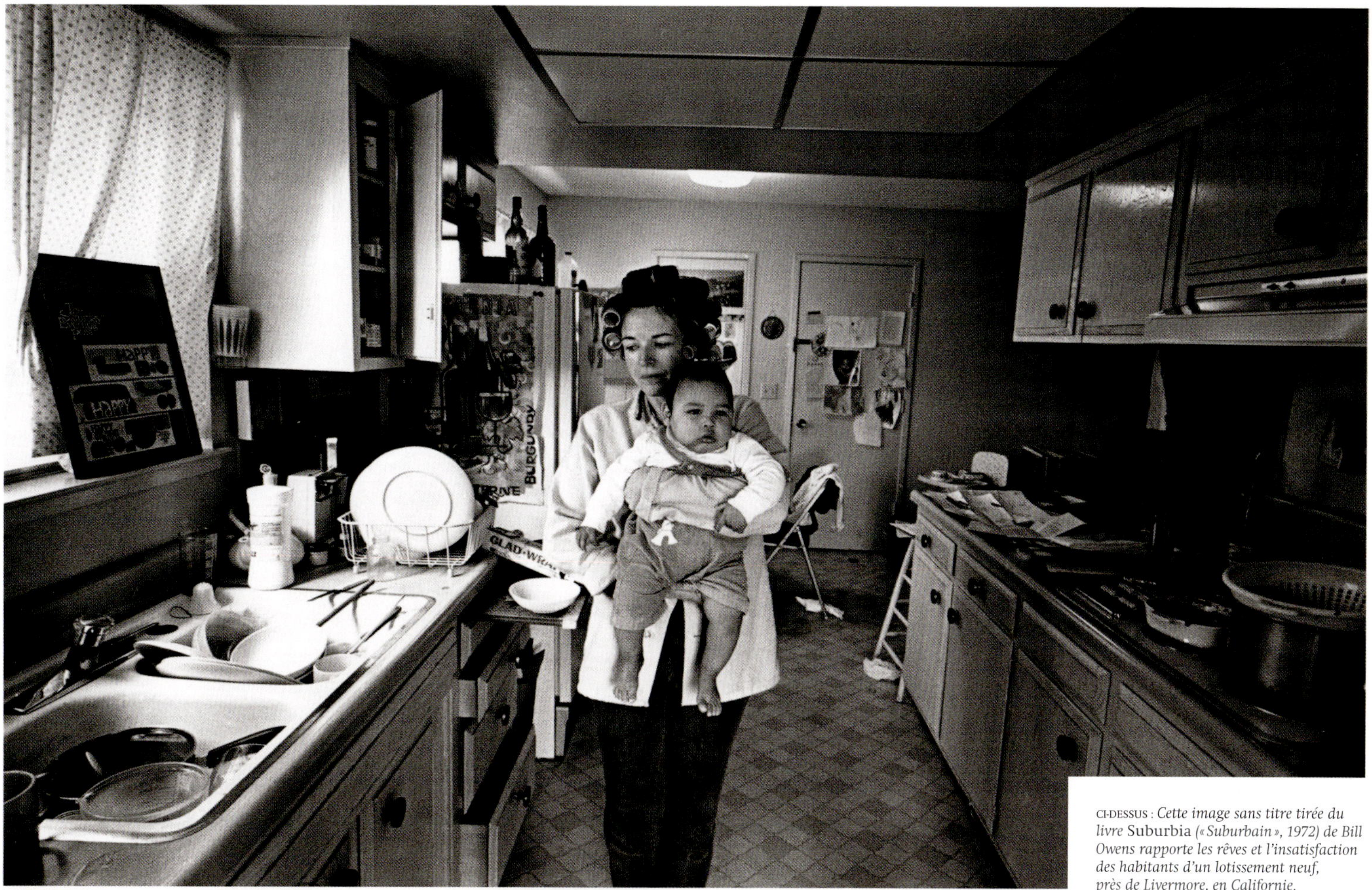

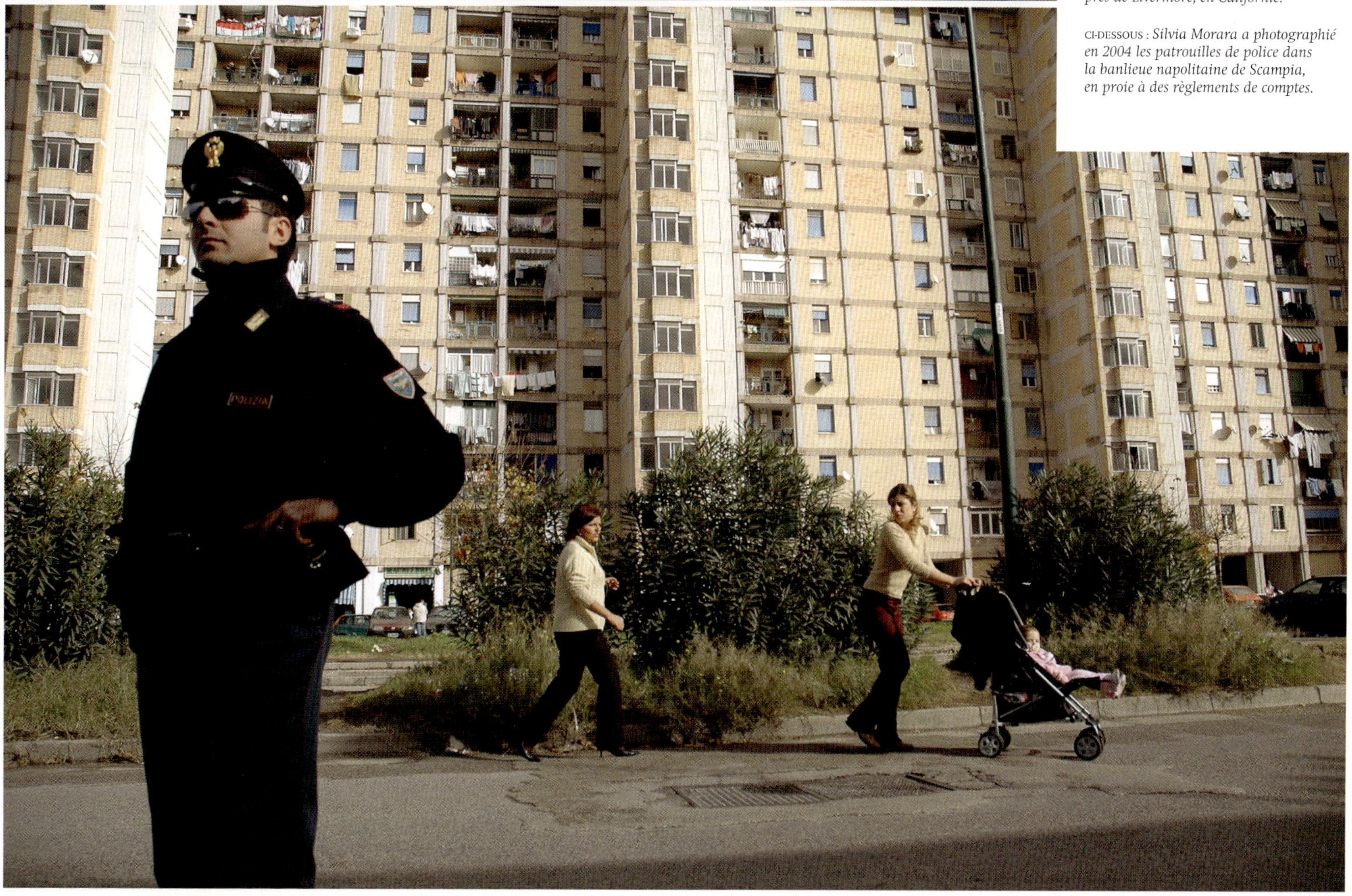


CI-DESSUS : *Cette image sans titre tirée du livre* Suburbia *(« Suburbain », 1972) de Bill Owens rapporte les rêves et l'insatisfaction des habitants d'un lotissement neuf, près de Livermore, en Californie.*

CI-DESSOUS : *Silvia Morara a photographié en 2004 les patrouilles de police dans la banlieue napolitaine de Scampia, en proie à des règlements de comptes.*

“Il s’agit simplement de faire une photo, pas de fixer une scène pour la postérité.”

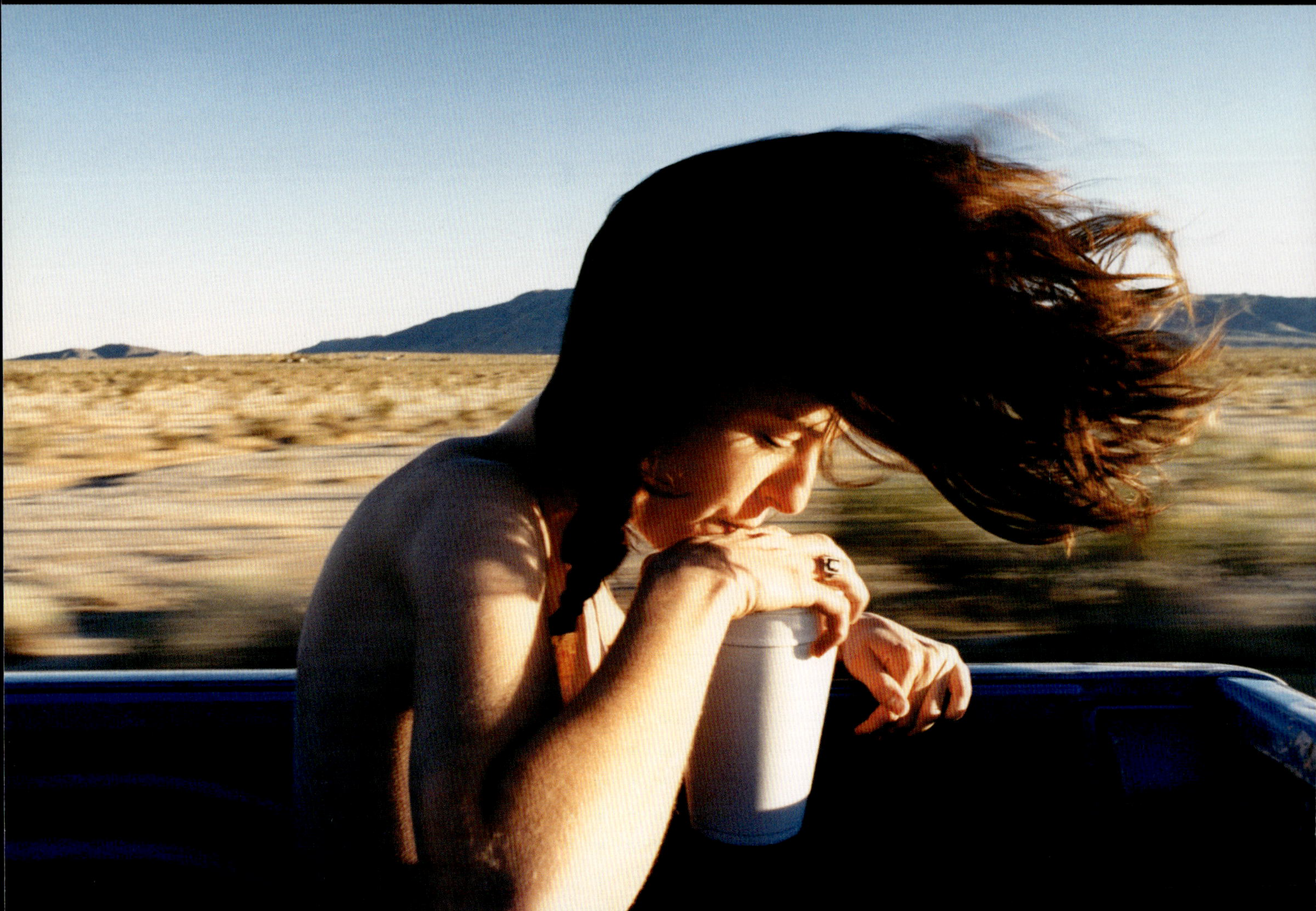

*L’arrière-plan et le corps de la jeune fille de* Dakota (Hair) *de Ryan McGinley (« Dakota, chevelure », 2004) sont brouillés par la vitesse de la camionnette qui fait voler ses cheveux, tandis qu’elle boit nonchalamment.*

# Une photographie désinvolte?

IDÉE Nº 90

## L'ESTHÉTIQUE DE L'INSTANTANÉ

Malgré son nom, l'esthétique de l'instantané, qui est plutôt une anti-esthétique, s'applique à des photographies de scènes du quotidien réalisées par des professionnels et par des artistes. Aussi habiles que soient leurs créateurs, elles semblent avoir été prises à la volée, sans souci de composition, d'éclairage, de mise au point ou autre réglage.

L'esthétique de l'instantané a remporté un tel succès dans la photographie d'art et dans le **photojournalisme** qu'il est utile de rappeler à quoi ressemblait le concept à la fin des années 1950, au moment où il prit naissance. À l'époque, les clichés instantanés étaient essentiellement en noir et blanc, réalisés avec des appareils peu coûteux et développés dans de petits laboratoires ou dans de véritables usines qui les renvoyaient aux consommateurs par courrier. La rapidité des instantanés, à laquelle les professionnels accordaient toute leur attention, ne préoccupait pas les amateurs. Leurs modèles savaient en général qu'ils étaient photographiés et prenaient des poses convenues. S'ils se livraient parfois à des excentricités devant l'objectif, ils savaient aussi s'en abstenir quand il le fallait. Qu'elles soient solennelles ou comiques, les poses reflétaient toujours la conscience que l'instantané enregistrait de manière durable un moment de l'histoire individuelle. Les clichés qui présentaient des défauts importants, comme un éclair de flash intempestif qui oblitérait son sujet, n'étaient pas inclus dans l'album, mais étaient parfois conservés.

En d'autres termes, la réputation de désinvolture et d'improvisation de l'instantané du milieu du XXe siècle était largement usurpée. Cette erreur de jugement s'explique sans doute parce que l'on accordait peu d'attention aux clichés eux-mêmes, tant on s'occupait du concept d'«esthétique de l'instantané», qui s'imposa dans le monde de la photographie et de l'art à partir des années 1960. *The Americans* de Robert Frank (voir **Straight Photography**) passe parfois pour le modèle originel de ce style. Garry Winogrand, célèbre pour ses clichés pris à la volée, à l'allure improvisée et déséquilibrée, trouvait l'idée d'une «esthétique de l'instantané» stupide, mais produisait des images que l'on identifiait à ce courant.

Qu'en conclure sur l'histoire et sur l'actualité du procédé? Ce fut d'abord une anti-esthétique qui naquit en réaction contre le langage très explicite du photojournalisme et contre les nombreuses règles édictées par les manuels. Elle se développa parallèlement à l'intérêt pour le quotidien qui a marqué l'art après la Seconde Guerre mondiale. Son style a influencé la photographie de mode et a modifié les codes du photojournalisme, parce qu'il semblait plus authentique. De même, le numérique et les sites de **partage d'images** ont encouragé le procédé qui, par sa candeur apparente, brouille la distinction entre le public et le privé. ■

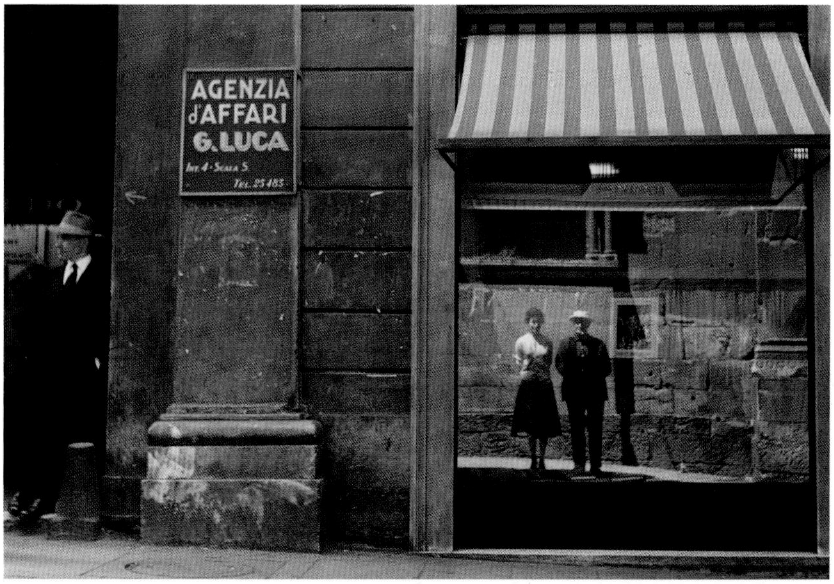


*Brassaï et son épouse Gilberte posent à Gênes en Italie, en 1958, comme des touristes qui prendraient un instantané.*

IDÉE N° 91

# LE TOURNANT THÉORIQUE

Dans les années 1970, la pratique photographique se trouva rattrapée par les préoccupations théoriques du temps et produisit des textes et des images qui abordaient les problématiques du genre sexuel, de l'appartenance ethnique et du contrôle social. Si l'expression « tournant théorique » ne concerne que cette période, la photographie a toujours produit un discours critique artistique et social.

Si l'on comparaît la quantité d'écrits critiques sur la peinture à celle de ceux qui traitent de la photographie depuis 1839, date de son invention, cette dernière l'emporterait sans doute en volume. Les nombreux recueils reliés de revues photographiques éditées pendant deux siècles sont rarement lus ou cités, cependant, à côté des conseils techniques, ils contiennent une foule de discussions et de polémiques sur la nature du médium et sur le rôle qu'il devrait jouer dans la société. Les grands photographes ont souvent été également écrivains, rédacteurs en chef ou critiques. De plus, les grands intellectuels, de Charles Baudelaire à Walter Benjamin ou Roland Barthes, ont signé des textes importants à son sujet qui sont toujours lus de nos jours. Alors que certains hésitent à écrire sur les beaux-arts, faute peut-être de posséder une culture suffisante, il semblerait que tout le monde ait quelque chose à dire sur la photographie.

À partir des années 1970, la pratique connut une véritable révolution, sous l'influence de multiples théories qui décrivaient la manière dont les images informent la perception que les individus ont d'eux-mêmes et font germer chez eux des désirs impossibles à satisfaire. Naquit alors un nouveau genre de photographie documentaire qui dépassait la peinture de la pauvreté et de l'injustice pour intégrer des analyses politiques et sociales plus complexes, appuyées par des enquêtes, comme celles de Martha Rosler, *The Bowery in Two Inadequate Descriptive Systems* (« Le Bowery, pris entre deux systèmes descriptifs également inadéquats »). Son travail incitait à reconnaître, puis dans un second temps à rejeter, des représentations triviales d'êtres et de situations en mots et en images. Le nouveau style documentaire social assimilait la leçon du postmodernisme, l'idée que les grands récits globaux sur le progrès humain se décomposaient en une multitude de notions plus réduites et concurrentes.

En plus de la théorie de l'**appropriation**, selon laquelle la multitude de copies en circulation annule la notion d'original et rend le réemploi de n'importe quelle image légitime, le tournant théorique critiquait également les stéréotypes sexuels ou ethniques. Comme la photographie sert depuis longtemps à définir et à authentifier les individus, elle offre un témoignage important sur l'histoire des femmes, des homosexuels ou des minorités ethniques. L'idée que l'identité personnelle ne cesse de se modifier et qu'elle ne peut être fixée en un point a connu un écho très large dans la pratique et dans la théorie. L'intérêt pour le processus de construction de la réalité a suscité la production de photographies mises en scène (voir **mise en scène photographique**). Si le mordant du tournant théorique a été un peu émoussé par son succès, ses effets ont été durables : il conduisit la réflexion sur la photographie en dehors de la chambre noire où elle était enfermée pour l'exposer à la lumière des sciences humaines. ■

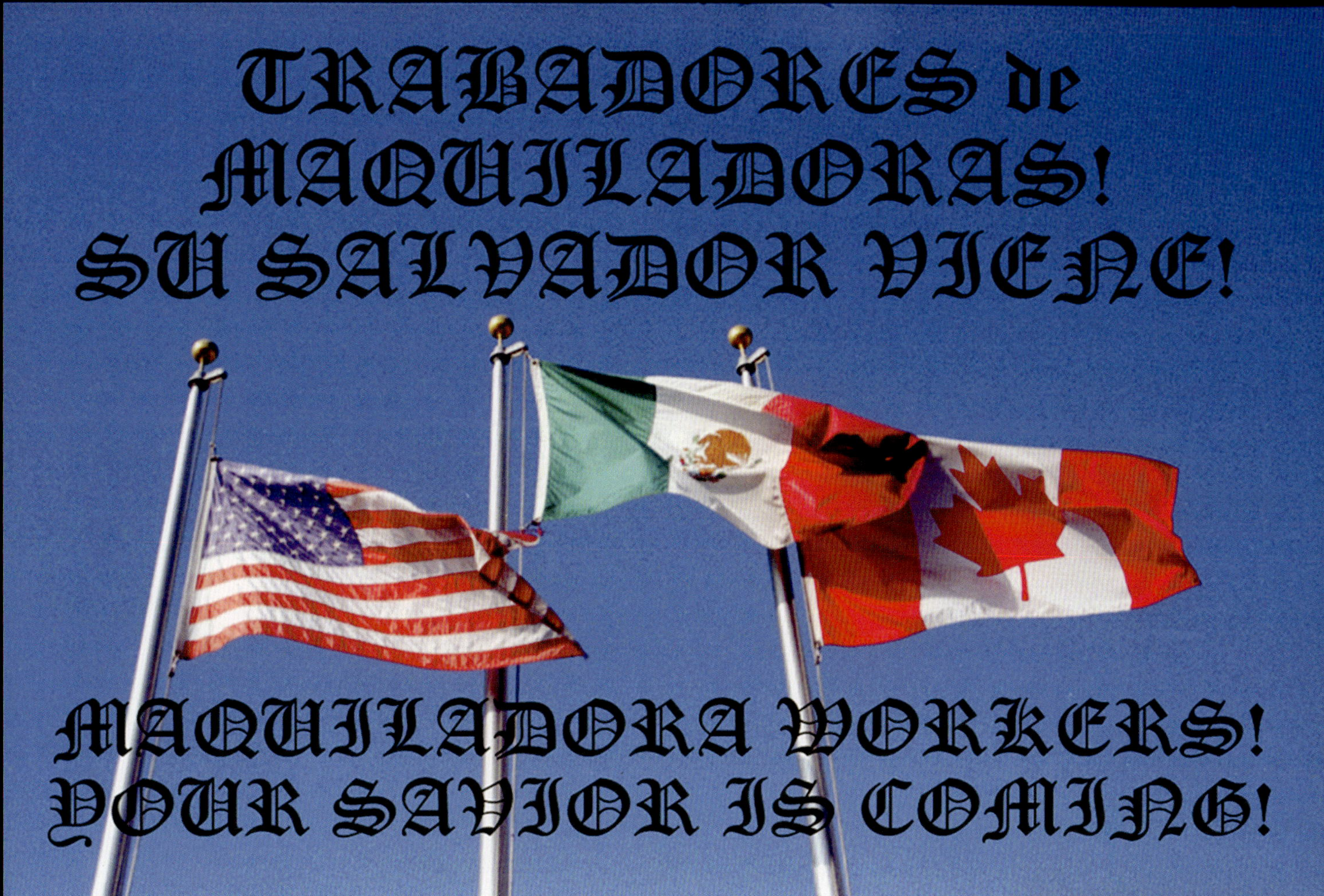


"Le tournant théorique critiquait les stéréotypes sexuels et ethniques."

CI-DESSUS : *Pour Fred Lonidier, le tournant théorique impliquait un engagement direct dans la lutte politique, comme l'illustre son travail réalisé entre 1997 et 2008 :* N.A.F.T.A., Getting The Correct Picture *(« Le véritable visage de l'accord de libre-échange nord-américain »).*

CI-DESSOUS : The Bowery in Two Inadequate Descriptive Systems *(« Le Bowery, pris entre deux systèmes descriptifs également inadéquats »), série photographique de Martha Rosler réalisée entre 1974 et 1975, mêlait mots et images, suggérant que, séparés ou associés, ils ne suffisaient pas à expliquer la réalité.*

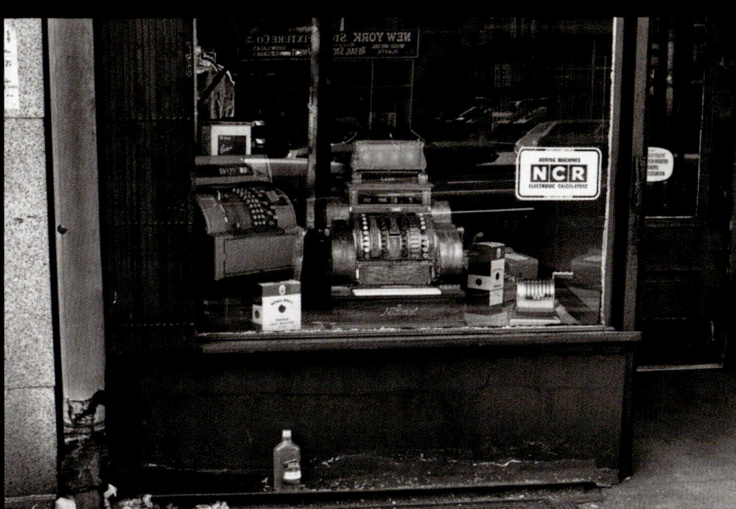


stewed

boiled

potted

corned

pickled

preserved

canned

fried to the hat

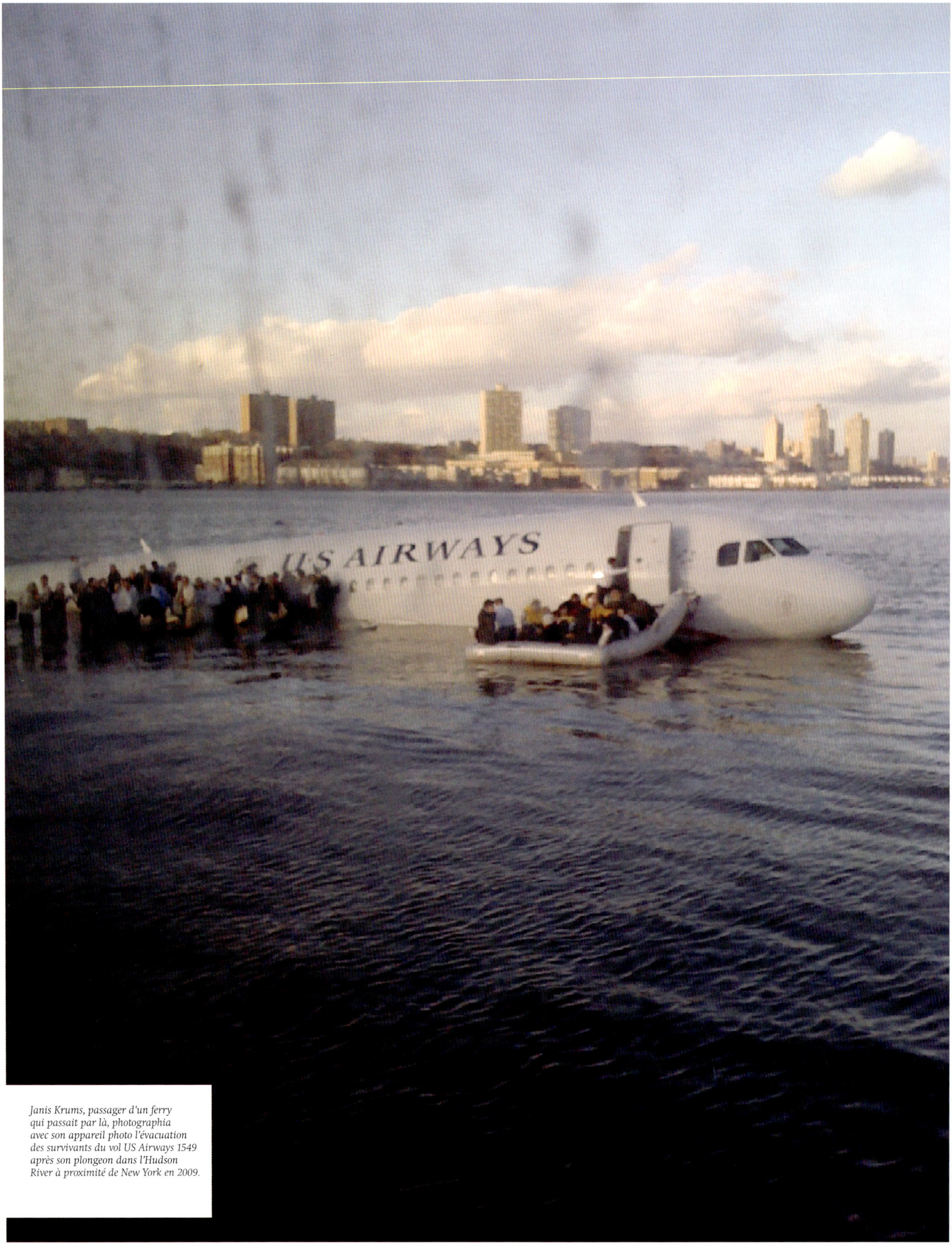


*Janis Krums, passager d'un ferry qui passait par là, photographia avec son appareil photo l'évacuation des survivants du vol US Airways 1549 après son plongeon dans l'Hudson River à proximité de New York en 2009.*

IDÉE N° 92

# PHOTOGRAPHIER AVEC UN TÉLÉPHONE

Ce ne sont pas seulement des téléphones équipés d'un appareil photographique, puisqu'ils sont branchés directement sur Internet, et la vitesse avec laquelle leurs images sont transmises les transforme en messages instantanés.

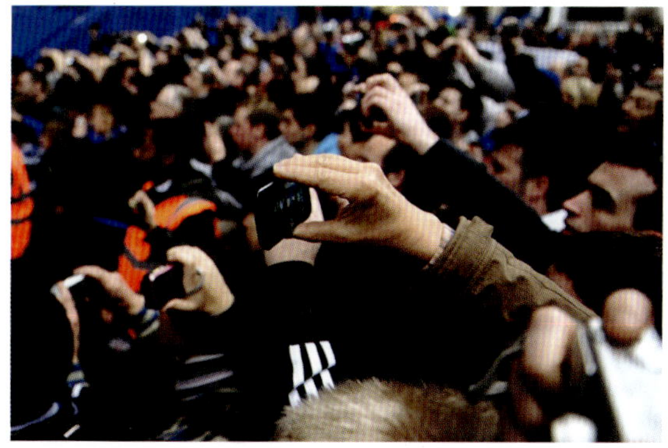

*Lors des grands événements sportifs, tout le monde devient photographe, comme en témoigne cette image prise au moment où entre en jeu le joueur Fernando Torres de l'équipe londonienne de Chelsea lors d'un match de 2011 contre Liverpool.*

Dans un passé déjà fort éloigné, les téléphones dotés d'appareils photo n'étaient pas connectés à Internet. Il fallut attendre 1997 pour que leurs images puissent être mises directement en ligne. Les nouvelles pratiques suscitées par cette révolution technique n'en sont encore qu'à leur balbutiement.

Ces téléphones ont mis des appareils photo entre les mains de gens qui n'avaient parfois jamais possédé d'appareil numérique ou argentique, en même temps qu'ils reliaient sans fil sur toute la planète des endroits qui n'avaient jamais été desservis par les téléphones ordinaires. Les premiers téléphones-appareils photo ne pouvaient pas stocker autant d'images que les boîtiers ou les ordinateurs, mais la nouvelle génération allie à une capacité de mémoire accrue une grande facilité à transférer les photographies sur d'autres supports, ce qui encourage à prendre un cliché, à l'envoyer et à le supprimer. Plus encore que l'appareil numérique, le téléphone a dématérialisé la photographie, métamorphosant un objet tangible en une image virtuelle éclairée par-derrière, que l'on n'imprimera sans doute jamais.

Comme ses utilisateurs le portent presque en permanence avec eux, il est encore plus disponible, plus à même de surgir qu'un appareil numérique pour capter un incident, une tradition associée à la **photographie de rue**. Les images ou les vidéos prises par ces téléphones pour suivre un événement sont appelées « photojournalisme citoyen ». Les journaux et la télévision recourent fréquemment à des images réalisées par des passants. On montra très vite des clichés pris sur des téléphones par des témoins après les attentats à la bombe du 7 juillet 2005 dans le métro londonien ou pendant la révolution du Jasmin en Égypte.

Dès son apparition, la photographie sur téléphone intéressa les artistes qui appréciaient ses défauts, comme les créateurs de la période argentique aimaient les appareils Diana (voir **appareil à sténopé**). L'amélioration de la fiabilité et de la qualité de leurs images poussa des créateurs comme Joel Sternfeld à développer des projets qui les intégraient. La série créée par Sternfeld en 2008, *iDubai*, présente des clichés pris clandestinement dans les galeries marchandes de Dubaï. Muni d'un iPhone, objet commercial par excellence, il photographia les rapports que les passants entretenaient avec l'assortiment de marchandises coûteuses exposé dans les boutiques de luxe. Récemment, de nombreuses galeries marchandes interdirent la photographie, pour protéger le fantasme de liberté de leurs clients.

La photographie sur téléphone a également fait naître un nouveau personnage, que l'on nomme *phoneur* en anglais et qui fait semblant d'être en communication alors qu'il prend des clichés en cachette. Ce n'est d'ailleurs pas Sternfeld qui inventa l'espionnage photographique dans les galeries marchandes : il reprit une activité déjà très répandue, le jeu des clients potentiels et des photographes clandestins. D'autres lieux, où la photographie était impolie ou franchement interdite, comme les écoles, les églises et les restaurants, se transforment, au même titre que la rue, en décors où le respect de la vie privée n'est plus un enjeu et où il s'agit davantage de se montrer et d'observer. Les hommes politiques, les vedettes et autres personnages publics n'oublient l'existence de cet appareil qu'à leurs risques et périls. De ce point de vue, celui-ci présente à la fois des avantages et des inconvénients : il est devenu un équivalent individuel et portable des caméras de surveillance omniprésentes dans les rues des villes et dans les commerces. ■

# *Il faut le fabriquer pour le voir*

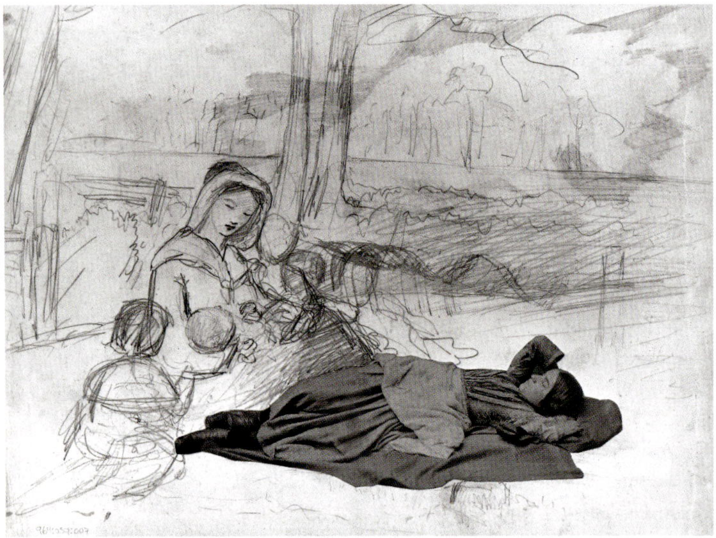

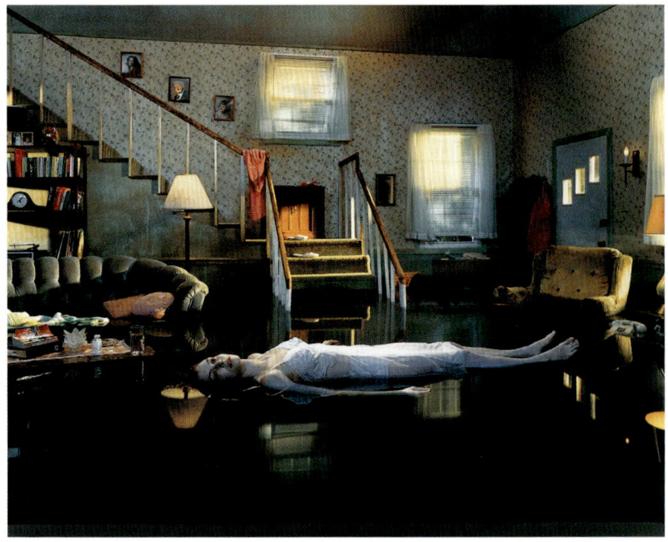

CI-DESSUS : *Le pictorialiste Henry Peach Robinson réalisait des croquis préparatoires sur lesquels il collait un fragment de scène photographiée, comme en témoigne ce* Group with Recumbent Figure *(« Groupe avec personnage allongé », 1860).*

À DROITE : L'Ophelia *(« Ophélie », 2001) de Gregory Crewdson, inspirée par le personnage du* Hamlet *de Shakespeare, semble flotter dans ce living-room des années 1950.*

IDÉE N° 93

## MISE EN SCÈNE PHOTOGRAPHIQUE

La fin du XX^e siècle vit l'apparition de créateurs rejetant l'idée que la photographie les vouait à restituer les apparences du monde. Au lieu de cela, ils fabriquèrent leurs propres scènes avant de les photographier, créant du même coup un nouveau genre, nourri de réflexions qui mettent en cause le réalisme, en anglais *fabricated to be photographed*.

La nature morte, composition arrangée de choses produites par la nature ou par l'homme, trouve ses origines dans la peinture. Quand les premiers photographes empruntèrent ce thème, ils réalisèrent des images de natures mortes qui connurent un véritable succès commercial. Alors que les natures mortes antérieures les avaient systématiquement exclus, les images très différentes « mises en scène pour être photographiées » de la fin des années 1970 aux années 1980 comportaient des êtres humains. Elles gagnaient ainsi en complexité et se livraient à une critique des pratiques photographiques.

Pendant l'époque victorienne, on fabriqua des images soigneusement mises en scène, avec des acteurs costumés et des toiles de fond : les photographes cherchaient un moyen de représenter des scènes tirées de l'histoire des arts ou des allégories morales. Cependant, l'expression « *fabricated to be photographed* » fut inventée pour décrire le travail de photographes qui jouaient le rôle de metteurs en scène avec des buts bien différents : il ne s'agissait ni d'imiter la peinture ni de donner des leçons de morale. Ce nom un peu étrange correspond à celui d'une exposition qui circula aux États-Unis en 1979.

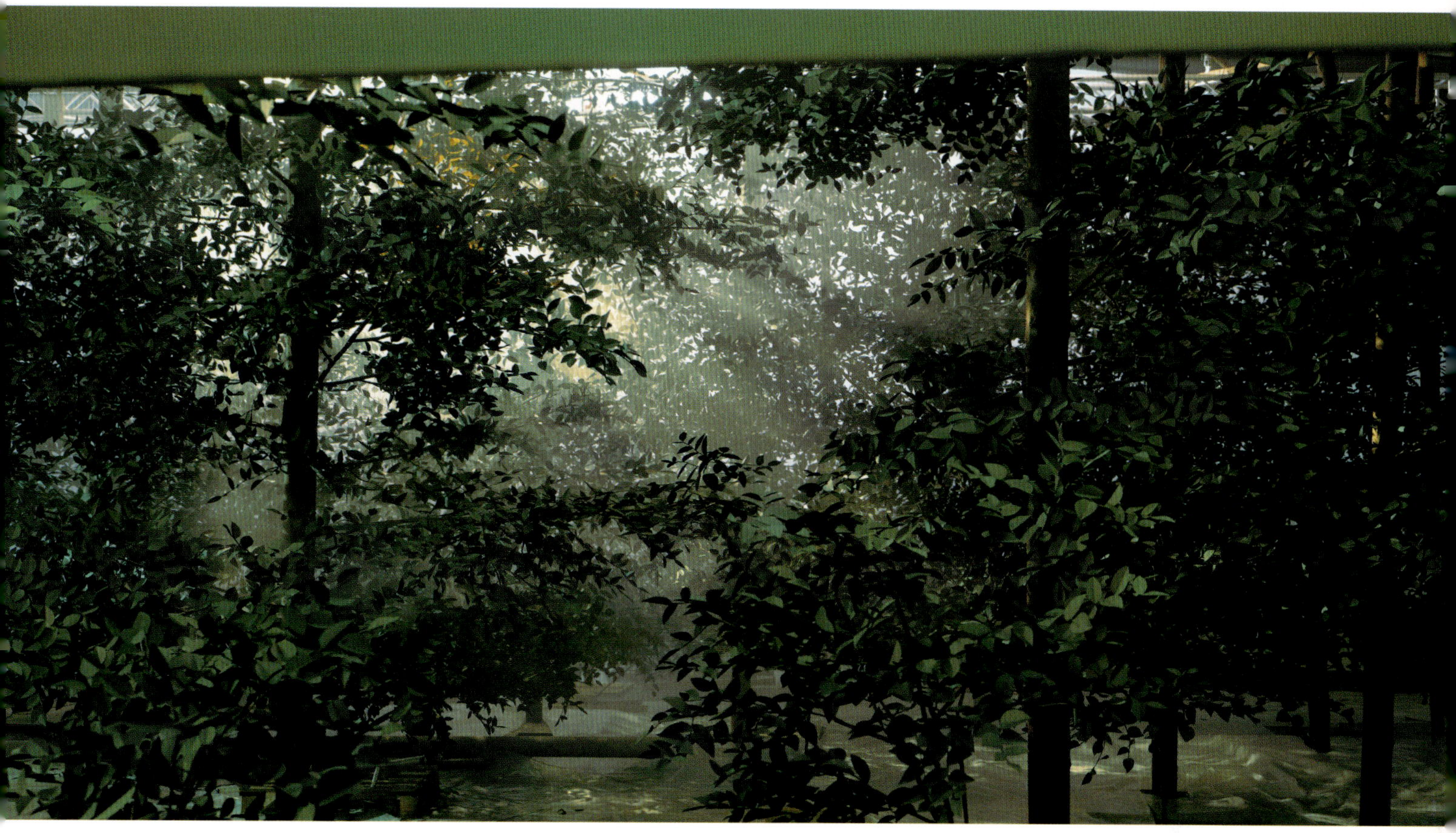

*Malgré son aspect réaliste,* The Clearing *(«La clairière», 2003) de Thomas Demand est la photographie d'un décor réalisé avec du papier et du carton.*

On retrouvait dans ces œuvres l'importance que le **photoconceptualisme** accordait aux idées abstraites et la critique du réalisme mimétique lancée par le **tournant théorique**. Le genre rejetait la reproduction du réel qu'avait pratiquée la photographie de rue (voir la **rue**) et que supposait la théorie de l'**instant décisif**. Il s'inspirait non seulement du cinéma, mais aussi de la publicité, en rassemblant comme eux des acteurs, des plasticiens, des charpentiers pour réaliser une scène ou une série de scènes.

Les images énigmatiques et dérangeantes des grands formats de Gregory Crewdson nécessitent toute une équipe d'assistants et leur réalisation s'étend sur des semaines. Prises dans de petites villes ou dans de vastes décors construits en studio, elles empruntent à l'inquiétante étrangeté du surréalisme, tout en se référant à l'histoire des techniques du cinéma. Comme les réalisateurs de films, Crewdson retravaille beaucoup ses clichés en postproduction avec des logiciels informatiques. Ses images retouchées qui révèlent les malaises souterrains du XX$^{e}$ siècle ont inspiré nombre de jeunes gens, nés à l'époque du numérique, et peu enclins à accepter l'idée que la manipulation de photographies sur logiciel est un signe de paresse ou d'immoralité.

Parce que leurs photographies supposent souvent la création d'un décor en trois dimensions, les créateurs qui les réalisent sont parfois des plasticiens de talent. Ainsi, Thomas Demand qui, comme Crewdson, produit des grands formats, crée des objets et des scènes en grandeur nature en utilisant la plupart du temps des papiers découpés. Elles représentent fréquemment des lieux où se sont déroulés des crimes ou des événements dramatiques. Après avoir photographié ses décors, il les détruit, si bien que ses images sont des fictions de fictions et n'apportent pas d'informations réelles sur les drames qui se sont déroulés dans les lieux qu'elles représentent. Le travail de Crewdson illustre lui aussi la manière dont la photographie de la fin du XX$^{e}$ siècle s'hybride en empruntant aux autres arts. ■

“Selon Van Doesburg, une œuvre d’art doit être conçue et formée dans l’esprit de l’artiste avant d’être réalisée.”

*L’œuvre* 2001, Hommage à St. K., *réalisée en hommage à Stanley Kubrick par René Mächler en 1991, est un luminogramme, un type de photogramme qui joue sur la tension entre précision et flou.*

# *La république autonome des photographes*

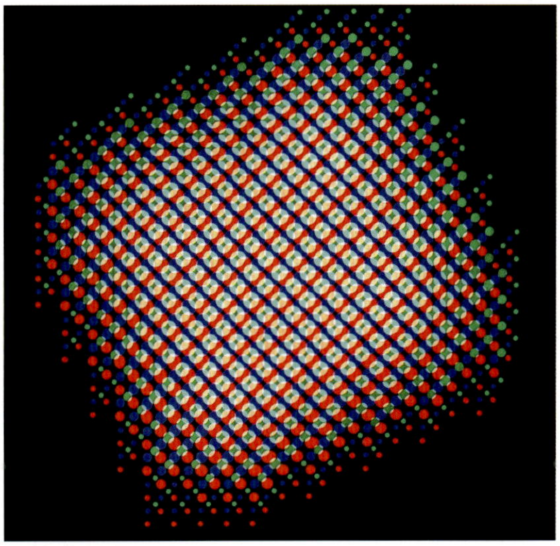

*En utilisant une multitude de piqûres d'épingles en guise d'objectifs dans une série de 1967 intitulée* Structures en tête d'épingle, *Gottfried Jäger créa des formes géométriques qui n'enregistrent que les éclats de lumière.*

IDÉE N° 94

## LA PHOTOGRAPHIE CONCRÈTE

La photographie concrète est une idée et une pratique qui veulent créer des images purement photographiques. Inspirée de l'art concret de Theo Van Doesburg, elle explore les possibilités d'une photographie délivrée des impératifs d'informer, d'instruire ou d'inspirer.

À première vue, la photographie concrète semble apparentée à d'autres courants de l'histoire du procédé, la théorie de l'**instant décisif** de Cartier-Bresson ou la définition de ce qui constitue l'**œil du photographe** selon John Szarkowski. Mais, à la différence de ces théories qui reposent encore sur l'observation du monde, la photographie concrète fait table rase du sujet et du point de vue et promeut une image qui ne renvoie qu'à elle-même. En tant que produit de l'esprit, elle ne reproduit aucune forme abstraite tirée de la nature ou de l'architecture humaine.

Selon le peintre et théoricien hollandais Theo Van Doesburg, dont le manifeste de 1930 mettait en avant des idées applicables aux arts, une œuvre doit être conçue et formée dans l'esprit de l'artiste avant d'être réalisée. Il conseillait d'exclure les formes issues de la nature et de se garder de la sensualité et de toute sentimentalité. Les techniques devaient être exclusivement mécaniques et les images ne rien représenter d'autre qu'elles-mêmes. Du coup, chacune d'entre elles était censée expérimenter une possibilité de l'art à laquelle elle appartenait. Le *Credo* écrit en 2004 par Gottfried Jäger, un témoignage important sur la photographie concrète, soulignait à quel point les expérimentations allemandes de l'entre-deux-guerres (voir **photogramme**) avaient inspiré la photographie concrète contemporaine. Tout comme les avant-gardes allemandes des années 1920 et 1930, les tenants de ce mouvement mènent un combat contre le **photojournalisme** et contre le symbolisme photographique (voir **séquences**).

En 2004, l'exposition du Suisse René Mächler intitulée *Le Degré Zéro de la photographie* illustrait ses expériences avec la géométrie et l'image simplifiée. Sa méthode s'éloigne de l'héritage de la peinture et de la sculpture abstraites en n'utilisant que des moyens spécifiquement photographiques pour ses images non figuratives. Si les règles rigoureuses de la photographie concrète commandent aux travaux de Jäger et Mächler, d'autres artistes ont mené des expériences « concrètes » et les ont inscrites dans leur œuvre, sans devenir pour autant des puristes. Pendant les années 1970, Ugo Mulas explora l'essence d'un art qu'il pratiquait quotidiennement, dans une série intitulée *Vérifications*. L'artiste contemporaine Helen Robertson mena des expériences sur l'espace et l'orientation en plaçant des paires d'images l'une en face de l'autre dans une salle d'exposition. La photographie s'intègre alors à une installation ou à une sculpture. Même si cette stratégie paraît peu orthodoxe, ces tentatives prolongent l'expérimentation sur la photographie concrète, tout en reconnaissant l'importance du contexte, et en l'hybridant avec d'autres arts. ■

IDÉE Nº 95

# LE PHOTOCONCEPTUALISME

L'assimilation de la photographie par le monde de l'art et par ses écoles commença dans les années 1960, quand l'internationale de l'art conceptuel adopta l'impassibilité et la neutralité du mode d'apparition photographique. À partir de cette époque, les conceptualistes explorèrent les relations compliquées que la photographie entretenait avec la réalité qu'elle était censée répertorier.

En effet, pendant ces années-là, les artistes conceptuels renoncèrent aux techniques artistiques traditionnelles et se tournèrent vers l'exploration des idées. Tournant le dos aux interactions historiques entre la photographie et les autres arts, ils lui assignèrent le rôle de tenir une chronique détachée de leurs idées et de leurs réalisations. De plus, leur volonté de dématérialiser l'œuvre d'art les poussa à utiliser des matériaux quotidiens peu coûteux, tels que la pellicule. Puis, passant à une autre étape, ils explorèrent la relation complexe entre la photographie et le réel.

En pratique, l'art conceptuel s'intéressa à la photographie en tant qu'idée et elle lui servit pour réaliser des œuvres d'art mais aussi pour construire des théories. La démarche d'Hitoshi Nomura incarne parfaitement cette rencontre. Il commença par utiliser la photographie pour conserver une trace de ses sculptures éphémères, puis, quand il s'intéressa à des processus naturels qui se déroulaient sur une longue période, il lui assigna un rôle plus central, même s'il se considérait comme un plasticien qui utilisait la photographie, plutôt que comme un photographe.

Ce fut l'époque de la transformation du document photographique en œuvre d'art conceptuelle, comme en témoigne l'œuvre de Jan Dibbets intitulée *Big Comet 3-60° – Sky/Sea/Sky* (« Grosse comète 3-60° – ciel/mer/ciel ») qui intègre des photographies à une sculpture plate et austère, créant un rythme particulier. Comme Nomura, Dibbets ne se considère pas comme un photographe, bien que ce médium joue un rôle capital dans sa réflexion sur la perception.

La rencontre entre la théorie esthétique et la photographie telle que la définissaient les écrits et les œuvres de Victor Burgin constitua une autre interaction influente entre les arts. Ce conceptualiste anglais photographia une partie du plancher de la galerie où il exposait, en tira des images exactement de la même taille et de la même nuance et les agrafa sur le sol, créant ainsi un système énigmatique, dans lequel, disait-il, l'objet et son image coïncidaient exactement. À la fois photographe et critique, Burgin incarne un archétype qui influença toute une génération de créateurs d'images, en particulier certains de ceux qui fréquentaient les écoles d'art et les universités. Le livre de Burgin *Thinking Photography* (« Penser la photographie », 1982) constitua l'un des pivots du **tournant théorique** anglo-saxon.

L'utilisation de la photographie par les artistes conceptuels les familiarisa avec un nouveau médium qu'ils n'avaient parfois jamais pratiqué : ils découvrirent ses possibilités et les adoptèrent. De plus, leur pratique à la fois théorique et visuelle, à la fois critique et créatrice, contribua à faire de la photographie une discipline à part entière du champ des sciences humaines. ■

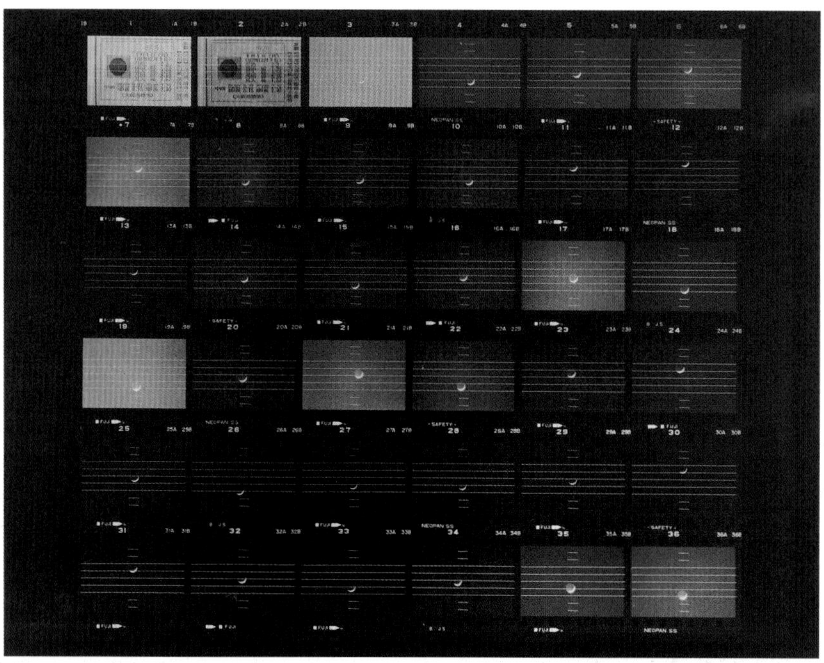

*Pour* Moon Score *(« Partition lunaire », 1977-1980), Hitoshi Nomura prit trente-six poses chaque nuit pendant plus d'une dizaine d'années.*

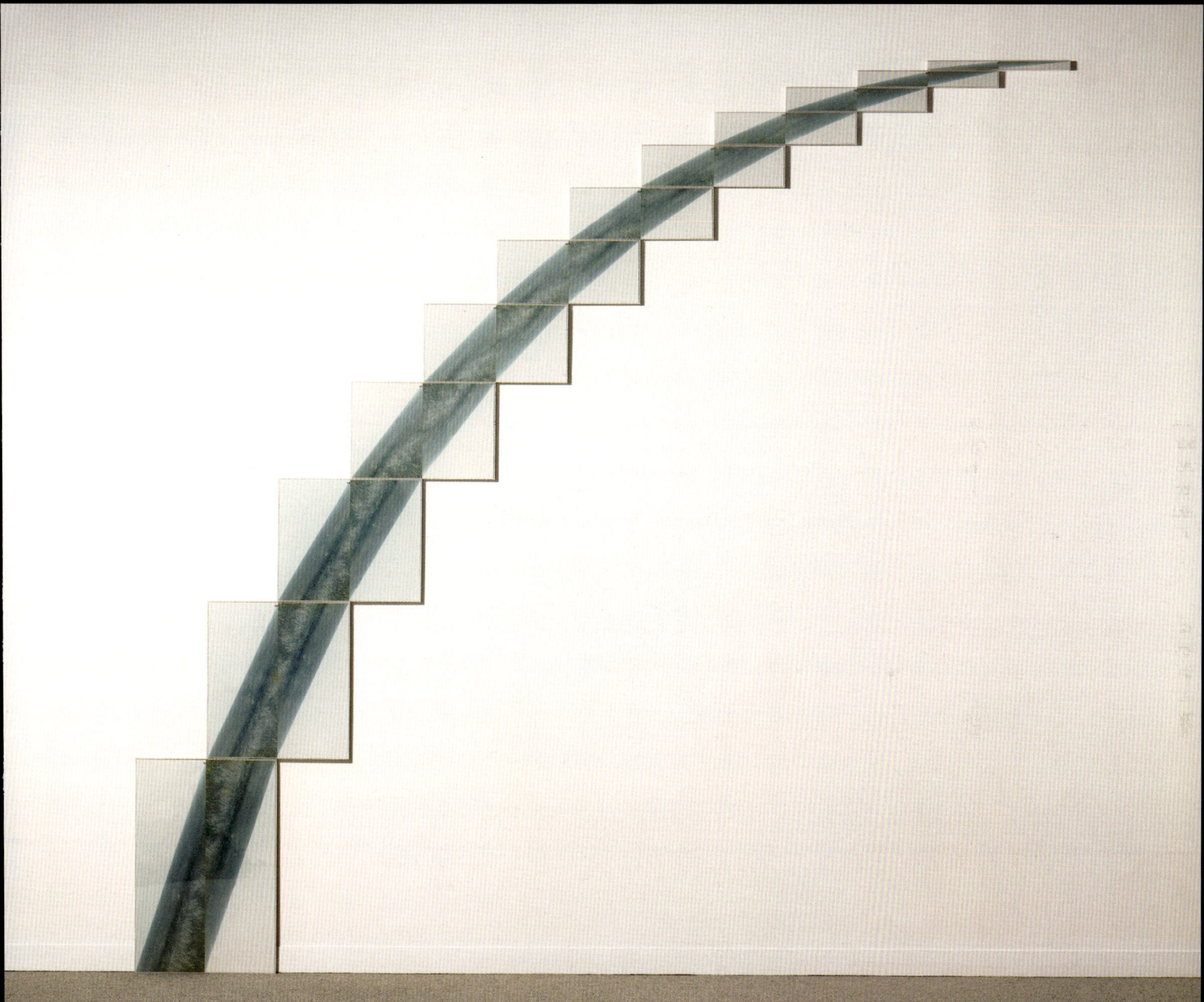

*La* Big Comet 3-60° – Sky/Sea/Sky
*(« Grosse comète 3-60° – ciel/mer/ciel »,
1973) de Jan Dibbets combine sculpture
en bas relief et photographie.*

“Szarkowski exerçait une influence internationale sur la pratique et sur l’établissement de collections photographiques.”

*Paru en 1966, en même temps que l’exposition éponyme,* The Photographer’s Eye *(« L’œil du photographe ») figure toujours sur les rayons des libraires.*

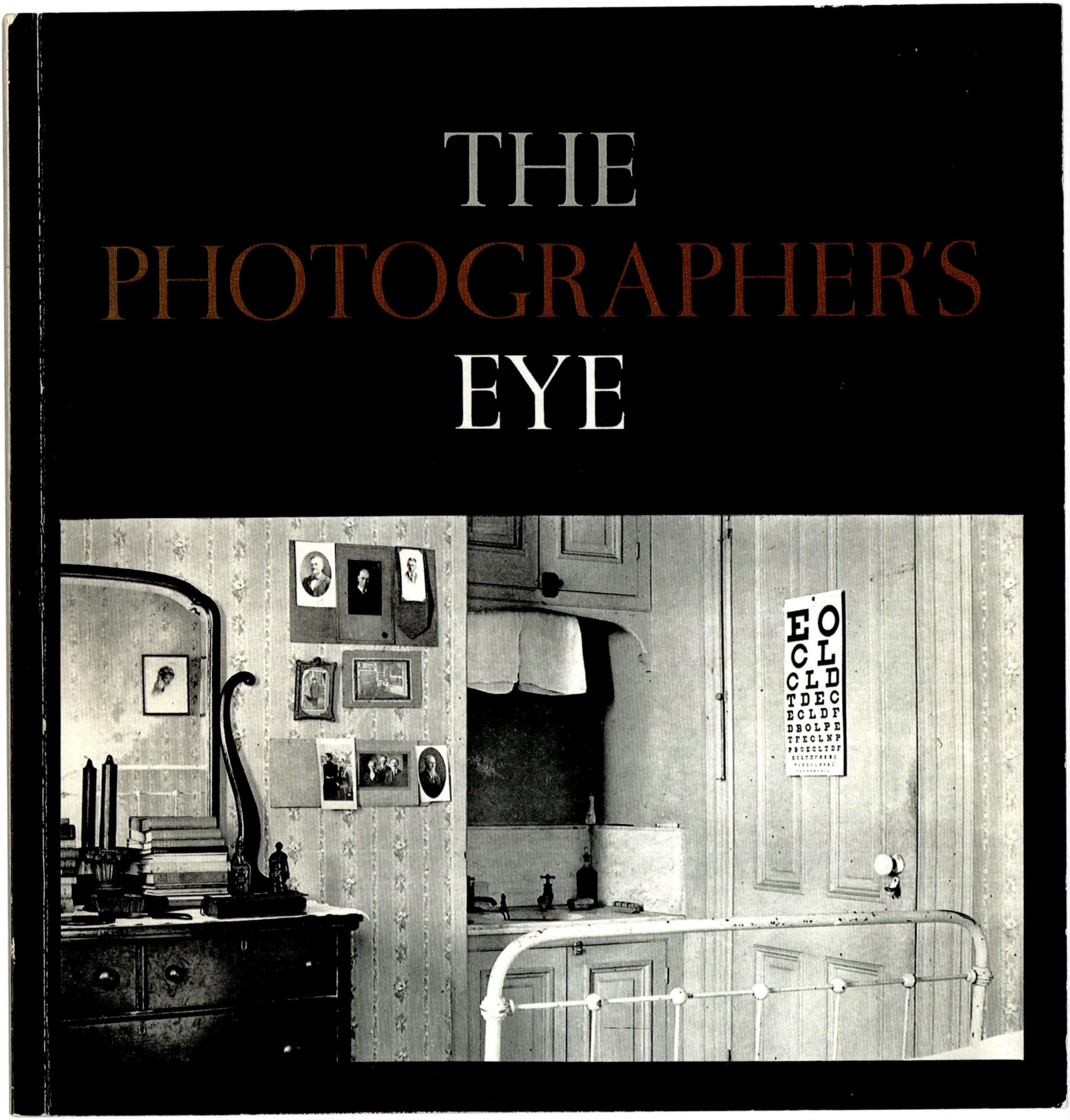

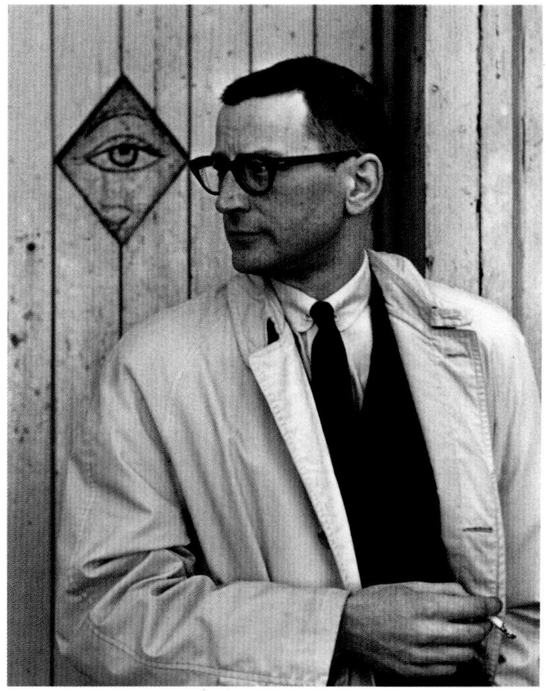

*En 1962, le spirituel et imaginatif André Kertész prit en photo les yeux de Szarkowski, encadrés par ses grosses lunettes, devant une image ancienne représentant elle aussi un œil.*

IDÉE Nº 96

# L'ŒIL DU PHOTOGRAPHE

La photographie devait cesser de se plier à des critères picturaux dictés par les autres arts et se recentrer sur son propre langage. Cette thèse, avancée dans les années 1960 par le directeur des collections photographiques du Museum of Modern Art de New York, révolutionna la pratique et la critique pendant une génération.

« La photographie, écrivit John Szarkowski, est née entière. » Autrement dit, le langage spécifique de ce médium doit davantage à son mécanisme technique qu'aux choix opérés par le photographe. L'exposition et le catalogue intitulés *The Photographer's Eye* (« L'œil du photographe ») détaillaient cinq principes interdépendants qui différenciaient la photographie des autres arts. Ils exercèrent une influence déterminante sur l'enseignement de la photographie et sur la constitution des collections des musées.

La première de ces cinq caractéristiques se montra sans doute la plus influente. Il s'agissait de « la chose en elle-même » : la photographie est une image, pas un équivalent de la réalité. La seconde, « le détail », abordait la question de la lisibilité implacable que la photographie impose, en suggérant qu'un cliché n'est qu'un fragment de la réalité. Le choix du sujet et le fait d'en écarter des éléments constituent « le cadrage », un troisième élément qui dépend d'un quatrième, « le temps », que la photographie ne peut que figer pour l'analyser. Enfin, le « point de vue » permet de choisir la manière dont on veut présenter son sujet. Pour prouver la validité de ses concepts aux photographes, commissaires d'exposition et collectionneurs, Szarkowski choisit pour son exposition et pour son catalogue des images anonymes, anciennes et contemporaines. Pour établir que la qualité d'un cliché, quelles que soient les conditions de sa production, résultait d'une habile combinaison de ces cinq éléments, il inclut des photographies scientifiques qui arrêtaient le cours du temps (voir **figer le temps**), des exemples de **photojournalisme** et des **images du sport**.

Si Szarkowski n'avait été qu'un critique ou un historien de l'art, ses idées n'auraient peut-être pas eu une telle influence. En tant que directeur des collections photographiques du MoMA pendant près de trente ans, il rassembla des images pour le musée et organisa de nombreuses expositions qui connurent un grand succès. Il exerçait une influence internationale sur la pratique et sur l'établissement de collections photographiques. Les jeunes photographes débattaient avec passion de sa théorie des cinq éléments qui leur donna des outils pour évaluer les travaux anciens ou récents ; ils se rendaient en pèlerinage à New York pour montrer leur œuvre à Szarkowski, tout comme on avait fréquenté la galerie d'Alfred Stieglitz au début du XXe siècle dans l'espoir d'être exposé par lui. Pour les artistes et pour les historiens de l'art, les idées de Szarkowski étaient apparentées au formalisme universitaire du critique d'art Clement Greenberg. Tous deux virent d'ailleurs leurs opinions critiquées lors du **tournant théorique** : on trouvait leurs esthétiques solipsistes et incapables de promouvoir l'observation sociale et les réformes, d'autant plus qu'elles détachaient les œuvres du contexte historique qui leur avait donné naissance. ■

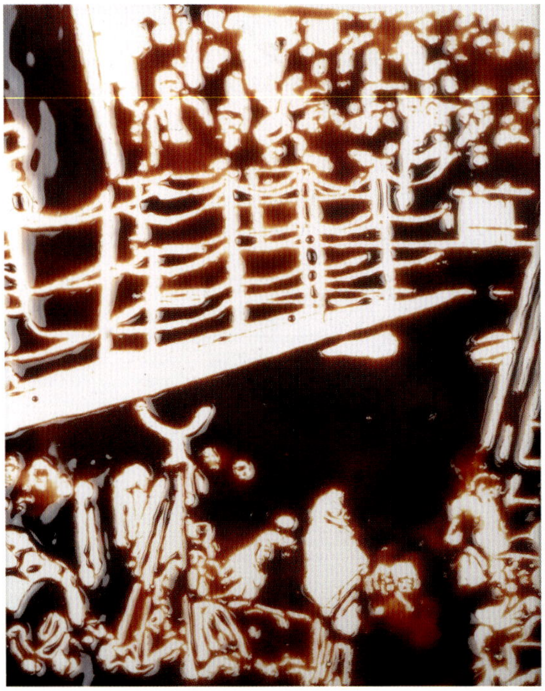

CI-DESSUS : *Comme le démontra Vik Muniz en 2000 avec cette photographie de sa version dessinée au chocolat de* The Steerage *(« La troisième classe ») d'Alfred Stieglitz, certaines images sont si célèbres que l'esprit se les approprie presque par mégarde.*

CI-DESSOUS : *Dans cette image tirée de sa série de 1967-1972 intitulée* Bringing the War Home: House Beautiful *(« Rapporter la guerre chez soi : jolie maison »), Martha Rosler combine des prises de vue d'intérieurs avec des photos de la guerre du Vietnam parues dans les journaux.*

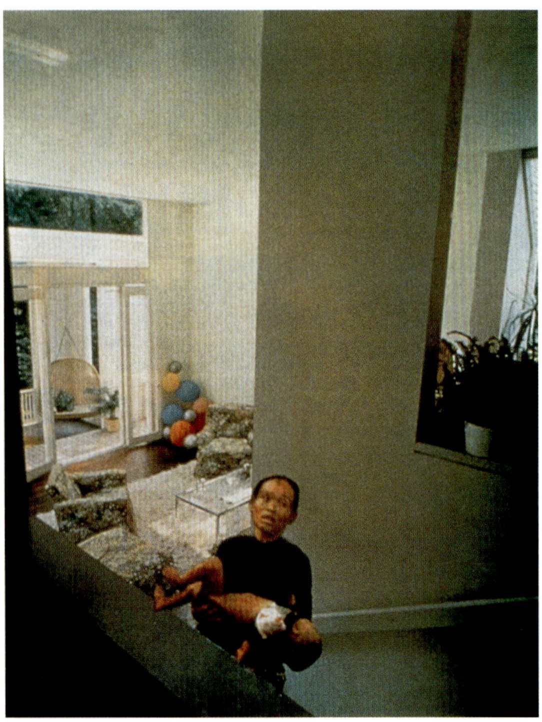

*Ce qui est à toi est à moi*

IDÉE Nº 97

# L'APPROPRIATION

Cette pratique était inspirée par une réflexion théorique : le monde était devenu une anti-utopie dominée par les images. Pour souligner cette surabondance, certains artistes s'emparèrent d'images créées par d'autres et les réutilisèrent pour réaliser de nouvelles œuvres.

L'appropriation, l'utilisation d'images volées, exista en tant que pratique photographique bien avant de recevoir ce nom. Pour son célèbre *L.H.O.O.Q.* de 1919, Marcel Duchamp s'empara d'une reproduction de la *Mona Lisa* de Léonard de Vinci et la modifia. Le collage que Richard Hamilton réalisa en 1956, *Just What Is It That Makes Today's Homes So Different, So Appealing?* (« Pourquoi donc les intérieurs d'aujourd'hui sont-ils si différents, si séduisants ? ») recyclait des images publicitaires. Si le travail de Richard Hamilton rappelait les collages dadaïstes, il précédait l'appropriation d'images publicitaires par Richard Prince qui demanda à un laboratoire commercial de reproduire et d'agrandir les images de cow-boys qui figuraient sur des réclames pour les cigarettes des années 1980. Dans la génération de Prince, certains artistes comme Sherri Levine photographièrent des clichés célèbres dans des livres et dans des catalogues et déclarèrent que le résultat était leur œuvre, puisqu'ils avaient copié un modèle et l'avaient placé dans un nouveau contexte intellectuel, ce qui inaugurait une réflexion sur la notion d'original.

Plus que d'imiter les satires de Duchamp, les photographies de photographies posent en effet la question de ce qu'est un original, à une époque où les médias de masse inondent le monde de copies. L'interrogation figure déjà dans le célèbre essai de 1936 *L'Œuvre d'art à l'ère de la reproduction mécanique* de l'intellectuel allemand Walter Benjamin.

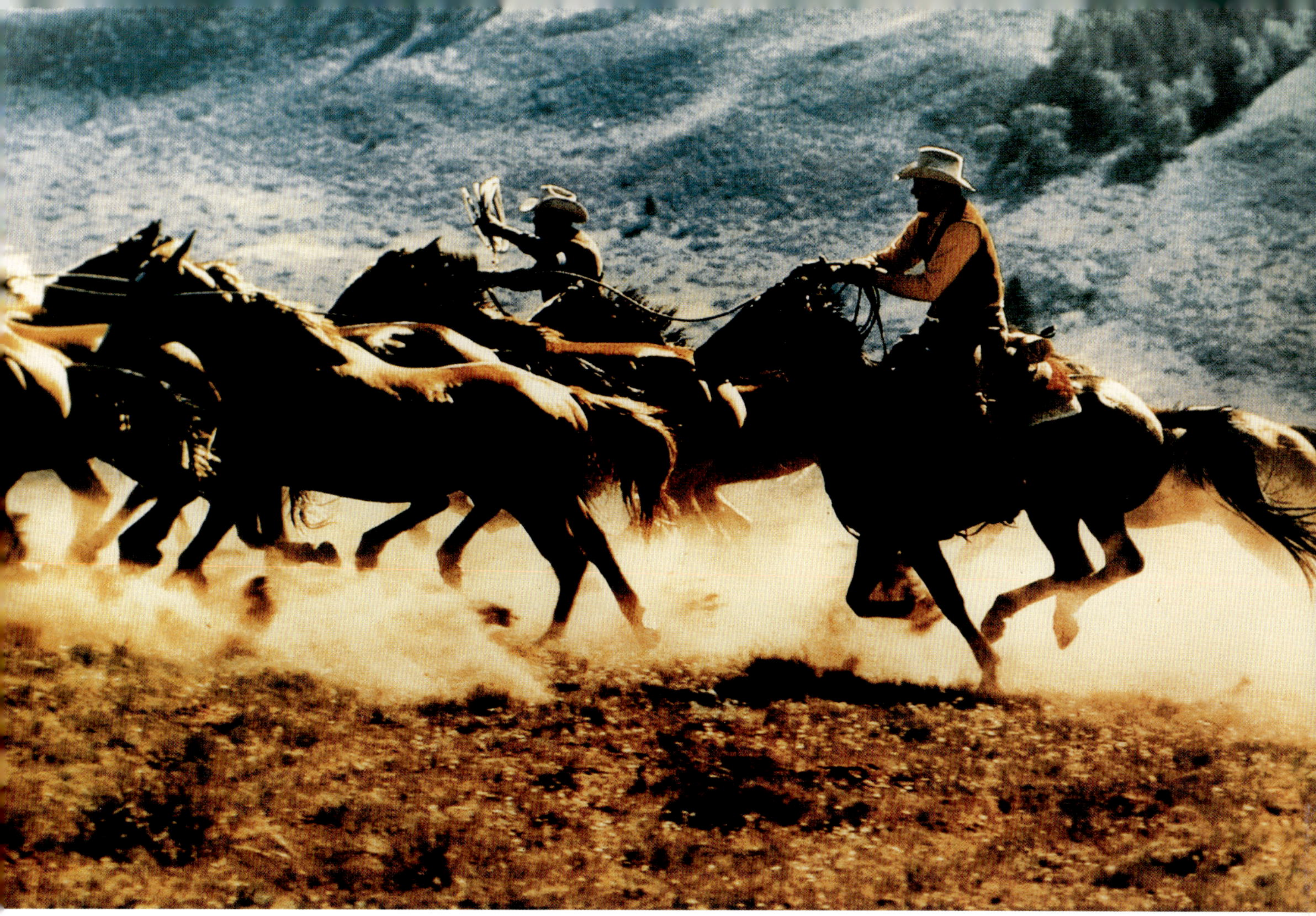

*Intéressé par les images les plus populaires, Richard Prince s'épargna le labeur de la chambre noire en se réappropriant en 1993 dans une œuvre sans titre cette photographie tirée d'une publicité pour des cigarettes, qu'il fit reproduire à bas coût dans un laboratoire commercial.*

Le travail de Sherri Levine et d'autres popularisa cette stratégie et créa un mouvement qui copia des œuvres déjà reproduites par leurs prédécesseurs, brouillant encore davantage la distinction entre l'original et la copie, et attaquant la notion d'originalité.

Ironisant sur la manière dont des images s'imposent auprès du grand public pour devenir de véritables icônes, Vik Muniz créa une version satirique de *The Steerage* (« La troisième classe », voir p. 142) d'Alfred Stieglitz : il la redessina de mémoire avec du chocolat liquide et la photographia.

La pratique de l'appropriation fit l'objet de critiques au sein du monde de l'art et en dehors. On lui opposa le respect de la propriété intellectuelle et elle donna lieu à plusieurs procès. Les attaques les plus sérieuses vinrent des photographes artistes qui furent actifs pendant le **tournant théorique**. Ainsi, Martha Rosler, qui produisit des textes critiques aussi influents que ses propres images, écrivit un essai polémique intitulé *Notes on Quotes* (« Note sur l'art de la citation ») qui réfléchissait sur le travail d'appropriation au XXe siècle. Selon elle, les emprunts à la publicité risquaient de propager des stéréotypes et seule l'ironie était capable de séparer l'image de sa réutilisation. Ses propres collages politiques, une série intitulée *Bringing the War Home: House Beautiful* (« Rapporter la guerre chez soi : jolie maison »), juxtaposaient des décors empruntés à des magazines d'architecture et de design et des images de soldats ou de paysans victimes de la guerre du Vietnam, découpés dans les quotidiens.

Si l'appropriation reste une stratégie utilisée par la photographie et par l'art contemporain, elle est devenue une pratique quotidienne pour les millions de gens qui recourent à la technologie numérique pour annexer des images à leurs collections personnelles et pour les modifier. Flickr héberge ainsi plusieurs groupes de fervents praticants de l'appropriation. ■

IDÉE N° 98

# PHOTO ET VIDÉO

La photographie et la vidéo se rencontrèrent à la fin des années 1960, au moment où plasticiens et photographes s'emparèrent de la toute récente vidéo qui leur donnait accès à un langage sans passé. Au XXI^e siècle, elles se retrouvent à nouveau, non pas dans les galeries d'art, mais au sein de nouveaux appareils polyvalents.

Plusieurs mouvements culturels convergèrent à la fin des années 1960 et adoptèrent un type de vidéo assez primitif, comme celui que proposait le Portapak Sony, sorti à cette époque. La vidéo permettait d'enregistrer les performances éphémères de plus en plus pratiquées dans le monde l'art et de la photographie, mais constituait également un langage à part entière, qui autorisait lui aussi la création. Elle convenait de plus à l'exploration des questions de genre sexuel et d'identité ethnique que posait la photographie de l'époque, parce qu'elle n'avait aucun lien avec les beaux-arts. Pour l'avant-garde des années 1960, la vidéo ressemblait à la photographie : elle enregistrait mécaniquement sans se soucier du Beau idéal. Pour ces créateurs rebelles, elles partageaient la même histoire. En plus de son côté anti-artistique, la vidéo permettait par ailleurs d'attaquer le pouvoir de la télévision : Martha Rosler construisit sa critique des médias en mêlant photographie et vidéo, créant des œuvres où elles dialoguent, selon un procédé qui fut beaucoup imité. Comme les artistes et les photographes qui se lancèrent dans la pratique du cinéma dans les années 1920 (voir ***Film und Foto***), ceux des années 1960 étaient insouciants et audacieux. Comme leurs prédécesseurs, ils explorèrent la frontière entre les deux procédés, en ralentissant la vidéo jusqu'à l'immobiliser presque entièrement. Le travail de Yoko Ono au début des années 1960, dont *Eyeblink* (« Clin d'œil »), réduisait le mouvement à une forme d'immobilité. Cette démarche qui brouille la différence entre l'une et l'autre est souvent reprise aujourd'hui, à plus grande échelle, avec des installations comportant des projections. Ainsi, les vidéos de Bill Viola altèrent radicalement le rythme de notre expérience visuelle quotidienne pour créer une dimension alternative du temps qui suscite des sensations, des émotions et des idées neuves. Son travail exploite des thèmes, des idées et des couleurs empruntés aux peintures de la Renaissance ou du baroque. Ses images fixes sont associées à des récits créés par des films ou de la vidéo. Parfois, les visiteurs sont comme attirés dans des images de tableaux vivants qui semblent être des photographies aux couleurs somptueuses, mais au sein desquels des mouvements ralentis apparaissent bientôt.

Dans les premiers temps de la vidéo, l'immobilisation de l'image la déformait et la brouillait, métamorphoses qui devinrent parties intégrantes de son vocabulaire et furent utilisées par la photographie et par le cinéma dans les années 1970. Ce brouillage est dû au fait que chaque image analogique prise individuellement est de basse qualité, alors que déroulée à la bonne vitesse elle est lisible. Avec l'avènement de la vidéo et de la photo numérique, la différence entre image fixe et film s'estompe. Certains logiciels permettent d'animer des images fixes (voir **images animées**) ou de tirer une photographie d'une vidéo. Les caméras les plus récentes telles que la « Red One » bénéficient d'une telle résolution qu'elles peuvent prendre d'excellentes photographies. En 2008, on créa l'appellation « DSMC » (*Digital Still and Motion Camera*, « caméra numérique à images fixes ou animées ») pour désigner de tels appareils. La révolution de la haute définition commence à gagner les appareils amateurs, ce qui signifie que chacun pourra bientôt créer des photographies ou des films avec le même appareil. ■

*Bill Viola explore les rapports entre les images fixes et le film dans de nombreuses vidéos, dont cette œuvre de 2000,* Quintet of the Astonished *(« Le quintet des étonnés »).*

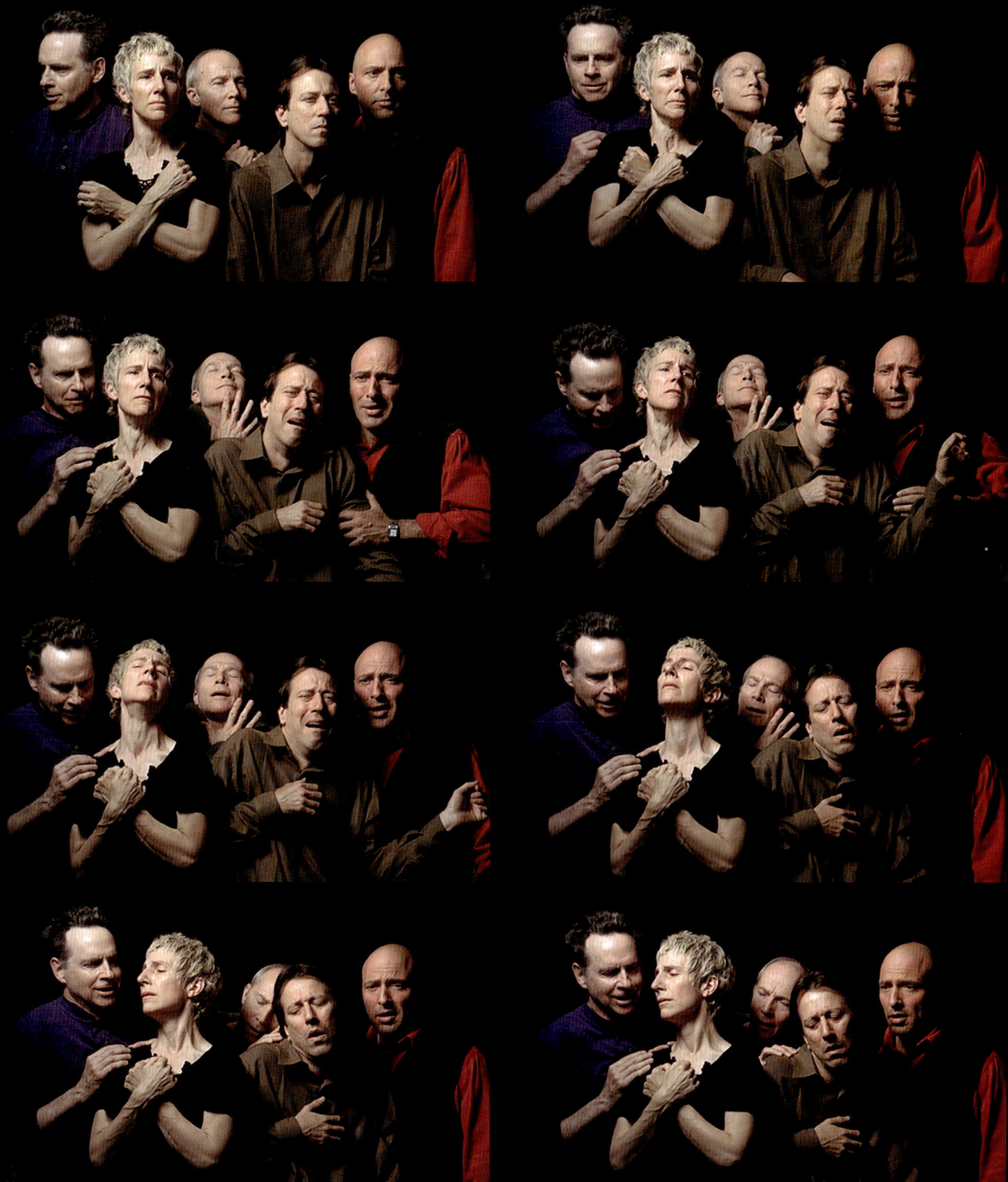

*Pour évoquer la gravité de la situation économique aux États-Unis, le numéro du magazine* Time *du 24 novembre 2008 combina grâce à un logiciel numérique un choix d'éléments tirés d'une photographie du président Franklin Roosevelt de l'époque de la Grande Crise et y plaça un portrait du président Barack Obama.*

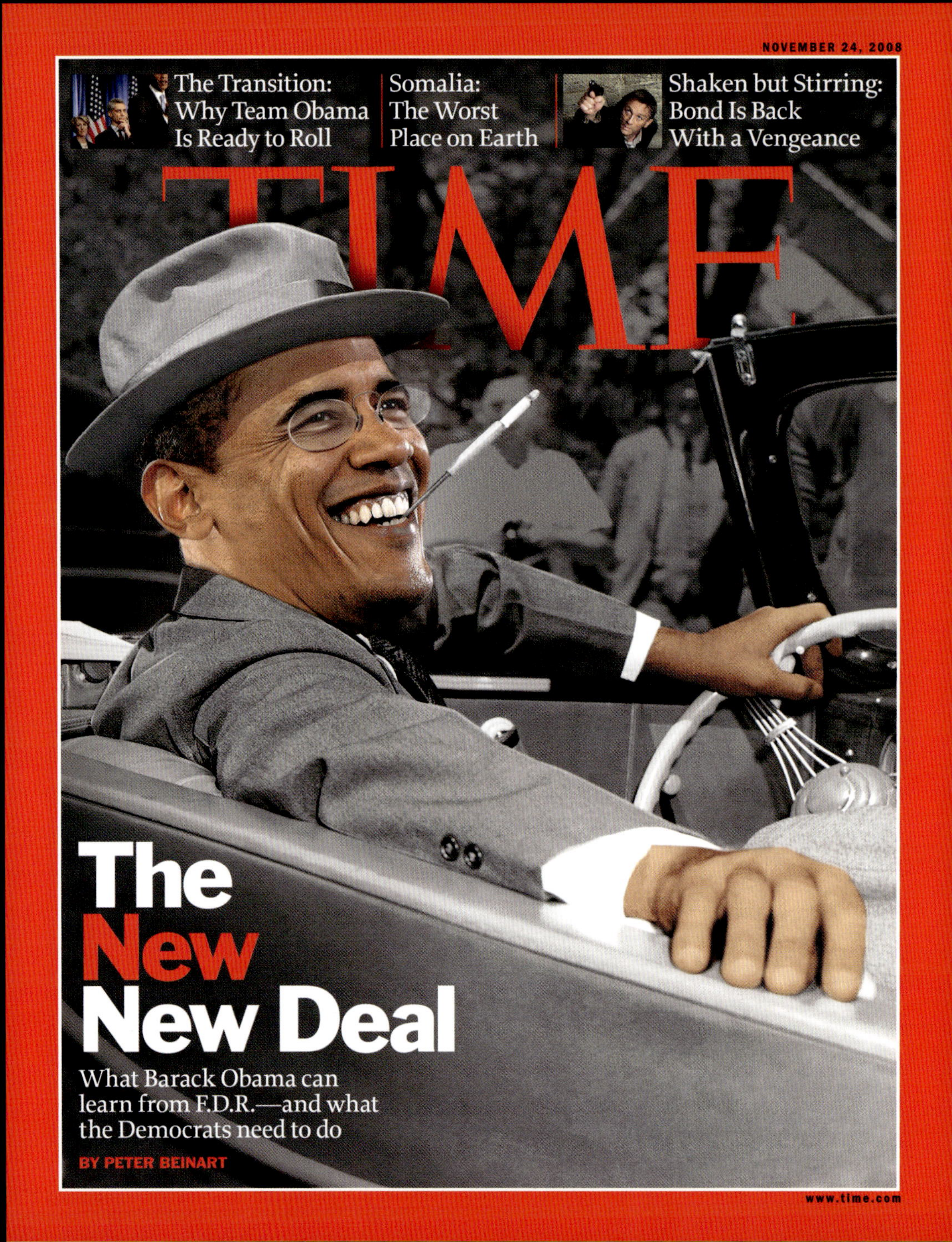

IDÉE N° 99

# LA PHOTOGRAPHIE NUMÉRIQUE

Une partie des photographes s'est réjouie de l'apparition des moyens numériques qui rendaient possibles toutes sortes de manipulations : ils se retrouvaient dans un nouveau laboratoire où les possibilités du « vrai faux » pouvaient être explorées. En effet, les images numériques, dépourvues de négatif, ne reposent sur aucun original immuable.

*Pedro Meyer, pionnier et défenseur de la photographie numérique, créa* The Temptation of the Angel *(« La tentation de l'ange ») en 1991.*

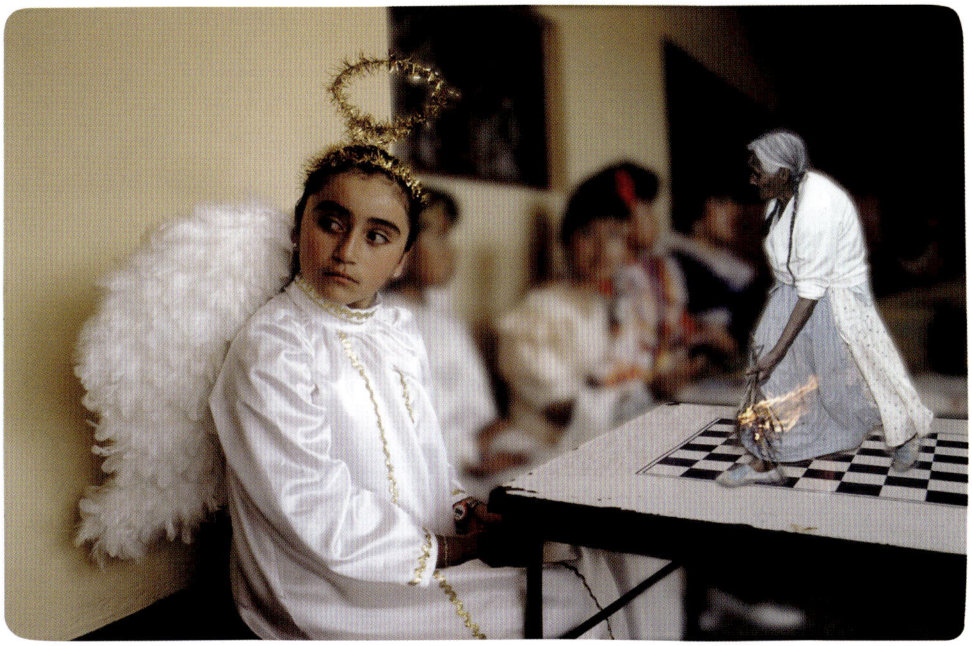

Quand la photographie numérique fit son apparition dans les grands médias, on craignit qu'elle ne permît des falsifications invisibles. Et, en effet, en 1982 le *National Geographic Magazine* truqua numériquement une image horizontale des pyramides de Gizeh pour les faire tenir dans une couverture verticale qui imposait de rapprocher deux des pyramides. Bien que ce changement fût infime, la rédaction n'en avertit pas les lecteurs. Cet incident, qui provoqua une polémique, marque pour les historiens du médium l'irruption du numérique dans la photographie.

L'image numérique repose sur des pixels, de petits morceaux d'informations numériques qui permettent le traitement par logiciel et la transmission des photographies par Internet et ont éliminé le travail en chambre noire. Aujourd'hui, les amateurs bénéficient de nombreux logiciels de retouche d'image. Ces techniques se sont diffusées dans le grand public au point qu'il identifie plus facilement les images truquées ; certains sites Internet se spécialisent dans la détection des images retouchées au point de paraître « photoshopées ». La publicité, en particulier, a été accusée d'affiner numériquement des mannequins dont les corps d'une minceur excessive pourraient encourager les jeunes filles à pratiquer des régimes dangereux. Un logiciel très répandu permet d'ailleurs à chacun de faire mincir ses modèles.

Dès le début des années 1970, les photographes s'impliquèrent dans le développement du numérique : ils étaient séduits par l'idée d'une image autonome, sans véritable fondement optique. C'est Joan Fontcuberta qui baptisa cette caractéristique du numérique le « vrai faux ». De nos jours, le numérique se montre plus efficace que l'argentique pour fabriquer, retoucher, partager et transmettre les images, autant de pratiques qui ont été profondément modifiées, mais qui ont une histoire déjà ancienne. Quel sera le futur du numérique ? On l'aperçoit par fragments : l'ensemble des machines et des logiciels semble changer la perception de la photographie ; elle n'est plus un souvenir, mais une image changeante, transitoire, qui peut prendre une multitude de formes. ■

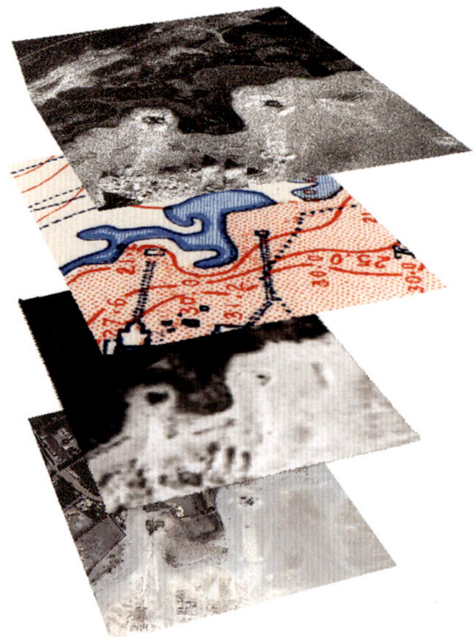

IDÉE Nº 100

# LE SYSTÈME D'INFORMATION GLOBAL

Le SIG, ou système d'information global, est une application informatique qui compile, stocke, compare et analyse des images et du texte. Il cherche des images anciennes et récentes de lieux, les reconfigure, les met à la même échelle et les superpose pour faire apparaître les changements qui se sont produits.

La pratique photographique connut des changements importants chaque fois qu'elle s'hybrida avec des systèmes d'information, ceux des médias écrits ou des technologies numériques. Le SIG est un outil novateur qui possède des applications dans des domaines aussi variés que la stratégie militaire ou les sciences humaines. Son utilisation en photographie permet de synthétiser des images anciennes et récentes pour créer un nouveau type d'iconographie. Jadis, une partie de ce travail aurait pu être réalisée dans l'obscurité d'une chambre noire, mais la « géorectification » et la comparaison des images fonctionnent mieux si tous les documents iconographiques ou textuels sont numérisés.

Le système d'information global a ouvert à l'archéologie un nouveau champ d'expérimentation fondé sur la photographie. Les vieux clichés de reconnaissance aérienne, militaires ou civils, superposés avec des images prises par satellites, celles de Google Earth et des données en temps réel, révèlent des routes, des canaux et des bâtiments, comme des changements dans les pratiques agricoles. Le SIG aide également à constater les effets des vols et des intempéries sur les sites archéologiques en mettant en évidence et en datant les dégâts causés. Comme il est constitué de données numériques, chaque chercheur peut insérer ou ajouter des images et des données, pour adapter le feuilleté à ses besoins. Il permet également aux entreprises et aux interfaces de transport de constituer des images en temps réel et de les partager. On l'a appliqué à des objets trop vastes ou trop fragiles pour être déplacés. Ainsi, la *Tapisserie de Bayeux*, un récit de la conquête de l'Angleterre fabriqué au XIe siècle, a été numérisée pour permettre aux universitaires d'y ajouter d'autres sources historiques, des cartes, des images d'œuvres d'art et des commentaires qu'ils se transmettent les uns aux autres.

La valeur des séries répétitives d'images portant sur le même lieu ou le même objet a pris un nouvel intérêt avec le SIG. En 1889, le savant allemand Sebastian Finsterwalder commença une série de clichés des glaciers alpins pour enregistrer et mesurer leur vitesse de fonte. C'est l'un des projets les plus anciens de « photographie répétitive ». Dans le domaine artistique, le Rephotographic Survey Project (« Projet cartographique rephotographié ») revisita des sites pris dans les années 1870 (voir **vues**). D'une manière générale, le SIG offre un nouvel outil de communication et d'analyse aux études environnementales et à l'urbanisme. Des sites d'un abord facile, tels que Historypin, LookBackMaps ou Géoportail, permettent aux utilisateurs de téléphones intelligents et d'ordinateurs d'obtenir et de superposer des photographies anciennes du lieu où ils se trouvent. Ils peuvent même s'ajouter dans l'image, proposer un nouveau cliché ou un document historique inédit. ■

EN HAUT : *Certains logiciels permettent de superposer et de relier des informations provenant de documents iconographiques ou textuels variés.*

CI-DESSOUS : *Avec des appareils nomades tels que les téléphones et les tablettes, il est possible de créer des cartes personnelles, au gré des informations qu'on aura recueillies.*

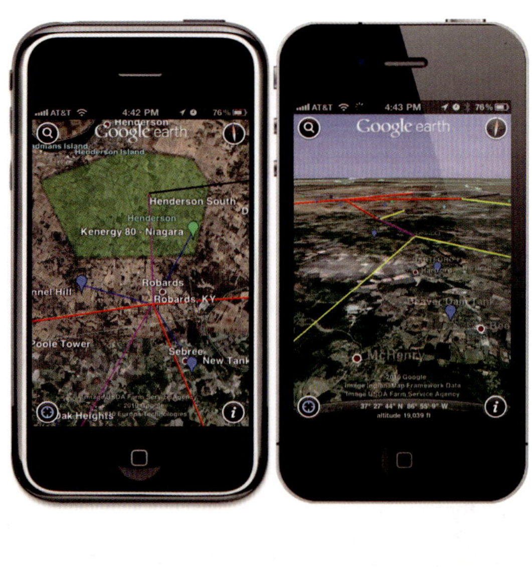

"Chaque chercheur peut insérer ou ajouter des images et des données, pour adapter le feuilleté à ses besoins."

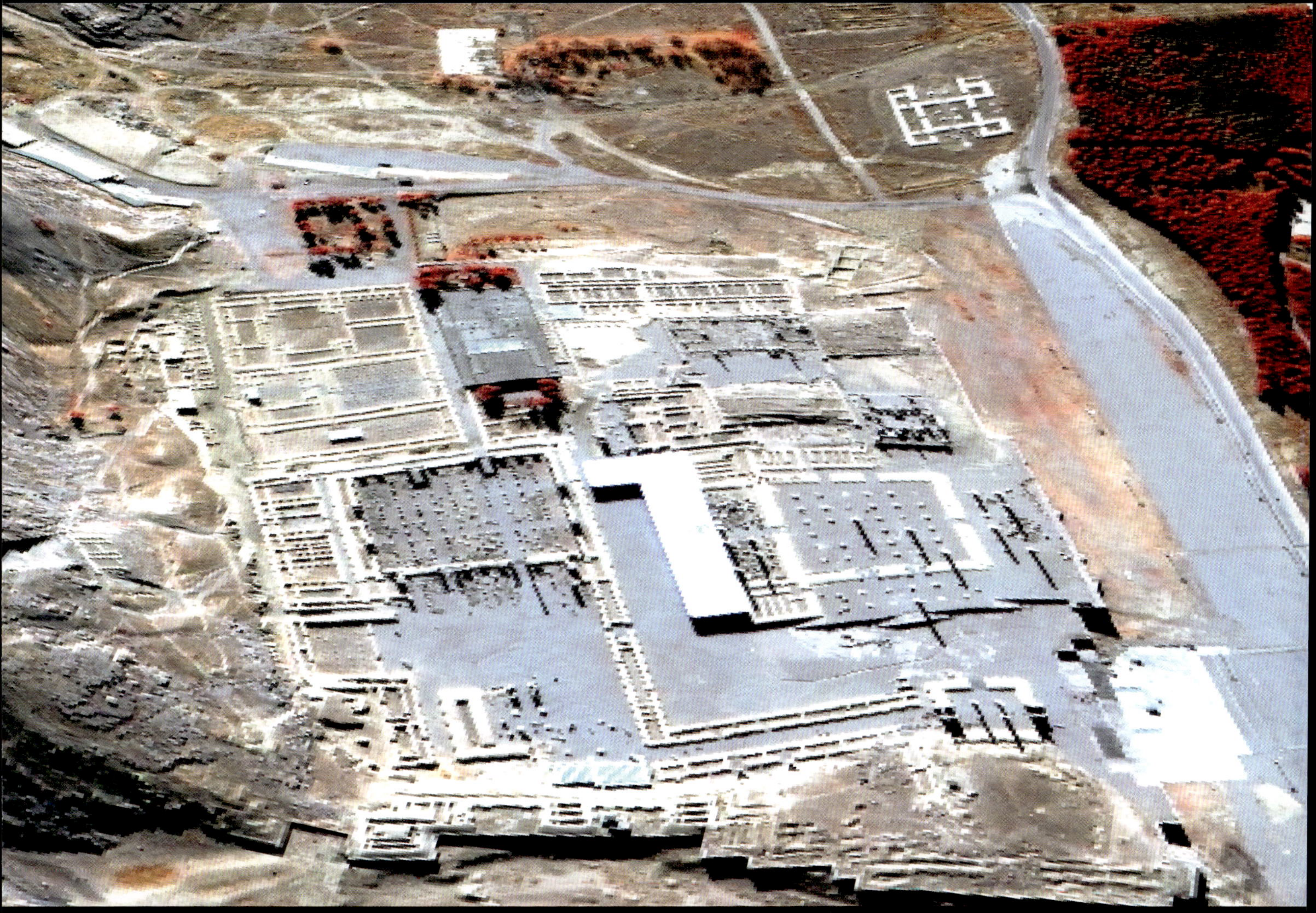

*La capacité des logiciels à superposer puis à comparer des plans permet aux archéologues d'étudier les changements intervenus sur les sites historiques.*

# Glossaire

**Aérographe**
Petit dispositif à air comprimé qui projette finement des couleurs, souvent utilisé pour retoucher des photographies.

**Ambrotype**
Procédé photographique né dans les années 1850. On plaçait du papier ou du tissu noir derrière un négatif sur plaque de verre pour inverser les tonalités et l'on obtenait ainsi un résultat proche du daguerréotype, mais moins coûteux.

**Ampoule flash**
Une ampoule en verre dont le déclenchement, synchronisé avec l'obturateur, provoque un éclair de lumière.

**Analogique**
La photographie analogique ou argentique suppose l'utilisation d'une pellicule, par opposition avec le numérique.

**Animation d'images fixes**
En photographie numérique, des logiciels permettent l'animation d'images fixes pour aboutir à des séquences.

**Appareil espion**
Expression de la fin du XIXe siècle, désignant des appareils très petits, susceptibles d'être dissimulés.

**Argentique**
Sert à qualifier la photographie non numérique, développée en chambre noire, à cause des sels d'argent qui entrent dans la composition du support sensible.

***Camera obscura***
Aussi appelé « chambre noire », cet ancêtre de l'appareil photographique ne permettait que la projection d'une image inversée sur un mur et ultérieurement sur une plaque dépolie au fond d'une boîte.

**Chronophotographie**
Étymologiquement « photographie du temps » ; ce terme, apparu à la fin du XIXe siècle, désigne les nouveaux moyens de représenter une action en figeant un instant.

**Contre-jour**
Éclairage d'un sujet par une source lumineuse, naturelle ou artificielle, placée derrière lui. Il permet d'en souligner les contours.

**Couleurs additives**
Méthode de production de photographies en couleurs qui repose sur un mélange, en général à base de rouge, vert et bleu.

**Couleurs complémentaires**
Désigne des couleurs situées à l'opposé l'une de l'autre sur le disque. On dit qu'elles sont complémentaires, parce qu'elles s'intensifient l'une l'autre. Mélangées, elles donnent du gris, du noir ou du marron.

**Écran de mise au point**
Sur les appareils argentiques, l'écran de mise au point est une plaque translucide qui permet au photographe de prévisualiser son image. On utilise le même terme pour les écrans à cristaux liquides des appareils numériques.

**Ferrotype**
Appelé improprement *tintype* en anglais, c'est un procédé inventé dans les années 1850, à base de sels de fer, qui donnait des images en positif direct.

**Flickr**
Site Internet où l'on peut enregistrer, montrer et partager des photographies. Il est utilisé par des amateurs, mais aussi par des professionnels ou des musées.

**Folioscope**
Aussi appelé *flip book*, c'est un petit livre illustré qui s'anime lorsqu'on feuillette rapidement ses pages.

***Fuzzygraph***
Au XIXe siècle, terme humoristique anglais, tiré du mot *fuzzy*, « flou » ou « hérissé », qui décrit l'aspect brouillé ou imprécis des photographies des pictorialistes.

**Géorectification**
Ensemble des modifications que l'on pratique sur une image, dont le changement d'orientation, d'échelle ou l'ajout de coordonnées géographiques, pour l'intégrer à un système d'information global (SIG).

**Hydrotypique, transfert –**
Procédé d'impression qui requiert trois négatifs distincts réalisés avec trois filtres rouge, vert et bleu, que l'on applique sur la même matrice humide pour obtenir des couleurs pures.

**Iconographe**
Dans le monde de la presse, l'iconographe travaille avec les rédacteurs pour trouver des images pour illustrer les textes.

**Inactinique, lumière –**
Lumière qui n'altère pas la pellicule, utilisée dans les locaux de développement, pour la photographie argentique.

**Internégatif**
Mot de la photographie argentique désignant un négatif réalisé à partir d'une diapositive pour obtenir un tirage papier.

**Inversion des tons**
En photographie argentique, en particulier en noir et blanc, inversion des zones claires et sombres, souvent provoquée par une surexposition.

**Lumière naturelle**
Éclairage naturel dont bénéficie une scène à photographier, auquel on peut ajouter des projecteurs.

**Macrophotographie, photomicrographie et microphotographie**
La macrophotographie agrandit l'objet qu'elle représente jusqu'en grandeur nature ou davantage ; la photomicrographie agrandit quant à elle des objets minuscules à l'aide d'un microscope, tandis que la microphotographie crée des images minuscules, sur microfilm par exemple.

**Magnésium**
Avant l'invention du flash fermé, on mettait le feu à de la poudre de magnésium placée dans un plateau : elle provoquait une explosion lumineuse et sonore.

**Microfilm**
Texte ou image miniaturisés à un tel point que l'on ne peut les déchiffrer qu'avec une visionneuse spéciale. On l'a utilisé pour transmettre des messages secrets.

**Neutralité**
On a longtemps attribué aux images photographiques une forme d'objectivité parce que l'on pensait que les appareils photo étaient neutres.

***New Topographics***
Nom d'une exposition de 1975, dont les images des paysages de l'Ouest américain modifiés par l'homme furent très influentes.

**Photographie peinte**
À l'époque du noir et blanc, on a retouché ou parfois recouvert intégralement des photographies de peinture, pour les rendre plus conformes au goût des clients.

**Photomécanique**
Le terme désigne le transfert d'une photographie argentique sur une plaque d'impression pour un tirage sur papier, avant l'avènement du numérique.

**Photomicroscopique, cylindre –**
Appelé *stanhope* en Grande-Bretagne, c'était un dispositif très petit, incluant une optique permettant de voir une photographie miniature, qui pouvait être montée en bijou.

**Photomontage**
Image obtenue en découpant et en assemblant des images diverses, ou même du texte, et souvent rephotographiée pour harmoniser l'ensemble.

**Photoshoper**
Néologisme d'invention récente qui désigne l'action de retoucher ou de truquer une photographie en utilisant un logiciel tel que Photoshop.

**Pictorialisme**
Mouvement artistique de la fin du XIXe siècle et du début du XXe siècle qui voulait faire de la photographie un art à part entière. Très influencé par la peinture, il recourait beaucoup au flou artistique.

**Plan moyen**
Pain quotidien de la photographie et du cinéma, le plan moyen montre à la fois le sujet et une partie du décor, pour lui fournir un contexte.

**Plan d'ensemble ou de situation**
Au cinéma et en photographie, image ou succession d'images, souvent prises en début de travail, qui établissent le lieu et le moment de l'action.

**Planche-contact**
Feuille de papier sensible sur laquelle on développe une série de négatifs pour les examiner avant de les tirer pour de bon.

**Plaque sèche, plaque humide**
Au XIXe siècle, l'humidité des plaques assurait une meilleure efficacité aux composantes chimiques sensibles à la lumière, jusqu'à l'avènement de la plaque sèche, plus facile à transporter.

**Post-image**
Image qui semble persister dans l'œil, même après la disparition de l'objet vu.

**Post-production**
Emprunté au cinéma, le terme désigne les retouches que des logiciels permettent de pratiquer sur les clichés numériques après leur prise.

**Profondeur de champ**
En photographie, distance entre les éléments proches et lointains pour qu'ils restent raisonnablement nets.

**Récit photographique**
Il s'agit d'un récit dont les moments centraux sont racontés en images et non en mots, même si ces derniers ne sont pas forcément absents.

**RVB**
Abréviation de rouge, vert, bleu, les couleurs qui s'additionnent pour réaliser l'impression des photographies couleur et qui fonctionnent comme des couleurs primaires.

**Sabatier, effet –**
En photographie argentique, inversion des valeurs sur les bords de l'objet photographié.

**Sacrifice, théorie du –**
Théorie selon laquelle un bon photographe ne souligne pas tous les détails d'une scène, mais en sacrifie certains pour accentuer la cohérence de son image.

**Saturation**
Intensité d'une couleur, estimée par rapport à son niveau de pureté.

**Sensible, matériau –**
En photographie argentique, support portant une combinaison de produits chimiques réagissant aux rayons lumineux dans l'appareil et susceptibles d'être développées.

**Similigravure**
Procédé à base de trame de points utilisé à partir des années 1890 qui permit l'impression des photographies sur les rotatives des journaux.

**Stéréoscope**
Visionneuse de la fin du XIXe siècle et du début du XXe produisant un effet de tridimensionnalité à partir de deux photographies légèrement décalées, tirées sur une même plaque de verre.

***Straight Photography***
Mouvement du début du XXe siècle, né à l'initiative de Sadakichi Hartmann, qui, par réaction contre le pictorialisme, préconisait le retour à la « photographie pure ».

**Stroboscope**
Appareil émettant d'intenses éclats de lumière très brefs, souvent utilisé en photographie pour fixer le mouvement.

**Table lumineuse**
Table ou simple boîte équipée d'une plaque translucide éclairée d'en dessous pour examiner et classer des diapositives ou des tirages transparents.

**Télémètre**
Dispositif intégré aux appareils, qui permet au photographe de mesurer la distance qui le sépare de son sujet.

**Téléscripteur**
Machine à écrire automatique qui, des années 1920 aux années 1970, recevait et transmettait les nouvelles, par ondes radio, impulsions électriques ou autres.

**Transparence**
En photographie argentique, tirage positif produit sur une feuille transparente, utilisé pour l'impression des magazines et des journaux, jusqu'à l'avènement du numérique.

**Trois tiers, règle des –**
Cette méthode, destinée à aider les photographes à composer leurs images, suppose d'imaginer une grille de trois cases sur trois, et de placer le sujet à l'intersection des lignes centrales, mais pas au milieu.

**View-Master**
Visionneuse née en 1939 et toujours commercialisée, qui permet de regarder des photographies incrustées dans un disque rond interchangeable.

**Viseur**
Dispositif qui permet au photographe d'observer la scène qu'il prend, et qui imposait jadis de tenir l'appareil sur son ventre, puis d'y appliquer son œil. Sur les appareils numériques, il a été remplacé par un écran.

**Vision périphérique**
Ce que l'on aperçoit sur les côtés, quand on regarde droit devant soi.

**Zootrope**
Cylindre qui crée une impression de mouvement en faisant tourner des images fixes.

# Lectures complémentaires


*Anthologie de la photographie africaine, de l'océan Indien et de la diaspora*, Paris, éditions Revue Noire, juillet 1998.

Billeter, Erika, *Fotografie Latinamerika: 1860-1993: canto a la realidad*, Berne, Benteli, 1994.

Bright, Susan, *Auto focus : l'autoportrait dans la photographie contemporaine*, trad. Elsa Maggion, Paris, Thames & Hudson, 2010.

Campany, David, éd., *Art et Photographie*, trad. Philippe Mothe, Londres et Paris, Phaidon, 2005.

Carlebach, Michael L., *The Origins of Photojournalism in America*, Washington, D.C., Smithsonian Institution Press, 1992.

Cotton, Charlotte, *Imperfect Beauty: The Making of Contemporary Fashion Photography*, Londres, V & A Publications, 2000.

Cotton, Charlotte, *La Photographie dans l'art contemporain*, trad. Pierre Saint-Jean, Paris, Thames & Hudson, 2005.

*Das konstruierte Bild. Fotografie — arrangiert und inszeniert*, Zurich, Stemmle, 1989.

Debroise, Olivier, *Fuga mexicana : un recorrido por la fotografía en Mexico*, Barcelone, Gustavo Gili, 2005.

Dehejia, Vidya, *India, Through the Lens: Photography 1840 – 1911*, Munich, Prestel, 2000.

Elliott, David, éd., *Photography in Russia, 1840-1940*, Londres, Thames & Hudson, 2000.

Evans, Walker, et James Agee, *Louons maintenant les grands hommes*, trad. Jean Queval, collection « Terre Humaine », Paris, Plon, 1972.

Frizot, Michel, éd., *Nouvelle Histoire de la photographie*, Paris, A. Biro-Larousse, 2001.

Gernsheim, Helmut et Alison, *The History of Photography from the Camera Obscura to the Beginning of the Modern Era*, New York, McGraw-Hill, 1969.

*Global Conceptualism: Points of Origin, 1950s-1980s*, catalogue, New York, Queens Museum of Art, 1999.

Goldberg, Vicki, *The Power of Photography*, New York, Abbeville, 1993.

Holburn, Mark, *Black Sun: The Eyes of Four: Roots and Innovation in Japanese Photography*, New York, Aperture, 1994.

Honnef, Klaus, Rolf Sachsse et Karin Thomas, éd., *Deutsche Fotografie : Macht eines Mediums 1870-1970*, Cologne, DuMont Buchverlang, 1997.

Jammes, André, et Eugenie Parry Janis, *The Art of the French Calotype*, Princeton, Princeton University Press, 1983.

Lebeck, Robert, et Bodo von Dewitz, *Kiosk: A History of Photojournalism*, Londres, Steidl, 2001.

Lebon, Laurent, dir., *Dada*, catalogue, Paris, éditions du Centre Pompidou, 2005.

Lemagny, Jean-Claude, et André Rouillé, éd., *Histoire de la photographie*, Paris, Larousse, 1998.

Marcoci, Roxana, *The Original Copy: Photography of Sculpture, 1839 to Today*, New York, Museum of Modern Art, 2010.

Marien, Mary Warner, *Photography and Its Critics*, New York, Cambridge University Press, 1997, 2011.

Marien, Mary Warner, *Photography, A Cultural History*, Londres, Laurence King Publishing, 2010.

Millstein, Barbara Head, *Committed to the Image: Contemporary Black Photographers*, catalogue, New York, Brooklyn Museum of Art, 2001.

Newhall, Beaumont, *The History of Photography*, New York, The Museum of Modern Art, 1982.

Oguibe, Olu, Okwui Enwezor et Octavio Zaya, éd., *In/Sight: African Photographers, 1940 to the Present*, New York, Guggenheim Museum, 1996.

Orvell, Miles, *American Photography*, New York, Oxford University Press, 2003.

*Out of India: Contemporary Art of the South Asian Diaspora*, catalogue, New York, Queens Museum of Art, 1998.

Panzer, Mary, *Things As They Art: Photojournalism in Context since 1955*, New York, Aperture, 2005.

Parr, Martin, et Gerry Badger, *Le Livre de photographies : une histoire*, 2 vol., trad. V. de Bermond-Gettle, A.-M. Terel, A. Boucher et L. Seguin, Londres et Paris, Phaidon, 2005, 2007.

Pelizzari, Maria Antonella, *Traces of India: Photography, Architecture, and the Politics of Representation, 1850 – 1900*, New Haven, Yale Center for British Art, 2003.

Pinney, Christopher, *Camera Indica: The Social Life of Indian Photographs*, Chicago, University of Chicago Press, 1997.

Pultz, John, et Anne de Mondenard, *Le Corps photographié*, Paris, Flammarion, 1995.

Roberts, Pamela, *A Century of Colour Photography*, Londres, Andre Deutsch, 2007.

Rosenblum, Naomi, *A History of Women Photographers*, New York, Abbeville Press, 1994.

Rosenblum, Naomi, *Une histoire mondiale de la photographie*, trad. P. Alexandre, D. Férault, J. Pêcheux, *et al.*, Paris, New York et Londres, Abbeville, 1997.

Sandweiss, Martha A., éd., *Photography in Nineteenth-Century America*, Fort Worth, Amon Carter Museum, et New York, Harry N. Abrams, 1991.

Stathotos, John, *Image and Icon: The New Greek Photography, 1975-1995*, Athènes, ministère de la Culture, 1997.

Thomas, Ann, *Photographie et science : une beauté à découvrir*, catalogue, New Haven, Londres, Yale University Press, Ottawa, musée des beaux-arts du Canada, 1997.

Tupitsyn, Margarita, *The Soviet Photograph, 1924-1937*, New Haven, Yale University Press, 1996.

Willis, Deborah, *Reflections in Black: A History of Black Photographers, 1840 to the Present*, New York, W. W. Norton, 2000.

Wride, Tim B., *Shifting Tides: Cuban Photography after the Revolution*, Los Angeles, Los Angeles County Museum of Art, 2001.

Wu, Hung, et Christopher Phillips, *Between Past and Future: New Photography and Video in China*, Chicago, Smart Museum, 2004.

## Musées et archives

Les sites Internet de musées, de bibliothèques ou de galeries privées sont devenus une source essentielle pour l'étude de la photographie. Les grands musées mondiaux consacrés à l'art contemporain exposent régulièrement en ligne. Les musées d'histoire locaux possèdent souvent de vastes collections de photographies dont ils montrent des échantillons en ligne. Puisque les photographies sont faciles à scanner et à poster en ligne, les collections sont plus accessibles que jamais. De plus, certaines institutions exploitent les sites de partage d'images tels que Flickr pour proposer leurs images. La liste suivante offre un aperçu des ressources disponibles.

### Amérique du Nord

International Center of Photography, New York
http://www.icp.org/

US Library of Congress, Washington DC
http://www.loc.gov/pictures/

George Eastman House International Museum of Photography and Film, Rochester
http://www.eastmanhouse.org/

J. Paul Getty Museum, Los Angeles
http://www.getty.edu/

Fototeca, Pachuca
http://www.gobiernodigital.inah.gob.mx/mener/index.php?id=11

Latin American Library, Tulane University, La Nouvelle-Orléans
http://lal.tulane.edu/collections/imagearchive

National Gallery of Canada, Photography Collection, Ottawa
http://www.gallery.ca/en/see/collections/category.php?categoryid=6

### En Europe

National Media Museum, Bradford
http://www.nationalmediamuseum.org.uk/

Victoria and Albert Museum, Londres
http://www.vam.ac.uk

The Photographers' Gallery, Londres
http://www.photonet.org.uk/

Bibliothèque nationale de France, Paris
http://www.bnf.fr/fr/acc/x.accueil.html

Maison européenne de la photographie, Paris
http://www.mep-fr.org/us/

Alinari Museum, Florence
http://www.alinari.it/en/museo.asp

Winterthur Museum of Photography, Zurich
http://www.fotomuseum.ch/

Museum of Photography, Berlin
http://www.smb.museum/smb/standorte/index.php?p=2&objID=6124&n=12

Museum Ludwig, Cologne
http://www.museenkoeln.de/museum-ludwig/default.asp?s=1799

Museum für Kunst und Gewerbe, Hambourg
http://www.mkg-hamburg.de/

ROSPHOTO (Musée national russe et centre d'exposition), Saint-Pétersbourg
http://www.rosphoto.org/

### En Asie

Tokyo Metropolitan Museum of Photography, Tôkyô
http://www.tokyoessentials.com/index.shtml

Gallery Paris-Beijing, Beijing et Paris
http://www.parisbeijingphotogallery.com/main/index.asp

Museum of Photography, Séoul
www.photomuseum.or.kr/

### Sur Internet seulement

Harappa (site présentant plusieurs pages sur la photographie en Inde)
http://www.harappa.com/

Women in Photography International Archive
http://www.cla.purdue.edu/waaw/palmquist/index.htm

Daguerreian Society
http://www.daguerre.org/

Stereoscopic Society
http://www.stereoscopicsociety.org.uk/

# Index

Les numéros de page en **gras** renvoient aux légendes des illustrations.


*A Rushy Shore* (Emerson), **64**
Abbott, Berenice, 117
*Abou Simbel, Grand Spéos* (Teynard), **20**
abstraction 114, **116**, 123, 140, **141**, 143, 154, 183, 195
académies (nus), 6, 22, 58, **59**
Adams, Ansel, 15, 36, **88**, 89, 143, 174
Adams, Robert, 42, **181**
*Adbusters* (magazine), 127
aérographe, 183, 208
*Afghan Girl* (McCurry), **177**
Agassiz, Louis, 75
Agee, James, 166
agences photographiques, 113, **128**, 129, 139, 179
Agfa, **36**, 113
agrandissement, 35, 36, 48, **49**, 140
agrandisseur solaire, 48
Akadama (réclame pour un vin sucré), **126**, 127
Albert de Saxe-Cobourg, prince consort, 56, **60**
album photo, 68, 71, 82, 86, **87**, 90, 148, 157, 187
albumine, 21, 64, 76, **77**, 89
Alhazen (Ibn al-Haytham), 8
*Alley, Presidio, Texas* (Shore), **180**
ambrotype, 12, 208
*American Legion Convention, Dallas, Texas* (Winogrand), **166-167**
*American Maidenhair Fern* (Blossfeldt), **151**
*Americans, The* (Frank), 133, 187
*Among the Irises* (Porcher), **95**
Anderson-Staley, Keliy, **70**, 71
*Animal Locomotion* (Muybridge), **46**
Anthony & Company, 113
Antonioni, Michelangelo, **131**
appropriation, 113, 188, 200-201
Arago, François, 11
Arbus, Diane, 179
Arbuthnot, Malcolm, **65**
Archer, Fred, 15
archives photographiques, 113, 129, 209
argentique, photographie –, 7, 134, 191, 205, 208, 209
argentique, tirage –, 11, 12, 17, 31, 32, 64, 89 ; *voir aussi* gélatino-argentique
arrière-plan, 26, 60, 71, **80**, 81, 103, 137, 139
art conceptuel, 99, 177, 180, 193, 196, **197**
art et photographie, 22, 28, 56, 58, 120, 127, 143, 154, 174, 195 ; *voir aussi* abstraction ; art conceptuel ; performance ; sculpture ; surréalisme
Arthus-Bertrand, Yann, **115**
*Ash Wednesday* (Goicolea), **78**, 79
Atget, Eugène, **2**, 216
Atkins, Anna, 31
autochrome, 53, 94-95
*Autoportrait* (Stefanutti), 66
*Autoportrait en noyé* (Bayard), 13
autoportrait, **13**, **30**, 55, **66**, **136**, 137, 160, **161**
avant-garde, 104, 120, 123, 152, 154, 157, 202
Avedon, Richard, **158**

Bachelier, Philippe, 89
*Ballad of Sexual Dependency* (Goldin), **98**, 99
Baltz, Lewis, **181**
*Bandits' Roost* (Riis), **80**, 81
banlieue, photographie de la –, 42, 180, **181**, 184, **185**
Bardot, Brigitte, 162, **163**
Barnardo (affiche), **57**
Barth, Uta, **103**
Barthes, Roland, 188
Baudelaire, Charles, 56, 188
Bayard, Hippolyte, **13**, **55**
*Bayard et ses statuettes* (Bayard), 55
Bayer, Herbert, 134
*Beata, La* (Cameron), **56**
Beato, Felice, 42, **43**
Becher, Bernd et Hilla, **150**, 151
Bellmer, Hans, **172**
Benetton (affiche publicitaire, Frare), **127**
Benjamin, Walter, 113, 188, 200
Bergstresser (frères), **71**
Beshty, Walead, 140
Bettmann, Otto, **125**
*Big Comet 3-60°-Sky/Sea/Sky* (Dibbets), 196, **197**
Bischof, Rosellina, **129**
Blossfeldt, Karl, **151**
*Blow up* (Antonioni), **131**
Bondi, Inge, **129**
*Boom Town* (série, Duncan), **184**
*Born into Brothels* (film), **145**
Bororos, **35**
Bourke-White, Margaret, 44
Bourne, Samuel, **77**
Bourouissa, Mohamed, 184
*Bowery in Two Inadequate Descriptive Systems, The* (série, Rosler), 188, 189
Bowie, David, 99
Bracy, Charles F., **135**
Brady, Mathew, 44
Brake, Brian, 129
Brancusi, Constantin, 54, **55**
Brassaï, 187
Breton, André, 173
*Bringing the War Home* (série, Rosler), **200**, 201
Brownie (appareil, Kodak), 109, 144
Bruguière, Francis, 147
Bulla, Karl, **101**
Bullock, Wyn, **15**
Buonaparte Gabrielli, princesse, **60**
Burgin, Victor, 196
Burri, René, **129**
Burson, Nancy, **134**
Burtynsky, Edward, **164**, 165
*By the Sea* (Arbuthnot), **65**

Callahan, Harry, 22, **23**
calotype, 11, 14, **20**, 21, 36
Calotype Club (Édimbourg), 21, 85
Calvin Klein (affiche), **49**
*camera obscura*, 8, **9**, 12, 72, 99, 117, 130, **182**, 183
*Camera Work* (revue), **63**, 120, **121**
Cameron, Julia Margaret, **56**, 103
*Cantina, La* (López), **53**
Capa, Cornell, **129**
Capa, Robert, **129**
*Carola* (Clift), **64**
carte postale, 82, 96, **97**
Cartier-Bresson, Henri, 35, 81, **129**, **132**, 133, 148, 165, 173, 195
célébrités, 60, 93, 119, 158, 162, **178**, 179, 191
*Cello in the Rain* (Doisneau), **168**
Chalmers, Catherine, **116**, 117
Chatsworth-Musters, Mr. et Mrs., **83**
Chevalier, Charles Louis, 25
Chevalier, Michael, **129**
*Child in a Carolina Cotton Mill* (Hine), **164**, 165
*Child in the Forest* (Bullock), **15**
*Chinois, Les* (série, Liu Zheng), **165**
chronophotographie, **46**, 104, 208
cinéma, **46**, 47, 202
Clausel, Alexandre, **16**
*Clearing, The* (Demand), **193**
clichés à la volée, 148, 191
Clift, William, **64**
clubs photographiques, *voir* sociétés photographiques
Coburn, Alvin Langdon, 140
Cole, Ernest, 184
collages 86, **87**, 117, 137, **173**, 174, **175**, 200, 201
collectionneurs et collections, 18, 41, 60, 71, 82, 85, 86, 96, 124-125
collodion, 6, 15, 32, 36, 76, 147
Colonial Office Visual Instruction Committee (COVIC), 18
colorisation et couleur, **38**, 39
*Combat* (Demachy), 63
*Composition abstraite* (Man Ray), 154
composition, 22, 35, 139, 143, 148, 187
contre-jour, 158, 191, 208
copier-coller, *voir* photomontage
couleur, 15, 36, 52-53, 94-95, **106**, **176**, 177
couleurs à la main, 39
couleurs complémentaires, 52, 208
couleurs primaires, 52
*Coupé au couteau de cuisine* (Höch), 157
*Credo* (Jäger), 195
Crewdson, Gregory, **192**, 193
cubisme, 104, 140, 143, 158, **159**
Cunningham, Imogen, 68, **69**
cyanotype, 7, 18, **30**, 31, **51**, 154
*Cyclopedia, The* (Rees), **8**

dadaïsme, 154, 157, 200
Daguerre, Louis Jacques Mandé, 11, 17, 25, 124
daguerréotype, 12, **16**, 17, 21, 25, 36, 39, 48, 71, 72
*Daily News*, **92**
*Dakota (Hair)* (McGinley), **186**
Dancer, John B., **117**
Dannenberg, J.C.A., **38**
Darwin, Charles, **74**, 75
Daumier, Honoré, **114**
Davison, George, **66**
Davy, Humphrey, 51
Day, F. Holland, **120**
*Death and Disaster* (série, Warhol), 93
*Degré Zéro de la photographie, Le* (Mächler), 195
Delacroix, Eugène, 22, 28, 58, **59**
Demachy, Robert, 63
Demand, Thomas, 193
De Meyer, Alfred, 158
*Derrière la gare Saint-Lazare* (Cartier-Bresson), 81
dessins photogéniques, *voir* photogrammes
détachement, 151, 166-167, 169, 180 ; *voir aussi* objectivité
détective, appareil –, 90
*2001, Hommage à St. K.* (Mächler), 194
Diana (appareil), 67, 191
Dibbets, Jan, 196, **197**
diapositives, 18, 39, 98, 99, 177, 183
diCorcia, Philip-Lorca, 90
*Die Dinge* (Renger-Patzsch), 151
*directorial photography*, 79, 192, 208
Disdéri, A. A. E., 60, **61**, 124
Doisneau, Robert, **168**, 169
Donné, Alfred, 72
Duchamp, Marcel, 134, 200
Ducos du Hauron, Louis, 52
Dugdale, John, **30**
Duncan, John, 184
Durieu, Jean, **59**
Düsseldorf (école de photographie), 151

Eakins, Thomas, 104, **105**
Eastman Kodak, 113, **144**, 177
Eder, Josef Maria, **77**
Edgerton, Harold, 100, **104**
*Égouts de Paris* (Nadar), 100
Eisenstaedt, Alfred, 139
*Eleanor* (Callahan), 22, **23**
Emerson, Peter Henry, 28, **64**, 103
Emerson, Ralph Waldo, 119
enfants photographes, 31, 67, 72, 144, **145**, 154
Engle, Horace, 90
Enjalbert, Ernest, 137
*Équivalents* (série, Stieglitz), 110, **122**, 123
Erwitt, Elliott, **129**
espion, appareil photo –, **90**
*Esplanade du temple de Salomon et le dôme du Rocher, L'* (Girault de Prangey), **19**
Estes, Richard, **182**
esthétique, 28, 51, 64, 93, 147, 192, 199
Ettinghausen, Andreas Ritter von, **73**
Evans, Walker, 36, 89, 166, 174
*Execution of the Lincoln Conspirators* (Gardner), **111**
expérimentation, **43**, **66**, 127, 143, 147, 148, 152, 154, 195
exploration, 18, **19**, 42, 206
expositions multiples, 134-135, 140, 173
expression documentaire, 43, **164**, 165, 169
*Eyeblink* (Ono), 202

Facebook, 60, 86, 160
Fairey, Shepard, 93
*Family Likeness* (Rejlander), **68**
Fenton, Roger, 36, **37**
ferrotype, 12, 32, **51**, **70**, 71
*Film und Foto* (ou *FiFo*, exposition), 152, **153**
Filmer, Lady, **87**
filtres, 52, 94, **98**
*Final Moments* (Frare), **127**
Fink, Larry, 148
Finsterwalder, Sebastian, 206
flash, 100, **101**, 144, 187
*Flatiron Building, New York* (Steichen), **62**
Flickr, 86, **87**, 158, 160, 201, 208
*flip book*, *voir* folioscope
flou, 28, **66**, 67, **102**, **103**, 127, 158, 162, 209
Floyd, William Pryor, **112**
folioscope *ou flip book*, 47
Fontcuberta, Joan, 205
*Food Chain* (série, Chalmers), **116**, 117
Fosso, Samuel, **81**
Frank, Robert, 133, 143, 179, 187
Frare, Therese, **127**
Friedlander, Lee, **178**, 179
Frith, Francis, 18, 124
*fuzzygraphs*, 28, 208

Galton, Francis, 134
Gardner, Alexander, 78, **79**, **111**
*Gas Tower (Telescoping Type)* (Becher), **150**
Gaynor, William, **138**, 139
gélatino-argentique, 7, 15, 32, 71, **88**, 89, 95
Genthe, Arnold, **22**
Georgiou, Aris, 173
Gernsheim, Alison et Helmut, 125
Giacomelli, Mario, **103**
Giacometti, Alberto, **132**
*Girl on a Roof* (Suchitra), **145**
glamour, 162, **163** ; *voir aussi* célébrités
Gobrecht, Christian, **8**
Goicolea, Anthony, **78**, 79
Goldin, Nan, **98**, 99
*Golfeur, Le* (Fosso), **81**
gomme bichromatée, **62**, 63, 64, 76
Gonzales-Torres, Felix, **28**
Gough, Kate Edith, **157**
Gour (enfant indien), **145**
Graham, Paul, **179**
*Grand Trunk Road, Durgapur, West Bengal* (Singh), **43**
*Grandma Explosion* (Naitô), **100**
gros plan, 25, 47, 110, **116**, **119**, 140, **151**, **158**, 183
*Ground#42* (Barth), **103**
*Group with Recumbent Figure* (Robinson), **192**
guerre, photographie de –, 36, 41, 44, **45**, 78, **79**, 110, 114, 129
Gursky, Andreas, 151

Haas, Ernst, **129**
Hamilton, Richard, 200
Hare, Jimmy, 44
*Harper's Bazaar* (magazine), **158**, **159**
Hartmann, Erich, **129**
Hartmann, Sadakichi, 143
Heinecken, Robert, **110**
Hemmings, David, **131**
Herschel, Frederick, 170

Herschel, John, 14, 18, 31, 90, 170
Hicks, Tyler, **139**
Hill, David Octavius, 21
*Himanthalia lorea* (Atkins), **31**
Hine, Lewis, **164**, 165
Höch, Hannah, 157
Hockney, David, 174, **175**
Holmes, Oliver Wendell, 41
*Home of the Rebel Sharpshooter* (Gardner), 78, **79**
*Homme invisible, L'* (Wells), 170
Horst, Horst P., 158
Hosoe, Eikoh, 78
*House Beautiful* (Rosler), **200**
Houston, David, 6
Howard, Tom, **92**
Hoyningen-Huene, George, 158, **159**
Hughes, Jabez, 56
Hurrell, George, 162
Huygens, Constantin, 8
hyperréalisme, **182**, 183

iconographes et directeurs de la photo, 106, 129, 139, 205, 208
*ID400* (série, Sawada), **136**
*iDubai* (série, Sternfeld), 191
image latente, **10**, 11, 17, 89, 170
*Imogen + Hermiane* (Hockney), **175**
infrarouge, 170, **171**
Ingalls, général Rufus, **33**
instant décisif, théorie de l'–, 81, **132**, 133, 139, 148, 165, 173, 193, 195
instantané, 82, 86, 89, 90, **118**, 119, 174, 187 ;
esthétique de l'instantané –, 186, 187
internégatif, 177, 208
*Invisible Man, The* (Wells) 170
inversion des tonalités, **14**, 147, 209
Ives, Frederic E., **98**

Jacobi, Lotte, 140, **141**
Jäger, Gottfried, **195**
Jammes, André et Marie-Thérèse, 125
*Jasper* (McGinley), **22**
*Jaws* (Kent), **147**
*Je ne vois pas la [femme]...* (Magritte), 137, **173**
Jenkins, William, 180
Johnston, Frances Benjamin, **120**, 160, **161**

Kahn, Albert, 94-95
*Kamaitachi* (Hosoe), 78
Karsh, Yousuf, 162, **163**
Käsebier, Gertrude, **120**
Kent, Peter, **147**
Kertész, André, **149**, **199**
Killip, Chris, **166**, 167
Kirchhoff, Chris, **51**
Klein, William, 93
Kodachrome, 53, 95, **176**, 177
Kodak, **82**, 90, 109, **118**, 144, 177 ; *voir aussi* Eastman Kodak
*Kodak Girl* (publicité), **82**
Krims, Janis, **190**
Kühn, Heinrich, 95

Lady Gaga, **174**
lampe flash, 100
Lamprey, John, **75**
Land, Edwin, 174
Lange, Dorothea, **34**
Le Gray, Gustave, **28**, 32, 103
Leica, 109, 130
lentilles et objectifs, 8, **24**, 25, 26, 40-41, 71, 103, 130, 182
Leonard de Vinci, 8
Lessing, Erich, **129**
Levine, Sherri, 200
Libarry, Irene dite « Bobby », 68, **69**
*Liberia* (Munkácsi), 133
Library of Congress (États-Unis), 86, **87**, 124-125
*Life* (magazine), 104, 110, 117, 129, 134, 179
Lincoln, Abraham, 71
*Little Galleries of the Photo-Secession, The* (Stieglitz), **121**
*Little Lord Fauntleroy* (Bracy), **135**
*Little Screens, The* (série, Friedlander), **178**
Liu Zheng, **165**
Lonidier, Fred, **189**
*Looking Up Broadway from the Corner of Broome Street*, **169**
López, Marcos, **53**
Lopez, Martina, **156**, 157
Louise, Ruth Harriet, 162
*Ludwig Baumer* (Schad), **183**
Lumière, frères, 94
Lux, Loretta, **68**

Mächler, René, **194**, 195
macrophotographie, **116**, 117, 209
magnésium, 100, 208
Magnum, 129
Magritte, René, 137, **173**
*Maharaja Jaswant Singh* (Dannenberg), **38**
*Mankind* (Burson), **134**
Mann, Sally, 32
Mapplethorpe, Robert, 64
Marey, Étienne-Jules, 104
Margaret, princesse britannique, **176**
Marion & Company, 31
Maxwell, James Clerk, 52
Mayall, John Jabez Edwin, **60**
McCullin, Don, 44
McCurry, Steve, 177
McGinley, Ryan, **22**, **186**
*Mer Méditerranée, Sète* (Le Gray), **28**
Meyer, Pedro, **205**
Mick-A-Matic (appareil photo), **144**
microfilm, 117, 208
microphotographie, **51**, **73**, 117, 209
microscopie, 6, 25, 72, **73**, 117
*Milk Drop Coronet* (Edgerton), **104**
Miller, Barbara, **129**
Miller, Lee, **146**
Mili, Gjon, 104, 134
*Minotaure* (Man Ray), **54**
mise au point, 8, 35, 67, 103, 130, 140, 143, 167 ; *voir aussi* profondeur de champ ; flou
mise en scène, photographie –, 74, 96, 184, 188, 192-193
mise en scène photographique, 55, 192-193
mode, 148, 158, **159**, 187, 205
modernisme, 43, 120, 127, 139, 152, 158
Moholy-Nagy, László, 127, 152, 154
Mondrian, Piet, 114
*Moon Score* (Nomura), **196**
moralisateur, courant –, 28, 56, **57**, 134, 165, 184, 192
Morara, Silvia, **185**
Morath, Inge, **129**
Moriyama, Daidô, **169**
*Morning* (White), **29**
Morris, John, **129**
Morse, Samuel B., 6, 119
mosaïques, 117, 208
*Motion Study: Male Nude Leaping* (Eakins), **105**
mouvement, photographie du –, 47, 104, **105**, 148
Mphake, Nkeko, **51**
Mulas, Maria, **91**
Mulas, Ugo, 195
Muniz, Vik, **200**, 201
Munkácsi, Martin, 133, 148
Muybridge, Eadweard, **46**, 47, 104

Nabil, Youssef, 162, **163**
Nadar **100**, 114
*N.A.F.T.A., Getting The Correct Picture* (Lonidier), **189**
*Nadar élevant la photographie à la hauteur de l'Art* (Daumier), 114
*Nageur sous l'eau* (Kertész), 149
Naito, Masatoshi, **100**
*National Geographic* (magazine), 110, 177, 205
négatifs, 12, 14-15, 32, 76, 134, 154, 177
Nègre, Charles, **102**, 103
neutralité de la photographie, 28, 208 ; *voir aussi* objectivité
New Topographics (mouvement), 151, 180, **181**, 184
Newhall, Beaumont, 125
*Newly Occupied Tract Houses, Colorado* (R. Adams), **181**
Newton, William, 103
*Nickel Tailings N° 34, Ontario* (Burtynsky), **164**
Niépce, Janine, **128**
Niépce, Joseph Nicéphore, **12**, 25
nocturnes, 26, **62**, **113**, 114
Nomura, Hitoshi, **196**
*Noodleslurper* (publicité), **50**
Noriega, J. T., *voir* Tomasito
*Nu féminin* (Olivier), **58**
numérique, 6, 25, 44, 89, 90, 96, 100, 130, 174
animation, 93, 202, 209 ;
critiqué, 35, 48, 205 ;
impression, 7, 15, **49**, 139 ;
partage d'images, 6, 160, 187, 201, 205 ;
photomontage, **156**, 157

objectif, *voir* lentilles et objectifs
objectivité, 28, 42, 72, 75, 140, 143, 151, 165, 180
obturateur, **24**, 26, **27**, 104, **109**, 130, 140, 144, 148
Olivier, Louis Camille, d', **58**
Ono, Yoko, 202
*Ophelia* (Crewdson), **192**
*Oranges and Grapes, with Crystal Decanter and Glass* (Ives), **98**
Owens, Bill, 184, **185**

Packard, Vance, 127
Papageorge, Tod, 7
paparazzi, 93, 129
Parr, Martin, **83**
partage d'images, 60, 85, 86, **87**, 96, 158, 160, 187, 201
*Paysage près de Troyes* (Clausel), **16**
Peale, Rembrandt, 28
performance, 55, 177, 202
*Périphéries* (Bourouissa), 184
*Persuasion clandestine, La* (Packard), 127
*Petipa* (Disdéri), **61**
*Petit Inventeur, Le* (magazine), **99**
petits appareils photo, 82, 90, **91**, 109, 130, 133, 169
photo-carte, 51, 60, **61**, 63, 64, 81, 86, 119, 124
Photoconceptualisme, *voir* art conceptuel
*Photogenics* (Jacobi), 140, **141**
photogrammes, 12, 21, 31, 63, 152, 154, **155**, **194**
*Photographer's Eye, The* (exposition, 1966), 195, **198**, 199
photographes indépendants, 44, 129, 209
photographie aérienne, 114, **115**, 206
photographie artistique, 39, 56
photographie concrète, **194**, 195
photographie documentaire, 43, 143, 148, 165, 184, 188
photographie répétitive, 206
*Photographs of British Algae* (Atkins), 31
photojournalisme, 106, 109, 129, 130, 133, 139, 143, 180, 187
photomacrographie, *voir* macrophotographie
photomaton, **136**, 137, 160
Photomaton Purikura, Kyôto, Japon, **137**
photomécanique, 96, 209
photomicroscopique (cylindre), 117
photomontage, **156**, 157, 209
Photo-sécession (mouvement), 21, 63, 64, 85, 95, 120, **121**, 143
pictorialisme, 28, 56, 63, 64, 67, **120**, 143, 152, 209
Pierre et Gilles, 39
*Pinhole Structures* (série, Jäger), **195**
plan d'ensemble, 110, 208
plan moyen, 110, 208
planche-contact, 110, 208
plaques de lanterne magique, 18, 39, 99
plaques humides, 32, 209
plaques sèches, 32, 36, 90, 209
platinotype, **62**, 64, **65**, 76
Plossu, Bernard, **35**
Poe, Edgar Allan, **17**
*Point de vue du Gras, Le* (Niépce), **12**
Polaroïd, 11, 12, 39, 174, **175**
pop art, 158
Popper, Paul, **44**
*Porch Shadows* (Strand), **140**
Porcher, Suzanne, **95**
pornographie, 22, 40, 58, **59**, 117, 162
portraits 25, 68, 71, 96, 134, 137, 162 ; *voir aussi* autoportraits
positif, 14, 21, 209 ; *voir aussi* positif direct ; négatif
positif direct, 11, 12, **13**, 71, 94, 137, 174
post-image, 47, 208
postproduction, 193 ; *voir aussi* retouche
*Poupée* (Bellmer), 172
PowerPoint, 99, 177
*Près de la rue Melenikou* (Georgiou), **173**
preuve, la photographie comme –, 72 ; *voir aussi* évolution des sciences, 72, 75
Prince, Richard, 200, **201**
*Profile View of a Malayan Male* (Lamprey), **75**
profondeur de champ, 81, 208
projection, 8, 48, 52, 72, **98**, 99, 177, 183, 202
publicité, **49**, 51, 56, 113, **126**, 127, 134, 200, 201

*Quintet of the Astonished* (Viola), **203**

*Ramoneurs en marche* (Nègre), 102
Ray, Man, **54**, 55, 134, 147, 154, 158
Raymer, Steven L., **139**
rayogramme et rayographie, 154
rayons X, 170
réalisme, 22, 44, 157, 160, 183, 192, 193 ; *voir aussi* hyperréalisme ; surréalisme
Redhead, J. C. A., **176**
Rees, Abraham, **8**
reflex mono-objectif, 109, 130
*Refractive Hexagon* (Heinecken), **110**
règle des trois tiers, 35, 209 ; *voir aussi* composition
Rejlander, Oscar G., 56, **57**, **68**, **74**, 75, 134, 135
Renger-Patzsch, Albert, 151
rephotographier, 35, 48, 200-201
reportage, 139, 209 ; *voir aussi* photojournalisme
ressemblance, 17, 68, **69**, 81, 103 ; *voir aussi* portraits
retouches, 7, 14, **21**, 35, 36, 48, **49**, 72, 103, **147**, 202, **204**, 205 ;
solarisation, 147 ;
techniques numériques, 205 ;
*voir aussi* téléphone appareil photo ; GIS
Riis, Jacob, **80**, 81, 100
Robertson, Helen, 195
Robinson, Henry Peach, 134, 135, **192**
Röntgen, Wilhelm, 170
*Room 303* (installation, Weisz), **9**
Root, Marcus Aurelius, 48, 86
Rosler, Martha, 188, **189**, **200**, 201, 202
rouleau de pellicule, 6, 90, **108**, 109, 110, 130, 133, **196**
rue, photographie de –, 26, 90, 158, 166, **168**, 169,173, 191, 193
*Ruelle, La* (Vermeer), **182**
Ruff, Thomas, 151
*Running* (Gour), **145**
RVB (couleurs), 52, 209
Sabatier, effet –, 147, 209
sacrifice, théorie du, 103, 209
Salgado, Sebastião, **89**
*Salle à manger de bienfaisance à Saint-Pétersbourg* (Bulla), **101**

Samaras, Lucas, 174
Sasha (Alexander Stewart, *dit*), 100
*Sasha and Ruby* (Lux), **68**
saturation, 36, **158**, 184, 209
Saupe, Ulf, 154, **155**
Sawada, Tomoko, **136**, 160
Schad, Christian, 154, 183
Schütze, Eva Watson, **120**
science et photographie, 18, 31, 72, **73**, 75, 85, 104, 117, 170
sculpture et photographie, **54**, 55, 151, 195, 196, **197**
*Séchage de tissus pour saris* (Arthus-Bertrand), **115**
*Self Portrait in Rondout Creek* (Dugdale), **30**
*Self-Portrait (as New Woman)* (Johnston), 160, **161**
sensibilité à la lumière, 17, 31, 32, 36, 71, 76, 89, 109, 154
séquences, 21, 106, 110, **111**, 123, 139, 143, 195
*shadowgraphs*, 154
Sheeler, Charles, 143
*Shooting of Mayor Gaynor, The* (Warnecke), **138**, 139
Shore, Stephen, **180**
SIG (système d'information global), 7, 41, 206, **207**, 209
similigravure, 96, 106, **107**, 127, 129, 143, 148
Singh, Raghubir, **43**
*Six Color Curl* (Beshty), **140**
Smith, W. Eugene, 139
Smithson, Robert, 99, 151
Snyder, Ruth, **92**
sociétés photographiques, 21, 36, **84**, 85, 125
solarisation, **146**, 147, 173
Sontag, Susan, 183
sous-marine, photographie –, **19**, 85, **149**
*Southwest Wall of an Irvine California Building* (Baltz), **181**
sport et photographie, 26, **27**, 133, 148, **149**
*Steerage, The* (Stieglitz), **142**, **200**, 201
Stefanutti, Massimo, **66**
Steichen, Edward, **62**, 120, 147
sténopé, **66**, 67, 147
stéréoscope, 40-41, 44, 58, 64, 119, 124, 144, 169, 209
Sternfield, Joel, 191
Stewart, Alexander, *voir* Sasha
Stewart, Hamish, **63**
Stieglitz, Alfred, 99, 110, 120, **121**, **122**, 123, **142**, 143, **200**, 201
Stott, William, 165
*Straight Photography* (mouvement), 35, 143
Strand, Paul, **140**
Strindberg, August, 48
stroboscope, 100, 104, 114, 148, 209
studio et atelier, 21, 36, 60, **71**, 81, **112**, 162, 193
*Suburbia* (Owens), 184, **185**
Suchitra (enfant indien), **145**
supports, 17, **50**, 51, 71
surréalisme, **54**, 55, 79, 133, 134, 137, 169, **172**, 173, 193
Sutton, Thomas, 52
*Sweet Temptation* (Nabil), **163**
système d'information global, *voir* SIG
Szarkowski, John 179, 180, 195, 199

table lumineuse, 177, 208
tabloïds, **92**, 93, 106, 148
Taconis, Kryn, **129**
Talbot, W. H. F., 11, 12, 14, 21, 25, 31
techniciens de la photographie, 109, 209
télémètre, 179, 209
téléphone intelligent, **206** ; *voir aussi* téléphone appareil photo
téléphone appareil photo, 7, 22, 47, 90, 96, **190**, 191, 206
téléscripteur, 179, 209.
télévision, 26, 44, 78, 113, 139, **178**, 179, 184, 202
*Television Portraits* (Graham), **179**
temps d'exposition, 11, 21, 25, 26, **28**, 32, 94
*Temptation of the Angel, The* (Meyer), **205**
Teynard, Félix, **20**
*Thinking Photography* (Burgin), 196
Thompson, Charles Thurston, **84**
Thormann, Ernst, **119**
*Three Thirds, The* (White), 110
*Time* (magazine), **204**
*tintype*, *voir* ferrotype
Todd, John, **86**
Tomasito (J.T. Noriega, *dit*), **160**
tournant théorique, 22, 113, 127, 160, 188, **189**, 193, 196, 199, 201
transparences, 94, 177, 208, 209
*Triumph* (Tomasito), **160**
Troth, Henry, **120**
trucages photographiques, 134, 147
Tschichold, Jan, **153**
Turner, Colin, **171**
*Two Ways of Life, The* (Rejlander), 56, **57**

Uelsmann, Jerry, 134-135
ultraviolets, 170
*U Minh Forest, Ca Cau* (Vo Anh Khanh), **45**
*Une certaine grâce* (Salgado), **89**
*Un musicien sous la pluie* (Doisneau), 169
Underwood and Underwood, 119
usine à images, 113 ; *voir aussi* studios
Ut, Nick, 35

*Valley and Snowy Peaks, Spiti Side* (Bourne), **77**
*Valley View, Yosemite National Park* (A. Adams), **88**
Van Doesburg, Theo, 195
*Vérifications* (Mulas), 195
Vermeer, Johannes, **182**, 183
Veruschka, **131**
Victoria, reine, 40, 56, **60**, **87**
vidéo, 26, 44, 78, 93, 177, 184, 202, **203**
View-Master (visionneuse), **40**, 41, 119, 209
*View of the Heart* (Lopez), **156**
Viola, Bill, 202, **203**
viseur, 90, 209
vision périphérique, 28, 103, 209
Vo Anh Khanh, **45**
*Vogue* (magazine), 158
vorticisme, 140
voyage, photographie de –, 18, **19**, **40**, 82, **83**, 109, 119, 124, 130
vue, 42-43

Warhol, Andy, **91**, 93, 137
Warnecke, William, **138**
Wedgwood, Thomas, 51
Weissmuller, Johnny, **162**
Weisz, Minnie, **9**
Wells, H. G., 170
Weston, Edward, 89
*Wheels* (Sheeler), **143**
White, Clarence, **29**, **120**
White, Minor, **110**, 123, 143
Willets, Kheli, **70**
Winogrand, Garry, **166-167**, 187
Wolff, H. A., **137**
Wood, effet –, 170
Wu, Norbert, **116**

*Youth, Jarrow* (Killip), **166**, 167

zoetrope, 47, 209
*zone system*, 15

# *Crédits photographiques*

p. 2 George Eastman House, achat du musée : ex-collection Man Ray ; p. 8 gauche © Linfernum/Dreamstime ; p. 8 droite Wm. B. Becker Collection/PhotographyMuseum.com ; p. 9 avec l'autorisation de l'artiste Minnie Weisz ; p. 10 publication originale : *Scientific American*, 22 janvier 1887 (Volume LVI [nouvelle série] n° 4) ; p. 11 avec l'autorisation de Sven-Olov Sundin/Photo Museum, Osby, Suède ; p. 12 haut Harry Ransom Humanities Research Center, Univerity of Texas à Austin ; p. 12 bas illustration © 2009 Wm. B. Becker/PhotographyMuseum.com ; p. 13 Société française de photographie, Paris ; p. 14 Library of Congress ; p. 15 Wynn Bullock *Child in Forest* (1951), Center for Creative Photography, University of Arizona, Tucson. Hands : Dianne Nilsen. © 1992 John Loengard ; p. 16 George Eastman House, Rochester, New York ; p. 17 The J. Paul Getty Museum, Los Angeles, Californie ; p. 19 haut Bibliothèque nationale de France, Paris ; p. 19 bas Mark Conlin/Alamy ; p. 20 Library of Congress ; p. 21 gauche William Henry Fox Talbot, The Reading Establishment, 1846, tirage sur papier salé à partir de négatifs papier. Metropolitan Museum of Art, Gilman Collection, don de la Howard Gilman Foundation, 2005. Référence catalogue n° 2005.100.171.1.2. © 2011 © image The Metropolitan Museum of Art/Art Resource/Scala, Florence ; p. 21 droite, p. 22 haut Library of Congress ; p. 22 bas autorisation Ryan McGinley ; p. 23 © Estate of Harry Callahan/autorisation Pace/McGill Gallery, N.Y. ; p. 24 © Geoff Graham/Corbis ; p. 25 Aflo Foto Agency/Alamy ; p. 26 Getty Images/ Flickr ; p. 27 Everett Collection/Rex Features ; p. 28 en haut avec l'autorisation de la Andrea Rosen Gallery, N.Y., agissant pour Estate of Felix Gonzalez-Torres. © Estate of Felix Gonzalez- Torres. Photo de Peter Muscato ; p. 28 en bas Gustave Le Gray, *Mer Méditerranée, Sète*, 1856-1859. Tirage sur albumine et argent à partir de deux négatifs en verre. The Metropolitan Museum of Art. Gilman Collection, achat, donation Robert Rosenkranz, 2005. Référence catalogue 2005.100.48. © 2011. © image The Metropolitan Museum of Art/ Art Resource/Scala, Florence ; p. 29 George Eastman House, Rochester, New York ; p. 30 avec l'autorisation de John Dugdale ; p. 31 haut, collection privée, Londres ; p. 31 bas Getty Images/SSPL ; p. 32 collection privée, Londres ; p. 33, 34 Library of Congress ; p. 35 avec l'autorisation de la Galerie Le Réverbère, Lyon ; p. 36 Interfoto/ Alamy ; p. 37 Getty Images/SSPL ; p. 38 The Alkazi Collection of Photography, Londres ; p. 39 © 1989 Wm. B. Becker/Photography Museum.com ; p. 40 haut Library of Congress ; p. 40 bas © 2011 Fisher Price/Mattel, Inc. tous droits réservés ; p. 41 George Eastman House, Rochester, New York ; p. 42 © V & A Images – tous droits réservés ; p. 43 haut Raghubir Singh © Succession Raghubir Singh ; p. 44 Getty images/Popperfoto ; p. 45 © Vo Aanh Khanh, avec l'autorisation de Doug Niven, Santa Cruz, California ; p. 46 Library of Congress ; p. 47 avec l'autorisation de Tobar Ltd, The Old Aerodrome, Worlingham, Beccles, Suffolk. NR34 7SP ; p. 48 avec l'autorisation de la Vanderbilt University Special Collections and University Archives ; p. 49 Tim Graham/Getty Images ; p. 50 Jung von Matt/basis GmbH/Angela Hoch ; p. 51 haut Wm. B. Becker Collection/PhotographyMuseum.com Photograph © MMXI Wm. B. Becker ; p. 51 bas © avec la permission de Chris Kirchhoff ; p. 52 George Eastman House, Rochester, New York ; p. 53 avec la permission de la Galería Fernando Pradilla, Madrid ; p. 54 haut Constantin Brancusi, *Tête d'enfant endormi* et *Le Nouveau Né II*, v. 1920. tirage gélatino-argentique. Musée national d'art moderne-Centre Georges Pompidou © Collection Centre Pompidou, Dist. RMN/ Georges Meguerditchian/© ADAGP, Paris et DACS, Londres 2012 ; p. 54 bas avec l'autorisation de Michael Senft Masterworks, East Hampton, N.Y./© Man Ray Trust/ADAGP, Paris et DACS, Londres, 2012 ; p. 55 National Gallery of Canada/Musée des Beaux-Arts du Canada, Ottawa ; p. 56 Getty Images/SSPL ; p. 57 haut George Eastman House, Rochester, New York ; p. 57 bas avec l'aimable permission de Barnardo's et de BBH, photographe Nick Georghiou ; p. 58 haut Bibliothèque nationale de France, Paris ; p. 58 bas Eugène Delacroix, *Étude de nu*, v. 1855-1860. Musée du Louvre, Paris. © RMN/ Thierry Le Mage ; p. 59 Bibliothèque nationale de France, Paris ; p. 60 haut © V & A Images – tous droits réservés ; p. 60 bas Interfoto/ Alamy ; p. 61 Photo de A. A. E. Disdéri/George Eastman House/ Getty Images ; p. 62 Edward Steichen, *The Flatiron*, 1904. Collection Alfred Stieglitz, 1933. Catalogue : 33.43.39 © 2011. © image The Metropolitan Museum of Art/Art Resource/Scala, Florence ; p. 63 haut © Hamish Stewart/www.gumphoto.co.uk ; p. 63 bas Robert Demachy, *Struggle*, from *Camera Work*, 1904 don d'Isaac Lagnado, en mémoire de Thomas P. Campbell, (TR.487.32008) Copy Photograph © The Metropolitan Museum of Art/ Art Resource/Scala, Florence ; p. 64 haut © V & A Images – tous droits réservés ; p. 64 bas © William Clift 1981 ; p. 65 Getty Images/ SSPL ; p. 66 haut Library of Congress ; p. 66 bas © et autorisation Massimo Stefanutti (www. massimostefanutti.it) ; p. 67 © Peter Kent ; p. 68 gauche Harry Ransom Humanities Research Center, University of Texas à Austin ; p. 68 droite © DACS 2011 ; p. 69 Imogen Cunningham, Irene « Bobby » Libarry, tiré de son livre *After Ninety*, 1976. Tirage gélatino-argentique. © The Imogen Cunningham Trust, San Francisco, Californie ; p. 70 © et autorisation Keily Anderson-Staley ; p. 71 haut Library of Congress ; p. 71 bas US Army Military History Institute, Carlisle Barracks, Carlisle, Pennsylvanie ; p. 72 Ian Miles-Flashpoint Pictures/Alamy ; p. 73 haut autorisation Ezra Mack, New York ; p. 73 bas © Centers for Disease Control – © version numérique Science Faction/Corbis ; p. 74 collection privée, Londres ; p. 73 Royal Anthropological Institue ; p. 76 George Eastman House, Rochester, New York ; p. 77 hauts Getty Images/ Hulton Archive ; p. 77 bas George Eastman House, Rochester, New York ; p. 78 © et autorisation Anthony Goicolea ; p. 79 Library of Congress ; p. 80 Museum of the City of New York ; p. 81 haut © Henri Cartier-Bresson/Magnum Photos ; p. 81 bas © et autorisation Samuel Fosso/Jean Marc Patras Galerie, Paris ; p. 82 George Eastman House, Rochester, New York ; p. 83 haut © Martin Parr/Magnum Photos ; p. 83 bas Getty Images/Hulton Archive ; p. 84 © V & A Images – tous droits réservés ; p. 85 Chris Hammond Photography/Alamy ; p. 86 © Hulton-Deutsch Collection/Corbis ; p. 87 bas Lady Filmer, *Sans titre*, v. 1864. Collage photographique avec ajouts d'aquarelle. University of New Mexico Art Museum, Albuquerque, New Mexico ; p. 88 © 2011 The Ansel Adams Publishing Rights Trust ; p. 89 © Sebastião Salgado/Amazonas/NB Pictures ; p. 90 gauche Jens Benninghofen/ Alamy ; p. 90 droite avec l'autorisation des Pennsylvania State Archives, Horace M. Engle Collection ; p. 91 © et autorisation Maria Mulas ; p. 92 autorisation *Daily News*, New York ; p. 93 Melvyn Longhurst/Alamy ; p. 94 autorisation Musée Albert-Kahn ; p. 95 Wm. B. Becker Collection/PhotographyMuseum.com ; p. 97 © Peter Kent ; p. 98 haut © et autorisation Nan Goldin/Matthew Marks Gallery, N.Y. ; p. 98 bas Wm. B. Becker Collection/PhotographyMuseum.com [restitution des couleurs © Bill Becker © MMXI] ; p. 99 © Stefano Bianchetti/Corbis ; p. 100 haut CNMHS, Paris ; p. 100 bas © et autorisation Naitô Masatoshi ; p. 101 Laurence King Publishing Ltd. Archives ; p. 102 © National Gallery of Canada. ; p. 103 haut © et autorisation Uta Barth/Tanya Bonakdar Gallery, N.Y. ; p. 103 bas © Simone Giacomelli ; p. 104 © Harold & Esther Edgerton Foundation, 2012, autorisation de Palm Press, Inc. ; p. 105 Library of Congress ; p. 106 Plugg Illustration ; p. 107 collection privée, New York ; p. 108 © Tom Hoenig/Westend61/Corbis ; p. 109 George Eastman House, Rochester, New York ; p. 110 haut © The Minor White Archive, Princeton University Art Museum ; p. 110 bas © et autorisation Robert Heinecken/Luke Batten ; p. 111 Library of Congress ; p. 112 William Pryor Floyd, *Studios de photographes*, fin des années 1860-début 1870. Tirage à l'albumine. Peabody Essex Museum, Salem, Massachusetts Don Mrs. W. F. Spinney, 1923. ; p. 113 imagebroker/Alamy ; p. 114 gauche Getty Images/SSPL ; p. 114 droite Interfoto/Alamy ; p. 115 © Yann Arthus-Bertrand/Corbis ; p. 116 haut © Norbert Wu/Science Faction/Corbis ; p. 116 bas © et autorisation Catherine Chalmers/Massachusetts Museum of Contemporary Art, North Adams, Massachusetts ; p. 117 Wm. B. Becker/Photography Museum.com. © MMXI Wm. B. Becker ; p. 118 George Eastman House, Rochester, New York ; p. 119 haut Microfilm Archives of Humboldt- Universität zu Berlin ; p. 119 bas © William Gottlieb/ Corbis ; p. 120, 121 Library of Congress ; p. 122 Alfred Stieglitz, *Equivalent*, 1930. Tirage gélatino-argentique, 4 7/8 × 3 5/8 in. The J. Paul Getty Museum, Los Angeles. © J. Paul Getty Trust ; p. 124 Wm. B. Becker Collection/PhotographyMuseum.com ; p. 125 © Bettmann/Corbis ; p. 126 collection privée, Londres ; p. 127 avec l'autorisation de Benetton ; p. 128 © Janine Niepce/ Roger-Viollet/TopFoto ; p. 129 haut Getty Images/Ernst Haas ; p. 129 bas © collection Magnum/Magnum Photos ; p. 130 collection privée ; p. 131 MGM/The Kobal Collection/Arthur Evans ; p. 132 © Henri Cartier-Bresson/Magnum Photos ; p. 133 bas © Ullsteinbild/TopFoto ; p. 134 © et autorisation Nancy Burson ; p. 135 haut © Jerry Uelsmann ; p. 135 bas Wm. B. Becker Collection/Photography Museum.com ; p. 136 © et autorisation Tomoko Sawada/MEM, Inc., Tokyo, Japan ; p. 137 haut Getty Images/Roger-Viollet ; p. 137 bas © Paulo Fridman/Corbis ; p. 138 collection privée ; p. 139 haut *The New York Times*, page de une, 11 octobre 2008/Photo : Tyler Hicks ; p. 139 bas Getty Images/*National Geographic* ; p. 140 gauche Walead Beshty Six Color Curl (CMMYYC : Irvine, California, 18 juillet 2008, Fuji Crystal Archive Type C), 2009 tirage couleur sur papier 50 × 90,75 in. Photo : Lee Stalsworth, photographie Hirshhorn Museum. Avec la permission de l'artiste et de Wallspace, New York ; p. 140 droite Paul Strand, *Abstractions, Porch Shadows*, Connecticut, 1915. Tirage gélatino-argentique de Richard Benson. Museum of Modern Art, New York, don d'Arthur Bullowa/© 1971 Aperture Foundation Inc., Paul Strand Archive/Art Resource/Scala, Florence ; p. 141 © Lotte Jacobi Archives, Dimond Library, University of New Hampshire, Durham, New Hampshire ; p. 142 Library of Congress ; p. 143 Charles Sheeler, *Wheels*, 1939. Tirage gélatino-argentique. Museum of Modern Art, New York. Don anonyme. N° de catalogue 41.1943. © 2011. Digital image, The Museum of Modern Art, New York/Scala, Florence ; p. 144 haut George Eastman House, Rochester, New York ; p. 144 bas propriété intellectuelle Disney avec la permission de Disney Enterprises, Inc. ; p. 145 avec l'autorisation de Kids With Cameras ; p. 146 © Lee Miller Archives, Chiddingly, Angleterre ; p. 147 © Peter Kent ; p. 148 Getty Images/FIFA ; p. 149 haut © The Estate of André Kertész/Higher Pictures, New York ; p. 149 bas Getty Images/Hulton Archive ; p. 150 © et autorisation des artistes/ Sonnabend Gallery, New York ; p. 151 Karl Blossfeldt, *Adiantum pedatum. American Maidenhair Fern*. Jeunes feuilles roulées agrandies 8 fois, avant 1928. Tirage gélatino-argentique. Museum of Modern Art, New York. Thomas Walther Collection. Achat. N° de catalogue : 1626.2001. © 2011. Digital image, The Museum of Modern Art, New York/Scala, Florence ; p. 153 autorisation du Stadtmuseum, Stuttgart ; p. 154 Man Ray, *Composition abstraite*, 1921-1928 Rayographe. © V & A Images – tous droits réservés/© Man Ray Trust/ADAGP, Paris et DACS, Londres, 2012 ; p. 155 autorisation et © Ulf Saupe ; p. 156 autorisation et © Martina Lopez ; p. 157 autorisation © V & A Images – tous droits réservés ; p. 158 couverture de *Harper's Bazaar*, numéro d'avril 1965 avec une photographie de Richard Avedon : © 2010 The Richard Avedon Foundation ; p. 159 © Estate of George Hoyningen-Huene/ Autorisation Staley-Wise Gallery, N.Y. ; p. 160 J. T. Noriega (Tomasito! Flickr thomas_noriega@yahoo.com) ; p. 161, Library of Congress ; p. 162 © 2012 Hurrell Estate Collection. LLC ; p. 163 haut photographie de Yousuf Karsh, Camera Press, Londres ; p. 163 bas Youssef Nabil, *Sweet Temptation, Le Caire*, 1993 ; tirage sur gélatine d'argent colorié à la main, autorisation et © de l'artiste ; p. 164 haut autorisation Toronto Image Works ; p. 164 bas George Eastman House, Rochester, État de New York ; p. 165 autorisation de la Courtyard Gallery, Pékin, Chine ; p. 166 autorisation et © Chris Killip ; p. 167 © Estate of Gary Winogrand/Fraenkel Gallery, San Francisco ; p. 168 photographie de Robert Doisneau/RAPHO/ GAMMA, Camera Press, Londres ; p. 169 gauche, Library of Congress ; p. 169 droite, autorisation et © Daido Moriyama Photo Foundation ; p. 170 haut, Deutsches Röntgen Museum, Remscheid, Allemagne ; p. 170 bas, Phil Noble/Reuters/Corbis ; p. 171 Canal, Homps. autorisation et © Colin Turner ; p. 172 George Eastman House, Rochester, État de New York/© ADAGP, Paris et DACS, Londres 2012 ; p. 173 haut collection privée/© ADAGP, Paris et DACS, Londres 2012 ; p. 173 bas autorisation et © Aris Georgiou ; p. 174 haut Lucas Samaras, *Sans titre*, 1973. tirage sur SX-70 avec manipulation de l'émulsion. Dimensions : 7,94 × 7,78 cm The Nelson-Atkins Museum of Art, don de Hallmark Cards 2005.27.2918 ; p. 174 bas, Getty Images/Film Magic ; p. 175 David Hockney, *Imogen + Hermiane Pembroke Studios, Londres 30 juillet 1982* ; Polaroid composite, 80 × 62,2 cm ; © David Hockney ; p. 176 Getty Images/SSPL ; p. 177 haut © Steve McCurry/Magnum Photos ; p. 177 bas collection privée ; p. 178 Lee Frielander, *Aloha*, Washington/Johnson on TV, 1967. © Lee Friedlander, autorisation de la Fraenkel Gallery, San Francisco ; p. 179 Paul Graham, Danny, Bristol, tiré de la série « Television Portraits », 1989, 109 × 89 cm, édition par 5. © de l'artiste, autorisation : Anthony Reynolds Gallery, Londres ; p. 180 Stephen Shore, Alley, Presidio, Texas, 21 février 1975, autorisation de l'artiste et de 303 Gallery, New York ; p. 181 haut © Robert Adams, autorisation Fraenkel Gallery, San Francisco et Matthew Marks Gallery, New York ; p. 181 bas Lewis Baltz, Southwest Wall, Ware, Malcolm & Garner, la nouvelle zone industrielle près d'Irvine, Californie, 1974 ; collection Centre canadien d'architecture/ Canadian Center for Architecture, Montreal, Canada ; © Lewis Baltz ; p. 182 haut, Richard Estes, *Woolworth's*, 1974, huile sur toile, 96,5 × 139,7 cm, San Antonio Museum of Art, San Antonio, Texas, achat financé par le Lillie and Roy Cullen Endowment Fund 82.76 ; p. 182 bas © Image Asset Management Ltd./SuperStock ; p. 183 The Bridgeman Art Library/collection privée/© Christian Schad Stiftung Aschaffenburg/VG Bild-Kunst, Bonn et DACS, Londres 2012 ; p. 184 autorisation John Duncan ; p. 185 haut autorisation et © Bill Owens ; p. 185 bas © Silvia Morara/Corbis ; p. 186 autorisation Ryan McGinley ; p. 187 Brassaï (Halasz Gyula), *Brassaï et Gilberte à Gênes*, © Fondation Brassaï – RMN/© RMN/Jean-Gilles Berizzi ; p. 189 haut, Fred Lonidier, N.A.F.T.A. Getting The Correct Picture, 1997-2008, autorisation et © de l'artiste, Cardwell Jimmerson Contemporary Art, Californie ; p. 189 bas autorisation et © Martha Rosler ; p. 190 autorisation et © Janis Krums ; p. 191 © Javier Garcia/BPI/Corbis ; p. 192 gauche Henry Peach Robinson, Group with Recumbent Figure (croquis et ajours), 1860 tirage albuminé et collage de pastel sur papier, Gernsheim Collection, Harry Ransom Humanities Research Center, University of Texas à Austin ; p. 192 droite Gregory Crewdson, *Ophelia*, 2001, tirage numérique ; autorisation de l'artiste et de White Cube, Londres ; p. 193 Thomas Demand, The Clearing, 2003, Museum of Modern Art, New York ; don de Carol et David Appel pour le 75^e^ anniversaire du Museum of Modern Art, 236.2004/Scala, Florence/© DACS 2012 ; p. 194 *Hommage à St. K.*, 1991, luminogramme © René Mächler/Fotostiftung Schweiz ; p. 195 autorisation et © Gottfried Jäger ; p. 196 © Hitoshi Nomura, musée national d'Art moderne, Tokyo ; p. 197 © Collection Centre Pompidou, dist. RMN/Tous droits réservés/© ARS, N.Y. et DACS, Londres, 2012 ; p. 198 © Museum of Modern Art, 1966 ; p. 199 André Kertész, John Szarkowski, 196 ; New York, Museum of Modern Art (MoMA). tirage gélatino-argentique, 1964, cadeau de la mission du Patrimoine photographique, France, © ministère de la Culture, France, Acc. n° PH79.© 2011. Digital image, The Museum of Modern Art, New York/Scala, Florence/© Héritiers André Kertész/Higher Pictures, New York. p. 200 haut Vic Muniz, *The Steerage* (d'après Alfred Stieglitz), 2000, tirage teinté d'argent. The Jewish Museum, New York, don de Melva Bucksbaum, tiré de *Pictures of Chocolate*, Art Resource/Scala, Florence/©VAGA, N. Y. et DACS, Londres 2012 ; p. 200 bas, autorisation et © Martha Rosler ; p. 201 © Richard Prince, autorisation Barbara Gladstone Gallery, N. Y. ; p. 203 autorisation et © Bill Viola ; p. 204 Arthur Hochstein et Lon Tweeten, couverture de *Time* magazine, 24 novembre 2008, photo-illustration, autorisation et © Time Inc. ; p. 205 © Pedro Meyer ; p. 206 haut, Center for Ancient Middle Eastern Landscapes (CAMEL), Oriental Institute, University of Chicago ; p. 206 bas autorisation Ronald Higginson ; p. 207 Center for Ancient Middle Eastern Landscapes (CAMEL), Oriental Institute, University of Chicago.

Publié en 2012
par les Éditions Laurence King
361-373 City Road
London EC1V 1LR
Royaume-Uni

Titre original : *100 Ideas That Changed Photography*



Design : TwoSheds Design
Recherche iconographique : Peter Kent
Création de la couverture française : Maryam Pir
Mise en pages de la version française :
Renaud Bezombes

ISBN : 978-2-02-107801-5
ISBN original : 978-1-85669-793-4

Dépôt légal : septembre 2012. N° 107801

Imprimé en Chine



**Remerciements**

Je remercie Laurence King auquel revient l'idée de cette collection et l'éditrice Kara Hattersley-Smith qui m'a appris à écrire l'histoire de la photographie sous forme de petits articles.
La patience extrême de l'éditrice Sophie Wise et la relecture attentive de Robert Shore ont permis l'existence de ce livre. Son éclectisme a contraint Peter Kent, responsable de l'iconographie, à fouiller une multitude d'archives et à dénicher nombre de trésors sur Internet tandis que les diverses exigences imposées par des matériaux variés ont été résolues par la maquette imaginative de Jon Allan.

L'historien de la photographie Larry Schaaf a généreusement partagé ses connaissances et ses recherches avec moi. Le collectionneur Wm. B. Becker a non seulement prêté des images pour ce livre, mais m'a patiemment expliqué les techniques et les procédés du XIXe siècle. Enfin, mon éditeur à domicile Michael Marien s'est toujours montré prêt à relever un détail ou à parcourir l'intégralité du texte.

Mary Warner Marien
*LaFayette, New York, septembre 2011*